财务决策实务教程

主　编　桑士俊

副主编　陈朝晖　卢德湖　罗先锋

清华大学出版社

北　京

内容简介

本书是厦门网中网软件有限公司研发的财务决策平台的配套教程。该平台是一款面向财会专业学生、仿真模拟企业运营实务的教学软件。本书以典型案例为主线，从知识提点、知识关键词、经营关键点、实战思路、规则链接、实战流程、实战案例、实战操作八个方面系统地介绍了平台涉及的每一项典型业务。

本书旨在培养财会专业学生从CFO的角度综合运用企业管理、财务管理、会计、税法、市场营销等理论知识实际运营企业的能力，帮助指导教师领悟平台核心思想，快速掌握平台主要功能模块的操作。本书既可作为学生使用平台的指导手册，也可作为企业员工的培训教材。

图书在版编目(CIP)数据

财务决策实务教程/桑士俊主编. —北京：清华大学出版社，2013（2021.8重印）
ISBN 978-7-302-32529-1

Ⅰ.①财… Ⅱ.①桑… Ⅲ.①企业管理－财务决策－教材 Ⅳ.①F275

中国版本图书馆CIP数据核字(2013)第108032号

责任编辑：陈凌云
封面设计：傅瑞学
责任校对：袁 芳
责任印制：杨 艳

出版发行：清华大学出版社
网 址：http://www.tup.com.cn，http://www.wqbook.com
地 址：北京清华大学学研大厦A座 **邮 编**：100084
社 总 机：010-62770175 **邮 购**：010-62786544
投稿与读者服务：010-62776969，c-service@tup.tsinghua.edu.cn
质量反馈：010-62772015，zhiliang@tup.tsinghua.edu.cn
印 刷 者：北京富博印刷有限公司
装 订 者：北京市密云县京文制本装订厂
经 销：全国新华书店
开 本：185mm×260mm **印 张**：16.75 **字 数**：377千字
版 次：2013年7月第1版 **印 次**：2021年8月第20次印刷
定 价：48.00元

产品编号：050030-04

《财务决策实务教程》编委会

主　编：桑士俊

副主编：陈朝晖　卢德湖　罗先锋

编　委：（按姓氏音序排序）

郭文茂　贺世强　黄素谦　李永梅

徐　妍　杨文雁　原晓燕　赵　静

前言

Foreword

21 世纪是经济发展进入信息化、网络化、数字化、全球化的时代。中国经济也进入了平稳、快速发展的新的历史时期，社会各界对各类人才的要求普遍提高，其中，复合型、高素质、高学历、知识更新快、适应能力强并具有创新能力的人才颇受青睐。随着新增企业越来越多，国家总体投资规模越来越大，对经济管理类人才的需求，尤其是对全面了解企业经营、具备财经专业知识，并能结合企业经营情况向决策层提供决策依据的复合型人才的需求越来越大。

财务决策平台是厦门网中网软件有限公司适应当代人才培养需求，面向财会专业学生研发的一款仿真模拟企业运营实务的教学软件。本平台围绕财务管理和业务核算两个核心环节，通过模拟企业经营内、外部环境，设计了企业运营、账务处理、电子报税、税务稽查四大操作模块，要求学员以团队形式，通过人机对抗，分角色虚拟运营一家工业企业。本平台着重训练学员从 CFO 角度综合运用企业管理、财务管理、会计、税法、市场营销等理论知识实际运营企业的能力。

财务决策是对财务方案、财务政策进行选择和决定的过程，目的在于确定最令人满意的财务方案。只有确定了效果好并切实可行的方案，财务活动才能取得好的效益，从而实现企业价值最大化的财务管理目标。因此，财务决策是财务管理的核心，是企业管理的重要组成部分，是对财务预测结果的分析与选择，是一种多标准的综合决策。

财务人员要想履行好财务决策职责，需具备综合性的知识能力和丰富的实践经验，财会类专业毕业生需要在工作岗位上经过多年磨炼和刻苦学习才能胜任。以往的学校教学只能传授学员财务决策相关的理论知识，缺乏理论结合实践的平台，学员毕业时仍处于纸上谈兵的状况。财务决策平台正好弥补了传统教学的不足，有助于培养财务管理方面的复合型人才。

财务决策平台设置了财务总监、运营、财务经理、会计、出纳五个角色，各个角色在独立操作之余还需树立全局观念，与其他角色密切配合、沟通，并对关乎企业生产运营的各个方面进行关注。例如，在采购时要考虑价格波动及供应商情况，在生产时要考虑产能匹配，在进行研发、广告投放、人员招聘时要考虑企业实际需要等。学员通过分角色实施任务，可以体验企业运营管理的全过程，将所学知识综合运用到虚拟企业运营中。

财务决策平台主要是针对财会专业学员开发的，财会核算在平台操作中占据十分重要的地位。传统的财会教学往往让学员在阅读经过高度提炼的业务活动描述后进行财会核算、编制会计分录、填制账簿、编制财务报表。学员对业务发生的背景、原始凭证的来源、财会核算在企业经营管理流程中所处的地位、财会核算与企业管理模式、财会制度间的关系等方面都缺乏深入了解和全面认识。财务决策平台为学员营造了企业经营管理全过程,让学员真正看清业务活动的来龙去脉和财会核算间的逻辑关系,指导学员学会如何在实践中透过现象看本质。

本书作为财务决策平台的配套教程,以典型案例为主线,从知识提点、知识关键词、经营关键点、实战思路、规则链接、实战流程、实战案例、实战操作八个方面系统地介绍了平台涉及的每一项典型业务,不仅能使学员学会操作财务决策平台,还能引导学员从经济学、管理学、会计学、财务管理学、市场营销学、金融学等理论的角度来思考平台操作的原理,指导经营管理的实践活动。

为帮助教师更快、更好地掌握财务决策平台、有效实施教学,我们还特意编写了"教学设计实施篇",从教学设计和教学实施两方面为讲授本平台的教师提供可操作的教学方案。

本书的特色如下:

(1) 每个环节都体现资金成本、时间成本、企业信誉、机会成本。

(2) 从 CFO 的角度进行企业运营,充分体现财务决策的重要地位。

(3) 引入市场机制,体验市场调控功能和市场风险。

(4) 加入企业风险,体验风险控制对决策的影响。

(5) 创设企业运营真实环境,学员操作完成会计核算全过程。

(6) 真实再现企业纳税申报场景,培养学员纳税筹划意识。

(7) 建立稽查平台,提供企业税务自查功能,多角度审核企业账务,锻炼学员审计和查账能力。

本书可作为讲授平台操作的教师的参考用书,也可作为学生使用平台的指导手册。企业也可使用本书作为培训教材,借助财务决策平台对员工进行系统培训。

本书由厦门大学桑士俊教授任主编,福州大学陈朝晖副教授、闽西职业技术学院卢德湖副教授、厦门华厦职业学院罗先锋副教授任副主编。参与本书编写的还有厦门华厦职业学院财会金融系郭文茂、黄素谦、杨文雁老师以及厦门网中网软件有限公司高级讲师赵静、徐妍。本书编写过程中得到了清华大学出版社、网中网软件有限公司领导、相关企业高级会计师的大力支持,并借鉴了财务会计方面的书籍和报纸杂志的有关观点以及会计法规辅导讲解资料,编者在此一并表示感谢!由于编者水平有限,书中难免存有不足之处,恳请广大读者批评指正。

编　者
2013 年 3 月

目录

Contents

第1篇 基础篇

1.1 财务决策平台简介

1.1.1 财务决策平台概况

财务决策平台是厦门网中网软件有限公司面向财会专业学生开发的一款仿真模拟企业运营实务的教学软件。本平台围绕财务管理和业务核算两个核心环节，模拟了企业经营内、外部环境，设计了企业运营、账务处理、电子报税、税务稽查四大操作模块，要求学员以团队形式，通过人机对抗方式，分角色虚拟运营一家工业企业。本平台着重训练学员从CFO角度综合运用企业管理、财务管理、会计、税法、市场营销等理论知识实际运营企业的能力。

在本平台的操作中，系统设置了财务总监、运营、财务经理、会计、出纳五个角色。各个角色在独立操作之余还需树立全局观念，与其他角色密切配合、沟通，并对关乎企业生产运营的各个方面进行关注。例如，采购要考虑价格波动及供应商情况，生产要考虑产能匹配，研发、广告投放、人员招聘要考虑企业实际需要等。学员通过任务实施，可以体验企业运营管理的全过程，将所学多学科知识综合运用到虚拟企业运营中。

1.1.2 财务决策平台特色

(1) 每个环节都体现资金成本、时间成本、企业信誉、机会成本。

(2) 从CFO的角度进行企业运营，充分体现财务决策的重要地位。

(3) 引入市场机制，体验市场调控功能和市场风险。

(4) 加入企业风险，体验风险控制对决策的影响。

(5) 创设企业运营真实环境，学员操作完成会计核算全过程。

(6) 真实再现企业纳税申报场景，培养学员纳税筹划意识。

(7) 建立稽查平台，提供企业税务自查功能，多角度审核企业账务，锻炼学员审计和查账能力。

1.1.3 财务决策平台概念图

财务决策平台概念图如图 1.1-1 所示。

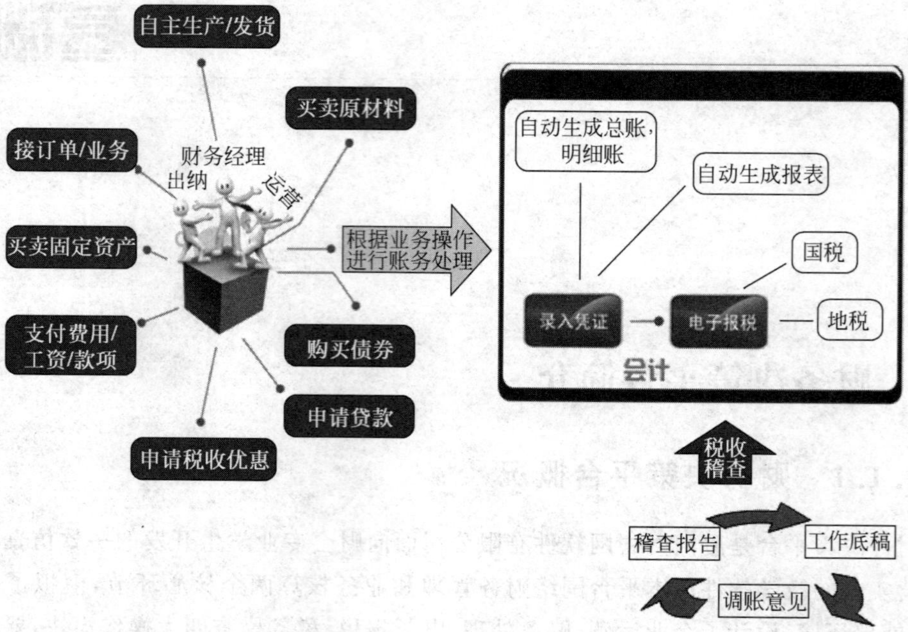

图 1.1-1 财务决策平台概念图

1.1.4 财务决策平台知识预备

财务决策平台是训练财会类专业学生综合运用相关理论及技能的实训平台。在使用本平台之前，学员需具备出纳实务、基础会计、财务会计、成本会计、税务会计、财务管理、会计电算化、管理学基础、市场营销学、金融学等相关知识。

1.2 财务决策平台规则

1.2.1 企业经营的基本要求

企业是指从事商品生产、流通和服务等活动，为满足社会需要，以营利为主要目的，进行自主经营、自负盈亏、具有法人资格的经济组织。企业经营的基本要求是生存、发展和盈利。

一、企业生存

企业经营的基本要求是生存，在财务决策平台中，企业以生产经营为主，以其他业务为辅，并根据企业经营状况合理进行投、融资。如果企业无法偿还到期债务，或没有足够的资金持续经营，企业将会破产。

二、企业发展

企业在生存的基础上，应当努力寻求发展，包括开拓新市场、积极投入研发、扩大生产规模、投资其他业务。

三、企业盈利

企业经营的目标就是实现利润最大化。企业盈利的主要途径是扩大销售和降低成本。

四、企业破产

企业破产是指当债务人（企业）的全部资产无法清偿到期债务时，债权人通过一定法律程序将债务人的全部资产供其平均受偿，从而使债务人（企业）免除不能清偿的其他债务。

本平台规定：

(1) 债权人向法院提起诉讼，企业无法付款，即刻破产。

(2) 企业有当日应支付款项，无银行存款或现金支付，即刻破产。

本平台中企业需要遵守上述基本规则。

1.2.2 市场营销规则

(1) 本平台中企业通过投放广告费来获取一定的市场份额，市场份额体现为可选的“主营业务订单”数量。

(2) 本平台中的市场分为国内初级市场、国内中级市场和国内高级市场（如图 1.2-1 所示）。要达到不同等级的市场，企业需投入的广告费分别从 50 万元到 500 万元不等。本平台初始设置的“市场范围”为“一类低级”。

【市场管理】

市场级别	市场类型	市场范围	营销费用（￥）
一级市场	国内初级市场	一类低级	0-500000
二级市场	国内初级市场	一类高级	500000-1000000
三级市场	国内中级市场	二类	1000000-2000000
四级市场	国内高级市场	三类	2000000-5000000

图 1.2-1 财务决策平台中的市场分类

1.2.3 产品规则

一、原材料采购及出售

(1) 本平台中企业可以在“采购市场”采购原材料，采购时自主选择供应商、采购数量及付款方式。

(2) 产品品种与原材料配比如下。

① 生产显示器所需要的原材料：液晶屏、主板、显示器辅助材料各1套。

② 生产洗衣机所需要的原材料：洗衣机机械材料、洗衣机辅助材料各1套。

③ 生产空调所需要的原材料：空调压缩机、空调辅助材料各1套。

(3) 原材料采购完5天内到货，具体时间随机。

(4) 企业采购原材料可获得商业折扣和现金折扣。

① 商业折扣。采购数量满1 000套享受货款总额1%的商业折扣；采购数量满2 000套享受货款总额1.5%的商业折扣；采购数量满3 000套享受货款总额2%的商业折扣；采购数量满5 000套享受货款总额2.5%的商业折扣。

② 现金折扣。本平台中企业采取"货到付款"的方式下，如果选择一次性付款可享受现金折扣，标准为：2/10、1/20、*n*/30。

(5)"付款方式"有货到付款和款到发货两种。

① 企业信誉值＞60分的情况下，可以选择货到付款方式。货到付款又分为以下三类。

a. 一次性付款。

30天内付清可享受现金折扣。付款期过后10天内应支付滞纳金(合同总金额的0.05%/天)，每天扣减信誉值0.2分，直至付清货款为止。10天后仍未付款，有30天违约期，应一次性支付违约金(合同总金额的30%)，每天扣减信誉值0.2分。违约期到期日仍未支付，进入法院程序，在法院的诉讼期内需支付相应款项(包括货款、滞纳金、违约金)；如企业不支付，法院会出具最终判决书，强制执行。

b. 首三余七。

滞纳金计算：首付30%，10天内付清，超过付款期19天内，应支付滞纳金(合同首付金额的0.05%/天)，每天扣减信誉值0.2分；二期付款70%，30天内付清，超过付款期10天内，应支付滞纳金(合同总金额的0.05%/天)，每天扣减信誉值0.2分。

违约金计算：超过最终付款期限未付款的，滞纳金罚期10日后，按合同金额(不含税金额)的30%支付违约金，并加扣信誉值每天0.2分。不支付违约金的，进入法院程序，在法院的诉讼期内需支付相应款项(包括货款、滞纳金、违约金)；如企业不支付，法院会出具最终判决书，强制执行。

c. 首六余四。

滞纳金计算：首付60%，10天内付清，超过付款期19天内，应支付滞纳金(合同首付金额的0.05%/天)，每天扣减信誉值0.2分；二期付款40%，30天内付清，超过付款期10天内，应支付滞纳金(合同总金额的0.05%/天)，每天扣减信誉值0.2分。

违约金计算：超过最终付款期限未付款的，滞纳金罚期10日后，按合同金额(不含税金额)的30%支付违约金，并加扣信誉值每天0.2分。不支付违约金的，进入法院程序，在法院的诉讼期内需支付相应款项(包括货款、滞纳金、违约金)；如企业不支付，法院会出具最终判决书，强制执行。

② 企业信誉值≤60的情况下，只能选择款到发货的方式。

(6) 运费。采购运费分为固定部分和变动部分。固定部分与供应商所在的地区远近有关,变动部分与采购原材料数量有关。

(7) 原材料供应商类型。供应商分为一般纳税人和小规模纳税人。选择不同类型的供应商可能影响企业当期缴纳的增值税税额。

(8) 原材料库存下限为10套,生产和研发领料不可使库存低于库存下限。多余的原材料可以按照当时的市场价格进行销售。

二、产品生产

本平台中的企业只生产三种产品:显示器、洗衣机和空调。企业承接了主营业务订单后,厂房、生产线、原材料、生产人员、生产线管理人员配备齐全即可投入生产。生产周期(工时)与生产线、生产人员有关。

生产耗用实际工时=生产耗用标准工时÷实际生产人员数量

生产耗用标准工时=生产数量×单位耗时

注: 单位耗时(可在平台的"生产线信息"中查看)是指生产一件产品,一个生产人员所需耗用的天数。实际生产人员数量是指企业实际投入到一条生产线上进行生产的人员数量。"生产线信息"中的"人数上限"是指一条生产线可容纳的最多"生产人员"数量。企业投入生产的实际生产人员数量可以低于"人数上限"。

三、产品成本

(1) 产品成本由直接材料、直接人工和制造费用构成。

(2) 产品成本在月末进行计算和结转。完工产品出库时,成本结转采用全月一次加权平均法。完工产品和在产品成本分配的方法为约当产量法。约当产量比例根据平台界面右上角的"业务信息"→"生产信息"中的产成品比例计算(如图 1.2-2 所示)。

生产信息

产品编号	产品名称	批次号	生产线	废品率	生产数量	生产人员	开始日期	结束日期	已生产天数	剩余天数	产成品比例
KT	空调	KT-20120528-004	空调生产线B型	0.30%	1000	200	2012-05-28	2012-06-05	4	4	50.00%

图 1.2-2 财务决策平台中的产成品比例

(3) 直接材料由投入生产的原材料构成。

直接材料=投入生产的原材料领用数量×移动加权单价

原材料入库成本采用实际成本法计算。原材料领用成本采用移动加权平均法,原材料在生产开始时一次性投入,完工产品与在产品所耗原材料成本是相等的,原材料成本按照完工产品和在产品数量进行分配。

(4) 直接人工由员工工资薪酬构成。工资薪酬归集到各类产品中,并在完工产品及在产品中进行分配。按照月底获得的工时汇总表、工资汇总表和薪酬类费用表计算并填写工资费用分配表。

(5) 制造费用包括低值易耗品、劳保费、生产用电费、生产用水费、生产设备及厂房租金(折旧)、维护费、生产线管理人员的工资薪酬等。月末根据工时汇总表,归集各类产品的制造费用,计算并填写制造费用分配表,并在完工产品和在产品中进行分配。

低值易耗品每月采购一次,一次性投入;劳保用品每季度采购一次,一次性投入,直接计入当期制造费用。

当月生产用电费=当月完工产品数量×2(元)(含税)

当月生产用水费=当月完工产品数量×1.5(元)(含税)

(6) 产品仓储。本平台中企业无须购买或租赁仓库,没有库存上限。每月 15 日支付上月 15 日至当月 14 日的仓储费用(初始月份支付当月 1～14 日的仓储费用)。

仓储费用=日仓储费用×结算期天数

日仓储费用=原材料数量×0.02 元/天+完工产品数量×0.06 元/天

原材料数量和完工产品数量根据当日留存数计算,当日入库同时出库则不计算。

四、产品销售

(1) 订单单价为不含税价格,本平台会自动根据研发等级进行单价加成。

(2) 付款方式为货到付款和款到发货。

(3) 货到付款的规则有三种:一次性付款、首三余七、首六余四。

(4) 付款天数根据订单的付款规则而有所区别。

(5) 订单承接后应在发货期内按时发货。企业应根据订单中的产品数量进行发货,禁止部分发货。发货期到期前,如果预期库存数量无法达到订单中的产品数量,可选择终止发货,合同即终止。合同终止后,应扣减信誉值(终止发货日到发货期到期日的天数×0.2 分)。如选择款到发货方式,还应退还已收取的款项。

(6) 款到发货:企业根据销售订单选择结算方式,系统随机付款。企业如在收到钱后不发货,超过发货时间 20 天内,系统扣减企业的信誉值,每天 0.2 分;20 天后还未发货的,按违约处理。企业需要缴纳违约金(合同总金额的 30%),违约金作为当天的待办事项,必须支付。待办事项可以申请延期,延期天数为 10 天,延期内扣除信誉值 0.3 分/天。支付违约金的同时,退回收到款项,合同终止。不退款不支付违约金的,交法院处理,法院判决后由系统自动扣除违约金和货款(诉讼费先由原告垫付,败诉者最终承担;受理日至判决日期间,继续履行合同发货及支付违约金的,法律程序终止,诉讼费还要支付),金额不足扣除的,作破产处理(现金流断掉)。

(7) 先发货后收款:包括分期付款和一次性收款两种情况。

① 分期收款。合同签订后,企业在合同规定发货期间内先发货。系统根据合同所选客户信誉值付款,客户信誉值低于 50 分的,系统可随机不付款(不付款的概率为 5%),企业做坏账处理。分期收款方式有两种:第一期 10 日内收 60%,第二期 30 日内收 40%;第一期 10 日内收 30%,第二期 30 日内收 70%。

② 一次性收款。合同签订后,企业在合同规定发货期内先发货。超过发货时间 20 天内,系统扣减信誉值,每天 0.2 分;20 天后还未发货的,按违约处理,企业需要缴纳违约金(合同总金额的 30%),违约金作为当天的待办事项,必须支付。待办事项可以申

请延期，延期天数为 10 天，延期内扣减信誉值每天 0.3 分。

系统根据合同所选客户信誉值付款，客户信誉值低于 50 分的，系统可随机不付款(不付款的概率为 5%)，企业做坏账处理。

五、产品研发

(1) 本平台的研发项目包括显示器研发、洗衣机研发、空调研发。

(2) 当累计投入研发费用达到一定的研发等级后，能相应提高产品的技术含量，主营业务订单中的产品单价会相应上涨(如图 1.2-3 所示)。

级别	阶段类型	研发等级	投入费用(¥)	单价上涨(%)
一级	研究阶段	研究调研	500000.00	1.00
二级	开发阶段	开发一级	1000000.00	2.00
三级	开发阶段	开发二级	2000000.00	3.00
四级	开发阶段	开发三级	3000000.00	4.00

图 1.2-3　产品单价与研发等级的变动关系

(3) 研发“投入费用”由“投入材料经费”和“工资薪酬”构成。“投入材料经费”根据原材料领用数量和移动加权单价相乘计算。研发和生产同类产品所需的原材料及其配比关系相同。“工资薪酬”根据研发人员的工资汇总计算。

(4)“投入费用”计算节点。原材料领用日就是计算“投入材料经费”的时点。次月 15 日计算上月研发人员的工资费用。每月 1 日系统自动将上月研发人员工资薪酬计入“投入费用”(如图 1.2-4 所示)。

图 1.2-4　系统自动计算研发费用

(5) 研发人员在同一研发等级内不可解聘。

(6) 研发可以中途停止，无须连续投入，不影响累计投入研发费用，投入费用等下次再进行研发的时候继续累加。每月的 15 日之前才能投入研发，每月的 20 日之后才能终止研发。

(7) 开发阶段投入的研发费用全部形成无形资产。

(8) 研发项目累计投入费用达到年销售收入 6%以上(年收入 5 000 万元以内)、研发人员达到当年员工总数的 10%的，可以申请高新企业资格。

1.2.4　日常费用规则

(1) 差旅费按月支付，每月 40 000 元。

(2) 办公费按月支付，每月 10 000 元。

(3) 招待费按月支付，根据当月收入总额的 2%计算。

(4) 办公用水费按月支付,每月 2 000 元。

(5) 办公用电费按月支付,每月 1 400 元。

(6) 通信费按月支付,每月 6 000 元。

(7) 固定费用随机波动,每月不同。

1.2.5 投资规则

一、生产线、房产、其他资产投资

(一) 购买

本平台中企业可以根据需要购买生产线、房产和其他资产,购置生产线和其他资产必须一次性付款,购置房产可以选择一次性付款或者按揭贷款。需要为管理人员和销售人员配置笔记本电脑,一人一台。打印机和复印机都必须各购买一台。笔记本电脑、打印机和复印机需要在初始月份 10 日内购买。

(二) 租赁

本平台中企业可以根据需要选择租赁形式取得生产线和房产。租赁周期一般为 1 年,租赁开始日支付 4 个月的租金,第 4 个月开始之后每个季度的第 1 个月支付一次租金,第二、三季度支付 3 个月租金,第四季度支付 2 个月租金。

租赁合同未到期可退租,退回的租金系统自动支付,出纳确认。

退租规则:退租的前提是固定资产为空闲状态,随时可以退租。退租的范围:生产线、厂房、办公用房、餐饮操作间。退租的原则:1 个月的租金作为违约金。月租金计算节点为租赁合同签订后满一个月的第 2 天。第 1 个月多交的押金,若提前退租,则不予退还。每个季度付款当天须选择是否季度续租,若续租即要支付季度租金;若不续租,即可退租。退租后,不用支付季度租金。被退租的资产不可再用,租赁合同终止。

(三) 到货及安装

生产线购买或租赁后第 2 天到货,生产线的安装时间是 10 日。房产购买或租赁时,可马上投入使用、无须安装。其他资产购买后 5 日内到货,无须安装。面积是影响房产、生产线和其他资产安装的重要因素。

(四) 维护

无论生产线是否在用,企业每个季度必须支付 5 万元左右的维修费用。房产和其他资产无须支付维修费用。

(五) 折旧

本平台中企业拥有的生产线、房产和其他资产应当采用直线法按月计提折旧,折旧年限及净残值率根据企业具体情况设置。超过税法规定标准的,年终应当进行纳税调整。

(六) 处置

本平台中企业拥有的生产线、房产和其他资产只有在“空闲”状态才能被处置,“按揭”状态的房产不可处置。

处置时的供应商与初始购买时的供应商为同一家企业,按照处置时的市场价做固定资产清理,并缴纳相关税费。

二、股票投资

股票投资上限为10万手,每手100股。股票在月初和月末才可购买,购买信息在财务经理界面会有提示。资产负债表日需调整公允价值变动损益。

三、国债投资

(1) 国债分三年期国债和五年期国债两种,都是在二级市场购入,持有不以持有至到期为目的。国债可随时购买。

(2) 国债购入金额=当期价格×购买数量,购入时没有相关费用。

(3) 国债未到期可以出售,出售国债金额=当期价格×卖出数量×(1-相关费用率)。当期价格每月变动一次。

(4) 国债到期价格=国债面值×(1+利率×债券期限)。国债到期出售没有相关费用。

四、委托贷款

企业有充足资金时可以委托银行放贷,每月收取利息作为企业的收入,通过"其他流动资产——委托贷款"科目进行核算。收到利息时作为其他业务收入处理。

委托贷款的前提是短期贷款余额为0。

(1) 贷款的额度:分100万元、300万元、500万元三档。

(2) 贷款期限:按月计算,最长不能超过1年。

(3) 贷款利率:15%(年利率)。

(4) 银行手续费:2‰(按照贷款余额计算)。

(5) 罚息:6%(按照本金计算)。其中一半归银行,一半归企业。

(6) 延期还贷:利息按月支付,不能延期,本金可以延期。本金延期一个月后,利息继续收取,并加收6%的罚息。

(7) 要进行委托贷款需先设置委托贷款专户,并保证专户里有足够可用的资金。

1.2.6 筹资规则

一、筹资方式

本平台中企业筹资方式有三种:短期贷款、抵押贷款、按揭贷款。

二、短期贷款规则

(1) 信誉值在80~100分可以进行短期贷款。

(2) 贷款最高限额额度=实收资本×信誉值比例,信誉值比例=信誉值/100。

(3) 贷款利率每年变动,已贷款项不受影响,贷款期限最长不超过1年。

(4) 按月支付利息,到期一次还本。

(5) 可以提前还贷,利息按照使用资金天数计算。如提前还款,借款合同终止。

(6) 利息需当期支付,不能延迟支付。

三、抵押贷款规则

(1) 抵押贷款额度上限为抵押资产净值的70%。抵押资产是指企业拥有所有权且不存在按揭贷款的房屋。

(2) 贷款利率每年变动,已贷款项不受影响,贷款期限为1～3年。

(3) 按季度支付利息,到期一次还本。

(4) 可以提前还贷,利息按照使用资金天数计算。如提前还款,贷款合同终止。

(5) 利息需当期支付,不能延迟支付。

四、按揭贷款规则

(1) 按揭贷款只适用于购买房产,贷款最高限额为房产价值的70%。

(2) 贷款利率每年变动,已贷款项不受影响,贷款期限为1～3年。

(3) 按月归还固定本息。

(4) 按揭贷款应缴纳保险费,保险费=贷款金额×0.5%。

五、贷款资金到账日期

短期贷款3天内到账,抵押贷款和按揭贷款5天内到账,具体时间随机。

1.2.7 其他业务规则

(1) 本平台中,企业需要扩大经营规模和经济范围时,可以选择从事其他业务。系统支持的其他业务有“餐饮业务”和“运输业务”。

(2) 企业从事其他业务要依次先办理以下三个事项:申请认证资格→办理工商登记变更→办理税务登记变更,然后购买或租赁相关资产,招聘相关人员后方可执行具体业务。

(3) 申请认证资格。本平台中企业要办理其他业务,首先到“外部机构”中的“政府办事大厅”申请认证资格,运输行业需要申请道路运输许可证,餐饮行业需要申请卫生经营许可证。5日内完成审批。

(4) 办理工商登记变更。本平台中企业申请认证资格后,需要到“外部机构”中的“工商管理局”办理工商登记变更,扩大经营范围。5日内完成审批。

(5) 办理税务登记变更。本平台中企业办理工商登记变更完毕后,需在30日内到“外部机构”中的“税务局”办理税务登记变更。5日内完成审批。

(6) 购买或租赁相关资产及招聘相关人员。本平台中企业要经营其他业务,需要购买或租赁相关资产及招聘相关人员,如从事餐饮业需要购买或租赁操作间、购买餐饮炊具、招聘厨师;从事运输业需要购买货车、招聘司机。

(7) 执行其他业务。本平台中企业需要执行其他业务,应当在每月10日前点击“执行”。首次执行完成后,以后每月不必再点击“执行”按钮,系统会自动执行业务,每月末会取得其他业务收入,提示支付相关成本。停止执行其他业务只能在执行该业务180日后当月的27～31日点击“停止”。

1.2.8 或有事项规则

一、产品质量保证金

本平台中企业需按月收入额的3.5%预提产品质量保证金，计入预计负债；需要在季度末支付产品质量保证金，根据季度收入额的3%计算。

二、未决诉讼

本平台中企业在经营过程中，可能会遇到未决诉讼，在资产负债表日，应根据律师意见判断是否计入预计负债，根据法院判决书做相关账务处理。诉讼过程中会产生受理费用(每次500元)，诉讼费用根据诉讼金额的1%计算。

1.2.9 非货币性资产交换规则

(1) 本平台中企业可以进行易货贸易，用企业生产的完工产品在交易市场交换所需的原材料，但不可用原材料交换完工产品。

(2) 不允许用完工产品交换生产该产品的原材料。例如，不可用空调交换空调压缩机。

(3) 所支付的补价不能超过交换总金额(含税)的5%(该比例为系统设置)。

(4) 双方结算方式为非货币资产交换，互开发票，其中一方支付补价。

1.2.10 人力资源规则

(1) 员工工资为固定工资加绩效工资(只有销售人员根据收入提成计算绩效工资)，员工在同一个月中无论哪天入职都要支付全月工资薪酬。员工的工资薪酬由工资、福利费、工会经费、职工教育经费构成。

(2) 生产每种产品需要生产线管理人员5人，每人每月工资4 000元，系统自行配置，无须招聘。

(3) 生产人员每人每月工资3 000元，研发人员每人每月工资5 000元，需自行招聘。

(4) 销售人员10人，每人每月2 000元(底薪)＋销售提成(根据销售收入确定)；管理人员5人，每人每月4 000元，系统自行配置，无须招聘。

(5) 厨师、司机每人每月3 500元，每间餐饮操作间需要3名厨师，每辆货车需要2名司机，需自行招聘。

(6) 生产人员和生产线管理人员不占用面积。销售人员、管理人员和研发人员需占用办公用房面积，每人占用3平方米。若移入办公用房的员工总数超过房屋面积，则不能完成入职。

(7) 公司招聘的生产人员和研发人员总人数的上限是600人。

(8) 生产人员、研发人员、厨师、司机在一定条件下可以解雇。生产人员在生产过程完成后，研发人员在跨越研发等级后并处于“闲置”状态下可以解雇。厨师和司机处于“闲置”状态下可以解雇。解雇需多支付一个月工资作为补偿。

1.2.11 信誉规则

(1) 本平台中企业的初始信誉值为100分。

(2) 采购原材料时，应付滞纳金期间，每天扣减信誉值0.2分；违约期，每天扣减信誉值0.2分。

(3) 销售发货期到期前可选择终止发货，合同即终止。合同终止后，应扣减信誉值(终止发货日到发货期到期日天数×0.2分)。

超过发货时间20天内，系统扣减企业的信誉值，每天0.2分；20天后还未发货的，按违约处理。企业需要缴纳违约金(合同总金额的30%)，违约金作为当天的待办事项，必须支付。待办事项可以申请延期，延期天数为10天，延期内扣除信誉值0.3分/天。

(4) 供应商、客户信誉值会对经营造成相应的风险。

1.2.12 工作规则

(1) 决策流程：运营或财务经理申请→财务总监审批→运营或财务经理执行。

(2) 付款流程：运营申请→财务经理审批→出纳付款，如待审批的金额≥100万元的还需经过财务总监审批。

(3) 财务总监需关注“我的审批单”栏显示的事项；运营需关注“我的审批单”和“今日事项”栏显示的事项；会计和出纳需关注“待办事项”和“今日事项”栏显示的事项。“待办事项”栏主要涉及的是付款业务，“今日事项”栏涉及的是除付款以外的其他业务。

(4) “我的审批单”中的决策需当天进行审批。“待办事项”栏不都需要当天完成，但红字部分标注的事项必须当天完成。

(5) 运营、财务经理、会计、出纳点击“下班”后，财务总监才可点击“下一天”完成下班任务，进入下一天的操作。财务总监在下班前可根据工作需要点击“加班”，要求其他角色当天返回工作。其他角色下班后也可点击“加班”自行加班。财务总监可一次性连续多日“下班”(如图1.2-5所示)。

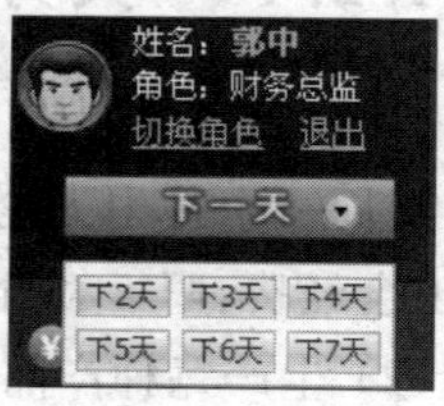

图1.2-5 财务总监“下班”操作界面

1.2.13 评分系统

一、评价指标

本平台所设定的评价指标如下：

(1) 销售净利率。

(2) 流动比率。

(3) 净现金流。

(4) 银行存款、库存现金与系统相符。

(5) 原材料金额与系统相符。

(6) 产成品数量与系统相符。

(7) 运营决策失误。

(8) 付款决策失误。

(9) 稽查小组调整分录数量。

(10) 稽查补缴税款、滞纳金、罚款金额。

以上指标分为经营、核算、决策、稽查四个方面，分别从这些方面去考核学生在企业的全面经营、日常业务处理、财务决策、电子报税等方面的能力。每个指标所占的权重不同，分值随权重而变化，满分为100分。通过这些指标的设置，学生可以每个月看到自己的成绩，并看到总成绩排行榜，从而激发学生的竞争意识，提高平台的对抗性。

二、评价指标说明

(1) 销售净利率。计算公式为：

销售净利率＝净利润÷主营业务收入

每月系统根据企业出具的财务报表计算该指标。

(2) 流动比率。计算公式为：

流动比率＝流动资产÷流动负债

每月系统根据企业出具的财务报表计算该指标。

(3) 净现金流。计算公式为：

净现金流＝银行存款期末余额＋库存现金期末余额

每月系统根据银行对账单提取数据计算该指标。

(4) 银行存款、库存现金与系统相符。每月系统根据企业银行存款和库存现金明细账余额与银行对账单和库存现金余额相对比产生该指标。

(5) 原材料金额与系统相符。每月系统根据企业原材料明细账中的余额与企业库存中的原材料余额相对比产生该指标。

(6) 产成品数量与系统相符。每月系统根据企业产成品明细账中的数量余额与企业库存中的产成品数量相对比产生该指标。

(7) 运营决策失误。由于运营和财务总监配合失误导致执行失败，作废审批决策单，产生该指标。

(8) 付款决策失误。由于出纳和财务经理配合失误导致执行失败，作废付款审批单，产生该指标。

(9) 稽查小组调整分录数量。如果有稽查小组进行稽查，根据稽查小组出具的稽查报告中企业账务处理需要调整的分录数量得出该指标。

(10) 稽查补缴税款、滞纳金、罚金金额。如果有稽查小组进行稽查，根据稽查小组出具的稽查报告中企业应当补缴的税款、滞纳金、罚金的总金额得出该指标。

根据每个指标所占的权重不同，最终得出成绩总分。

第2篇

运营实战篇

2.1 实训企业概况

2.1.1 背景信息

华夏成长有限公司坐落于北京市朝阳区，注册资本人民币 500 万元整(伍佰万元整)，经营范围为电子产品的生产与销售。本公司本着诚信为本、顾客至上的销售理念，携手同人致力打造一个以家用电器为龙头，结合多种电子产品，并兼营其他业务的现代化企业。本公司现阶段可生产的产品有洗衣机、空调和液晶显示器。

2.1.2 角色分工与职责

本公司根据经营情况共设置以下 5 个岗位：财务总监、运营、财务经理、会计、出纳。具体职责如下。

(1) 财务总监：负责企业全面财务管理、月运营规划、运营动作决策审批、电子报税的审批等企业全盘财务运营的统筹。

(2) 运营：负责企业采购、生产、承接订单、人员招聘、研发投入、广告费投入等日常生产运营工作。每个运营动作执行时需要财务总监做出决策审批。

(3) 财务经理：负责企业日常业务付款审批；股票、国债、委托贷款、短期贷款等投资、筹资业务；会计凭证审核、过账、结转损益、出具财务报表等电算化业务的处理。

(4) 会计：负责索取发票、开具发票、填制成本计算表、确认工资薪酬、电子报税、做账等财务事项的处理。

(5) 出纳：负责现金收付、银行存款收付、银行内部转账等现金流管理业务。

2.1.3 各角色功能菜单简介

一、财务总监

(一) 财务总监主功能界面

财务总监主功能界面如图 2.1-1 所示。财务总监可点击屏幕右上方的所有信息查询按钮，进行相应的信息查看。

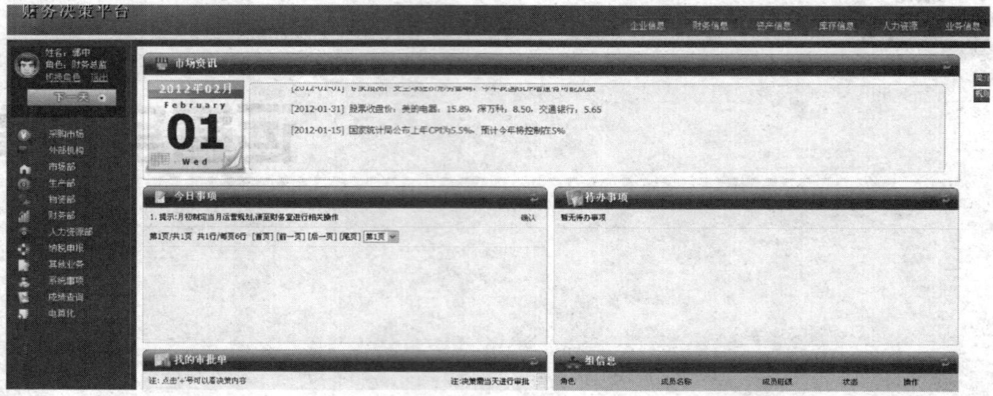

图 2.1-1　财务总监主功能界面

(二) 今日事项、待办事项和我的审批单

财务总监要关注“今日事项”(如图 2.1-2 所示)，今日事项所列事项为当日必须完成的事项。“待办事项”显示应经财务总监审批的事项(如图 2.1-3 所示)。只有经财务总监审批通过后，运营、财务经理等相关角色才可进行下一步操作。“我的审批单”列示所有经过财务总监审批并已执行的事项(如图 2.1-4 所示)。

图 2.1-2　“今日事项”界面(财务总监)

图 2.1-3　“待办事项”界面(财务总监)

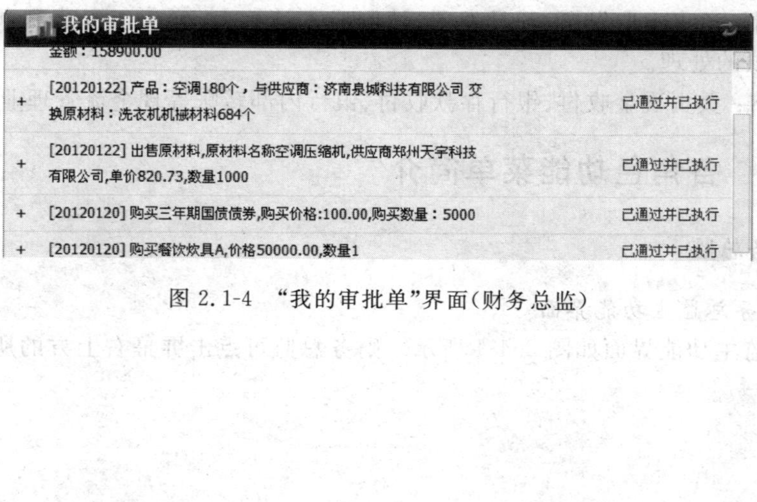

图 2.1-4　“我的审批单”界面(财务总监)

（三）市场资讯

财务决策平台模拟企业市场化运作，财务总监必须时时关注市场变化，包括宏观经济政策、专家预测、证券市场的涨跌等，把握企业经营的良好时机，审时度势，制定切实可行的符合市场运作的企业规划，控制企业经营风险。本平台中的“市场资讯”界面如图 2.1-5 所示。

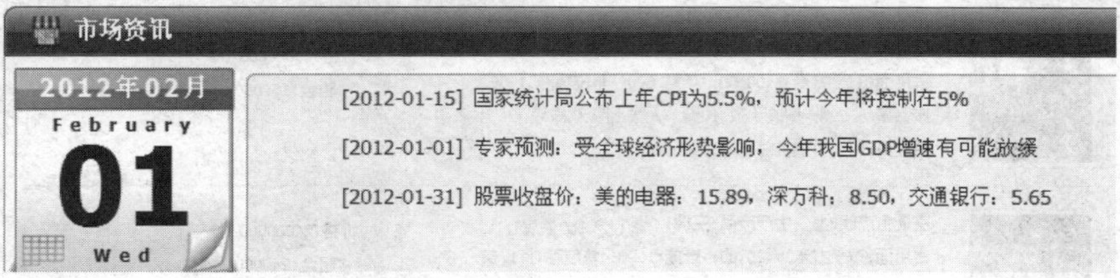

图 2.1-5　“市场资讯”界面(财务总监)

（四）主功能菜单

财务总监的主功能菜单较多，包括下班操作、采购市场、外部机构、市场部、生产部、物资部、财务部、人力资源部、纳税申报、其他业务、系统事项、成绩查询、电算化(如图 2.1-6 所示)。在处理不同事项时，财务总监需选择不同的菜单。

1. 下班操作

财务决策平台中，只有财务总监可以选择一次下两天或两天以上的班。财务总监点击“下一天”右侧的下拉按钮 ，可以选择一次下几天班(如图 2.1-7 所示)。其他角色完成当天任务，点击“下班”，最后由财务总监来结束当天任务，执行进入“下一天”或一次下几天班的操作。一次下几天班时，若中间有需操作的事项，系统会提示，不能继续下班，需按提示操作完成后方可下班。

2. 采购市场

财务总监在“采购市场”上可以查看企业生产产品需采购的材料、厂房、生产线等的市场行情(如图 2.1-8 所示)。具体操作由运营完成。

图 2.1-6　主功能菜单(财务总监)

图 2.1-7　“下班”界面(财务总监)

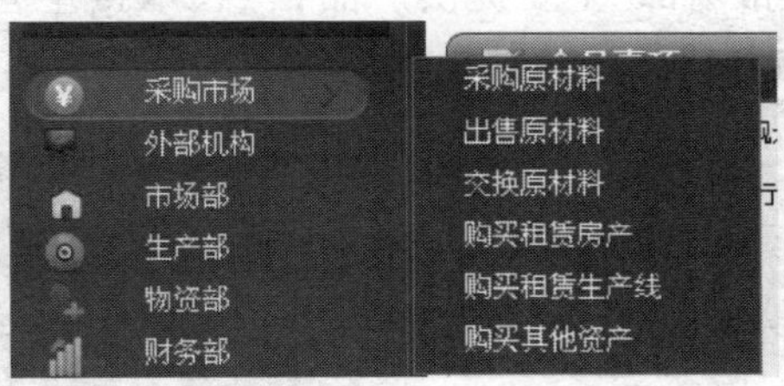

图 2.1-8　“采购市场”界面(财务总监)

如点击“采购市场”→“购买租赁生产线”进入查询界面，选择企业生产的产品，点“搜索”，则显示该产品对应的生产线的详细信息，以便财务总监制定企业运营规划（如图 2.1-9 所示）。

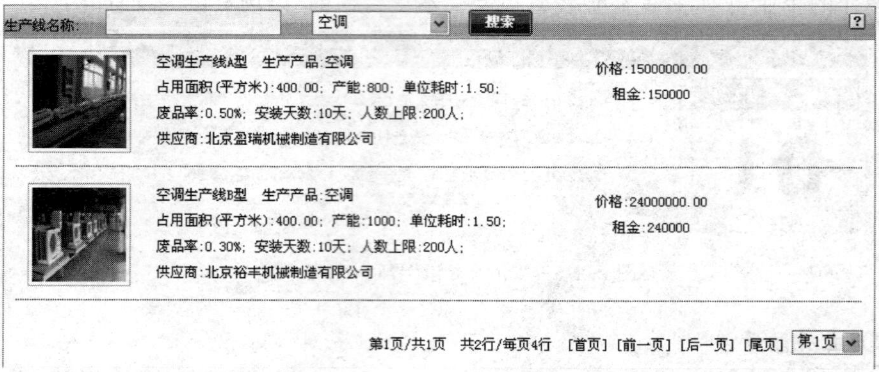

图 2.1-9 搜索采购信息（财务总监）

3. 外部机构

财务总监对应的外部机构主要有银行、工商管理局、税务局等（如图 2.1-10 所示）。

图 2.1-10 “外部机构”界面（财务总监）

如点击“外部机构”→“法院”，可进行申请破产和经济诉讼查询（如图 2.1-11 所示）。

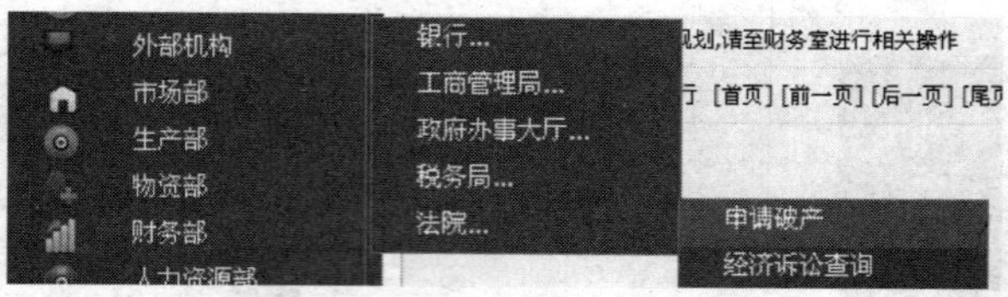

图 2.1-11 查询法院信息（财务总监）

4. 市场部

“市场部”主要提供产品信息、承接主营业务订单、合同清单及发货的查询功能（如图 2.1-12所示）。

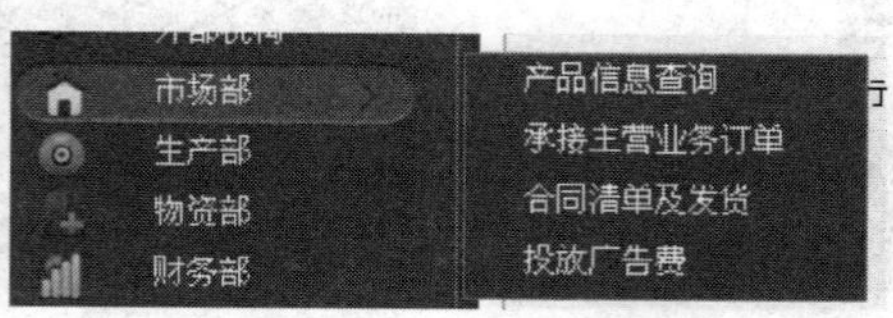

图 2.1-12 “市场部”界面（财务总监）

如点击“市场部”→“产品信息查询”进入产品信息查询界面，会列示出企业可生产的产品的信息（如图 2.1-13 所示），并可查看各种产品的价格趋势图（如图 2.1-14 所示）。

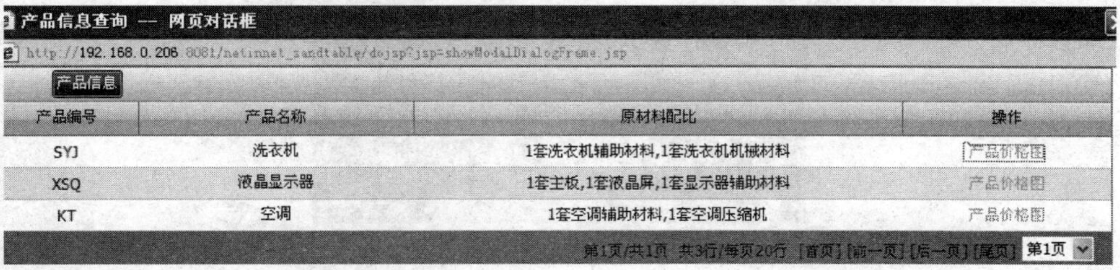

图 2.1-13　查询产品信息（财务总监）

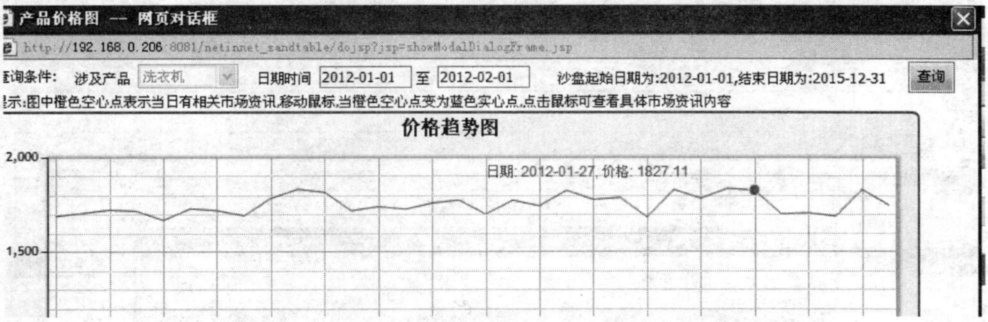

图 2.1-14　查看价格趋势（财务总监）

“投放广告”的操作：企业是否要投放广告、投放多少、投放于什么产品市场，需由财务总监于每月 5 日之前进行规划决策时制订计划，然后由运营执行。在此界面，财务总监可查看企业投放广告费的历史记录（如图 2.1-15 所示）。

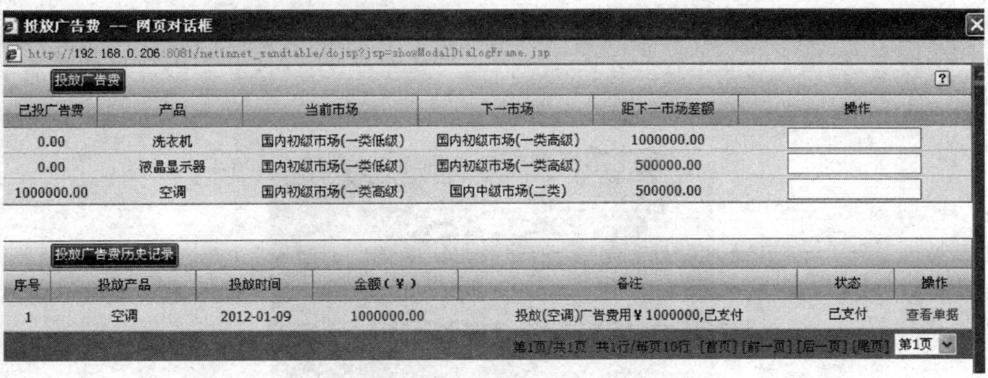

图 2.1-15　投放广告费操作界面（财务总监）

5. 生产部

“生产部”主要提供生产线安装调试、迁移、产品生产、配备操作设置等的查看功能（如图 2.1-16 所示），具体由运营操作。研发投入需由财务总监于每月 5 日之前进行规划决策时制订计划，然后由运营执行。在此界面，可进行研发效果和产品研发历史记录的查询（如图 2.1-17 所示）。

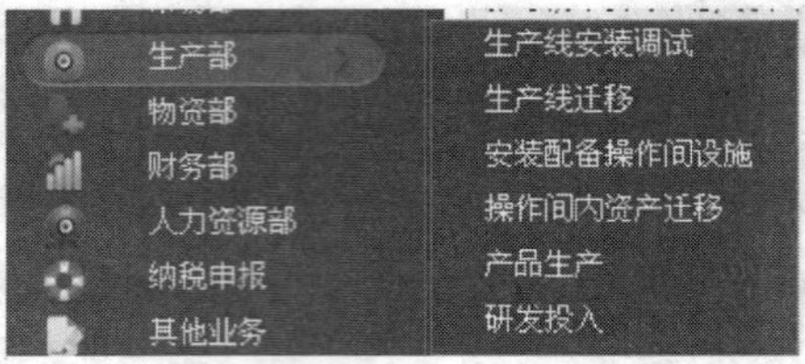

图 2.1-16　“生产部”界面（财务总监）

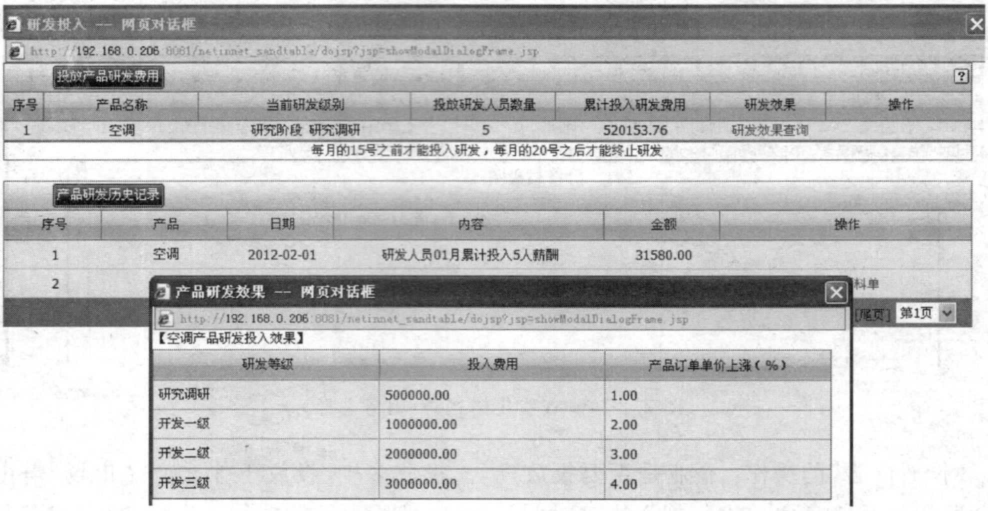

图 2.1-17　产品研发效果查询（财务总监）

6. 物资部

“物资部”提供企业固定资产管理、原材料、产品库存、生产线状态等信息的查看功能（如图 2.1-18 所示）。

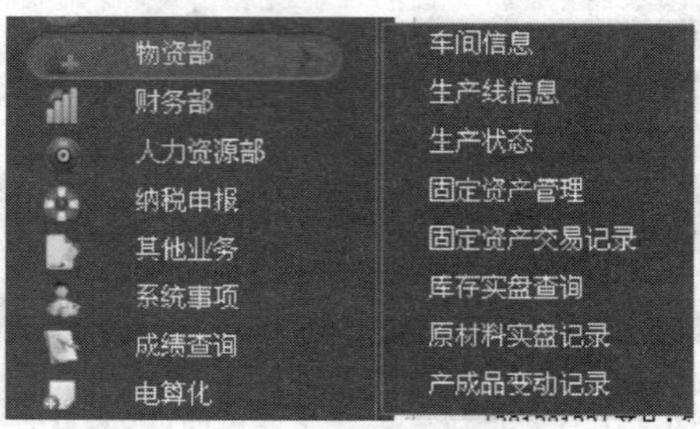

图 2.1-18　“物资部”界面（财务总监）

如点击“物资部”→“产成品变动记录”进入产品库存变动记录界面，选择要查询的产品及查询的时间，点击“查询”按钮，即可查看对应的产品入库、出库及结余的数量信息（如图 2.1-19 所示）。

产品 空调 查询年月: 2012 年 1 月 查询

2012 年 01 月

产品库存变动记录

日期		产品		入库	出库	余额
月	日	产品编号	产品名称	数量	数量	数量
01	01		期初余额			0
01	20	KT	空调	998		998
01	20	KT	空调		600	398
01	20	KT	空调		200	198
01	22	KT	空调		180	18
01	31		本期合计	998	980	18

采用移动加权平均法计算成本　第1页/共1页 共4行/每页100000行 [首页] [前一页] [后一页] [尾页] 第1页

图 2.1-19　产品库存变动记录查询(财务总监)

7. 财务部

“财务部”提供运营规划、筹资投资业务交易记录、原始单据的查询功能(如图 2.1-20 所示)。筹资、投资业务执行主要由财务经理操作。

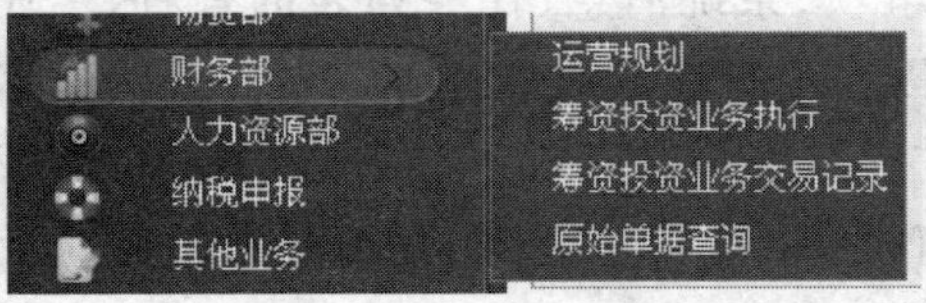

图 2.1-20　“财务部”界面(财务总监)

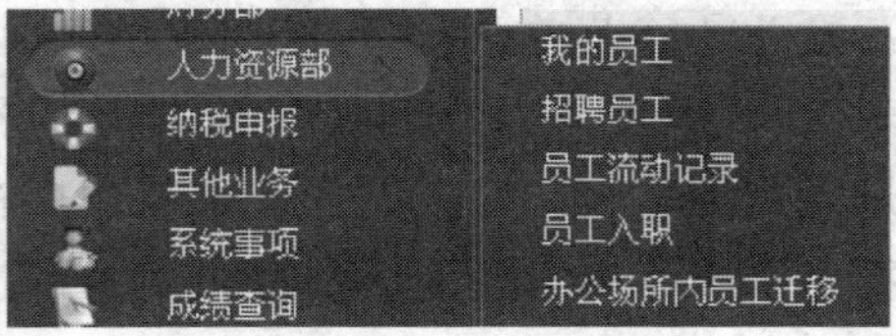

图 2.1-21　“人力资源部”界面(财务总监)

8. 人力资源部

“人力资源部”提供企业员工招聘、流动、入职等状态的查询功能。具体操作由运营按运营规划执行(如图 2.1-21 所示)。

9. 纳税申报

“纳税申报”提供企业纳税申报审批功能(如图 2.1-22 所示)。次月初(1～15 日)由会计填写纳税申报表(国税、地税),提交财务总监审批。财务总监点击“网上申报国税”进入申报界面,选择申报的时间,进入审批界面。在此界面,还可查看国税申报历史记录(如图 2.1-23 所示)。

图 2.1-22　“纳税申报”界面(财务总监)

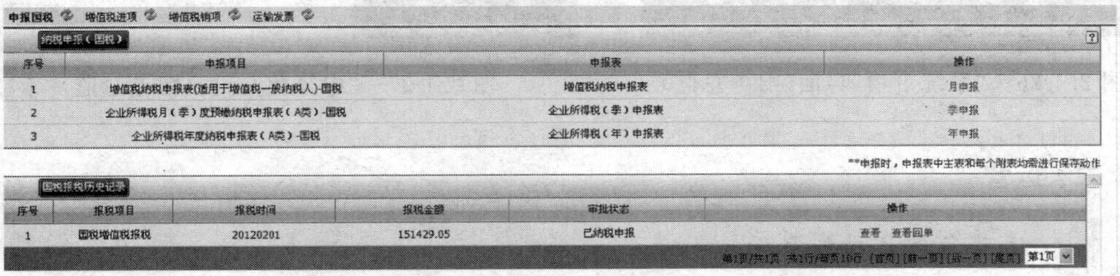

申报国税　增值税进项　增值税销项　运输发票

纳税申报(国税)

序号	申报项目	申报表	操作
1	增值税纳税申报表(适用于增值税一般纳税人)-国税	增值税纳税申报表	月申报
2	企业所得税月(季)度预缴纳税申报表(A类)-国税	企业所得税(季)申报表	季申报
3	企业所得税年度纳税申报表(A类)-国税	企业所得税(年)申报表	年申报

**申报时,申报表中主表和每个附表均需进行保存动作

国税报税历史记录

序号	报税项目	报税时间	报税金额	审批状态	操作
1	国税增值税报税	20120201	151429.05	已纳税申报	查看　查看回单

图 2.1-23　国税申报历史记录查询(财务总监)

10. 其他业务

“其他业务”提供企业或有事项记录和其他业务事项查询(如图 2.1-24 所示)。

如点击“其他业务”→“或有事项及突发事件”打开或有事项记录界面，即可进入查看(如图 2.1-25 所示)。

图 2.1-24 “其他业务”界面

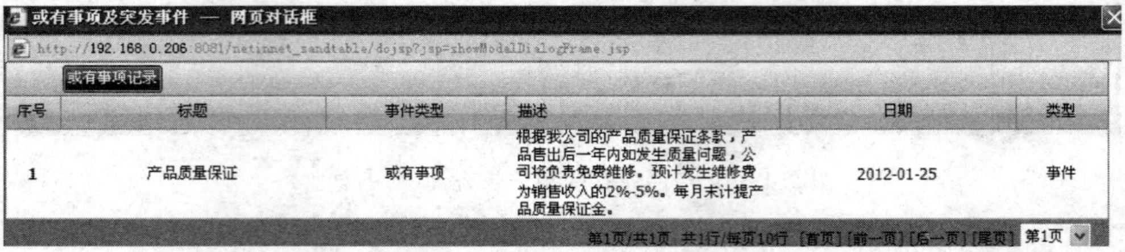

图 2.1-25 或有事项及突发事件查询(财务总监)

11. 系统事项

在此功能菜单，可进行近期应付事项、已办事项、系统消息、任务列表的查看。“任务列表”所列事项为当日企业任务，涉及的各角色需在当日完成对应任务，否则不能下班，无法进入到下一天。完成的任务事项会在右侧打“√”，表示已完成。财务总监要关注“我的审批单”，所有需审批的事项都会列示在“我的审批单”和“待办事项”内，财务总监应及时进行审批处理(如图 2.1-26 所示)。

12. 电算化

“电算化”中，财务总监主要负责直接录入无原始单据凭证和稽核录入原始单据凭证(如图 2.1-27 所示)，进行成本计算，产品出库、入库成本结转的核算等。

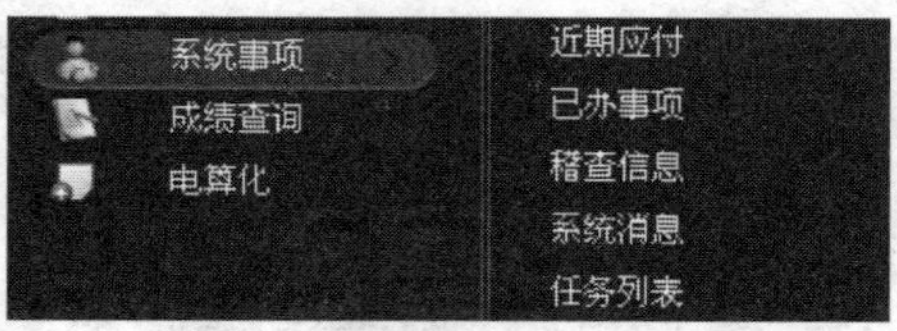

图 2.1-26 “系统事项”界面(财务总监)

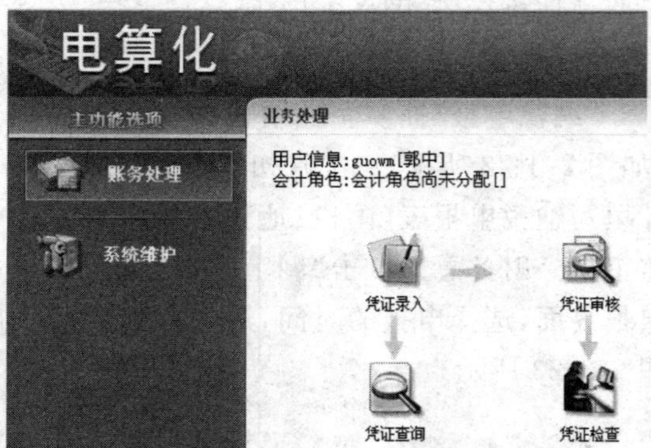

图 2.1-27 “电算化”界面(财务总监)

二、运营

(一) 运营角色主功能界面

运营角色主功能界面如图 2.1-28 所示。

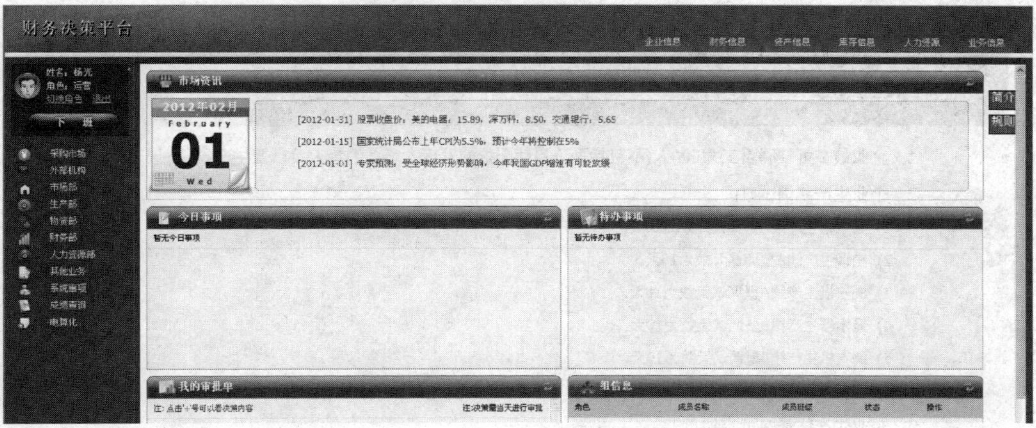

图 2.1-28　运营角色主功能界面

(二) 信息查询

运营角色主功能界面右上角有信息查询按钮，点击可进入财务信息、资产信息等查询界面。如点击“资产信息”→“生产线”，即可进入相应的界面(如图 2.1-29、图 2.1-30 所示)。

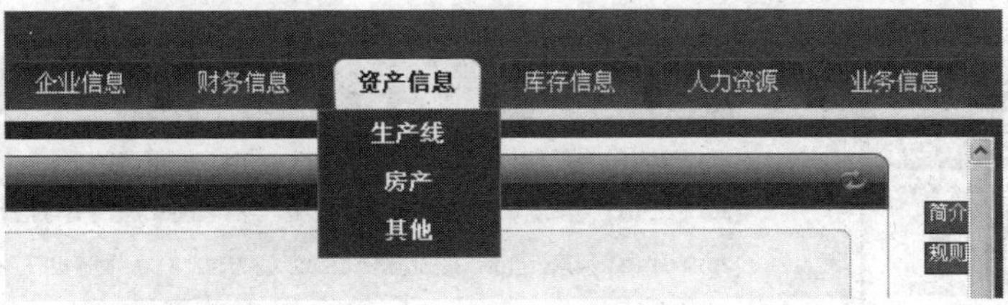

图 2.1-29　“资产信息”查询界面(运营)

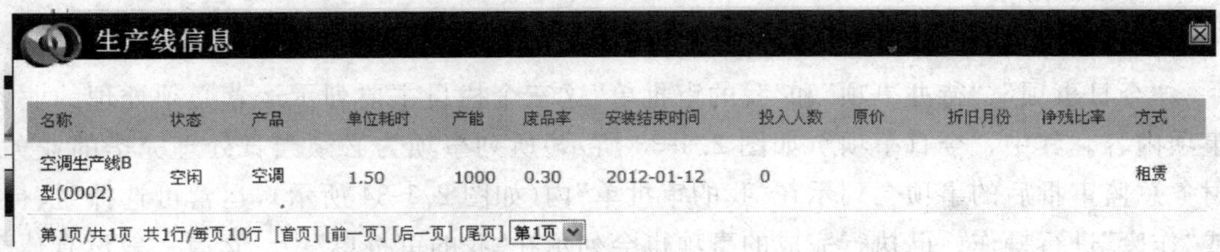

图 2.1-30　“生产线信息”查询界面(运营)

点击右侧“简介”、“规则说明”可查看本平台的产品简介和游戏规则(如图 2.1-31 所示)。

(三) 市场资讯

本平台模拟企业市场化运作，运营必须时时关注市场资讯，包括宏观经济政策、专家预测、证券市场涨跌等，以把握企业经营的良好时机，控制企业经营风险(如图 2.1-32 所示)。

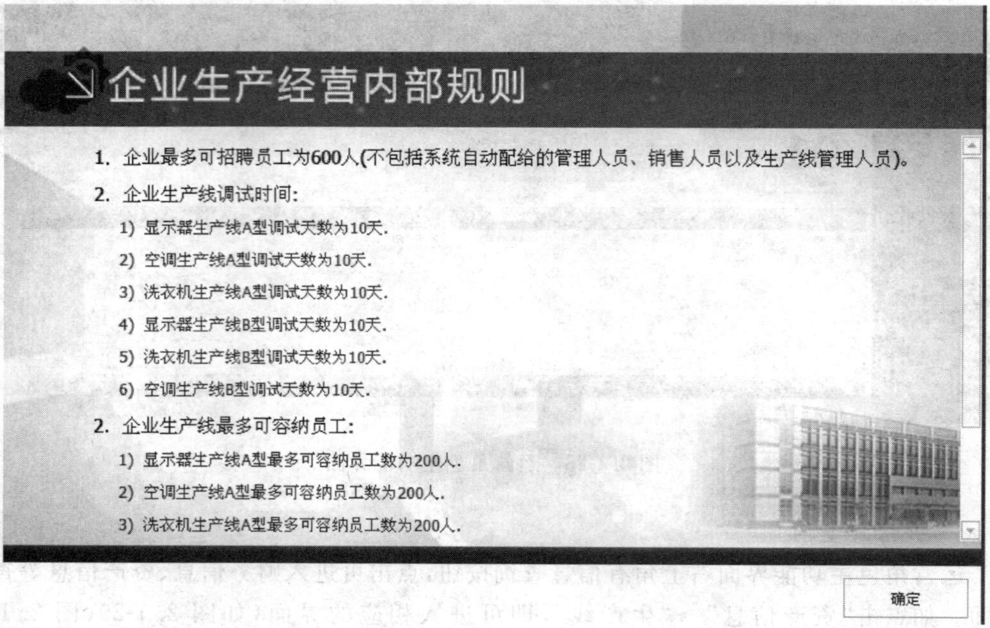

图 2.1-31 “企业生产经营内部规则”查看界面(运营)

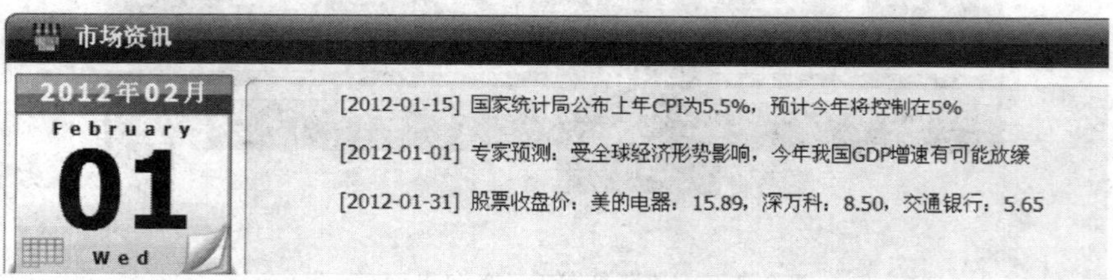

图 2.1-32 “市场资讯”界面(运营)

（四）今日事项、待办事项和我的审批单

“今日事项”、“待办事项”和“我的审批单”这三个栏目主要列示运营必须处理的业务事项内容。其中，“今日事项”(如图 2.1-33 所示)所列事项为必须当日处理完毕的业务；财务总监审批后的事项会列示在“我的审批单”内(如图 2.1-34 所示)，运营可选择“执行”或“作废”进行操作。已执行完成的事项也会列示在“我的审批单”中。运营一般没有什么需审批的事项。

图 2.1-33 “今日事项”和“待办事项”界面(运营)

（五）主功能菜单

由于运营角色在本平台中地位重要，所以其主功能菜单也较多，主要有：采购市场、

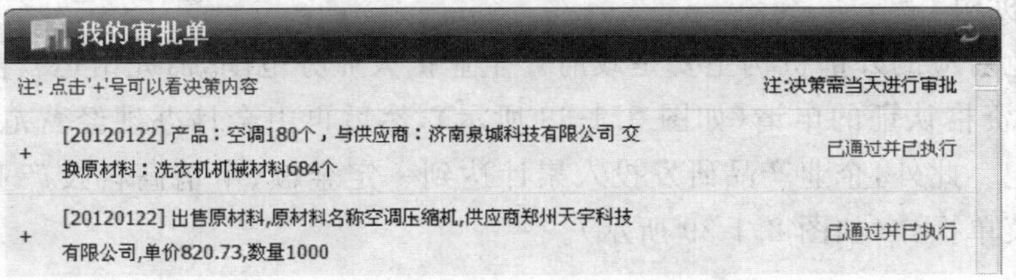

图 2.1-34 “我的审批单”界面(运营)

外部机构、市场部、生产部、物资部、财务部、人力资源部、其他业务、系统事项、电算化(如图 2.1-35 所示)。

1. 采购市场

企业生产经营所需材料、设备、厂房的购置或租赁，均由运营在“采购市场”进行操作。如点击“采购市场”→“采购原材料”，即可进行原材料采购操作(如图 2.1-36、图 2.1-37 所示)。

图 2.1-35 主功能菜单(运营)

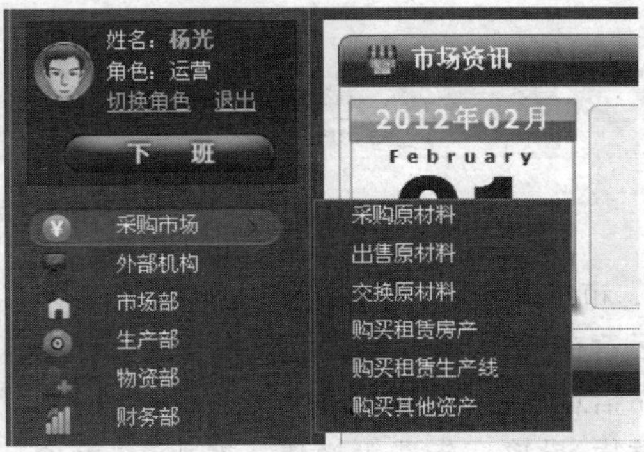

图 2.1-36 “采购市场”界面(运营)

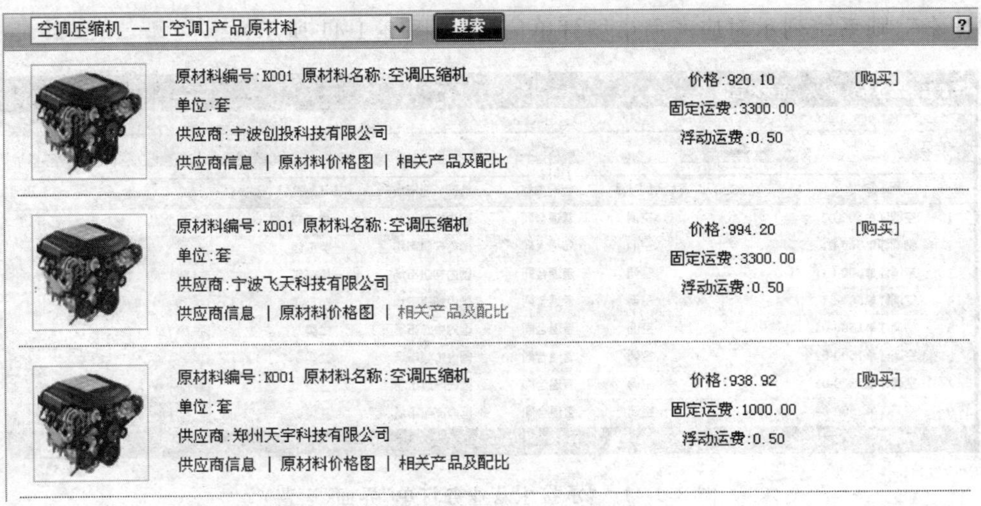

图 2.1-37 “采购原材料”界面(运营)

2. 外部机构

运营角色对应的外部机构主要是政府。企业扩大业务范围，需先由运营前往“政府办事大厅”进行资格认证的申请（如图 2.1-38 所示），然后再由会计办理经营范围变更的工商和税务登记。此外，企业产品研发投入累计达到一定金额、申请高科技产业资格认证，也在此功能菜单操作（如图 2.1-39 所示）。

图 2.1-38 “外部机构”界面（运营）

我司认证资格

序号	认证资格	认证机构	申请时间	生效时间	状态	操作
1	道路运输许可证	交通局	2012-01-22	2012-01-27	已申请	查看证书
2	卫生经营许可证	卫生局	2012-01-22	2012-01-27	已申请	查看证书

申请认证资格

序号	认证资格	认证机构	操作
1	高科技产业资格	科技局	申请

图 2.1-39 “认证资格”申请、查询界面（运营）

3. 市场部

运营在“市场部”（如图 2.1-40 所示）可进行产品信息查询、承接主营业务订单、合同清单及发货、投放广告费等操作。如点击“市场部”→“承接主营业务订单”，可进入“承接主营业务订单”界面。在下拉菜单处选择产品，再点“搜索”，则系统列示对应产品市场订单信息（如图 2.1-41 所示）。

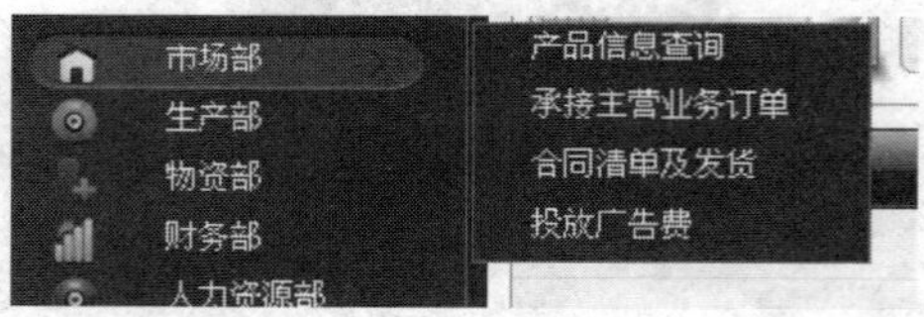

图 2.1-40 “市场部”界面（运营）

承接主营业务订单 -- 网页对话框

http://192.168.0.206:8081/netinnet_sandtable/dojsp?jsp=showModalDialogFrame.jsp

选择产品： 空调 搜索

序号	合同名称	合同产品	合同类型	合同所属市场	市场划分	操作
1	空调订单500-02	空调	普通合同	国内初级市场	一类低级	[查看订单] [客户信息]
2	空调订单500-01	空调	普通合同	国内初级市场	一类低级	[查看订单] [客户信息]
3	空调订单600-01	空调	普通合同	国内初级市场	一类高级	[查看订单] [客户信息]
4	空调订单600-02	空调	普通合同	国内初级市场	一类高级	[查看订单] [客户信息]
5	空调订单1500-01	空调	普通合同	国内中级市场	二类	[查看订单] [客户信息]
6	空调订单1500-02	空调	普通合同	国内中级市场	二类	[查看订单] [客户信息]
7	空调订单2500-01	空调	普通合同	国内高级市场	三类	[查看订单] [客户信息]
8	空调订单2500-02	空调	普通合同	国内高级市场	三类	[查看订单] [客户信息]

第1页/共1页 共8行/每页10行 [首页] [前一页] [后一页] [尾页] 第1页

图 2.1-41 “承接主营业务订单”界面（运营）

4. 物资部

运营在“物资部”(如图 2.1-42 所示)可进行有关车间信息、生产线信息、生产状态、固定资产管理等操作。如点击“物资部”→“库存实盘查询”,即可进入“库存实盘查询”界面,如有账实不符情况,则应进行相应的账务处理(如图2.1-43所示)。

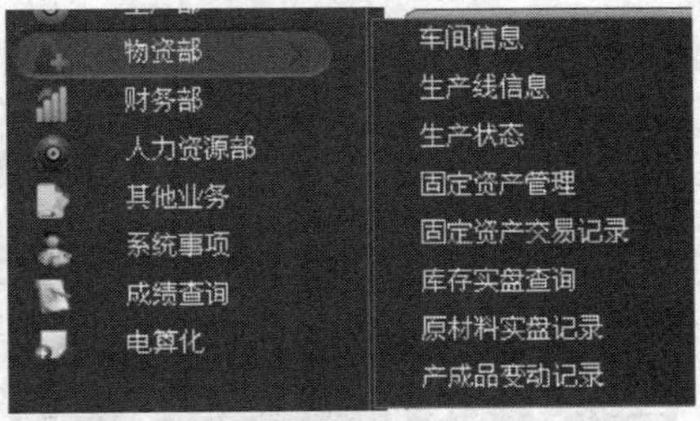

图 2.1-42 “物资部”界面(运营)

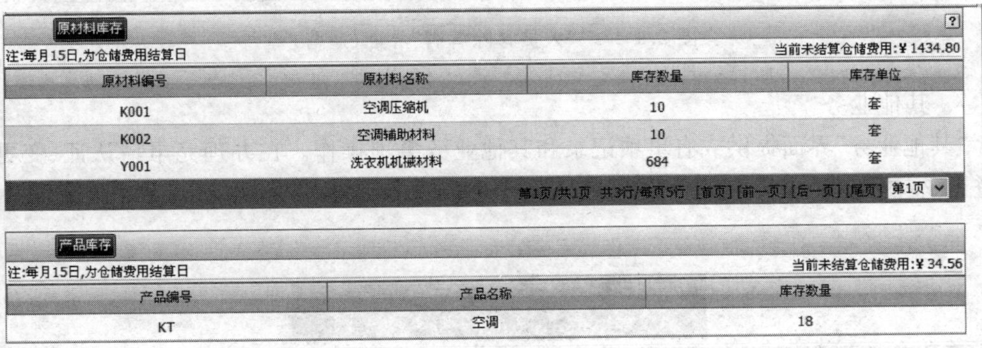

原材料库存

注:每月15日,为仓储费用结算日　　当前未结算仓储费用:¥1434.80

原材料编号	原材料名称	库存数量	库存单位
K001	空调压缩机	10	套
K002	空调辅助材料	10	套
Y001	洗衣机机械材料	684	套

第1页/共1页 共3行/每页5行 [首页] [前一页] [后一页] [尾页] 第1页

产品库存

注:每月15日,为仓储费用结算日　　当前未结算仓储费用:¥34.56

产品编号	产品名称	库存数量
KT	空调	18

图 2.1-43 “库存实盘查询”界面(运营)

5. 财务部

运营在“财务部”可查看运营规划、查看原始单据(如图 2.1-44、图 2.1-45 所示)。

图 2.1-44 “财务部”界面(运营)

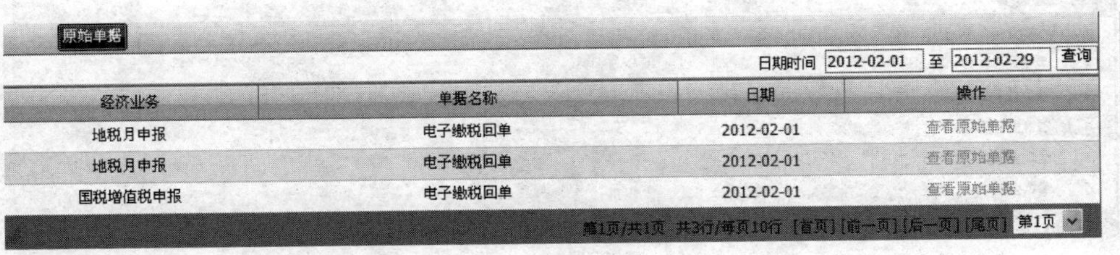

原始单据

日期时间 2012-02-01 至 2012-02-29 查询

经济业务	单据名称	日期	操作
地税月申报	电子缴税回单	2012-02-01	查看原始单据
地税月申报	电子缴税回单	2012-02-01	查看原始单据
国税增值税申报	电子缴税回单	2012-02-01	查看原始单据

第1页/共1页 共3行/每页10行 [首页] [前一页] [后一页] [尾页] 第1页

图 2.1-45 “原始单据查询”界面(运营)

6. 人力资源部

“人力资源部”界面主要提供运营对企业人力资源管理的操作(如图 2.1-46 所示),如办理员工入职、查看企业目前员工状态、招聘员工等。企业招聘入职的员工如管理人员、销售人员、研发人员等,需由运营将员工迁移进入相应场所。若解聘这些员工,也应将其迁移出办公场所,方

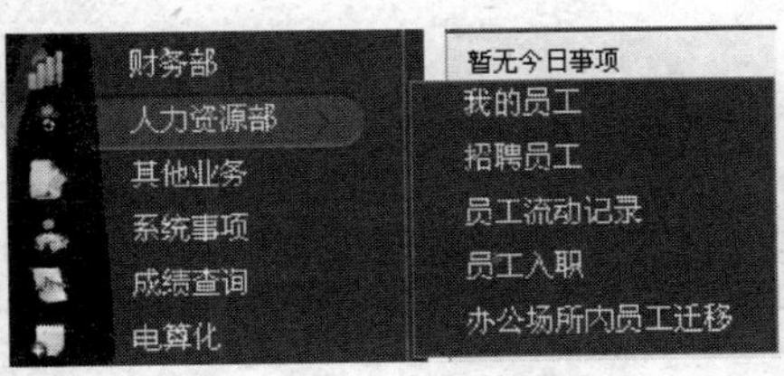

图 2.1-46 “人力资源部”界面(运营)

可解聘(如图 2.1-47 所示)。

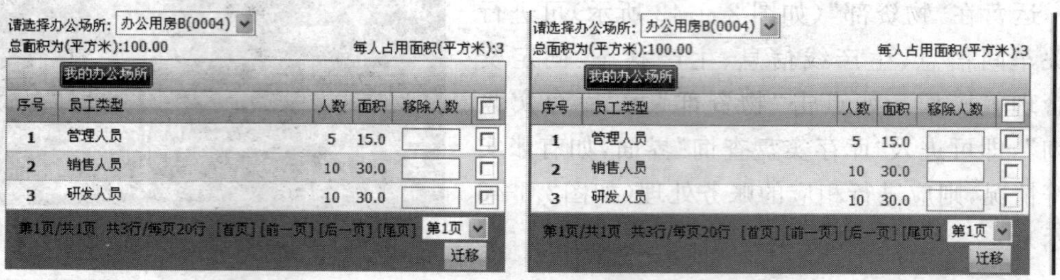

图 2.1-47 “人员移除解聘”界面(运营)

7. 其他业务

“其他业务”界面提供或有事项记录和其他业务事项操作。在办理完申请认证、变更工商登记(变更经营范围)、变更税务登记后,即可以执行其他业务(如图 2.1-48、图 2.1-49 所示)。

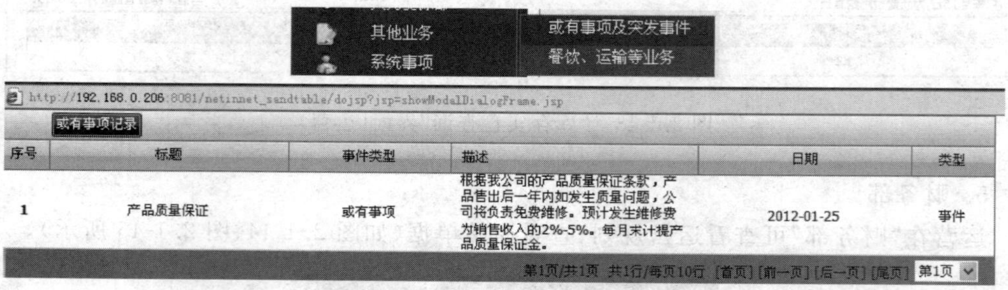

图 2.1-48 “或有事项”查询界面(运营)

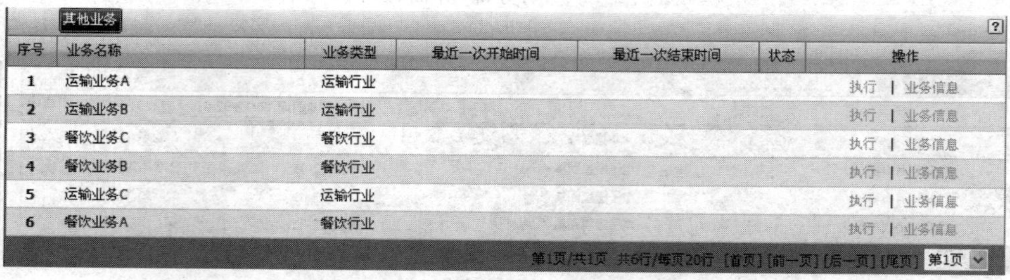

图 2.1-49 “其他业务”界面(运营)

8. 系统事项

运营在此功能菜单可进行近期应付事项、已办事项、系统消息、任务列表的查看,但不能进行稽查信息的查看。稽查功能只开放给会计、财务经理和财务总监。“任务列表”所列事项为当日企业任务,涉及的各角色需在当日完成对应的任务,否则不能下班,无法进入到下一

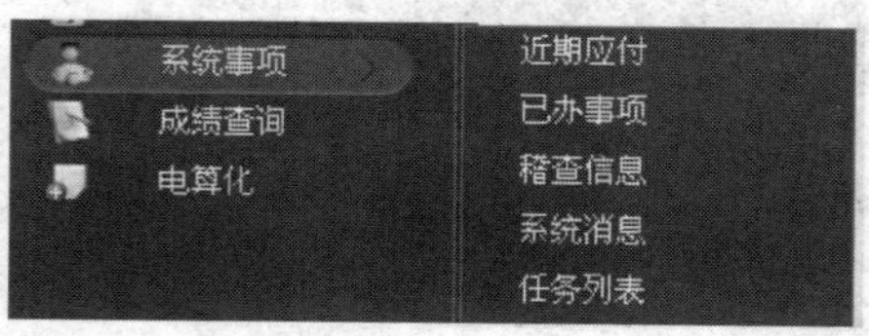

图 2.1-50 “系统事项”查询界面(运营)

天。完成的任务事项会在右侧打“√”，表示已完成(如图 2.1-50、图 2.1-51 所示)。

9. 电算化

系统的电算化模块(如图 2.1-52 所示)为专门的会计账务处理模块。在此模块中，各角色除财务总监、财务经理外均要由财务经理重新进行分工。例如，之前的运营角色需转换为会计 2，主要负责销售业务的会计处理。电算化模块功能介绍详见本书第 3 篇。

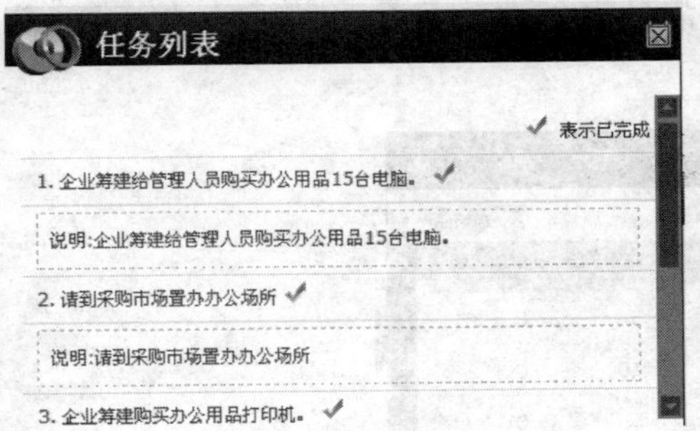

图 2.1-51　“任务列表”查看界面(运营)

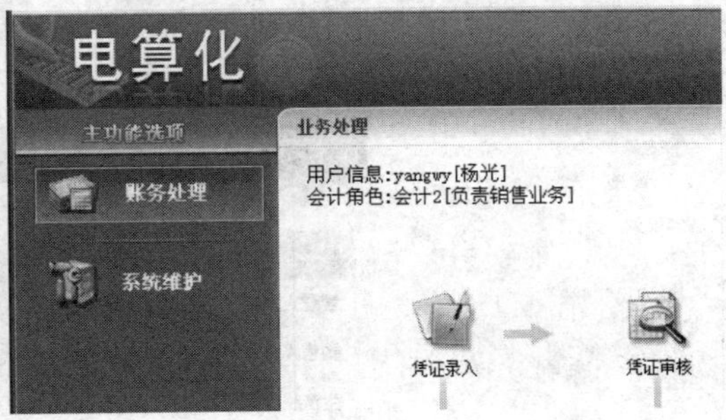

图 2.1-52　“电算化”界面(运营)

三、财务经理

(一) 财务经理主功能界面

财务经理主功能界面如图 2.1-53 所示。

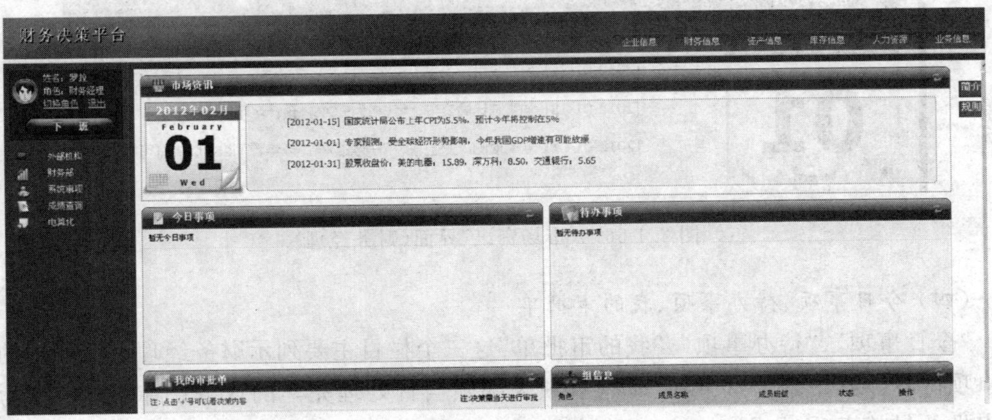

图 2.1-53　财务经理主功能界面

(二) 信息查询

财务经理主功能界面右上角有信息查询按钮，点击可进入财务信息、资产信息等查看界面(如图 2.1-54 所示)。

例如，点击“人力资源”可查看企业目前人员状况(如图 2.1-55 所示)。

(三) 市场资讯

财务经理必须时时关注市场资讯(如图 2.1-56 所示)，包括宏观经济政策、专家预测、证券市场的涨跌等，以把握企业经营的良好时机，控制企业经营风险。特别的，本平台中股票投资由财务经理负责，更应时时关注市场行情的变化。

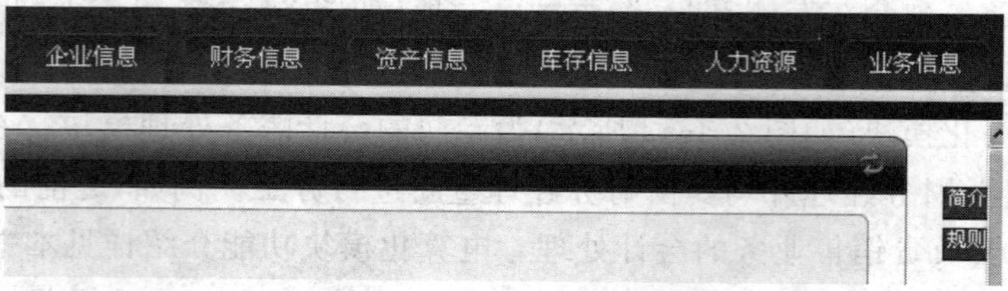

图 2.1-54 “信息查询”界面(财务经理)

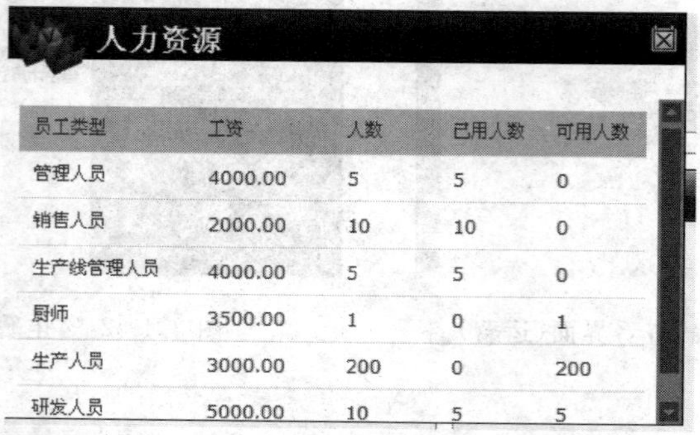

图 2.1-55 “人力资源”查看界面(财务经理)

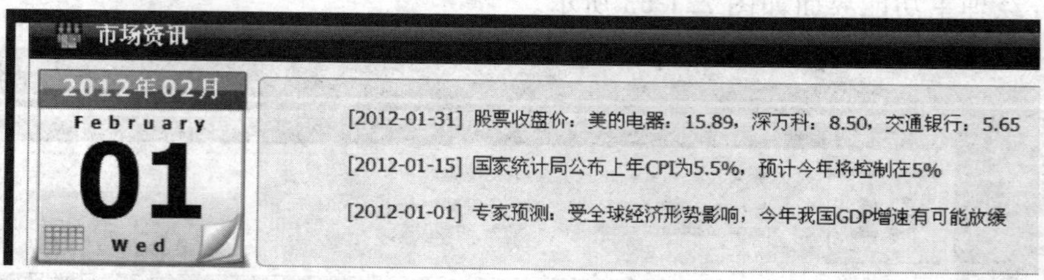

图 2.1-56 “市场资讯”界面(财务经理)

(四) 今日事项、待办事项、我的审批单

“今日事项”、“待办事项”、“我的审批单”这三个栏目主要列示财务经理必须处理的业务事项内容。其中，“今日事项”所列事项为必须当日处理完毕的业务；“待办事项”为需要审批的付款事项(如图 2.1-57 所示)；已执行完成的事项会列示在“我的审批单”中(如图 2.1-58 所示)。

图 2.1-57 “今日事项”和“待办事项”界面(财务经理)

(五) 主功能菜单

财务经理主功能菜单有外部机构、财务部、系统事项和电算化等(如图 2.1-59 所示)。

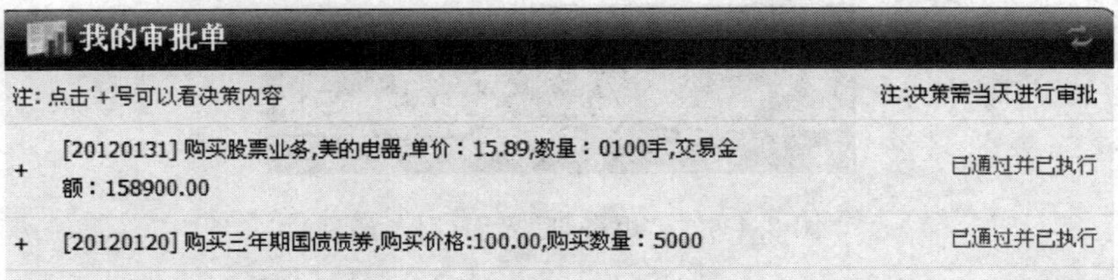

图 2.1-58 “我的审批单”界面(财务经理)

1. 外部机构

财务经理对应的外部机构主要是银行。通过“外部机构”界面，财务经理可进行贷款、委托贷款、债券买卖等操作，还可查看银行对账单(如图 2.1-60 所示)。

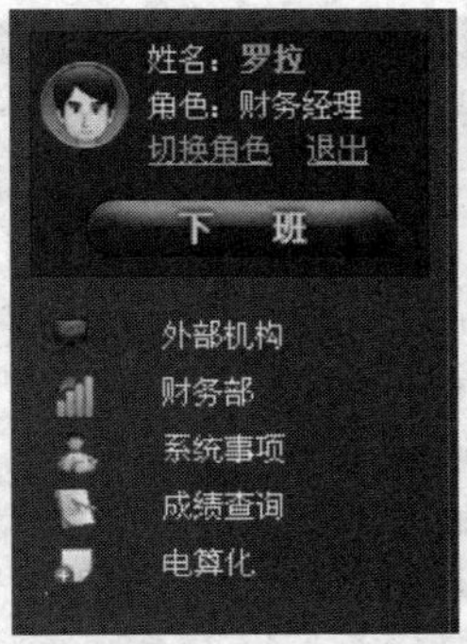

图 2.1-59 财务经理主功能菜单

如点击“财务部”→“银行”→“我要贷款”，即可进入“贷款”操作界面(如图 2.1-61 所示)。在此界面，财务经理可进行企业贷款申请表填写的操作，还可查看企业历史贷款记录。

2. 财务部

“财务部”界面提供运营规划、筹资投资业务执行、筹资投资业务交易记录、原始单据查询等功能(如图 2.1-62 所示)。

图 2.1-60 “外部机构”界面(财务经理)

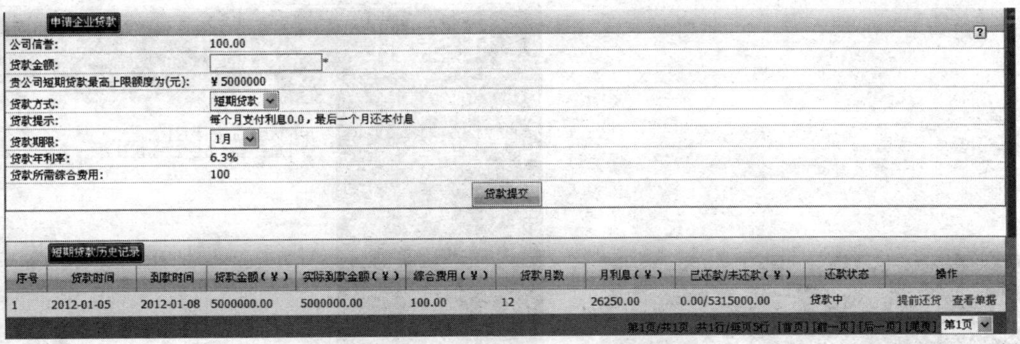

图 2.1-61 “贷款”界面(财务经理)

图 2.1-62 “财务部”界面(财务经理)

如点击“财务部”→“筹资投资业务执行”,即可进入筹资投资业务执行界面。在此界面,可查看已完成的投资事项,还可以查看其他可投资的事项(如图 2.1-63 所示)。

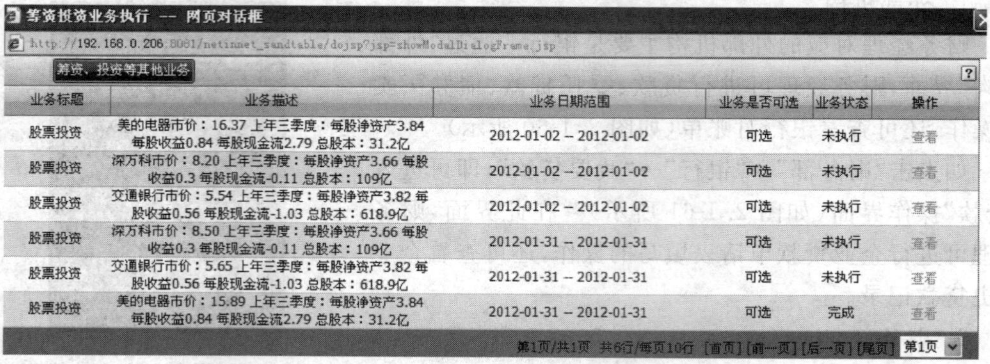

业务标题	业务描述	业务日期范围	业务是否可选	业务状态	操作
股票投资	美的电器市价:16.37 上年三季度:每股净资产3.84 每股收益0.84 每股现金流2.79 总股本:31.2亿	2012-01-02 -- 2012-01-02	可选	未执行	查看
股票投资	深万科市价:8.20 上年三季度:每股净资产3.66 每股收益0.3 每股现金流-0.11 总股本:109亿	2012-01-02 -- 2012-01-02	可选	未执行	查看
股票投资	交通银行市价:5.54 上年三季度:每股净资产3.82 每股收益0.56 每股现金流-1.03 总股本:618.9亿	2012-01-02 -- 2012-01-02	可选	未执行	查看
股票投资	深万科市价:8.50 上年三季度:每股净资产3.66 每股收益0.3 每股现金流-0.11 总股本:109亿	2012-01-31 -- 2012-01-31	可选	未执行	查看
股票投资	交通银行市价:5.65 上年三季度:每股净资产3.82 每股收益0.56 每股现金流-1.03 总股本:618.9亿	2012-01-31 -- 2012-01-31	可选	未执行	查看
股票投资	美的电器市价:15.89 上年三季度:每股净资产3.84 每股收益0.84 每股现金流2.79 总股本:31.2亿	2012-01-31 -- 2012-01-31	可选	完成	查看

图 2.1-63 “筹资、投资等其他业务”查看界面(财务经理)

3. 系统事项

“系统事项”界面可进行近期应付事项、已办事项、稽查信息、系统消息、任务列表的查看(如图 2.1-64 所示)。

4. 电算化

系统的电算化模块(如图 2.1-65 所示)为专门的会计账务处理模块。在此模块中,各角色除财务总监、财务经理外均要由财务经理重新进行分工。在电算化模块,财务经理主要负责会计角色分岗设置、凭证审核、凭证检查、凭证过账、结转损益、期末结账的操作。电算化模块功能介绍详见本书第 3 篇。

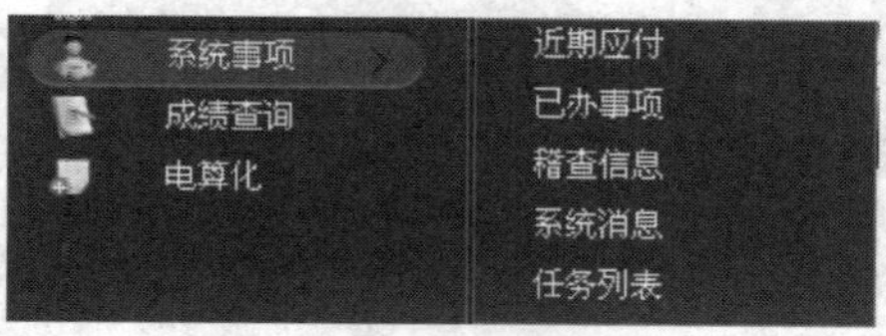

图 2.1-64 “系统事项”界面(财务经理)

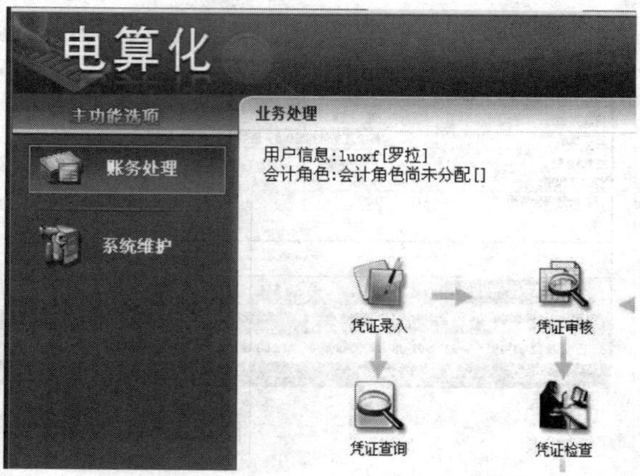

图 2.1-65 “电算化”界面(财务经理)

四、会计

（一）会计主功能界面

会计主功能界面如图 2.1-66 所示。

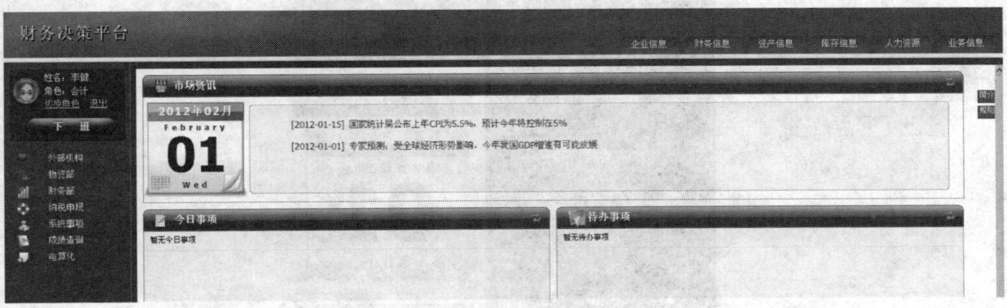

图 2.1-66 会计主功能界面

（二）信息查询

会计主功能界面右上角有信息查询按钮，点击可进入财务信息、资产信息、库存信息等的查看界面。例如，点击“财务信息”→“筹资投资信息”，即可进入如图 2.1-67 所示的界面。

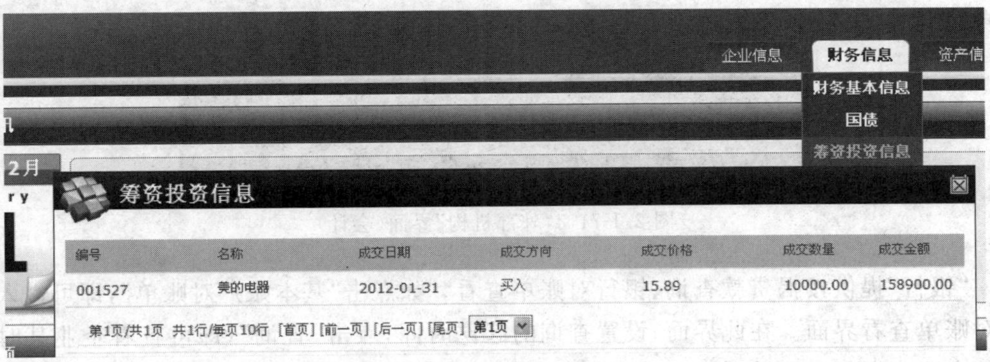

图 2.1-67 “筹资投资信息”查看界面（会计）

（三）今日事项、待办事项、我的审批单

“今日事项”、“待办事项”、“我的审批单”这三个栏目主要列示需处理的业务事项内容。会计需关注“待办事项”和“今日事项”栏显示的事项（如图 2.1-68 所示）。“今日事项”所列事项为必须当日处理完毕的业务。会计一般没有需审批的事项（如图 2.1-69 所示）。

图 2.1-68 “待办事项”和“今日事项”界面（会计）

图 2.1-69 “我的审批单”界面（会计）

（四）主功能菜单

会计角色的主功能菜单有外部机构、物资部、财务部、纳税申报、电算化等（如图 2.1-70 所示）。

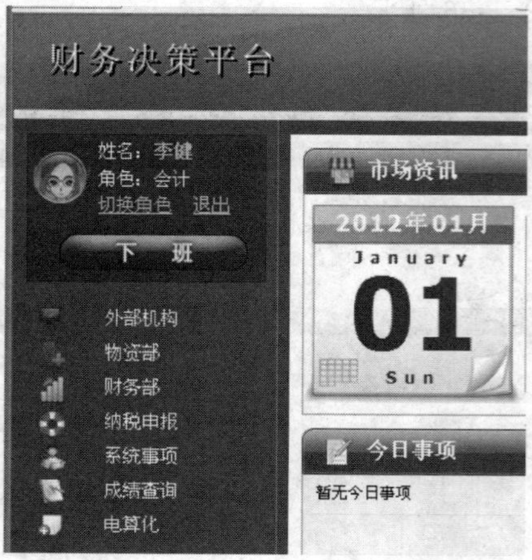

图 2.1-70 会计主功能菜单

1. 外部机构

会计所对应的外部机构主要有银行、工商管理局和税务局，会计可点击对应机构办理业务（如图 2.1-71 所示）。

图 2.1-71 “外部机构”界面（会计）

“银行”提供按揭贷款查询、银行对账单查看。如点击“基本账户对账单”，即可进入银行对账单查看界面。在此界面，设置查询的起讫时间，点击“查询”，即可查看企业某时期的基本账户银行对账单（如图 2.1-72 所示）。

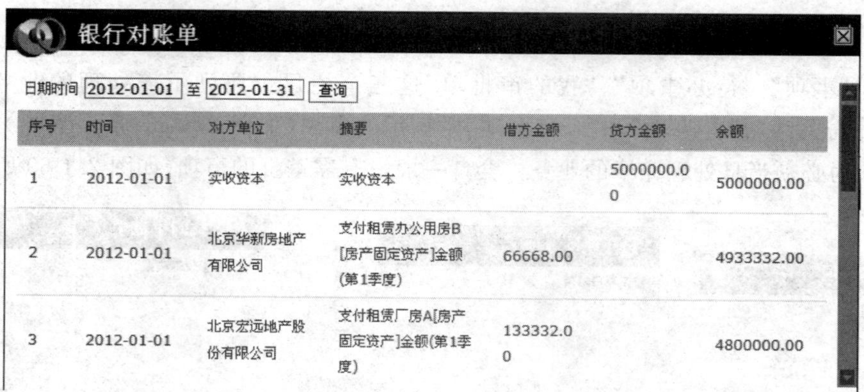

序号	时间	对方单位	摘要	借方金额	贷方金额	余额
1	2012-01-01	实收资本	实收资本		5000000.00	5000000.00
2	2012-01-01	北京华新房地产有限公司	支付租赁办公用房B[房产固定资产]金额(第1季度)	66668.00		4933332.00
3	2012-01-01	北京宏远地产股份有限公司	支付租赁厂房A[房产固定资产]金额(第1季度)	133332.00		4800000.00

图 2.1-72 “银行对账单”查询界面（会计）

“工商管理局”用来办理经营范围变更登记(如图 2.1-73 所示)。企业扩大生产,开展餐饮、运输业务,需先由运营办理申请认证,然后由会计办理工商经营范围变更登记。此外,会计还要到“税务局”办理税务变更登记(如图 2.1-74 所示)。二者均获批后方可开展餐饮及运输业务。

图 2.1-73 “工商管理局”界面(会计)

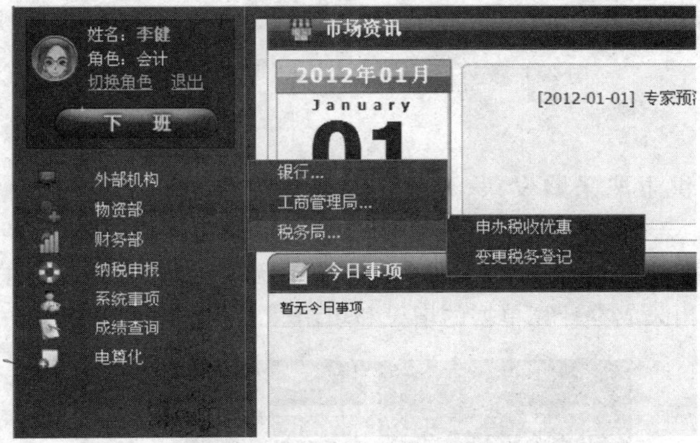

图 2.1-74 “税务局”界面(会计)

2. 物资部

点击“物资部”可查询企业内部资产的信息,包括固定资产、原材料、产成品等(如图 2.1-75 所示)。如点击“固定资产交易记录”,可进入“固定资产交易记录”界面,查看企业已执行的固定资产租赁、交易情况(如图 2.1-76 所示)。

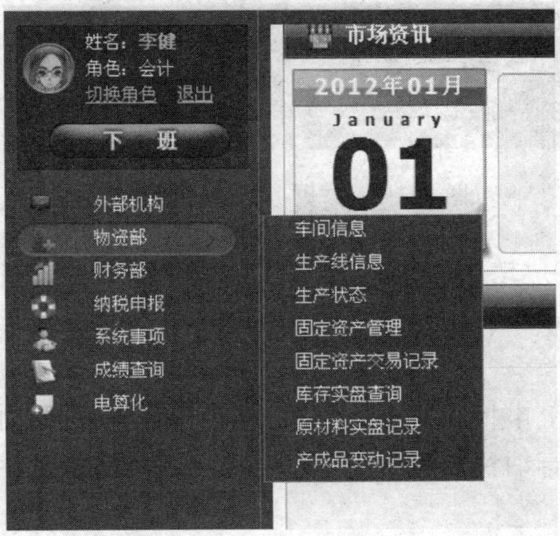

图 2.1-75 “物资部”界面(会计)

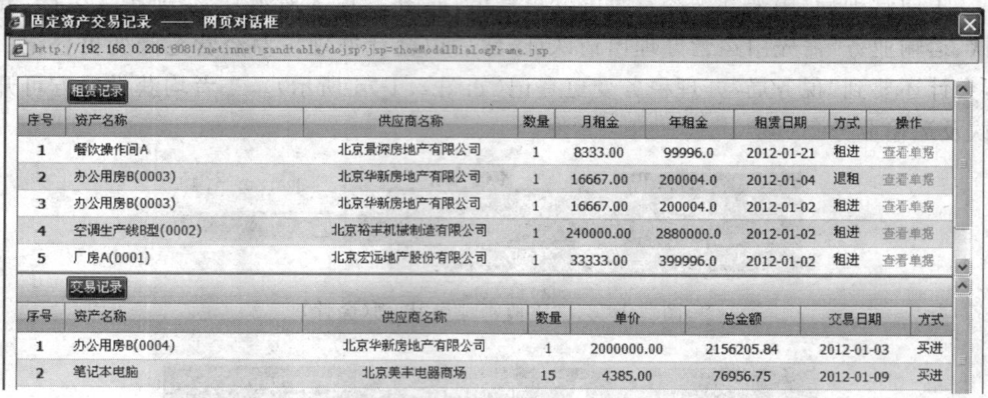

图 2.1-76 “固定资产交易记录”界面(会计)

3. 财务部

“财务部”提供索取采购发票、开具产品销售发票、原始单据查询等业务操作(如图 2.1-77 所示)。若发票已索取或开具,则点击对应菜单可进行查看。会计应在业务完成后及时索取和开具发票,否则后续的会计核算将无法进行。此外,月末,会计还应在此功能菜单处进行相关成本计算单据的增设和填制。

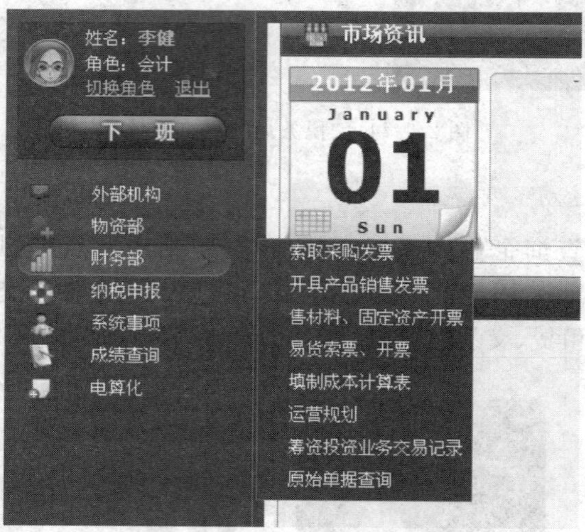

图 2.1-77 “财务部”界面(会计)

如点击“财务部”→“填制成本计算表”,即可进入“填制成本计算表”界面(如图 2.1-78 所示)。

4. 纳税申报

“纳税申报”提供网上申报国税、网上申报地税等业务操作(如图 2.1-79 所示)。次月由会计在规定日期前进行纳税申报。

5. 系统事项

“系统事项”可进行近期应付事项、已办事项、系统消息、稽查信息、任务列表的查看

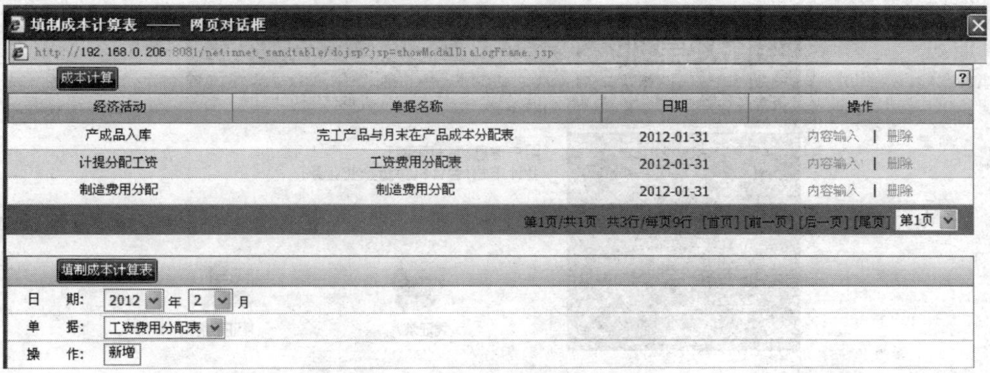

图 2.1-78　“填制成本计算表”界面(会计)

(如图 2.1-80 所示)。“任务列表”所列事项为当日企业任务,涉及的各角色需在当日完成对应的任务,否则不能下班,无法进入到下一天。完成的任务事项会在右侧打“√”,表示已完成。

图 2.1-79　“纳税申报”界面(会计)

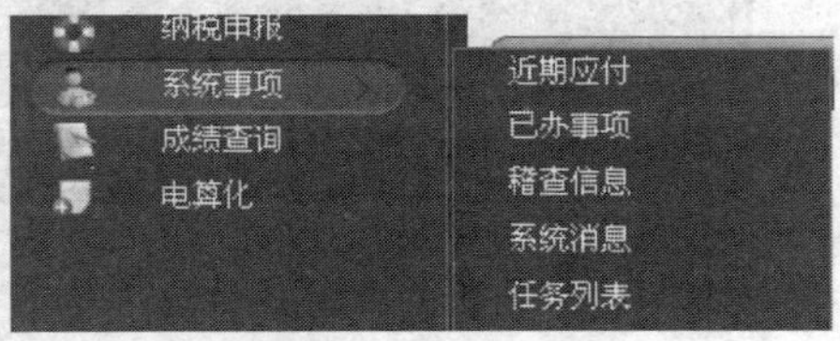

图 2.1-80　“系统事项”查看界面(会计)

如点击“系统事项”→“稽查信息”,进入“税务稽查信息”界面,可查看国税或地税稽查的报告(如图 2.1-81 所示)。

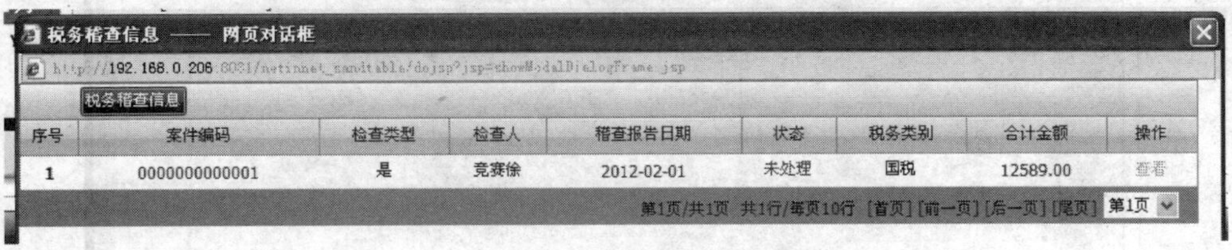

图 2.1-81　“税务稽查信息”界面(会计)

6. 电算化

系统的电算化模块(如图 2.1-82 所示)为专门的会计账务处理模块。在此模块中,各角色除财务总监、财务经理外均要由财务经理重新进行分工。会计角色重新分工后主要负责企业业务的核算,角色转换为会计 3。电算化模块功能介绍详见本书第 3 篇。

五、出纳

(一) 信息查询

出纳主功能界面右上角提供了多个信息查询按钮。不过,出纳只能查看企业信息和

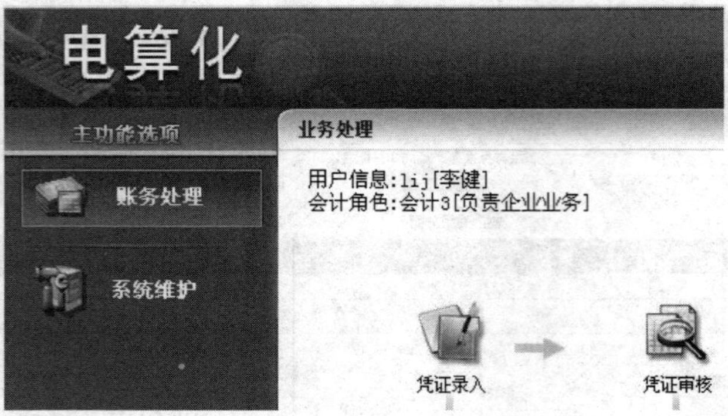

图 2.1-82 “电算化”界面(会计)

财务信息,其他信息都不能查看。如图 2.1-83 所示,出纳可点击相应按钮进行企业相关信息查询;还可点击屏幕右侧“简介”和“规则说明”按钮,查询本平台的简介及游戏规则。

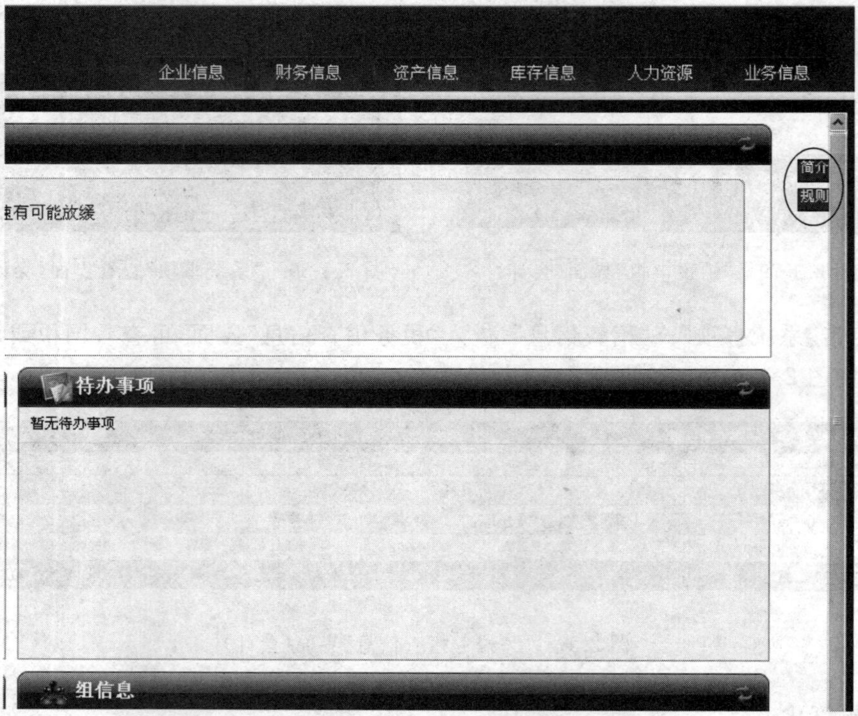

图 2.1-83 “信息查询”界面(出纳)

(二)待办事项

出纳根据财务经理已审批事项办理款项支付业务(如图 2.1-84 所示)。需由出纳处理的款项收付事项系统会提示在“待办事项”处,出纳根据企业资金情况可作出“银行支付”或“拒绝支付”的选择(如图 2.1-85 所示)。

出纳根据系统消息提示点击 处理 或点击“待办事项” ,查看相关待办事项。

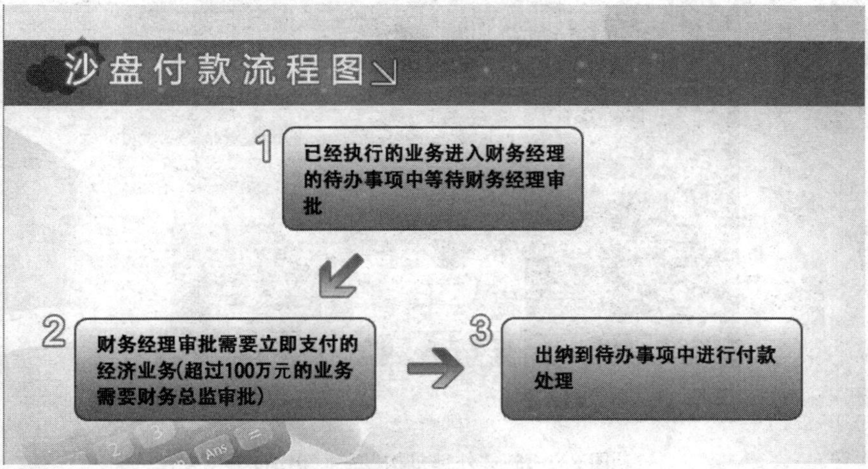

图 2.1-84　“付款”流程图(出纳)

出纳应逐一进行支付款项的审核,无误时按付款流程办理支付。符合支付条件的点击 银行支付 ;不符合支付条件或企业资金不足、无款支付时点击 拒绝支付 (如图 2.1-85 所示)。

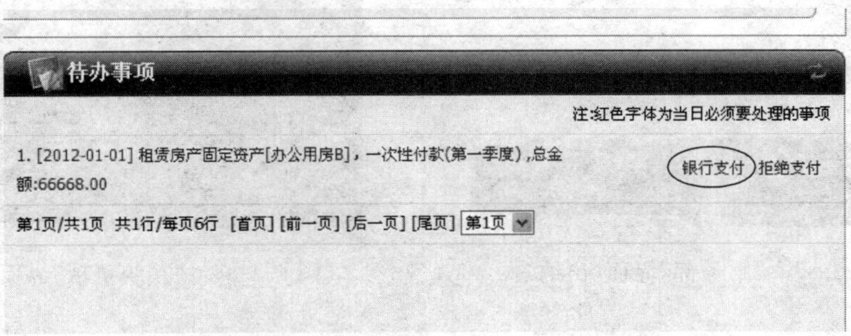

图 2.1-85　“待办事项”界面(出纳)

(三) 主功能菜单

出纳主功能菜单有外部机构、财务部、系统事项、成绩查询、电算化等。

1. 外部机构

出纳对应的“外部机构”主要是银行。点击“外部机构”→“银行”,可进入现金管理、转账管理、基本账户对账单、委托专户对账单管理界面(如图 2.1-86 所示)。点击相应菜单,可查询信息详情。

2. 财务部

“财务部”(如图 2.1-87 所示)提供运营规划和原始单据的查询功能。

3. 系统事项

出纳在“系统事项”中(如图 2.1-88 所示)可以查看“近期应付” 事项、“已办事项”、“稽查信息”、“系统消息”和“任务列表”的详细信息。“任务列表”列示的事项为企业当日应完成的事项,只有各角色都完成相关操作,才会打“√”,表示已完成。

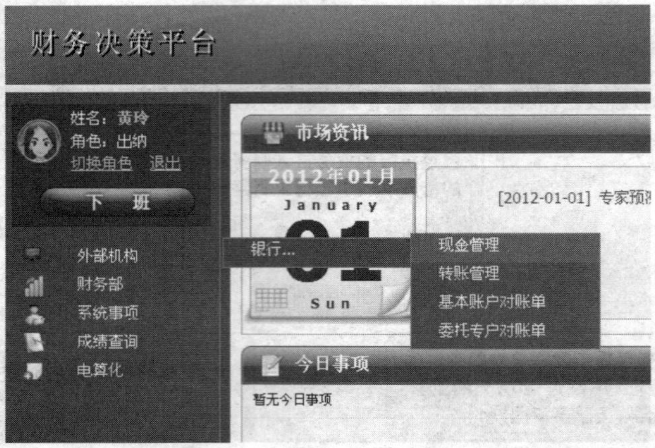

图 2.1-86 “外部机构”界面(出纳)

图 2.1-87 “财务部”界面(出纳)

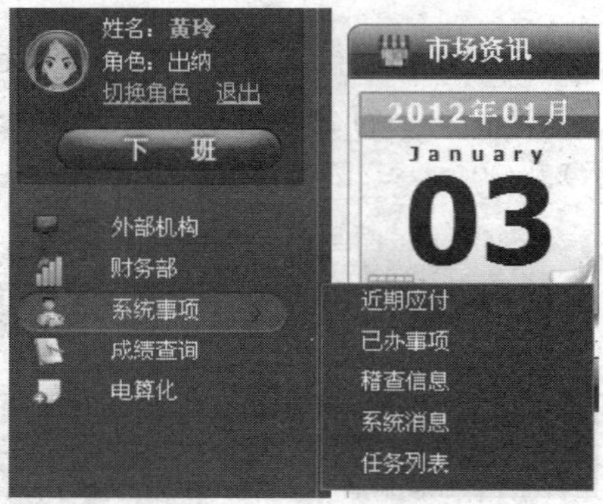

图 2.1-88 “系统事项”界面(出纳)

4. 电算化

系统的电算化模块(如图 2.1-89 所示)为专门的会计账务处理模块。在此模块中,各角色除财务总监、财务经理外均要由财务经理重新进行分工。出纳角色重新分工后主要负责采购业务的核算,角色转换为会计 1。电算化模块功能介绍详见本书第 3 篇。

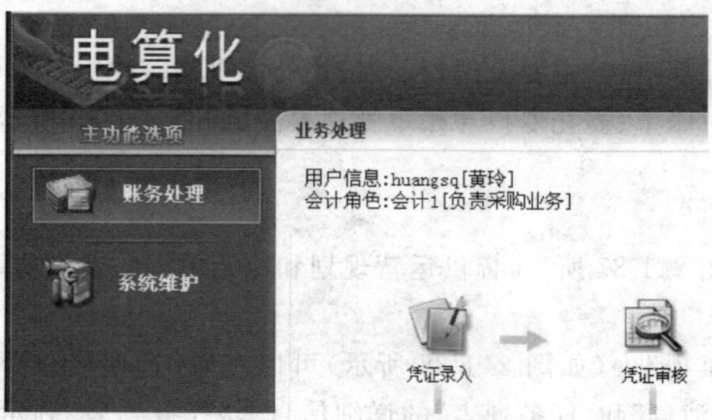

图 2.1-89 “电算化”界面(出纳)

六、各角色相同界面的操作

（一）角色登录

在用户登录界面输入“用户”及“密码”，以学生身份登录系统，进入角色主界面（如图 2.1-90 所示）。

图 2.1-90　用户登录界面

（二）组信息

各角色主功能界面右下角显示的是组成员信息，即各角色的工作状态，有“完成”和“未完成”两种，若当日某角色已下班，但存在未完成的工作，可由“财务总监”点击该角色状态栏右侧的“加班”将其召回继续工作。另外，屏幕右下角提供了游戏中组内各成员交流的工具，方便及时沟通（如图 2.1-91 所示）。

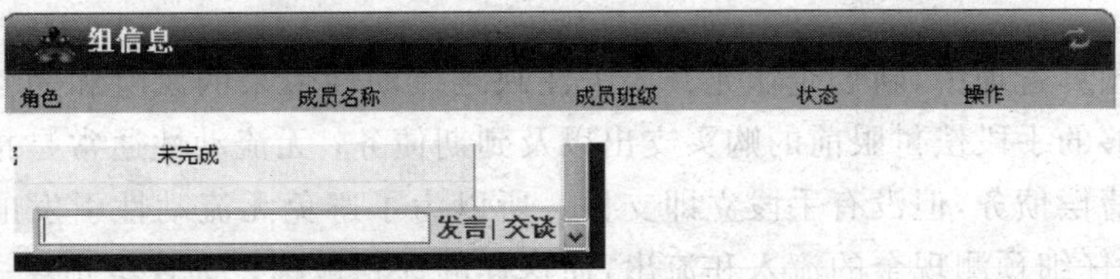

图 2.1-91　“组信息”界面

（三）特别提示

点击屏幕上的 ，可以打开温馨提示。

2.2　典型业务操作

2.2.1　业务 1：规划与预算制定

【知识提点 1】

企业初创成立后，应确立企业的远景、使命和目标，并在此基础上制定企业的发展规划，这将成为企业运营的一种常态。企业不仅要着手设计战略规划（它要成为什么），还要设计各个层次的运营计划及应急计划。这些均是企业战略的重要组成部分，它为确保企业的实际运营与外部环境动态变化保持协调一致、推动企业成功发展提供了具体内容和实施步骤。

作为一种社会组织，企业的运营是其基本活动。所谓运营，是指一切组织将其输入转换为输出的过程。对于企业而言，将资源转换为产品或服务的生产活动则是其重要的运营活动。所以，针对生产运作系统进行的运营管理就成为企业管理的重点。具体而言，运营管理就是对企业的生产运营系统的设计、运行、维护与优化过程的管理，它包括对运营活动进行的计划、组织与控制。其中，运营活动的计划主要包括生产运营规划及其子计划。生产运营规划是指为实现企业生产目标，对未来一定时期内的生产作业活动和各项资源的使用做出的统筹安排。广义的生产运营规划指生产系统的建立和运营的规划。狭义的是指生产系统的运行计划，是对一定时期内生产或提供的产品或服务的品种、质量、产量和进度的计划，是进行生产作业活动的纲领和依据。

在企业的总体战略和运营规划流程明确后，企业应重视发挥财务管理作用，将有限的资源优化配置，创造更大的企业价值。所以，还应制定相应的投筹资规划和实施预算管理。

投筹资规划是企业主体为平衡资金需求和提高资金运用效益，根据企业的生存和发展对未来企业资金筹措及资金运用做出的统筹安排。该规划要求对企业的投资和筹资两类活动进行预先筹划，以期实现未来资金的优化配置。其中，投资活动是指企业以自有的资产投入并承担相应的风险，以期合法地取得更多的资产或权益的一种经营活动；而筹资活动是指企业从自身生产经营现状及资金运用情况出发，根据企业未来经营与发展策略的需要，通过一定的渠道和方式，向企业的投资者及债权人筹集生产经营所需资金的一种经营活动。

在实施预算管理中，新创企业尤其要关注缺乏流动性带来的风险和经营困境。流动性是指有足够的手段偿付眼前的购买支出以及到期债务；无流动性通常是指拥有足够的财富购买或清偿债务，但没有手段立即支付。所以为了避免无流动性引发的企业经营失败，企业需要仔细预测现金的流入和流出，而这样的计划被称之为现金预算。

【知识关键词 1】

战略　运营管理　财务管理

【经营关键点 1】

- 洞悉企业现有业务变化和市场机会，结合外部环境变化和自身资源及能力，提出和制定企业远景、使命和目标。
- 在符合和保证实现企业使命的条件下，制定促使企业长期生存和发展的战略，对企业的经营范围进行科学规定。
- 重视公司业务战略和职能战略的制定，在指导和管理具体经营单位的计划和行动的同时确定和协调企业的短期经营活动。
- 构造全面预算管理机制，充分发挥财务指标评价基础优势。

【实战思路 1】

本平台要求财务总监进行的规划制定主要包括以下四方面的内容：生产运营规划、投资筹资规划、现金预算、规划描述。本平台生产运营规划需要完成以下八个子计划的制订，分别是：原材料购买计划、生产投料计划、承接订单计划、人员招聘计划、研发计划、广告投放计划、其他业务计划及出售原材料计划。本平台投资筹资规划需要完成以下八个子计划制订，分别是：投资生产线计划（购买）、投资生产线计划（租赁）、投资房地产计划（购买）、投资房地产计划（租赁）、投资债券计划、短期贷款计划、抵押贷款计划和委托贷款计划。填写的规划描述是对规划主要内容和未尽事宜进行的文字描述。

财务总监在遵守平台规则的基础上，根据所掌握的市场资讯、公司现状（如资金状况）、长期发展规划来制定初始运营月的运营规划。

财务总监在制定投资规划时，要根据运营规划已选定的生产产品品种、数量选择要投资的生产线和房产，其中生产线的选择要结合产能标准和废品率进行考虑，房产的选择要结合生产线占用面积的大小和雇用的员工人数进行考虑（具体可参考系统规则关于雇用员工人数占地面积的规定）。生产线、房产和其他资产选择采用购买或租赁方式，要结合公司现金流和财务风险等因素进行决策。另外，选择研发投入可以提高产品价格；选择进行国债、股票和委托贷款等投资活动，可以提高资金使用效益。筹资规划的制定需要结合上述投资规划和公司信誉值进行综合考虑。

在制定生产运营规划时，首先选择要生产的产品，根据以销定产的原则决定订单承接计划，再确定生产数量。根据生产数量制定原材料采购及投料计划，并关注材料库存数量。如果想接更多、更大的订单，可以考虑投入广告费。如果想要提升产品质量，从而赢得更多的市场和销售优势，可以进行研发投入。如果想要扩大经营范围，做其他业务，也可以在这个方面进行规划。

财务总监在制定现金预算时，要根据已经完成的生产运营规划，对现金的收入、支出、余缺及未来现金的筹集和运用这几个方面进行计划和安排，保证企业有良好的流动性。

【规则链接 1】

所有规则。

【实战流程 1】

业务 1 实战流程如表 2.2-1 所示。

表 2.2-1　业务 1 实战流程

角　色	运　营	财务总监	财务经理	会　计	出　纳
具体执行	(5) 查看 结束	开始 (1) 制定生产运营规划 (2) 制定投资筹资规划 (3) 运营规划描述 (4) 编制现金预算	(5) 查看 结束	(5) 查看 结束	(5) 查看 结束

【实战案例 1】

华夏成长有限公司选择主营生产空调，首批规划生产 1 000 台，承接订单 1 000 台，采购原材料（空调压缩机和辅助材料）各 1 300 套，投料各 1 010 套；招聘生产人员 200 人，研发人员 10 人；投入广告费 100 万元进入“一类高级市场”，为提高产品的技术含量，增加产品销售价格，拟投入 50 万元进行产品研发。

考虑资金状况、员工人数、经营面积等因素，该公司拟租赁生产线 1 条，厂房 A1 间，按揭贷款购买办公用房 B1 间。为维持正常生产经营，结合公司信誉值，拟申请银行短期贷款 500 万元，为提高资金使用效益，运用剩余资金购买国债 50 万元，委托贷款 100 万元。

【实战操作 1】

（1）财务总监点击“财务部”→“运营规划”（如图 2.2-1 所示），进入制定运营规划界面，点击“新增”（如图 2.2-2 所示），即可制定 2012 年 1 月的运营规划。点击“规划明细修改”，可以编写和修改具体的运营规划（如图 2.2-3 所示），点击规划表格后的“保存”完成规划提交。然后进入“生产运营规划”界面，完成相应子计划填写（如图 2.2-4、图 2.2-5 所示）。

图 2.2-1　登录“运营规划”界面

图 2.2-2　新增“运营规划”

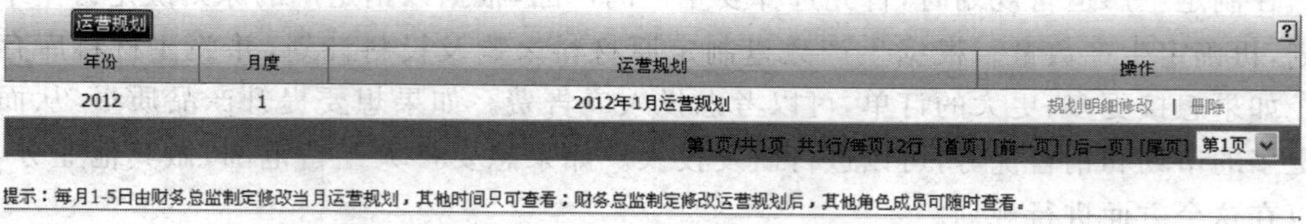

图 2.2-3　编写或修改“运营规划”

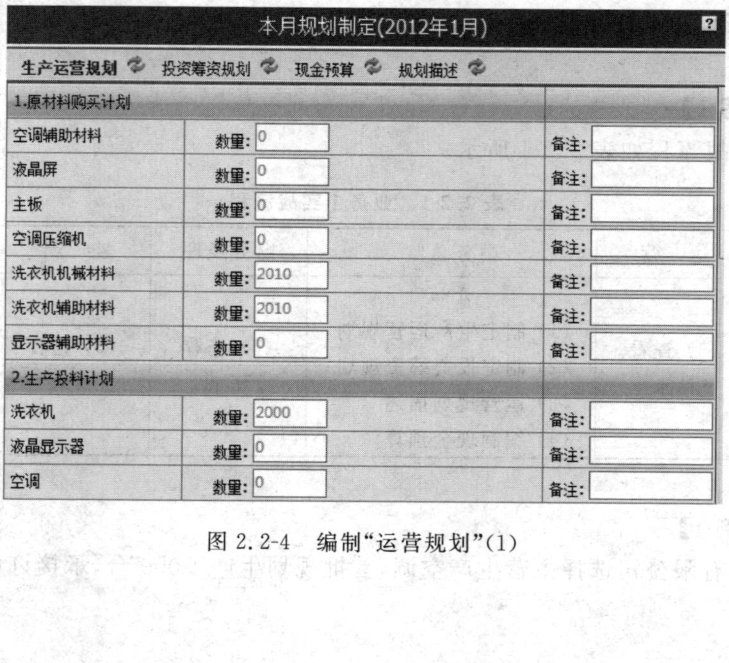

图 2.2-4　编制“运营规划”(1)

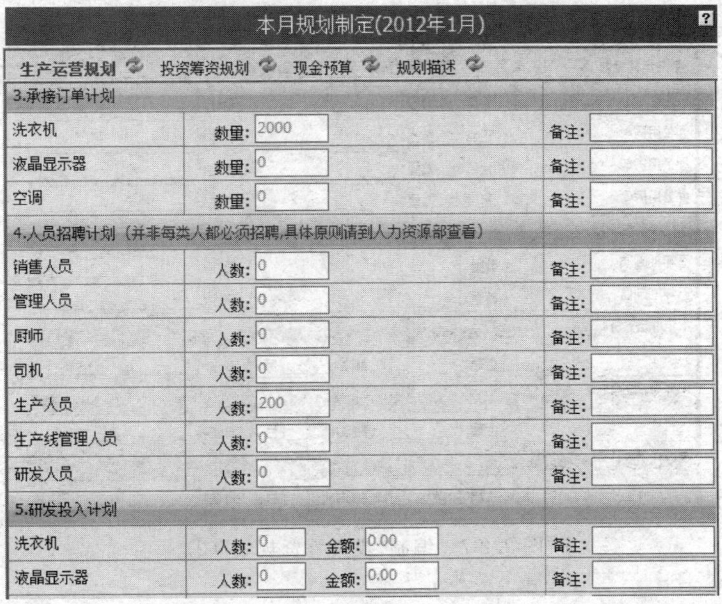

本月规划制定(2012年1月)

生产运营规划 投资筹资规划 现金预算 规划描述

3.承接订单计划		
洗衣机	数量: 2000	备注:
液晶显示器	数量: 0	备注:
空调	数量: 0	备注:
4.人员招聘计划（并非每类人都必须招聘,具体原则请到人力资源部查看）		
销售人员	人数: 0	备注:
管理人员	人数: 0	备注:
厨师	人数: 0	备注:
司机	人数: 0	备注:
生产人员	人数: 200	备注:
生产线管理人员	人数: 0	备注:
研发人员	人数: 0	备注:
5.研发投入计划		
洗衣机	人数: 0 金额: 0.00	备注:
液晶显示器	人数: 0 金额: 0.00	备注:

图 2.2-5 编制“运营规划”(2)

(2) 进入“投资筹资规划”界面,完成相应的子计划填写(如图 2.2-6、图 2.2-7 所示)。

本月运营规划制定(2012年1月)

生产运营规划 投资筹资规划 运营规划描述

1.投资生产线计划(购买)			
空调生产线B型	购买	数量:	备注:
显示器生产线A型	购买	数量:	备注:
空调生产线A型	购买	数量:	备注:
洗衣机生产线A型	购买	数量:	备注:
显示器生产线B型	购买	数量:	备注:
洗衣机生产线B型	购买	数量:	备注:
2.投资生产线计划(租赁)			
显示器生产线A型	租赁	数量:	备注:
空调生产线A型	租赁	数量:	备注:
洗衣机生产线A型	租赁	数量:	备注:
显示器生产线B型	租赁	数量:	备注:
洗衣机生产线B型	租赁	数量:	备注:
空调生产线B型	租赁	数量: 1	备注: 月租金24万元

图 2.2-6 编制“投资筹资规划”(1)

(3) 进入“运营规划描述”界面,对运营规划进行描述(如图 2.2-8 所示)。

(4) 进入“现金预算”界面,编制现金预算(如图 2.2-9 所示)。

图 2.2-7 编制"投资筹资规划"(2)

图 2.2-8 编制"运营规划描述"

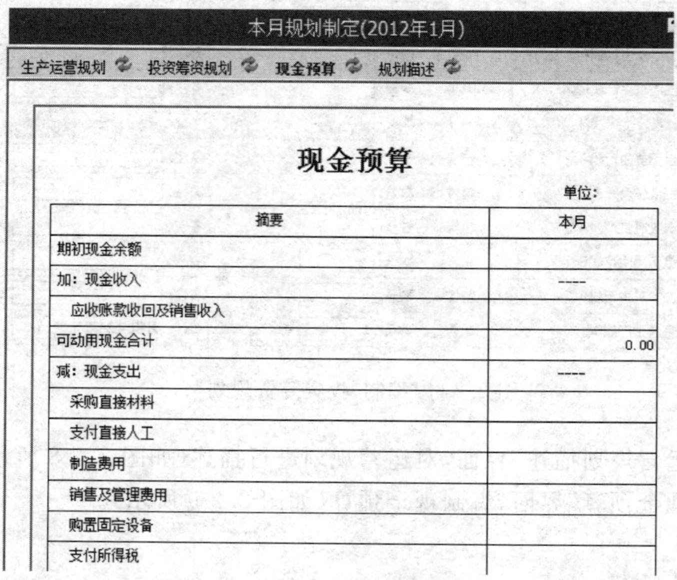

图 2.2-9 编制"现金预算"

2.2.2 业务2：租赁厂房、生产线

【知识提点2】

企业租赁厂房和生产线均属于生产运营管理决策的内容。其中厂房的选择首先要解决的是企业的选址问题。好的选址会给企业带来许多有利条件，增强企业竞争力。企业选址应需最先把握影响选址的因素，例如要考虑国家政策，市场需求，资源利用，气候、地质等自然条件，相关配套设施等因素。具体到产品制造业、原料动力能源供应及位置、劳动力条件、自然条件都是企业选址要考虑的重要因素，因为这些因素将直接影响企业的生产成本、生产周期。其次，企业选址还需掌握科学的选址方法，比如投资费用比较法、分等加权法、重心法等。

企业购置生产线，属于设备布置决策，要考虑设备的类型及布置方式。具体到生产线方面，应结合产品加工工艺及程序考虑以下诸多因素，如生产性（生产线的工作效率）、可靠性（加工精度、准确度的保持）、维修性（方不方便维修；零件是否易拆卸、检查；零件的标准化程度如何）、环保性、节能性（经济性）、灵活性（能否适应不同工作条件和环境）、难易性（操作是否简单，是否人性化）等。另外，在生产线的选择方面，亦可采用多种方法进行权衡比较，如成本比较法、投资回收期法、投资利润率法、净现值法等。

【知识关键词2】

生产运作　设施选址　设施布置

【经营关键点2】

- 不仅要重视生产运作的物质准备，还应重视技术准备和组织准备。
- 强化预算控制观念，对生产运作所需设施的初始投资进行科学决策。

【实战思路2】

初始运营月开始，企业需要购置厂房、生产线及办公用房。本平台提供租赁或者购买两种取得方式，需根据资金情况做出决策。如果资金充足可以选择购买；如果资金不足应选择租赁。

运营角色首先需查看财务总监已制定发布的运营规划，根据运营规划中的投资筹资规划选择租赁房产及生产线，选择时主要考虑面积、价格、付款方式、对成本的影响等因素，其中生产线务必要考虑产能并与厂房相匹配，同时需遵循平台投资规则。财务总监根据运营提交的投资计划，结合月初制定的运营规划、经营成本、资金现状和未来计划等因素进行审批。财务经理根据合同审批付款申请，出纳执行付款。

【规则链接2】

"1.2.5　投资规则"——"一、生产线、房产、其他资产投资"——"（二）租赁"/"（三）到货及安装"

备注：此处的"——"表示标题之间的从属关系，余同。

【实战流程2】

业务2实战流程如表2.2-2所示。

表 2.2-2 业务 2 实战流程

角 色	运 营	财务总监	财务经理	会 计	出 纳
具体执行	开始 (1) 查看运营规划 (2) 提交租赁计划 (4) 执行租赁 (7) 资产到货确认	(3) 审批租赁业务	(5) 审批付款	(8) 索取单据,账务处理 结束	(6) 支付

备注:会计角色的账务处理及操作在本书第 3 篇中详细讲解,余同。

【实战案例 2-1】

2012 年 1 月 1 日,华厦成长有限公司租赁厂房 A 一套,厂房原价 4 000 000 元。该厂房由“北京宏远房地产股份有限公司”提供,租赁厂房面积为 400 平方米。厂房年租金 399 996 元,每月租金 33 333 元,租金按季度结算,付款方式选择“一次性付款”,首付金额 133 332 元(含一个月押金)。

【实战操作 2-1】

(1) 运营点击“财务部”→“运营规划”,进入“运营规划”界面,点击“规划明细查看”(如图 2.2-10 所示)。

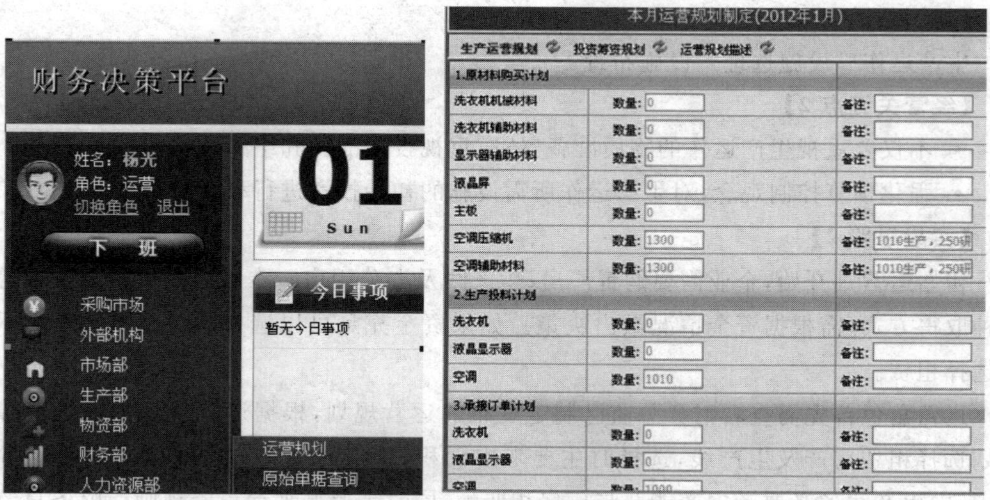

图 2.2-10 查看“规划明细”

(2) 运营点击“采购市场”→“购买租赁房产”,进入“购买租赁房产”界面,选择需要租赁的厂房(如图 2.2-11、图 2.2-12 所示)。

点击“租赁”进入房产租赁合同对话框,点击“确认提交”,并填写“决策单”(如图 2.2-13 所示)。

(3) 财务总监在“我的审批单”界面,查看待审批的事项——租赁厂房,并可点开左上角的“+”查看辅

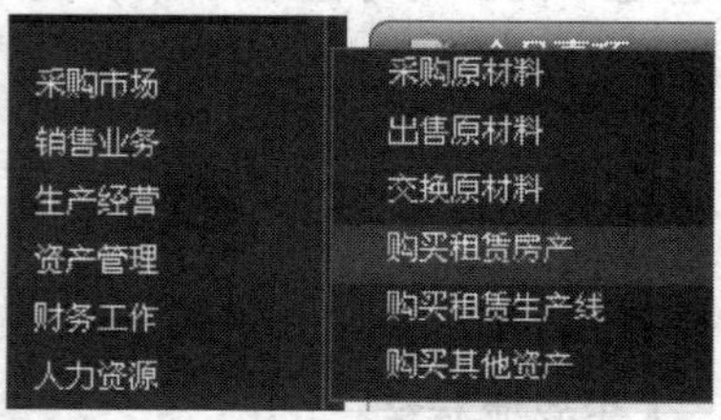

图 2.2-11 根据规划“租赁厂房”

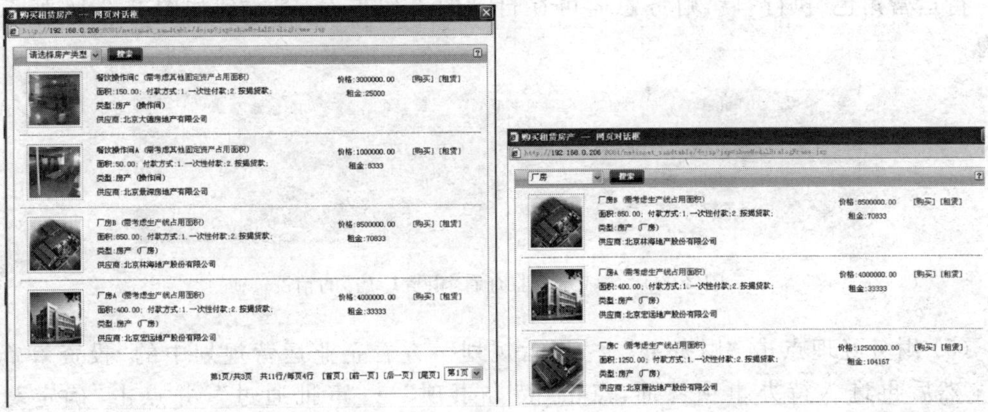

图 2.2-12　选择要租赁的厂房

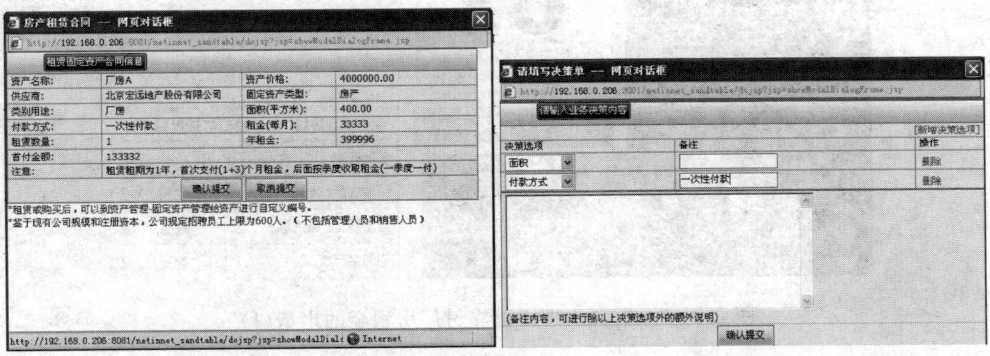

图 2.2-13　提交“租赁厂房”的请示

助决策信息，点击“通过”完成审批(如图 2.2-14 所示)。

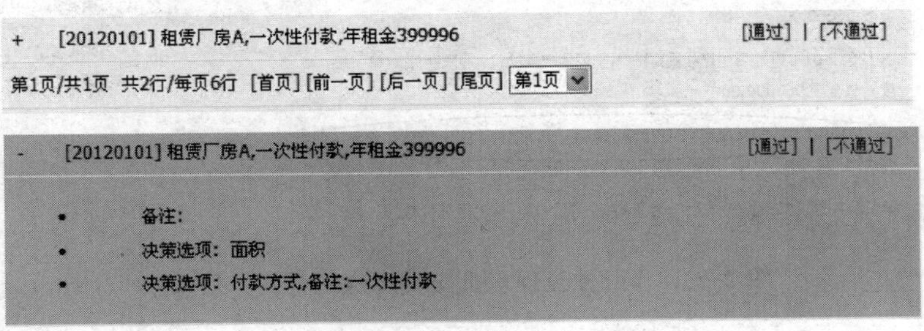

图 2.2-14　财务总监审批“租赁厂房”的请示

(4) 运营在“我的审批单”界面，点击“执行”(如图 2.2-15 所示)。

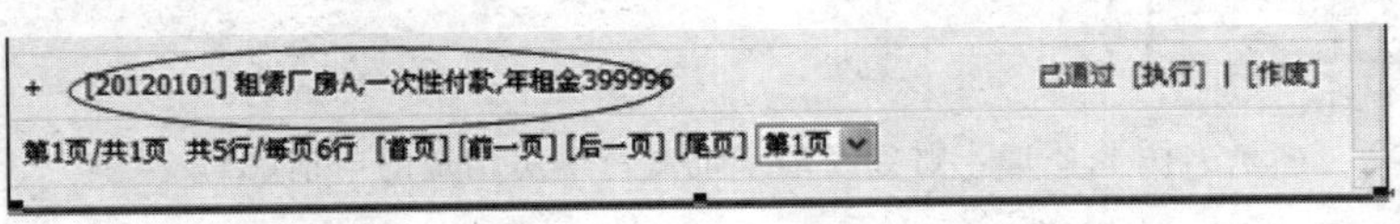

图 2.2-15　运营执行“租赁厂房”的指令

待运营角色“执行”后，财务总监可在自己的工作界面，查看到如图 2.2-16 所示的信息。

图 2.2-16 财务总监查看“租赁厂房”的情况

(5) 财务经理点击“财务部”→“运营规划”，查看企业运营规划中的“投资筹资规划”；然后再进入待办事项界面，点击“待办事项”→“审批通过”，并点击“确定”(如图 2.2-17～图 2.2-19 所示)。

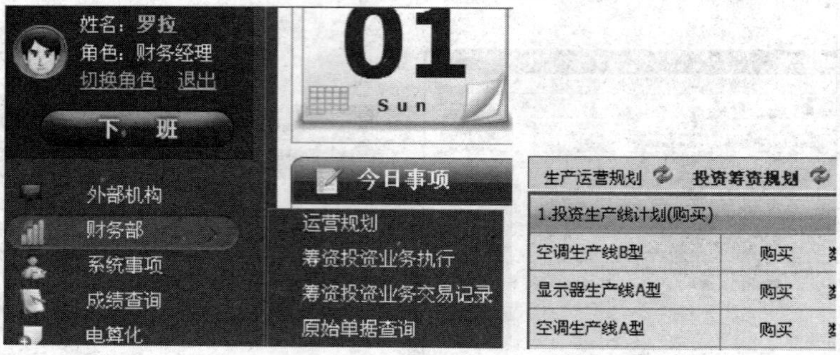

图 2.2-17 财务经理审批支付厂房租金的申请(1)

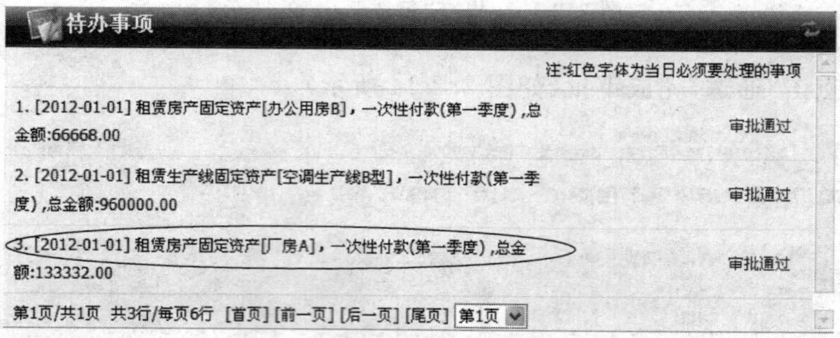

图 2.2-18 财务经理审批支付厂房租金的申请(2)

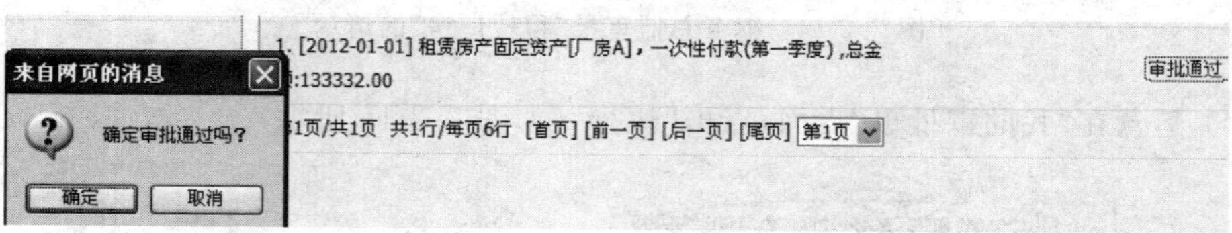

图 2.2-19 财务经理审批支付厂房租金的申请(3)

(6) 出纳点击“财务部”→“运营规划”，查看企业运营规划中的“投资筹资规划”。根据财务经理已审批事项，办理款项支付业务。然后进入“待办事项”，逐一进行支付款项的审核，无误时按付款流程办理支付。符合支付条件的点击“银行支付”，不符合支付条件或企业资金不足、无款支付时则点击“拒绝支付”(如图 2.2-20、图 2.2-21 所示)。

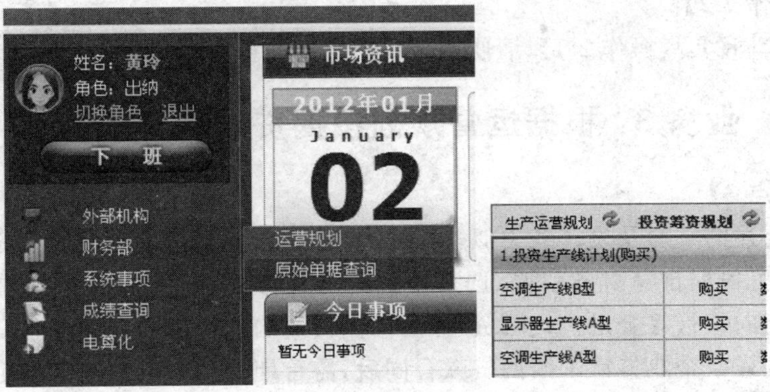

图 2.2-20　出纳支付厂房租金(1)

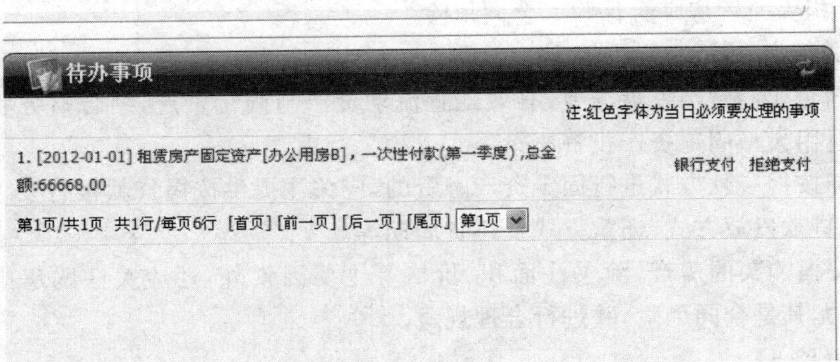

图 2.2-21　出纳支付厂房租金(2)

(7) 出纳付款后，运营在“今日事项”界面，对厂房进行到货确认(如图 2.2-22 所示)。

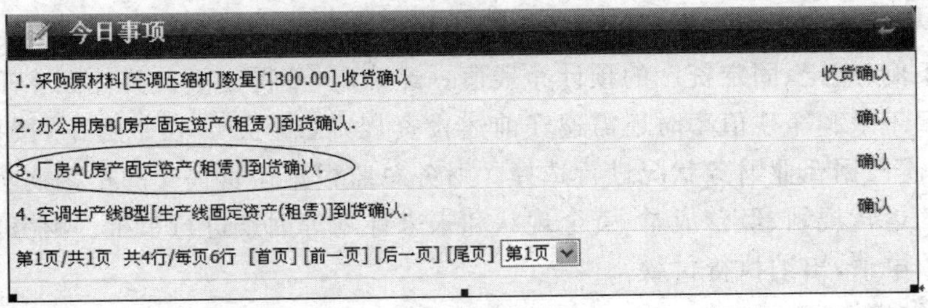

图 2.2-22　运营确认厂房租赁成功

【实战案例 2-2】

2012 年 1 月 1 日，华夏成长有限公司租赁空调生产线 B，价格 2 400 万元。该生产线占用面积400平方米，产能1 000台，单位耗时1.5天，废品率0.3%，安装天数10天，用工人数上限200人，由北京裕丰机械制造有限公司提供。该生产线年租金2 880 000元，月租金240 000元，租金按季度结算，付款方式选择"一次性付款"，首付金额960 000元（含一个月押金）。

【实战操作2-2】

具体操作同【实战操作2-1】，请使用者根据案例数据自行操作。

2.2.3　业务3：根据运营规划按揭贷款购买房产

【知识提点3】

房产和前述的厂房及生产线类似，均属于企业生产运营投资决策。鉴于该类资产价值较大，企业可根据自身财务状况，选择不同的增加方式，其中按揭贷款购买就是一种。按揭贷款是指向银行等金融机构融资，然后向供货商购置所需固定资产，并分期归还本息的一种贷款方式。企业签订了按揭贷款合同后，需首期支付一定数额，其后要在按揭期内按选定的还款方式逐期偿还本息。

【知识关键词3】

期款　担保　购房综合保险　合同风险

【经营关键点3】

- 根据企业经营与发展需要，有效配置流动资产与固定资产，结合财务状况进行自营自用大型固定资产投资决策。
- 选择按揭贷款方式进行固定资产融资的，应关注提供按揭贷款银行要求的担保方式、贷款发放方式、还款方式及还贷周期等。
- 对按揭购买的房产，除关注面积、价格等主要因素外，还应关注购房中的法律风险，尤其是合同风险，并进行合理规避。

【实战思路3】

运营角色首先需查看财务总监已制定发布的运营规划，根据运营规划中的投资筹资规划选择按揭购买办公用房，选择时主要考虑面积、价格和管理人员数量等影响因素。选定购买的办公用房类型后，要确定折旧年限、净残值率。建议确定折旧年限时考虑税法相关规定，净残值率应当根据资产的性质和使用情况合理确定。另《中华人民共和国企业所得税实施条例》规定，固定资产的预计净残值一经确定，不得变更。具体到本平台，确定办公用房折旧年限和净残值率时还需遵守前述投资规则（编号）。在平台中，按揭年限分为三种，运营需根据企业财务状况进行选择。财务总监根据运营提交的按揭购买计划，结合月初制定的运营规划、经营成本、资金现状和未来计划等因素进行审批。财务经理根据合同审批付款申请，出纳执行付款。

【规则链接3】

"1.2.5　投资规则"——"一、生产线、房产、其他资产投资"——"（一）购买"/"（三）到货及安装"/"（五）折旧"

"1.2.6　筹资规则"——"四、按揭贷款规则"/"五、贷款资金到账日期"

【实战流程 3】

业务 3 实战流程如表 2.2-3 所示。

表 2.2-3　业务 3 实战流程

角　色	运　　营	财务总监	财务经理	会　计	出　纳
具体执行	开始 (1) 查看运营规划 (2) 提交按揭购买计划 (4) 执行按揭购买 (7) 资产到货确认	(3) 审批按揭购买业务	(5) 审批付款	(8) 索取单据，账务处理 结束	(6) 支付

【实战案例 3】

2012 年 1 月 2 日，华厦成长有限公司按揭贷款购买使用面积 100 平方米的办公用房 B 一套，该办公用房由北京华新房地产有限公司提供。资产原价 2 000 000 元，折旧年限 20 年，净残值率 5%。付款方式选择按揭贷款，按揭期限 3 年，贷款年利率 7.00%。按揭首付 30%，首付款为 600 000 元，按揭贷款采用等额本息还款方式，每月还款额为 121 137.44 元。按揭时发生手续费 4 200 元，保险费 7 000 元。

【实战操作 3】

(1) 运营点击“财务部”→“运营规划”，进入运营规划界面，点击“规划明细查看”(如图 2.2-23、图 2.2-24 所示)。

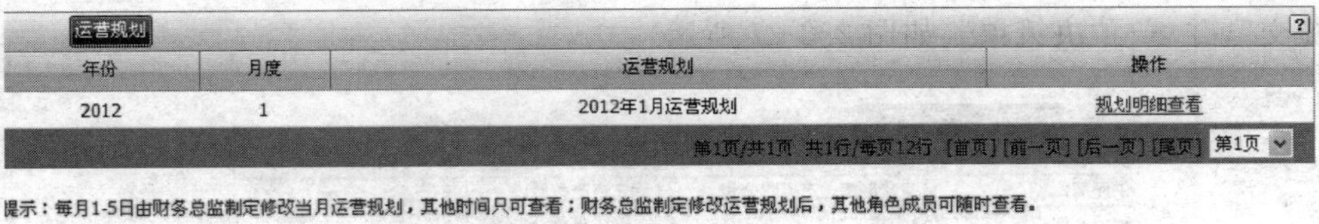

图 2.2-23　运营查看“运营规划”(1)

图 2.2-24　运营查看“运营规划”(2)

(2) 运营点击“采购市场”→“购买租赁房产”，进入“购买租赁房产”界面，选择需要购买按揭的办公用房(如图 2.2-25、图 2.2-26 所示)。

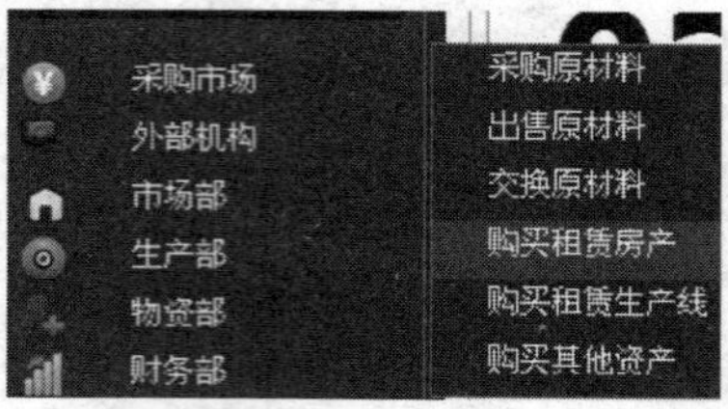

图 2.2-25　运营根据规划“购买办公用房”

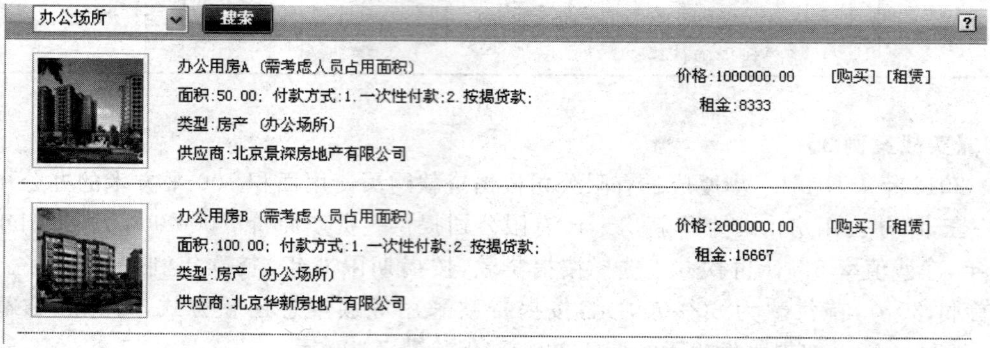

图 2.2-26　运营选择要购买的办公用房

点击“购买”办公用房 B,进入“采购固定资产合同信息”界面。在该界面中,填写“折旧月份”、“净残值比率”,通过下拉菜单选择“付款方式”、“按揭年限”。填写完毕,点击“确认提交”,并填写“决策单”(如图 2.2-27 所示)。

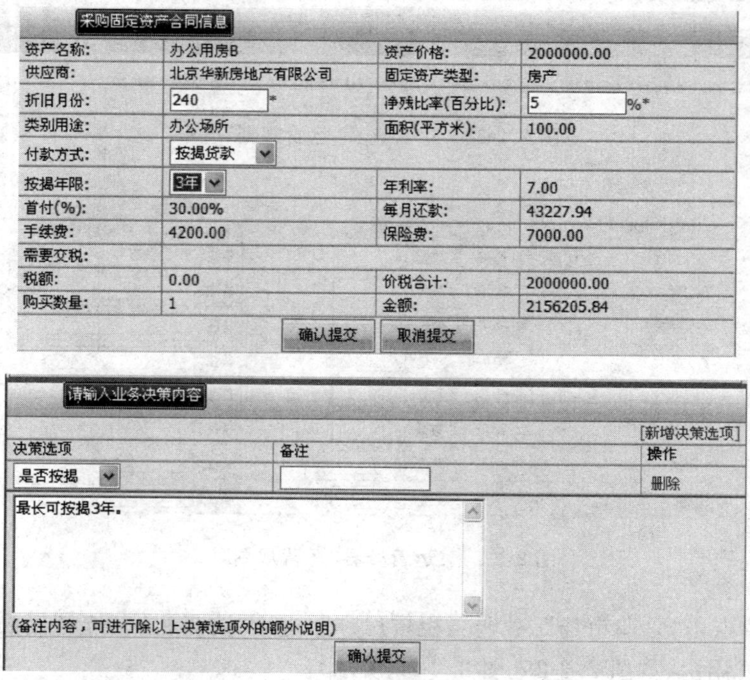

图 2.2-27　运营提交“购买办公用房”的请示

(3) 财务总监在“我的审批单”查看待审批的事项——按揭购买办公用房，并可点开左上角的“＋”查看辅助决策的信息，点击“通过”完成审批(如图 2.2-28 所示)。

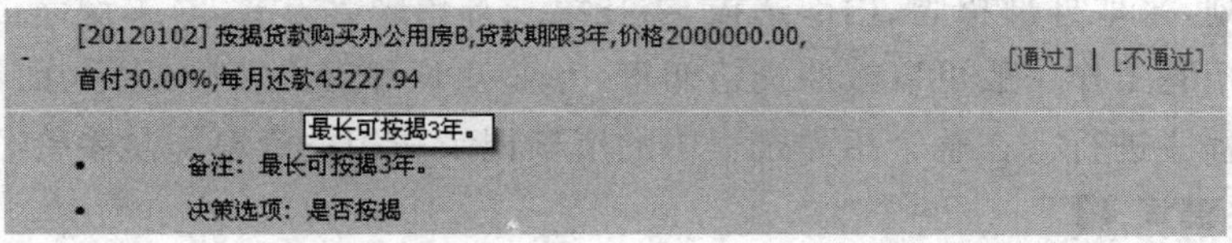

图 2.2-28　财务总监审批“购买办公用房”的请示

(4) 审批通过后，运营角色在“我的审批单下”，点击“执行”(如图 2.2-29 所示)。

图 2.2-29　运营执行“购买办公用房”的指令

(5) 财务经理点击“财务部”→“运营规划”，查看企业运营规划中的“投资筹资规划”；然后再进入待办事项界面，点击“待办事项”→“审批通过”，并点击“确定”(如图 2.2-30 所示)。

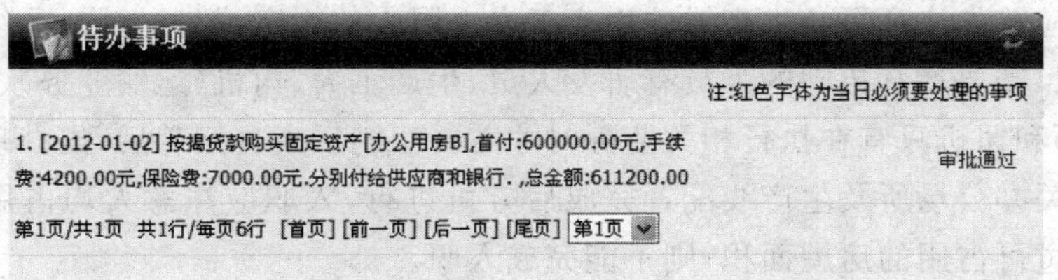

图 2.2-30　财务经理审批支付办公用房资金的申请

(6) 出纳点击“财务部”→“运营规划”，查看企业运营规划中的“投资筹资规划”，根据财务经理已审批事项，办理款项支付业务。然后进入“待办事项”，逐一进行支付款项的审核，无误时按付款流程办理支付。符合支付要求的点击“银行支付”。

(7) 出纳付款后，运营在“今日事项”界面，对厂房进行到货确认(如图 2.2-31 所示)。

图 2.2-31　运营确认办公用购买赁成功

2.2.4　业务 4：人员招聘入职

【知识提点 4】

人员招聘是指寻找、吸引并鼓励符合要求的人，到本组织中任职和工作的过程。人员招聘是企业为了弥补岗位空缺而进行的一系列人力资源管理活动的总称。它是人力资源管理的首要环节，是实现人力资源管理有效性的重要保证。一般而言，企业应当根据人力资源需求计划，采取外部招聘、内部选拔、委托第三方招聘等方式，对关键岗位和紧缺人才进行选拔。招聘工作一般可以按照资格初审、专业知识和综合素质测评、面试与答辩、专家组评审等程序进行。在整个招聘过程中的审核记录和相关资料均需妥善归档保存。

【知识关键词 4】

人力资源管理　人力资源考核　薪酬　激励

【经营关键点 4】

- 根据人力资源需求计划进行招聘，关注招聘对象的职业道德及专业胜任能力。
- 根据企业需要制订培训计划，并对培训进行考核评价，涉及费用纳入预算并实施控制。
- 制定与人力资源考核相挂钩的薪酬制度，规范分配行为，实现对企业人员的有效激励。
- 根据企业人力资源管理制度办理人员离职，如对员工实施辞退处罚应当符合国家有关劳动保护的法律、法规。

【实战思路 4】

运营应在生产线安装期间，执行人力资源部招聘生产人员工作，为产品生产做好准备。招聘时应首先注意每条生产线的生产工人上限人数规定，超过上限，系统会提示不允许继续招聘。需要运营招聘的人员有研发人员、生产工人、司机（运输业务）、厨师（餐饮业务）。但厨师和司机只有在执行相关业务时才需要招聘。人员招聘后，需办理入职。但入职必须在相关办公场所及生产线配置完成后方可进行，入职应注意人均占用面积。若移入员工数超过可占用的房屋面积，则不能完成入职。

【规则链接 4】

"1.2.9　非货币性资产交换规则"

"1.2.3　产品规则"—"二、产品生产"

"1.2.3　产品规则"——"五、产品研发"——"(3)"/"(4)"/"(5)"

【实战流程 4】

业务 4 实战流程如表 2.2-4 所示。

表 2.2-4　业务 4 实战流程

角　色	运　营	财务总监	财务经理	会计	出纳
具体执行	开始 (1) 查看运营规划 (2) 提交生产人员招聘计划 (3) 提交研发人员招聘计划 (5) 执行人员招聘 (6) 办理人员入职 结束	(4) 审批人员招聘			

【实战案例 4】

2012 年 1 月 1 日，华夏成长有限公司人力资源部根据运营规划进行员工招聘，具体招聘情况为：招聘生产人员 200 人，招聘研发人员 10 人。公司的管理人员、销售人员及车间管理人员均为平台自动配置，不需招聘。

【实战操作 4】

（1）运营点击“财务部”→“运营规划”，进入“运营规划”界面，点击“规划明细查看”，具体查看“生产运营规划”界面中的“人员招聘计划”（如图 2.2-32 所示）。

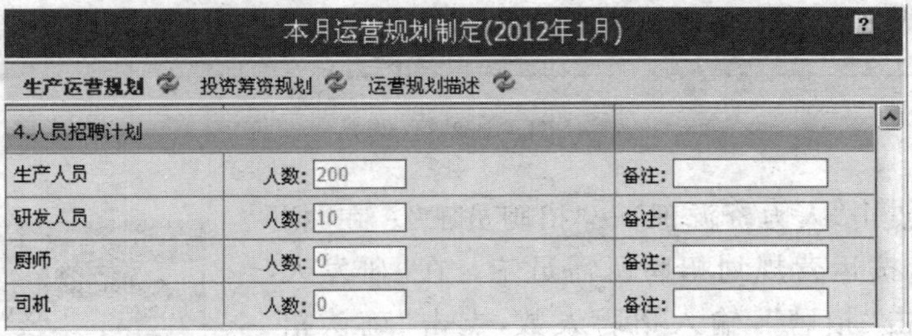

图 2.2-32 运营查看“运营规划”

（2）运营点击“人力资源部”→“招聘员工”，在“招聘员工”界面下，按运营规划招聘所需员工。在“生产人员”栏目下点击“招聘”，输入招聘人数，点击“确认招聘”。系统提示填写决策单，填写完毕，点击“确认提交”（如图 2.2-33、图 2.2-34 所示）。

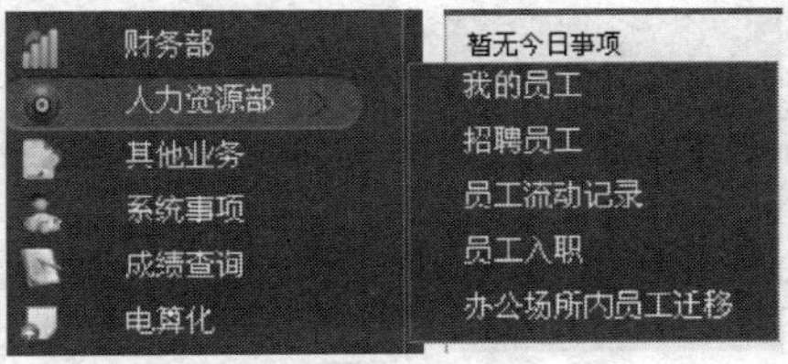

图 2.2-33 运营根据规划招聘员工

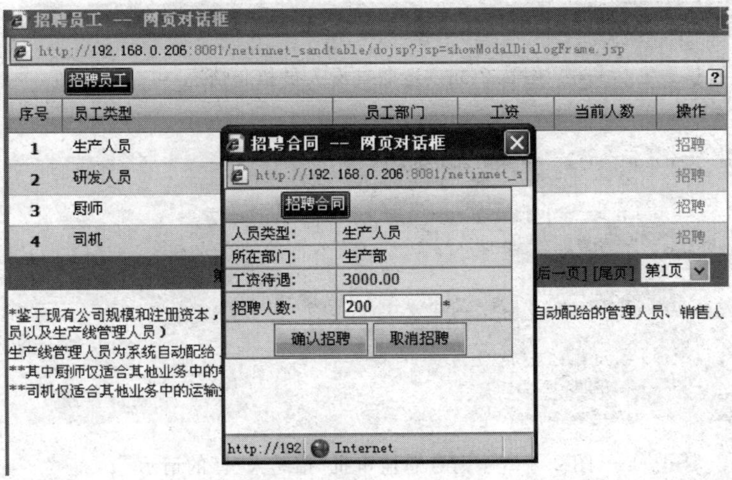

图 2.2-34 运营提交“招聘生产人员”的请示

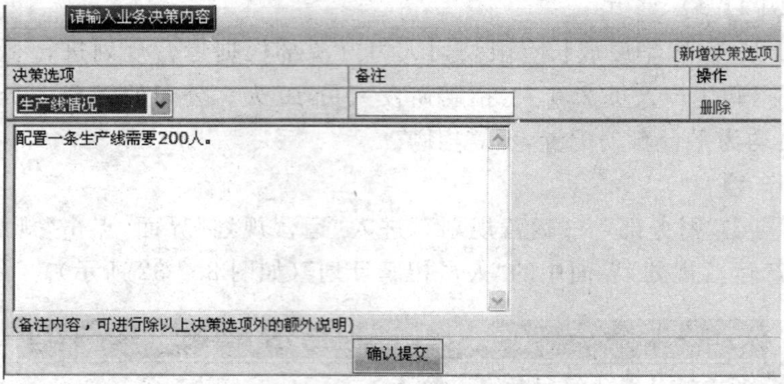

图 2.2-34(续)

(3) 运营点击“人力资源部”→“招聘员工”。在“招聘员工”界面，按运营规划招聘所需员工。在“研发人员”栏目下点击“招聘”，输入招聘人数，点击“确认招聘”。系统提示填写决策单，填写完毕，点击“确认提交”(如图 2.2-35、图 2.2-36 所示)。

图 2.2-35 运营提交“招聘研发人员”的请示

(4) 财务总监在“我的审批单”查看待审批的事项——招聘生产人员、研发人员，并可点开左上角的“+”查看辅助决策的信息，点击“通过”完成审批(如图 2.2-37 所示)。

序号	员工类型	员工部门	工资	当前人数	操作
1	研发人员	研发部	5000.00	10	招聘
2	生产人员	生产部	3000.00	400	招聘
3	司机	综合管理部	3000.00	2	招聘
4	厨师	综合管理部	3500.00		招聘

图 2.2-36 运营查看人员招聘情况

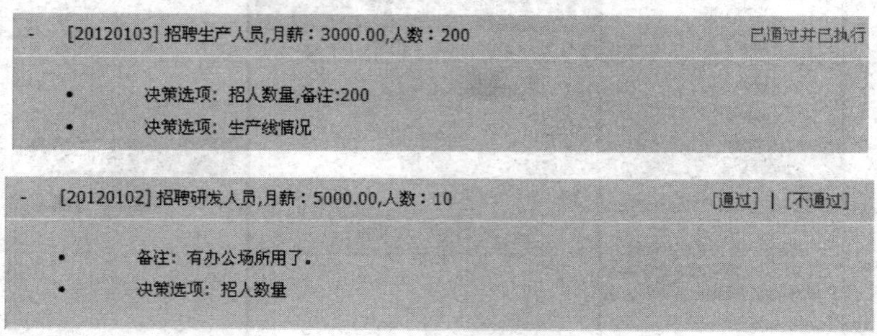

图 2.2-37 财务总监审批“招聘人员”的请示

(5) 运营根据系统消息提醒，点击“处理”。然后在“我的审批单”栏目点击“执行”，通过后，人员招聘成功(如图 2.2-38 所示)。

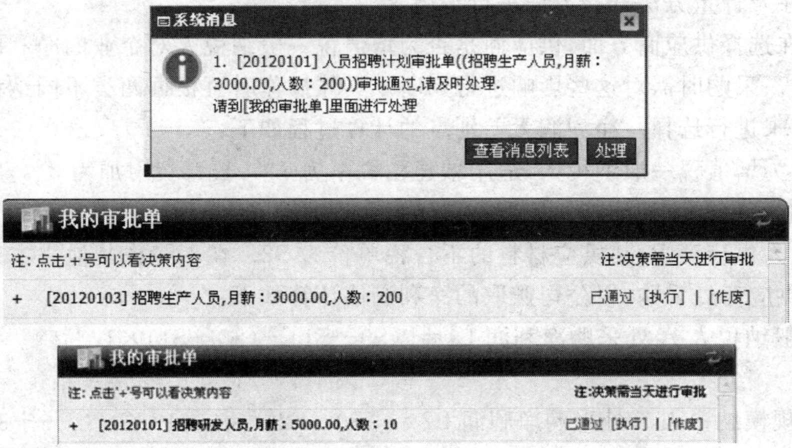

图 2.2-38　运营执行“招聘人员”的指令

(6) 运营点击“人力资源部”→“员工入职”，进入“员工入职”界面，通过下拉菜单选择办公场所，选中要移入的员工，输入“移入人数”，点击“移入”，系统提示“操作成功”(如图 2.2-39 所示)。

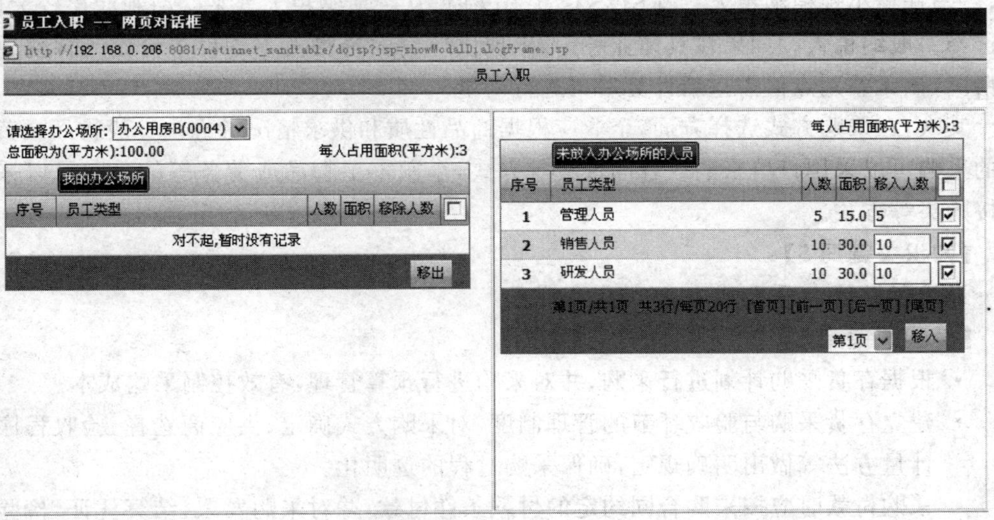

图 2.2-39　运营办理“员工入职”

2.2.5　业务 5：购买原材料主料

【知识提点 5】

企业购买原材料主料属于企业存货请购范畴。企业存货请购前应根据仓储计划、资金筹措计划、生产计划、销售计划等制定采购计划，并对存货的采购实行预算管理，合理确定材料、在产品、产成品等存货的比例。存货的采购时机和采购批量选择应结合企业需求、市场状况、行业特征、实际情况综合考虑。具体采购时要在供应商选择、采购方式选择、验收程序及计量方法选择方面进行平衡。

首先，在选择供应商方面，供应商是否为增值税一般纳税人对企业的净利润及现金流量均有影响。采购时需对这些影响进行判断。具体操作时可根据两类不同纳税人的净利润无差别点来进行选择。净利润无差别点的计算过程如下：

甲公司为增值税一般纳税人，适用城建税税率为7%，教育费附加为3%，所得税税率为25%。商品不含税售价S0。现有一般纳税人供应商A，其供应材料不含税单价为S1；小规模纳税人供应商B，其供应材料的不含税单价为S2。在不考虑其他成本费用的情况下，在不同供应商处采购，甲公司赚取的净利润值计算如下：

$$\text{从一般纳税人 A 处采购净利润 } L1=[(S0-S1)-(S0-S1)\times 17\% \times (7\%+3\%)]\times(1-25\%)$$

$$\text{从小规模纳税人 B 处采购净利润 } L2=[(S0-S2)-S0\times 17\%\times(7\%+3\%)]\times(1-25\%)$$

令L1＝L2，则计算得出S1/S2＝1.017。

以上计算得出的S1/S2＝1.017，即为不同纳税人选择时的净利润无差别点值。具体应用时，当S1/S2＝1.017时，无论从一般纳税人还是从开具普通发票的小规模纳税人处采购货物，其净利润是一样的；当S1/S2＞1.017时，从小规模纳税人处采购净利润比较大，应当选择小规模纳税人；当S1/S2＜1.017时，从一般纳税人处采购净利润比较大，应当选择一般纳税人。如果在具体业务中，出现供应商的价格由不含税单价变为含税单价的情况，该无差别点值需重新计算后再进行衡量。

其次，在采购方式选择方面，企业应根据商品性质和供求情况考虑。一般物品或劳务等的采购可以采用订单采购或合同订货等方式，小额零星物品或劳务等的采购可以采用直接购买等方式。

【知识关键词5】

最优存货量　采购成本　供应商管理

【经营关键点5】

- 根据存货采购计划进行采购，并对采购进行预算管理，有效控制采购成本。
- 建立存货采购与验收环节的管理制度，对采购方式确定、供应商选择、验收程序及计量方法等做出明确规定，确保采购过程的透明化。
- 采购付款时应按采购合同约定的付款条件付款，并对采购发票、结算凭证、检验报告、计量报告和验收证明等相关凭证的真实性、完整性、合法性及合规性进行严格审核。

【实战思路5】

运营选择购买原材料主料时，应充分考虑市场价格波动对原材料价格的影响、供应商的信誉值、纳税人规模等，以便权衡企业的采购风险和成本。在采购原材料的时候，要注意查看购买信息中的供应商信息、原材料价格走势图、材料与产品配比、现金折扣条件、商业折扣条件、付款方式选择、运费等相关信息，根据需求选择原材料主料。

【规则链接 5】

"1.2.3　产品规则"——"一、原材料采购及出售"

"1.2.11　信誉规则"——"(2)"

【实战流程 5】

业务 5 实战流程如表 2.2-5 所示。

表 2.2-5　业务 5 实战流程

角　色	运　　营	财务总监	财务经理	会　计	出　纳
具体执行	开始 (1) 查看运营规划 (2) 提交购买计划 (4) 执行购买 (5) 材料到货确认	(3) 审批购买业务	(6) 审批付款	(8) 索取单据，账务处理 结束	(7) 支付

【实战案例 5】

2012 年 1 月 1 日，华厦成长有限公司选择购买郑州天宇科技有限公司空调压缩机的原材料。该原料不含税单价为 942.9 元/套，购买数量 1 300 套，货款金额 1 213 512.3 元，商业折扣 1%，运费共计 1 650 元，其中固定运费 1 000 元，浮动运费 650 元。华厦成长有限公司选择货到付款的发货方式，付款方式选择一次性付款。

【实战操作 5】

(1) 运营点击"财务部"→"运营规划"，进入"运营规划"界面，点击"规划明细查看"，查看"生产运营规划"中的原材料购买计划(如图 2.2-40 所示)。

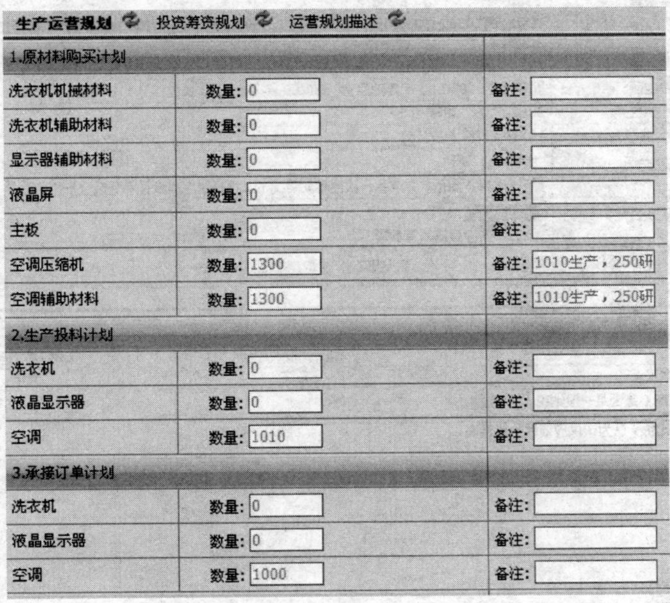

图 2.2-40　运营查看"生产运营规划"

(2) 运营点击“采购市场”→“采购原材料”,进入“采购原材料”界面。搜索到相应的原料,点击“购买”,在采购原材料对话框里,输入“购买数量”,选择“发货方式”、“付款方式”,点击“确认提交”,并填写“决策单”(如图 2.2-41、图 2.2-42 所示)。

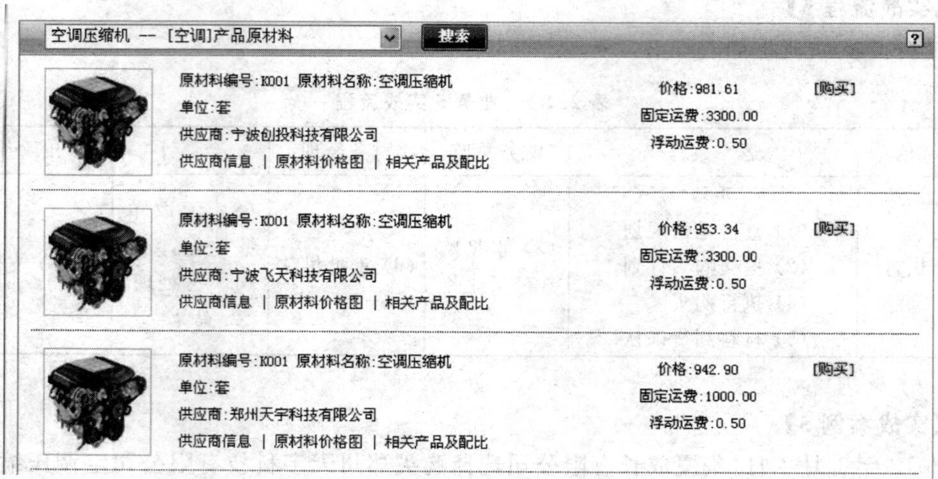

图 2.2-41 运营选择要购买的原材料

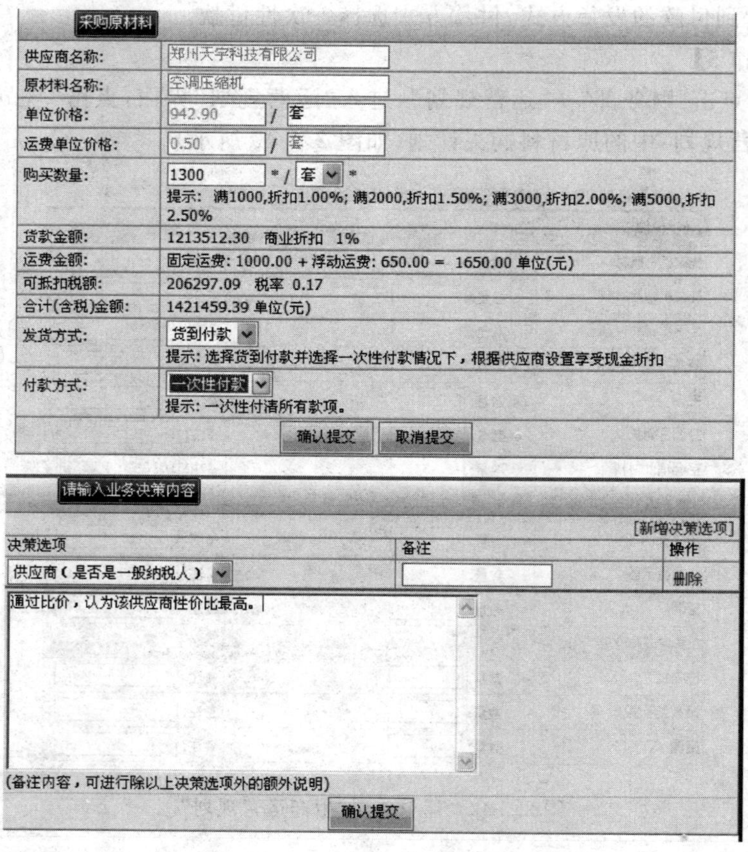

图 2.2-42 运营提交“购买原材料”的请示

(3) 财务总监在“我的审批单”查看待审批的事项——采购原材料，并可点开左上角的“+”查看辅助决策的信息，点击“通过”完成审批(如图 2.2-43 所示)。

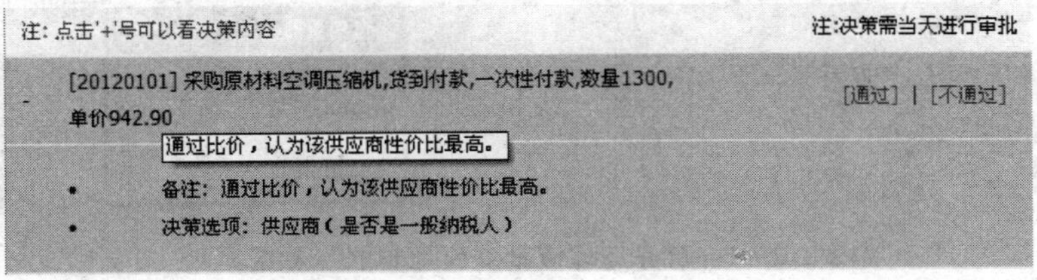

图 2.2-43　财务总监审批“购买原材料”的请示

(4) 审批通过后，运营在“我的审批单”下点击“执行”(如图 2.2-44 所示)。

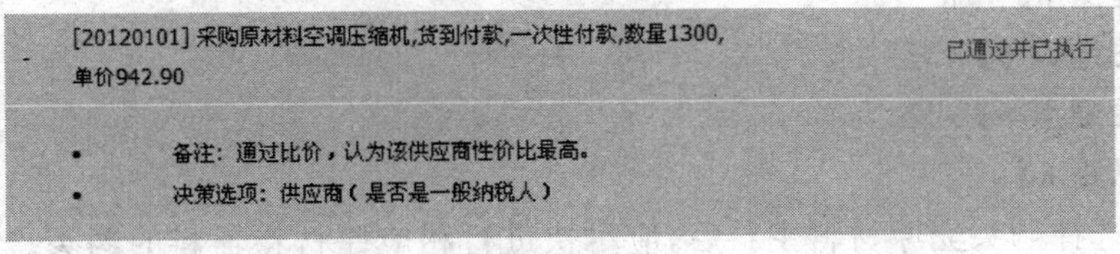

图 2.2-44　运营执行“购买原材料”的指令

执行完毕，系统会出现如图 2.2-45 所示的提示信息。

图 2.2-45　系统提示信息

(5) 运营需在第四天原材料到货后，在“今日事项”菜单栏进行“到货确认”(如图 2.2-46 所示)。

图 2.2-46　运营确认原材料到货

(6) 财务经理点击“财务部”→“运营规划”，查看企业运营规划中的“生产运营规划”；然后再进入“待办事项”界面，点击“待办事项”→“审批通过”，并点击“确定”(如图 2.2-47 所示)。

(7) 出纳点击“财务部”→“运营规划”，查看企业运营规划中的“生产运营规划”。根据财务经理已审批事项，办理款项支付业务。然后进入“待办事项”，逐一进行支付款项的审核，无误时按付款流程办理支付。符合支付条件的点击“银行支付”。

图 2.2-47 财务经理审批支付原材料货款的申请

2.2.6 业务 6：购买原材料辅料

【知识提点 6】 略

【知识关键词 6】 略

【经营关键点 6】 略

【实战思路 6】

运营在选择购买完原材料主料后,应尽快进行相应原材料辅料的购买。购买时同主料购买情形,也应充分考虑市场价格波动对原材料价格的影响、供应商的信誉值、纳税人规模等,以便权衡企业的采购风险和成本。在采购原材料辅料时,同样要注意查看购买信息中的供应商信息、原材料价格走势图、材料与产品配比、现金折扣条件、商业折扣条件、付款方式的选择、运费等相关信息,根据需求选择原材料辅料。

【规则链接 6】

“1.2.3 产品规则”——“一、原材料采购及出售”

“1.2.11 信誉规则”——“(2)”

【实战流程 6】

业务 6 实战流程如表 2.2-6 所示。

表 2.2-6 业务 6 实战流程

角 色	运 营	财务总监	财务经理	会 计	出 纳
具体执行	开始 (1) 查看运营规划 (2) 提交购买计划 (4) 执行购买 (5) 辅料到货确认	(3) 审批购买业务	(6) 审批付款	(8) 索取单据,账务处理 结束	(7) 支付

【实战案例 6】

2012 年 1 月 1 日,华厦成长有限公司选择购买郑州中原科技有限公司空调辅助材料。该材料不含税单价为 756.47 元/套,购买数量 1 300 套,货款金额 973 576.89 元,对方给予商业折扣 1%。共发生运费 1 650 元,其中固定运费 1 000 元,浮动运费 650 元。华厦成长有限公司选择货到付款的发货方式,付款方式选择首六余四。

【实战操作 6】

具体操作同【实战操作 5】,此处不再赘述。请使用者根据案例数据完成该业务操作。

2.2.7 业务7：生产线安装调试

【知识提点7】

企业进行生产线的安装调试属于生产线布局的决策实施。企业在进行生产线布局时要综合考虑物料搬运、生产作业与制程编排、人力资源配置及建筑空间利用等因素，确保工厂的各种作业和附属设施都能依照制造程序做最适当的编排与布置，提高生产线的运作效率和使用效果。另外在生产线安装中要考虑技术工艺、成本和安全性要求等约束因素，同时还要为未来的生产线改造及产能提升预留空间。

【知识关键词7】

制造工程规划设计　生产线布局

【经营关键点7】

- 结合工厂整体性企划及未来生产计划制定生产线布局规划。
- 优化生产线布局，改善人机工程、优化操作流程、物料搬运、缩短生产线节拍、减少生产线占地面积，控制成本，提高效率。
- 注重维持生产作业与制成编排的弹性化，以利于根据产能变化做出调整。

【实战思路7】

企业的生产线及厂房等资产到货后需安装。安装工作的内容主要是将生产线移入厂房，并安装调试，只有生产线安装完毕，才能组织产品生产。系统设定生产线安装调试的时间是10天。当生产线安装完毕后，系统会自动提示，此时才可投入生产。在此期间，运营可以考虑安排其他相关准备工作，如招聘员工、采购材料等。

【规则链接7】

“1.2.5　投资规则”——“一、生产线、房产、其他资产投资”——“(三) 到货及安装”

【实战流程7】

业务7实战流程如表2.2-7所示。

表2.2-7　业务7实战流程

角　色	运　营	财务总监	财务经理	会计	出纳
具体执行	开始 (1) 管理固定资产 (2) 生产线移入厂房 (3) 安装调试生产线 结束				

【实战案例7】

2012年1月3号，华厦成长有限公司已经到货的空调生产线B型移入厂房A，进行安装调试，安装调试期限为10天。

【实战操作7】

(1) 运营点击“物资部”→“固定资产管理”，进入到“固定资产管理”界面，需完成该界面下各个资产编号工作，点击“确定”(如图2.2-48所示)。如果不需要该项资产，可以在该界面点击“退租”。

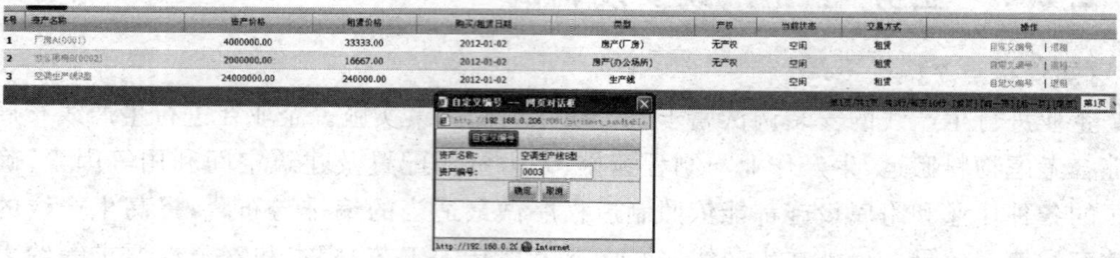

图 2.2-48　运营为固定资产编号

（2）运营点击“生产部”→“生产线安装调试”，进入“生产线安装调试”界面（如图 2.2-49 所示）。在该界面下，点击下拉菜单选择厂房，选中要移入的生产线，点击“移入”（如图 2.2-50 所示）。

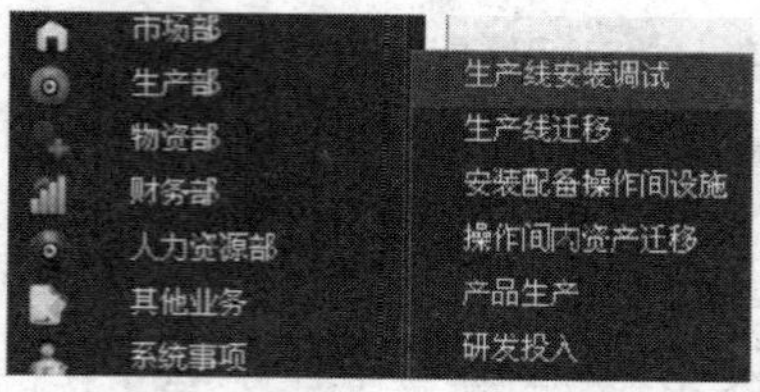

图 2.2-49　运营登录“生产线安装调试”界面

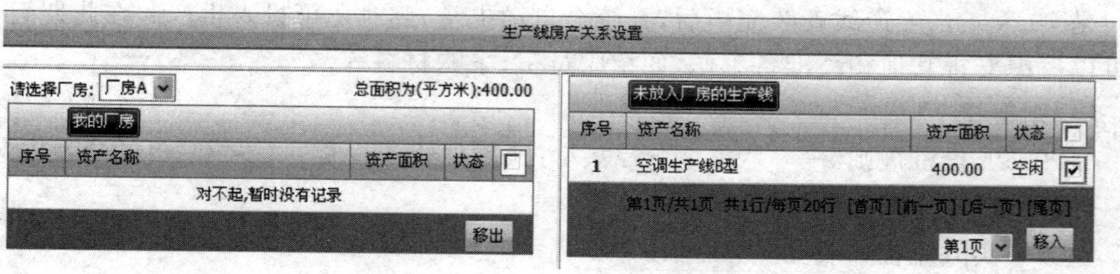

图 2.2-50　运营选择要移入厂房的生产线

（3）运营点击“物资部”→“生产线信息”，进入“生产线信息”界面，查看生产线信息，重点关注安装结束时间。安装在规定时间内结束后，运营在“今日事项”栏点击“安装完成确认”（如图 2.2-51 所示）。

图 2.2-51　运营确认生产线“安装”完毕

2.2.8　业务 8：申请短期贷款

【知识提点 8】

企业申请的短期贷款是指企业向银行和其他非金融机构借入的期限在 1 年以内（含

1年)的贷款。该类贷款一般用于企业生产、经营中的流动资金需要。它是企业出现短期的季节性融资需求时所采用的短期筹资方式中的一种。相比较其他筹资方式，短期流动资金贷款有明确的期限，其期限一般在六个月左右，最长不超过一年；取得时由于附加诸多条件而增大了企业风险；而且，固定的利息支付使其成本较高。

【知识关键词 8】

营运资金 短期筹资 商业信用

【经营关键点 8】

- 有效管理公司的营运资金，平衡好商业信用和短期贷款等不同筹资方式的应用。
- 申请短期贷款时应根据企业营运资金需求、贷款条件和种类加以选择，另对提供贷款的银行或非银行金融机构根据其贷款风险政策、专业化服务能力等方面做出遴选。
- 建立筹资支付的控制制度，安排好现金预算计划，并正确计算、核对贷款利息及本金，及时、足额地根据相关合同或协议进行偿付。

【实战思路 8】

财务经理在企业现金流紧缺或预计未来有较大现金流支出需求的情况下，可选择短期贷款这一筹资方式。其中，短期贷款的本金最高额度受企业注册资本和信誉值影响。财务经理应在企业可贷款的最高限额内，根据企业资金需求情况确定本次的贷款本金和贷款期限。其中，贷款期限可在1到12个月之间选择。贷款年利率由平台给定，因而贷款时要考虑贷款每月的利息还款额对企业现金流的影响。

【规则链接 8】

“1.2.6 筹资规则”——“一、筹资方式”

“1.2.6 筹资规则”——“二、短期贷款规则”

【实战流程 8】

业务8实战流程如表2.2-8所示。

表2.2-8 业务8实战流程

角 色	运营	财务总监	财务经理	会 计	出 纳
具体执行		(3) 审批贷款申请	开始 (1) 查看运营规划 (2) 提交贷款申请 (4) 执行	(6) 账务处理 结束	(5) 收款

【实战案例 8】

2012年1月5日，华厦成长有限公司向银行申请一笔短期贷款，贷款总金额5 000 000元，贷款利率6.3%，贷款期限12个月，短期贷款利息按月支付。

【实战操作 8】

(1) 财务经理点击“财务部”→“运营规划”，进入“运营规划”界面，点击“规划明细查看”，查看“投资筹资规划”界面中的“短期贷款计划”(如图2.2-52所示)。

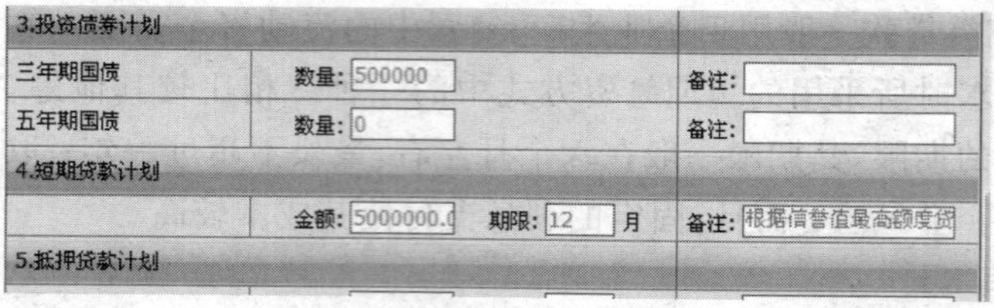

图 2.2-52 财务经理查看“短期贷款计划”

(2) 财务经理点击“财务信息”,查看“公司信誉”和“基本账户余额”,并根据企业信誉值进行贷款额度计算。同时点击“外部机构”中的“银行”,选择“我要贷款”,进入“申请企业贷款”界面,填写完“贷款金额”、“贷款方式”、“贷款期限”后,填写决策单(如图 2.2-53～图 2.2-55 所示)。

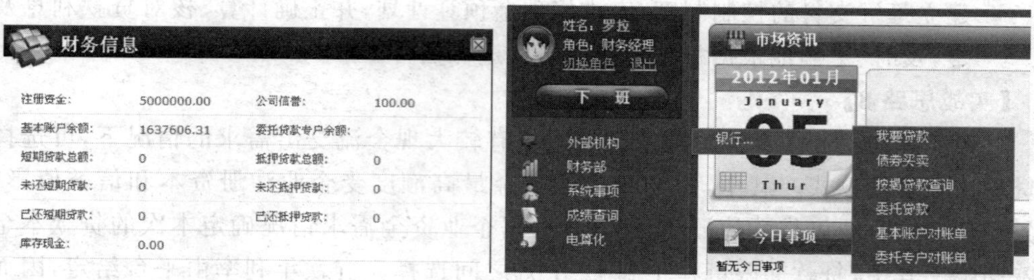

图 2.2-53 财务经理填写“贷款申请单”(1)

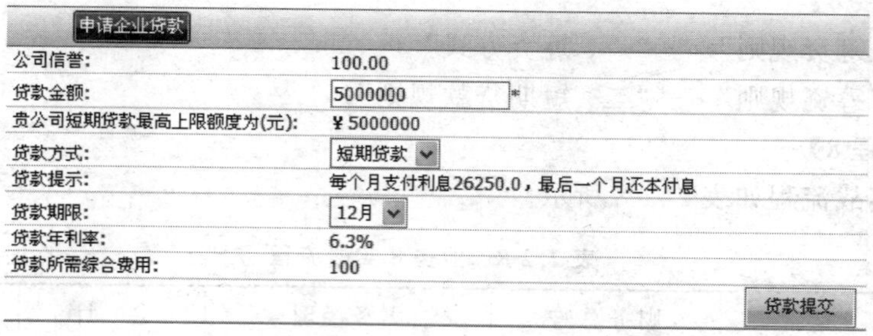

图 2.2-54 财务经理填写“贷款申请单”(2)

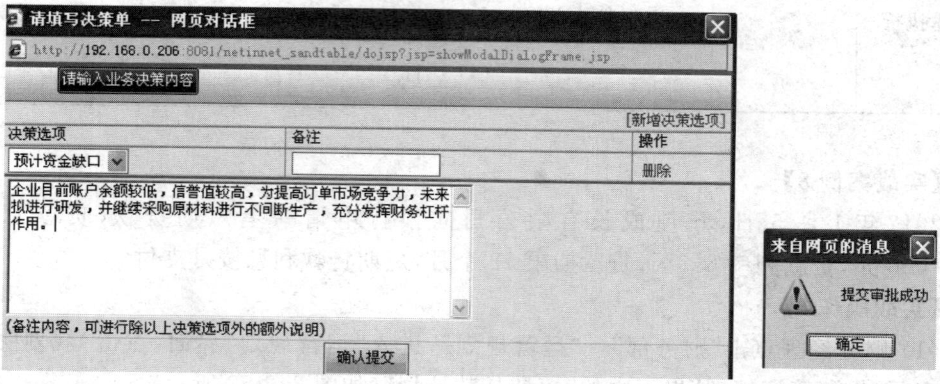

图 2.2-55 财务经理填写“贷款申请单”(3)

(3) 财务总监在“我的审批单”查看待审批的事项——短期贷款，并可点开左上角的“＋”查看辅助决策的信息，点击“通过”完成审批(如图 2.2-56 所示)。

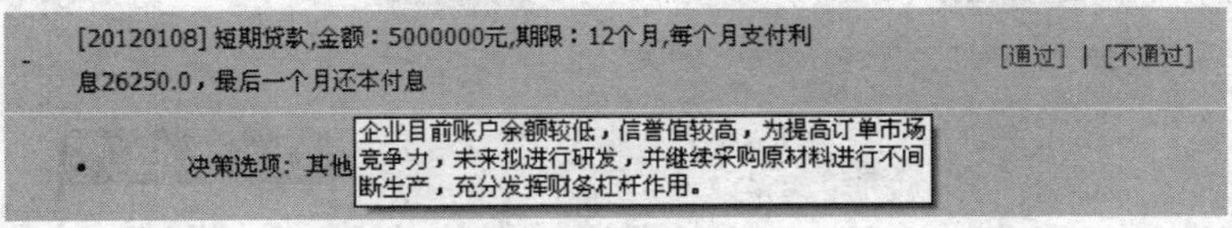

图 2.2-56　财务总监审批“贷款申请”

(4) 财务经理接到“系统消息”提示后，进入“我的审批单”查看待审批的事项——短期贷款，点击“执行”完成短期贷款(如图 2.2-57 所示)。

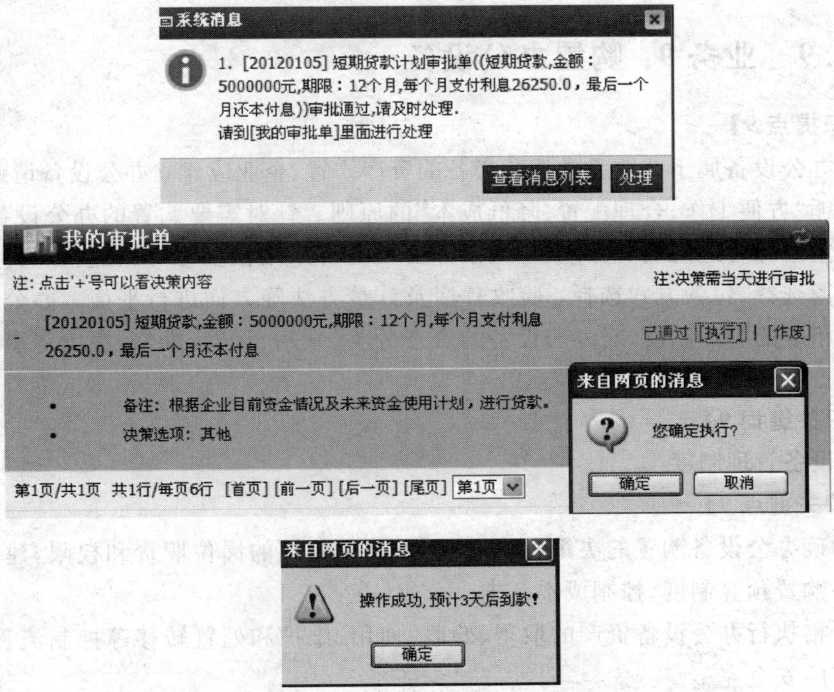

图 2.2-57　财务经理执行贷款指令

(5) 出纳进入“今日事项”栏，点击“贷款到款”，办理收款业务(如图 2.2-58 所示)。

图 2.2-58　出纳办理收款手续

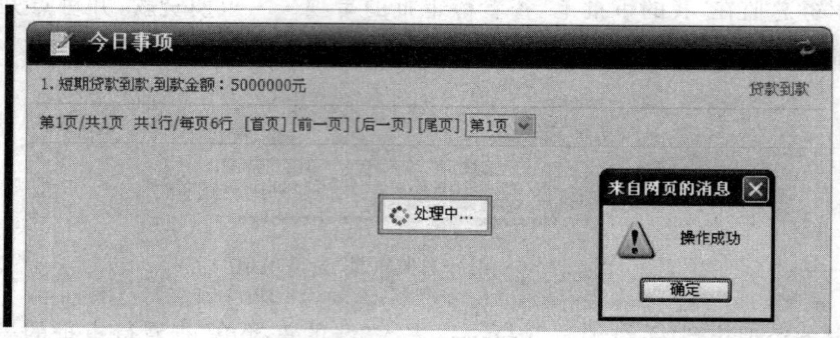

图 2.2-58(续)

2.2.9 业务9：购置办公设备

【知识提点9】

购买办公设备属于企业日常运营必备的资产添置，企业应建立办公设备请购制度，请购时应遵循“方便工作、合理配置、降低成本”的原则。针对需要购置的办公设备的种类、金额及批量选择合适的购置方式，如大宗办公设备可采用招投标方式进行。另采购时也要在供应商选择、付款方式选择、验收程序及计量方法等方面进行平衡。办公设备购置后要建立相应的管理制度，对办公设备的资产分类、领用、保管、维修、报废等事宜作出明确规定。

【知识关键词9】

办公设备管理制度

【经营关键点9】

- 明确办公设备购置的决策、审批流程及相关管理的岗位职责和权限，建立办公设备购置预算制度，控制成本开支。
- 严格执行办公设备资产的取得、验收、使用、维护和处置转移等控制流程，保护资产的安全完整。

【实战思路9】

运营应在企业开业初期购置完厂房、设备等固定资产及人员招聘入职工作后，及时配置电脑、打印机、复印机等办公用品，方便开展管理工作。办公用品的购买数量应结合企业管理人员数量及管理工作的具体要求，同时也要考虑对企业成本费用的影响。购买的办公用品如果符合企业固定资产确认标准，则要根据企业会计政策要求确定该资产折旧年限及净残值率。运营购置计划确定完毕，财务经理根据合同审批付款申请，出纳执行付款。

【规则链接9】

“1.2.5 投资规则”——“一、生产线、房产、其他资产投资”——“(一)购买”

【实战流程9】

业务9实战流程如表2.2-9所示。

表 2.2-9　业务 9 实战流程

角　色	运　营	财务总监	财务经理	会　计	出　纳
具体执行	开始 (1) 提交办公设备购买计划 (4) 确认收货		(2) 审批	(5) 索取单据,账务处理 结束	(3) 付款

【实战案例 9】

2012 年 1 月 8 日,华厦成长有限公司向北京美丰电器商场购买笔记本电脑 15 台,不含税单价 4 385 元/台;购买打印机 1 台,不含税单价 2 793 元/台;购买复印机 1 台,不含税单价 5 400 元/台。款项一次性支付。

【实战操作 9】

(1) 运营点击"采购市场"→"购买其他资产",进入"购买其他资产"界面。在该界面搜索到相应的办公用品,点击"购买",进入采购合同对话框。在该对话框下输入选择好的资产的"折旧月份"、"净残值比率"、"购买数量",点击"确认提交"(如图 2.2-59～图 2.2-62 所示)。

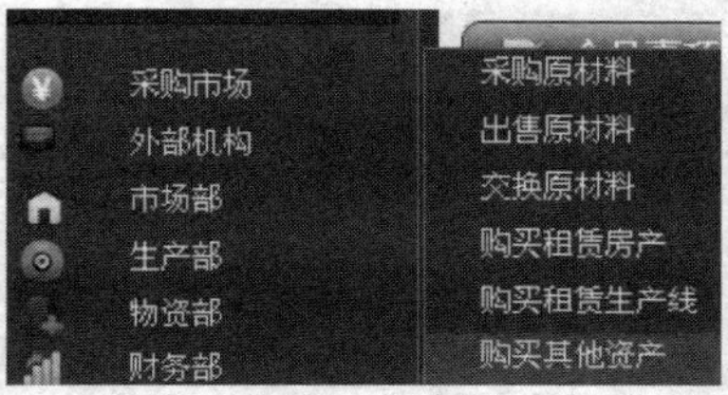

图 2.2-59　运营登录"购买其他资产"界面

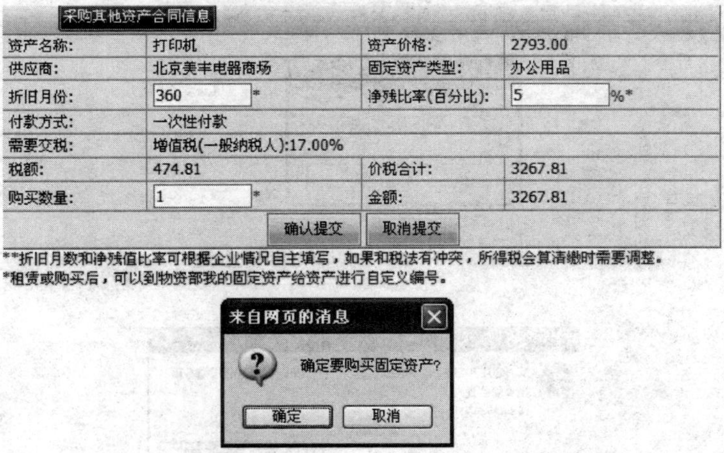

图 2.2-60　运营申请购买打印机

(2) 财务经理接到"系统消息"提示后,进入"待办事项栏"查看待审批的事项——购买相关资产事项,点击"审批通过"(如图 2.2-63 所示)。

(3) 出纳根据财务经理已审批事项,办理款项支付业务。然后进入"待办事项",逐一进行支付款项的审核,无误时按付款流程办理支付。符合支付要求的点击"银行支付"(如图 2.2-64 所示)。

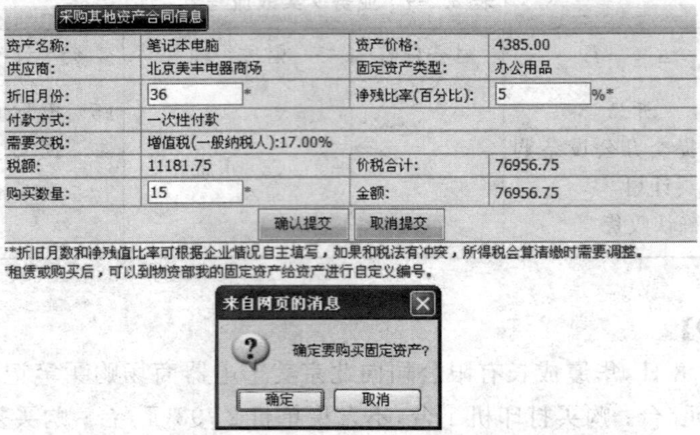

图 2.2-61 运营申请购买笔记本电脑

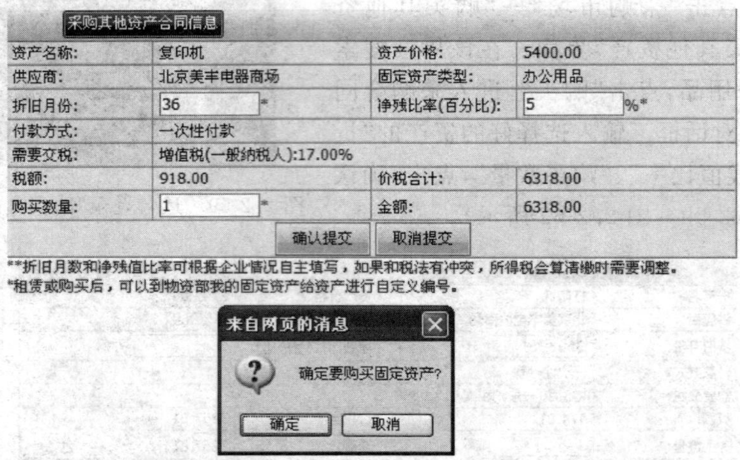

图 2.2-62 运营申请购买复印机

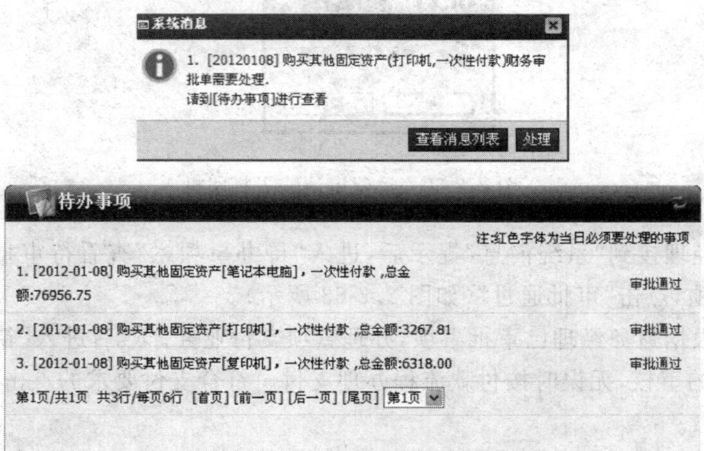

图 2.2-63 财务经理审批购买固定资产的请示

图 2.2-64　出纳支付购买固定资产的款项

(4) 运营在出纳付款后，进入“今日事项”栏目，平台显示资产已到货，点击“确认”(如图 2.2-65 所示)。

图 2.2-65　运营确认固定资产到货

2.2.10　业务 10：投放广告费

【知识提点 10】

投放广告属于企业以满足消费者需求为中心的营销活动中的促销策略之一。而广告则被定义为是使用非个性化的大众媒介和其他互动传播形式传达信息给广大受众，从而把可识别的出资人与目标受众连接起来的说服性、有偿性的传播方式。广告投放有助于企业控制和提升其在市场上的形象，为顾客提供产品信息，在诱导顾客购买及提醒使用等方面均有效果。

【知识关键词 10】

促销策略　广告策略　广告预算

【经营关键点 10】

根据企业的促销需要确定广告目标、广告预算，恰当进行媒介的评估与选择，关注广告投放的支出与收益比。

【实战思路 10】

运营在投入广告费之前，企业应根据生产线计算当年的产能，这样才能对广告的投入做到心中有数，在接订单时有的放矢。企业投入广告费的多少和每个月所能承接的订单有直接关系。初级市场只能承接一些小订单，到了中级和高级市场则会接到大额订单，订单的数量也会相应增加。在企业经营过程中，遇到大额支出时，应先查看企业目前的现金余额，根据余额情况选择支付或拒绝支付，如果大额支付对未来现金流支出造成较大影响，应提醒企业相关人员及时进行资金筹集。

【规则链接 10】

“1.2.2　市场营销规则”

【实战流程 10】

业务 10 实战流程如表 2.2-10 所示。

表 2.2-10 业务 10 实战流程

角 色	运 营	财务总监	财务经理	会 计	出 纳
具体执行	开始 (1) 查看运营规划 (2) 提交广告投放计划	(4) 审批	(3) 审批	(6) 索取单据，账务处理 结束	(5) 付款

【实战案例 10】

2012 年 1 月 9 日，华夏成长有限公司投放 100 万元广告费，用于获取空调订单。

【实战操作 10】

(1) 运营点击“财务部”→“运营规划”，进入运营规划界面，点击“规划明细查看”，查看“生产运营规划”界面的“广告费投放计划”（如图 2.2-66 所示）。

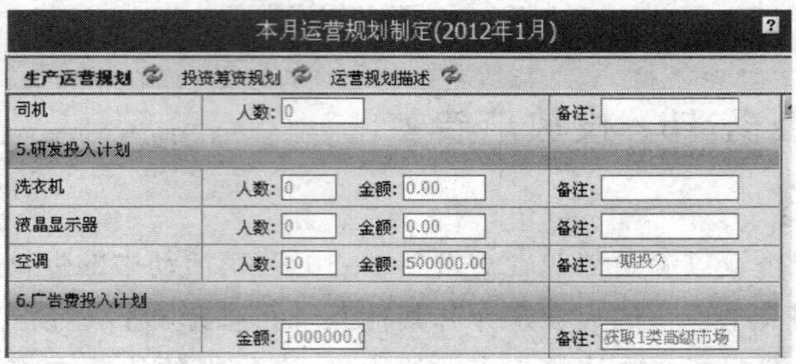

图 2.2-66 运营查看“广告费投放计划”

(2) 运营点击“市场部”→“投放广告费”，进入“投放广告费”界面。在该界面下选中要投放广告费的产品，输入投放的金额，点击“投放广告费”（如图 2.2-67 所示）。提交后进入“决策单”页面，输入决策选项，点击“确认提交”（如图 2.2-68 所示）。

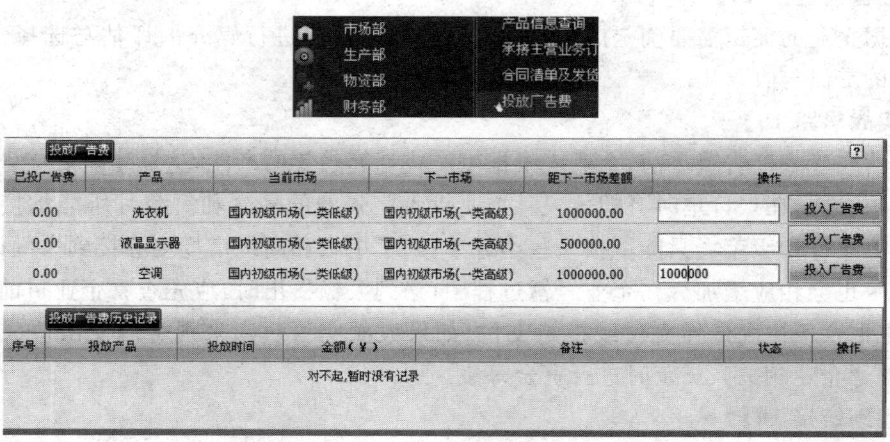

图 2.2-67 运营登录“投放广告费”界面

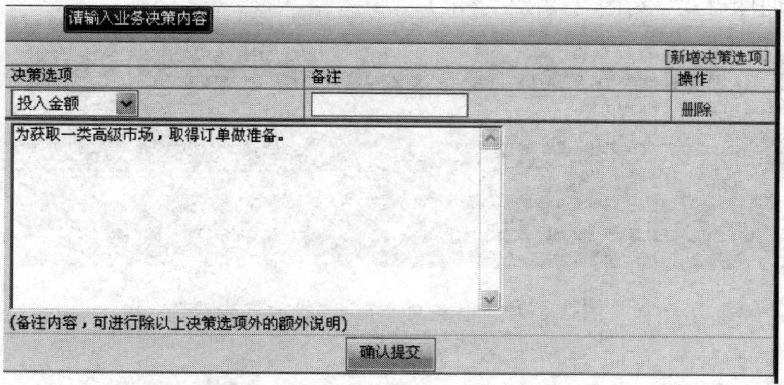

图 2.2-68　运营提交“投放广告费”的请示

(3) 财务经理接到“系统消息”提示(如图 2.2-69 所示)后，进入“待办事项”栏，查看“待办事项”——投放广告费，点击“审批通过”(如图 2.2-70)。由于金额超过权限，还需财务总监审批(如图 2.2-71 所示)。

图 2.2-69　财务经理接到“系统消息”提示

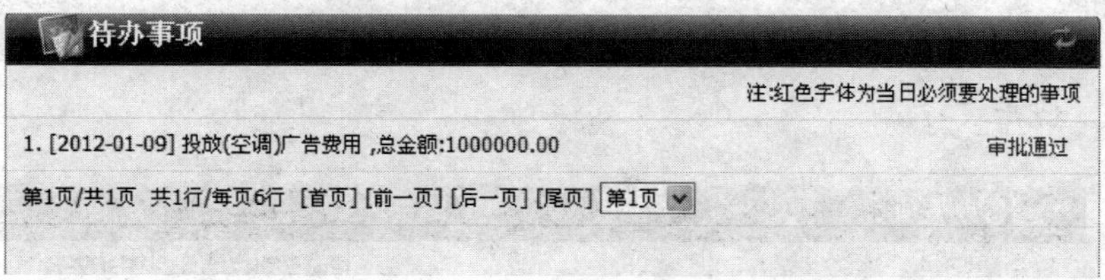

图 2.2-70　财务经理审批“投放广告费”

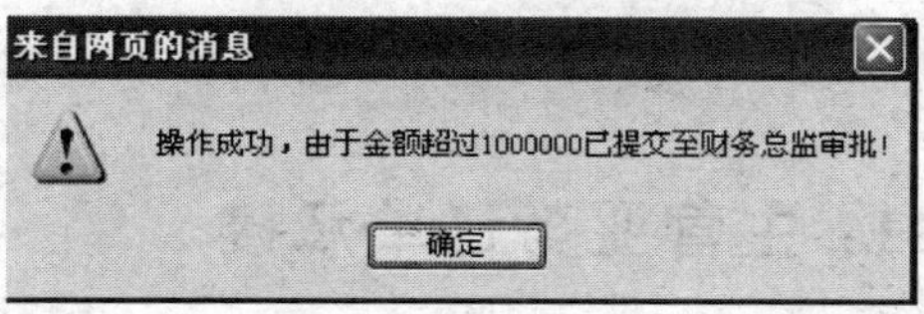

图 2.2-71　提交财务总监审批的提示

(4) 财务总监在“我的审批单”查看“待审批事项”——广告费投放，并可点开左上角的“+”查看辅助决策的信息，点击“通过”完成审批(如图 2.2-72 所示)。

(5) 出纳点击“外部机构”中的“银行”→“现金管理”，查看现金余额。然后进入“待办事项”，逐一进行支付款项的审核，无误时按付款流程办理支付。符合支付要求的，点击

“银行支付”(如图 2.2-73、图 2.2-74 所示)。

图 2.2-72 财务总监审批“投放广告费”

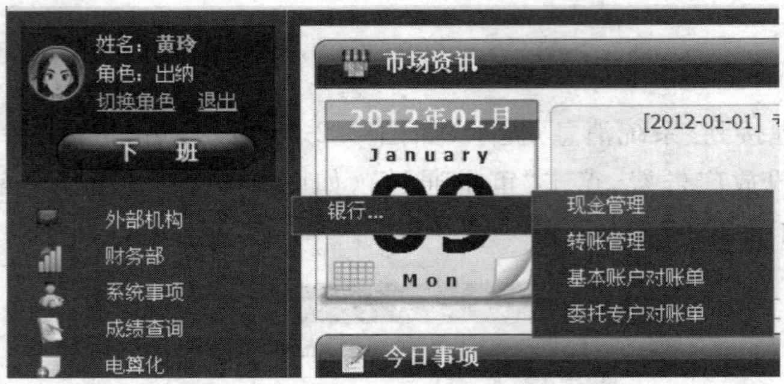

图 2.2-73 出纳登录“支付广告费”界面

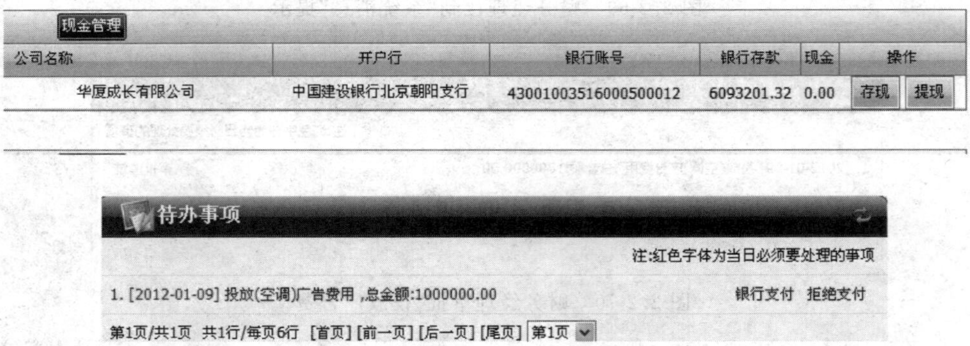

图 2.2-74 出纳支付广告费

2.2.11 业务 11：主营业务订单承接

【知识提点 11】

订单承接是企业获得市场份额、获得发展机会和生长空间的核心和基础。所谓的订单承接是指企业以供应商身份对客户的订单做出积极响应,并采取措施以获得客户订单为目的,并达到企业获取期望利润的过程。

【知识关键词 11】

定制生产　订单决策

【经营关键点 11】

- 企业应通过多种渠道获得订单信息，对订单相关信息进行分析后进行订单决策。
- 关注订单产品的数量、批次、交货时间及价格等，确保订单产品与企业生产能力匹配。
- 关注企业外部环境变化，尤其要关注订单客户的经营状况、资金状况、信用状况等，并建立相应风险防控机制。

【实战思路 11】

企业的经营理念是以销定产，有了订单企业才能够运营下去。承接订单时，运营首先要关注“客户信息和产品信息”，查询平台中的产品价格趋势图，尽量选择能够提升销售毛利的价格较高的订单；其次要关注产品的生产周期，防范未完工延期交货风险；再次要考虑订单数量，例如能生产 1 000 套不一定可以接 1 000 件订单，因为产品生产过程中有一定的废品率。具体选择订单客户时，要关注每个客户的付款方式和发货时间。遴选到的客户企业要能保障按时发货、及时收款。

【规则链接 11】

“1.2.3　产品规则”——“二、产品生产”

“1.2.3　产品规则”——“四、产品销售”

“1.2.3　产品规则”——“五、产品研发”——“(2)”

“1.2.11　信誉规则”——“(3)”

【实战流程 11】

业务 11 实战流程如表 2.2-11 所示。

表 2.2-11　业务 11 实战流程

角　色	运　营	财务总监	财务经理	会计	出纳
具体执行	开始 (1) 查看运营规划 (2) 提交订单承接计划 (4) 执行 结束	(3) 审批			

【实战案例 11】

2012 年 1 月 9 日，华厦成长有限公司承接空调订单 200-01，合同数量 200 台，合同不含税单价为 2 361.04 元/台，合同金额 4 772 208.00 元。下达订单的客户为北京乐家电器商场，付款方式为一次性付款，到期时间为 2012 年 1 月 31 日。

【实战操作 11】

(1) 运营点击“财务部”→“运营规划”，查看企业运营规划中的“生产运营规划”。

(2) 运营点击“市场部”→“承接主营业务订单”，进入“承接主营业务订单”界面(如图 2.2-75 所

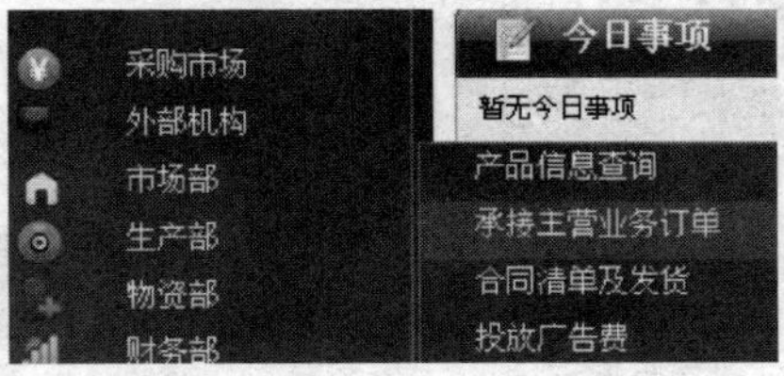

图 2.2-75　运营登录“承接主营业务订单”界面

示)，搜索到适合的订单，点击“查看订单”(如图 2.2-76 所示)，显示合同详情对话框，通过下拉菜单选择客户，点击“承接订单”。系统提示“确定签订该合同?”，点击“确定”，进入“填写决策单”界面，填写决策单，提交财务总监审批(如图 2.2-77 所示)。

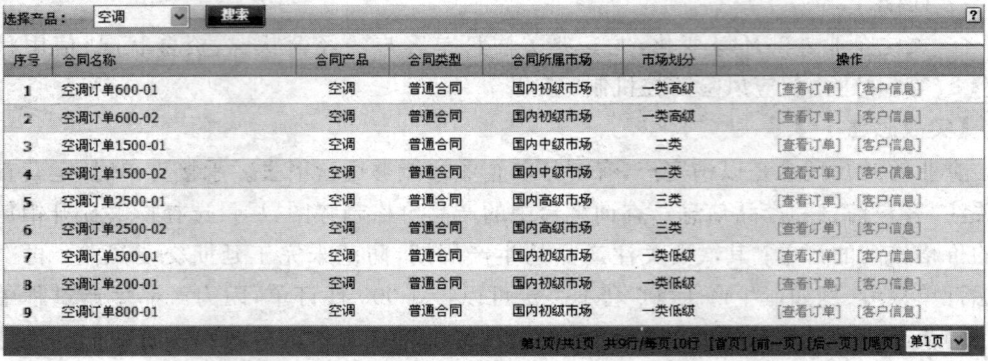

选择产品：空调 搜索

序号	合同名称	合同产品	合同类型	合同所属市场	市场划分	操作
1	空调订单600-01	空调	普通合同	国内初级市场	一类高级	[查看订单] [客户信息]
2	空调订单600-02	空调	普通合同	国内初级市场	一类高级	[查看订单] [客户信息]
3	空调订单1500-01	空调	普通合同	国内中级市场	二类	[查看订单] [客户信息]
4	空调订单1500-02	空调	普通合同	国内中级市场	二类	[查看订单] [客户信息]
5	空调订单2500-01	空调	普通合同	国内高级市场	三类	[查看订单] [客户信息]
6	空调订单2500-02	空调	普通合同	国内高级市场	三类	[查看订单] [客户信息]
7	空调订单500-01	空调	普通合同	国内初级市场	一类低级	[查看订单] [客户信息]
8	空调订单200-01	空调	普通合同	国内初级市场	一类低级	[查看订单] [客户信息]
9	空调订单800-01	空调	普通合同	国内初级市场	一类低级	[查看订单] [客户信息]

第1页/共1页 共9行/每页10行 [首页] [前一页] [后一页] [尾页] 第1页

图 2.2-76 运营选择“承接主营业务订单”

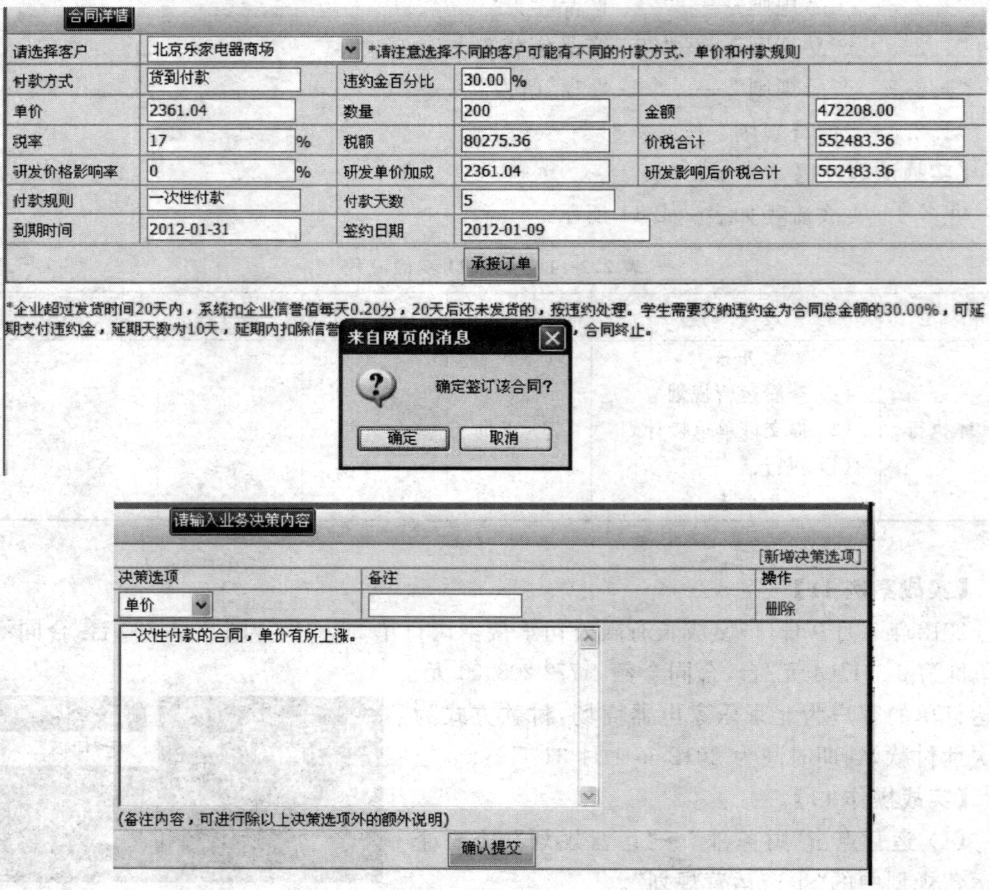

图 2.2-77 运营提交“承接主营业务订单”的请示

(3) 财务总监在“我的审批单”查看待审批的事项——承接订单,并可点开左上角的“+”查看辅助决策的信息,点击“通过”完成审批(如图 2.2-78 所示)。

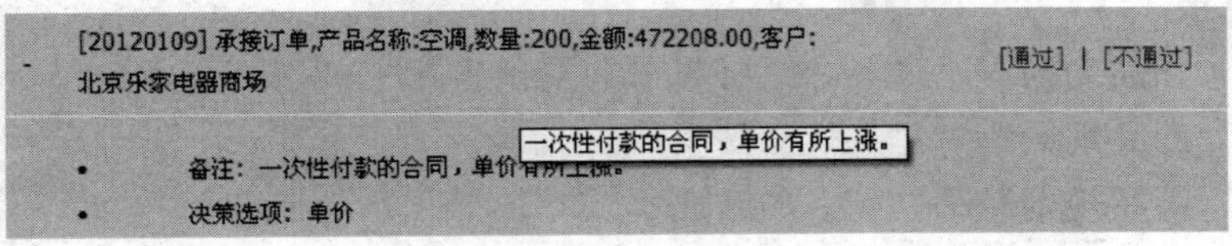

图 2.2-78　财务总监审批“承接主营业务订单”的请示

(4) 运营在财务总监审批通过后,在“我的审批单”栏目下点击该任务的“执行”,订单承接成功(如图 2.2-79 所示)。

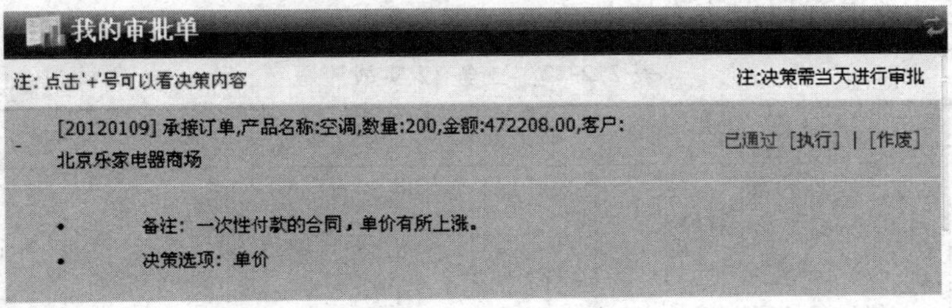

图 2.2-79　运营执行“承接主营业务订单”

2.2.12　业务 12: 组织产品生产

【知识提点 12】

企业组织产品生产属于企业短期经营决策范畴中的生产决策。所谓的生产决策是指企业在短期内,在生产领域对生产什么、生产多少及如何生产等问题做出决策,具体包括新产品开发决策、最优产品数量和批量决策、产品工艺决策、零部件取得方式决策、剩余生产能力如何运用、亏损产品如何处理等。

【知识关键词 12】

短期经营决策　生产决策　边际贡献法　本量利分析法　最优生产批量

【经营关键点 12】

- 根据企业的经营战略方案及企业的内外经营环境状况确定企业的生产方向、生产目标、生产方针及生产方案。
- 采用科学方法对企业产品生产的成本费用进行预测,并对产品生产费用方案进行决策,建立产品生产费用预算制度,加强产品生产成本控制。

【实战思路 12】

模拟企业购置了相关设备、原辅料、招聘了人员后,就可以投入生产。运营在进行生产操作时,要及时查看原材料的相关配比信息,生产数量不能超过生产线的产能,每条生产线废品率不同,所以投入数量不一定就是完工数量。原料和辅助材料的库存要足够生产使用并且要保留保险储备量。生产人员数量在生产线规模内可自主选择,但不能超过生产线的上限,比如本案例中,生产线最多容纳生产工人 200 人。生产工时和工人数量决定产品完工期限。如果在操作过程中选择不到生产线，那是因为生产线安装调试周期是10天，生产线没有安装调试完成，此时无法组织生产。

【规则链接12】

“1.2.3 产品规则”——“一、原材料采购及出售”——“(8)”

“1.2.3 产品规则”——“二、产品生产”

“1.2.3 产品规则”——“三、产品成本”

“1.2.5 投资规则”——“一、生产线、房产、其他资产投资”——“(三) 到货及安装”

“1.2.9 非货币性资产交换规则”

“1.2.11 信誉规则”——“(3)”

【实战流程12】

业务12实战流程如表2.2-12所示。

表2.2-12 业务12实战流程

角色	运营	财务总监	财务经理	会计	出纳
具体执行	开始 (1) 提交生产计划 (3) 执行生产计划 (4) 产品完工确认 结束	(2) 审批			

【实战案例12】

2012年1月12日，生产线安装调试完毕，原辅料都已经到货，企业进行产品生产。按生产线的最大产能投料，投放原料空调压缩机1 000套，空调辅料1 000套，生产工人200人。

【实战操作12】

(1) 运营点击“生产部”→“产品生产”，进入“产品生产”界面(如图2.2-80所示)。在该界面下，显示可用的原料和可生产的产品(如图2.2-81所示)，在可生产的产品项下点击“生产”按钮，进入“产品生产”对话框。

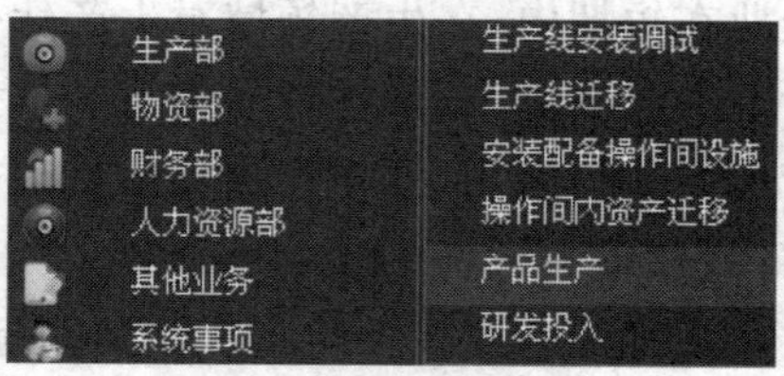

图2.2-80 运营登录“产品生产”界面

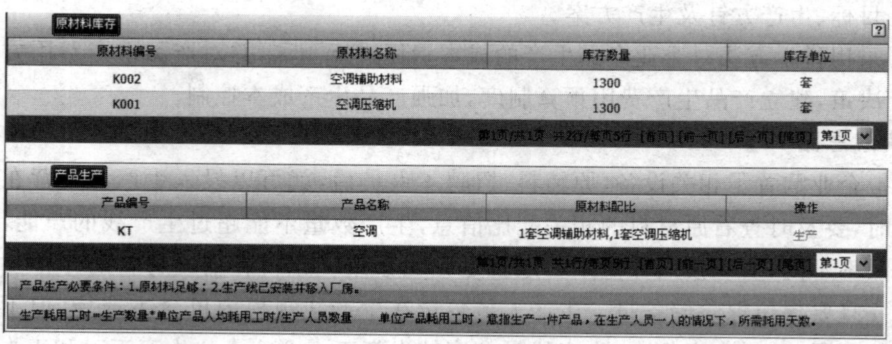

图2.2-81 运营查看可生产的产品

运营在“产品生产”界面填写“生产数量”、“生产人员数量”，并通过下拉菜单选择需要的生产线，点击“确认提交” 即完成生产投料。提交后进入到“填写决策单”界面，填写提供给财务总监决策的内容，点击“确认提交”(如图 2.2-82 所示)。

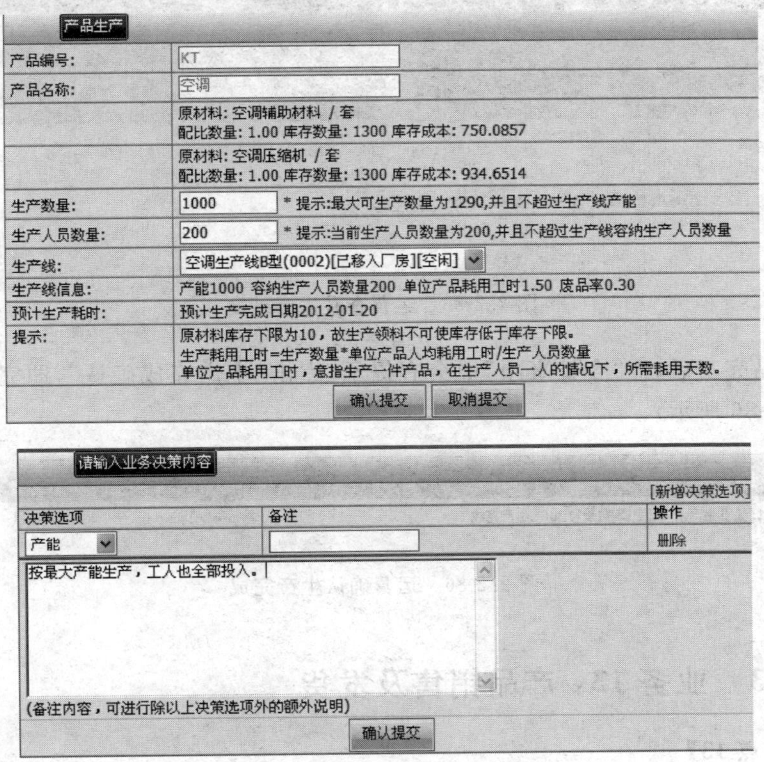

图 2.2-82 运营提交“生产”请示

(2) 财务总监在“我的审批单”查看“待审批的事项”——生成产品空调，并可点开左上角的“＋”查看辅助决策的信息，点击“通过”完成审批(如图 2.2-83 所示)。

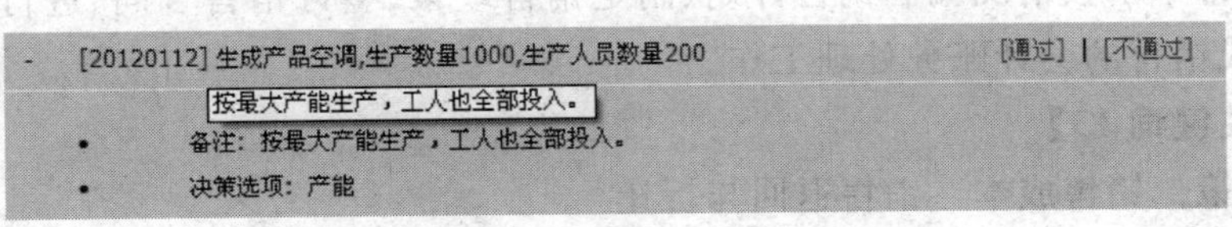

图 2.2-83 财务总监审批“生产”请示

(3) 运营在财务总监审批通过后，在“我的审批单”界面，有“执行”和“作废”两种选择，选择“执行”，点击“确定”(如图 2.2-84 所示)。

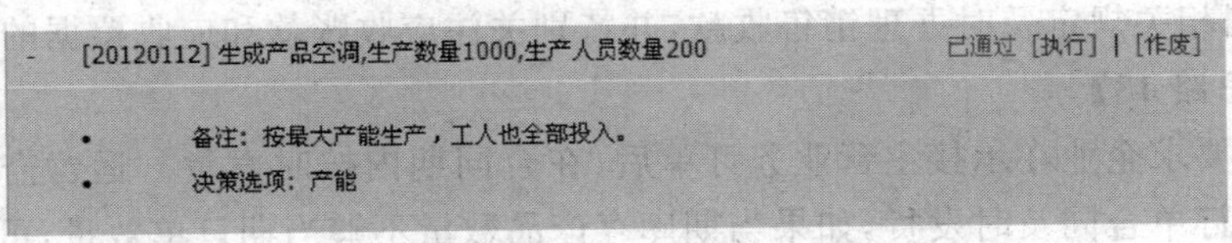

图 2.2-84 运营执行“生产”指令

产品投产后，有一个生产周期，生产进度可以点击“生产信息”进行查看（如图 2.2-85 所示）。

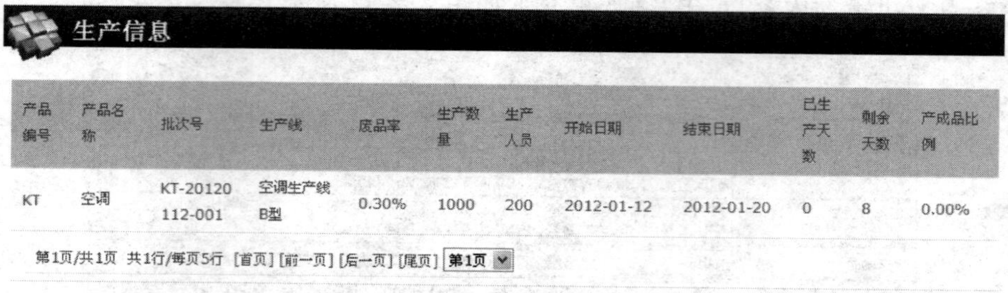

产品编号	产品名称	批次号	生产线	废品率	生产数量	生产人员	开始日期	结束日期	已生产天数	剩余天数	产成品比例
KT	空调	KT-20120112-001	空调生产线B型	0.30%	1000	200	2012-01-12	2012-01-20	0	8	0.00%

第1页/共1页 共1行/每页5行 [首页] [前一页] [后一页] [尾页] 第1页

图 2.2-85　运营查看生产进度

（4）产品完工后，在“今日事项”中会有提示，点击“生产完成确认”，即完成了产品生产（如图 2.2-86 所示）。

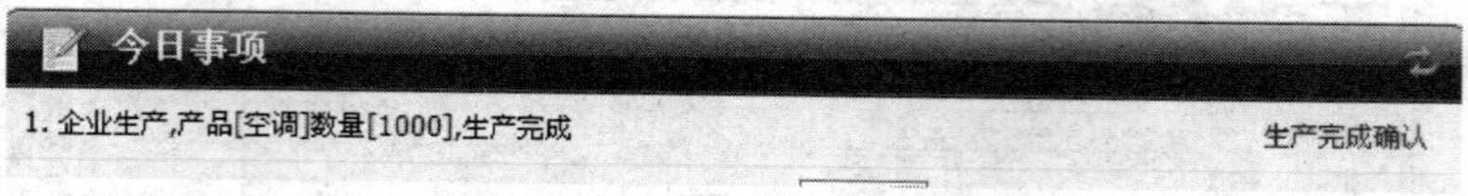

图 2.2-86　运营确认生产完成

2.2.13　业务 13：产品销售及发货

【知识提点 13】

产品销售是企业出售自己的产品获取经济利益的重要营销活动。从市场营销学角度来看，产品销售涉及企业的市场竞争战略、产品策略、定价策略、分销策略和促销策略等多个方面，企业需综合应用上述战略和策略满足市场需要，完成产品销售。在具体销售时，企业应根据订单承接情况编制销售计划、制定销售政策、签订销售合同、进行销售发货及收款，并完成销售的会计账务处理工作。

【知识关键词 13】

信用政策　销售成本　销售退回与折让

【经营关键点 13】

- 根据企业市场营销总体战略制定产品销售策略与计划。
- 设计科学严密的销售发货控制流程，制定合理的销售政策和信用管理政策，严格销售合同的审批、签订程序和产品发货程序。
- 根据相关规定及时办理销售收款，并特别关注应收账款和应收票据的管理。

【实战思路 13】

本平台要求企业在承接主营业务订单后，在合同期内按时发货。运营需在产品完工后根据相关订单合同及时发货，如果当期库存产品数量不够当期订单数量，可以选择终止发货，但需注意：如终止发货，平台会自动扣除企业信誉值。如果前期订单选择客户收款方式为款到发货，还要先退还款项，发货合同才会自动终止。会计需要在运营发货完成后，及时开具增值税专用发票，然后根据企业会计政策对当期销售的产品提取质保金。销售完成后，根据订单合同约定的收款方式，出纳执行收款。

【规则链接 13】

“1.2.3　产品规则”——“四、产品销售”

“1.2.8　或有事项规则”

“1.2.11　信誉规则”——“(3)”

【实战流程 13】

业务 13 实战流程如表 2.2-13 所示。

表 2.2-13　业务 13 实战流程

角　色	运　　营	财务总监	财务经理	会　　计	出　纳
具体执行	开始 (1) 根据合同发货			(2) 开具销售发票 (3) 月末提取质保金 (5) 账务处理 结束	(4) 收款

【实战案例 13】

2012 年 1 月 20 日，华厦成长有限公司根据已承接的空调订单 200-01，向北京乐家电器商场销售空调 200 套；根据已承接的空调订单 600-01，向苏宁电器北京旧宫店销售空调 600 套。

【实战操作 13】

(1) 运营点击“市场部”→“合同清单及发货”，进入“合同清单及发货”界面(如图 2.2-87 所示)。在该界面下，列示所取得的订单信息，点击“发货”按钮，系统会提示“确认发货?”，点击“确认”，系统显示发货成功(如图 2.2-88 所示)。

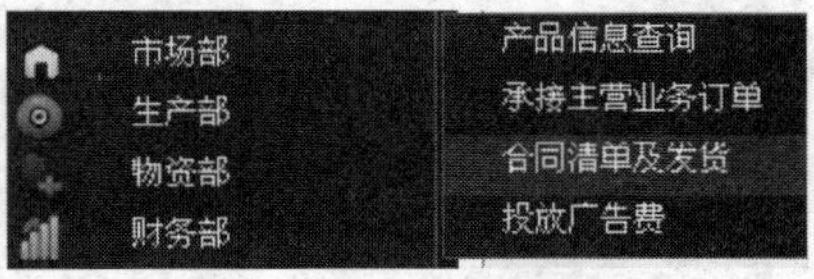

图 2.2-87　运营登录“合同清单及发货”界面

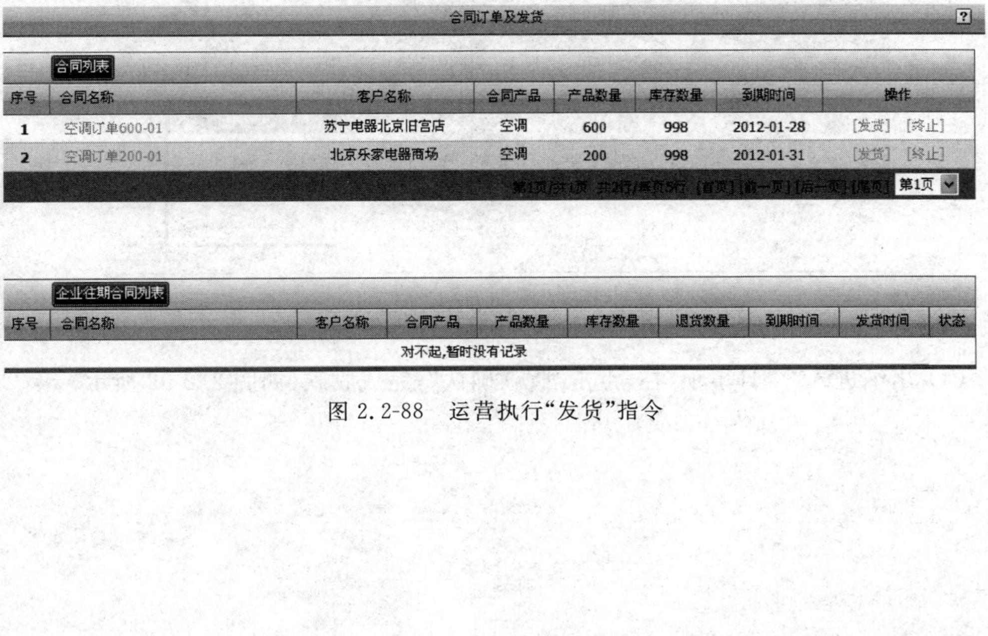

图 2.2-88　运营执行“发货”指令

(2) 会计点击“财务部”→“开具产品销售发票”,进入“企业往期合同列表”界面(如图 2.2-89 所示)。在该界面下点击“开具发票”,系统提示“开具发票成功”(如图 2.2-90 所示)。

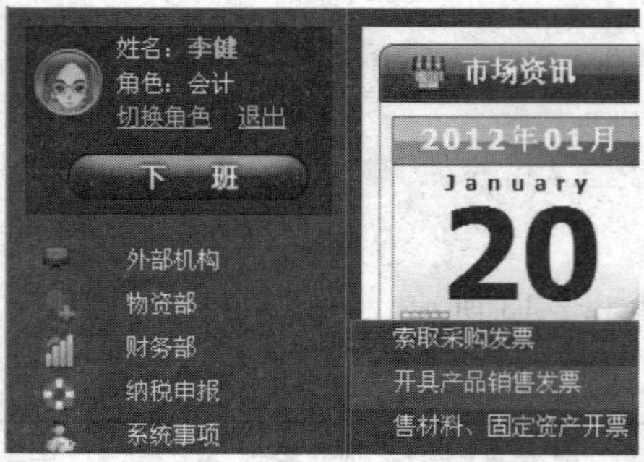

图 2.2-89 会计登录“开具产品销售发票”界面

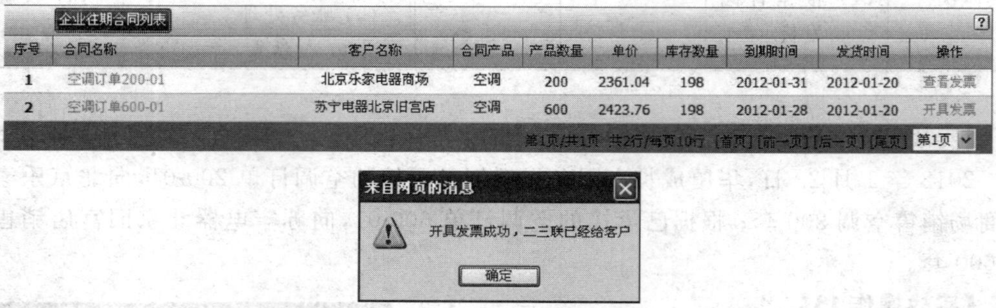

图 2.2-90 会计开具产品销售发票

(3) 会计进入“今日事项”栏,系统提示“提取产品质保金”,点击“确认”(如图 2.2-91 所示)。

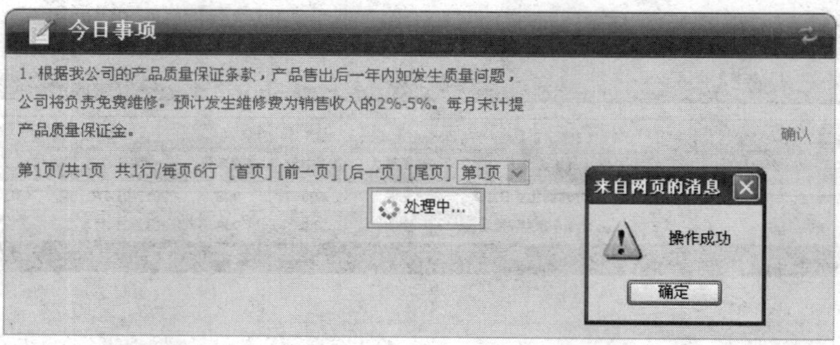

图 2.2-91 会计提取产品质保金

(4) 出纳进入“今日事项”栏,点击“收款确认”,完成收款(如图 2.2-92 所示)。

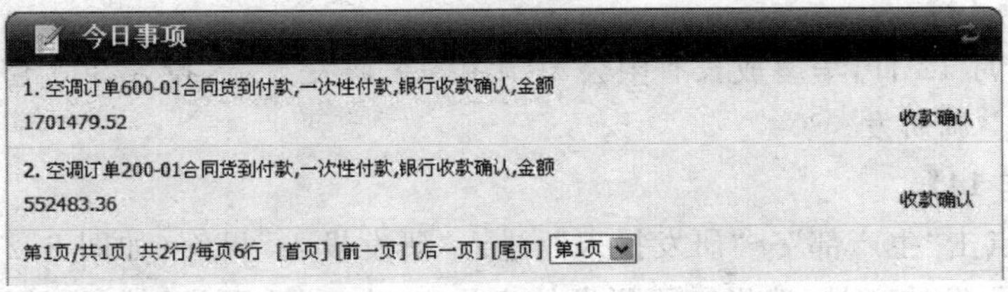

图 2.2-92　出纳确认收取货款

2.2.14　业务 14：进行产品研发

【知识提点 14】

产品研发是企业为适应竞争激烈、市场快速变化和产品生命周期缩短等挑战时，取得竞争优势的重要途径。作为一项技术管理活动，产品研发过程一般包括市场调研、方案论证、技术攻关、原型试制、生产制造和市场营销六个步骤。具体开发时，企业外部的资源、政策、市场环境及企业内部研发团队实力、管理水平等均是影响研发成功与否的重要因素。同时，企业还应有效管控研发项目风险，提高研发效率和效益。

【知识关键词 14】

研发决策　研发经费　研发风险

【经营关键点 14】

- 明确产品研发流程，科学进行产品研发决策，建立有效的产品研发管理制度。
- 关注产品研发决策中的概念开发、供应链设计、产品设计和产品投放四个阶段。
- 控制研发的技术风险、市场风险、财务风险、生产风险、管理风险和政策风险。

【实战思路 14】

本平台将产品研发费用的累计投入金额与产品销售价格和高新企业资格认证相关联。首先，产品研发费用在达到一定额度后可提高产品售价，增强产品竞争力；其次，研发金额投入达到高新技术企业标准后，可申请高新技术企业认证从而获得税收优惠利益。运营需在每月 15 日之前进行研发投入，研发投入主要包括研发原材料投入和研发人员招聘两个部分。投入时需关注由此产生的研发费用对企业现金流和收益的影响。

【规则链接 14】

“1.2.3　产品规则”——“五、产品研发”

“1.2.9　非货币性资产交换规则”

【实战流程 14】

业务 14 实战流程如表 2.2-14 所示。

表 2.2-14　业务 14 实战流程

角　色	运　　营	财务总监	财务经理	会计	出纳
具体执行	开始 (1) 提交研发计划 (3) 执行研发计划 结束	(2) 审批			

【实战案例14】

2012年1月12日，华厦成长有限公司调用5名研发人员，投入300套空调原材料和辅助材料进行空调研发。

【实战操作14】

(1) 运营点击“生产部”→“研发投入”，进入“研发投入”界面(如图2.2-93所示)。该界面显示可以研发的产品，选择需要研发的产品，点击“投入研发”按钮，填写“原材料配比数量”和“研发人员数量”，点击“确认提交”，完成研发投入(如图2.2-94所示)。

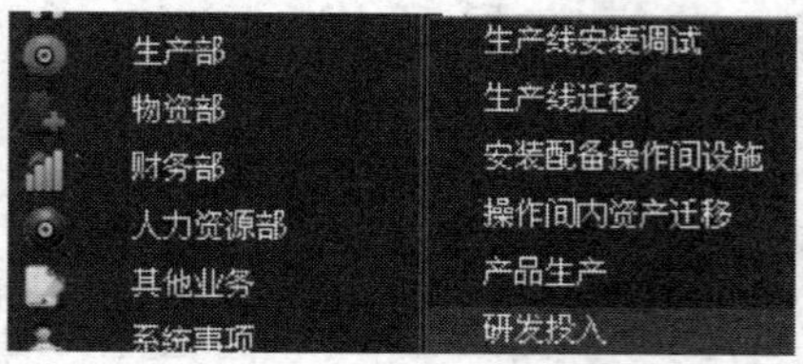

图2.2-93 运营登录“研发投入”界面

投放产品研发费用

序号	产品名称	当前研发级别	投放研发人员数量	累计投入研发费用	研发效果	操作
1	空调	未到达	0	0.00	研发效果查询	投入研发
每月的15号之前才能投入研发，每月的20号之后才能终止研发						

产品研发历史记录

序号	产品	日期	内容	金额	操作
对不起,暂时没有记录					

图2.2-94 运营选择研发空调

在产品研发历史记录中可以查看到每次投入研发的内容及金额(如图2.2-95所示)。提交后，进入“填写决策单”界面，在该界面下输入提供财务总监决策的内容后，点击“确认提交”(如图2.2-96所示)。

【空调产品研发投入效果】

研发等级	投入费用	产品订单单价上涨(%)
研究调研	500000.00	1.00
开发一级	1000000.00	2.00
开发二级	2000000.00	3.00
开发三级	3000000.00	4.00

图2.2-95 运营查看研发情况

(2) 财务总监在“我的审批单”查看“待审批的事项”——投入空调产品研发，并可点开左上角的“+”查看辅助决策的信息，点击“通过”完成审批(如图2.2-97所示)。

(3) 运营在财务总监审批通过后，在“我的审批单”界面选择“执行”，点击“确定”(如图2.2-98所示)。

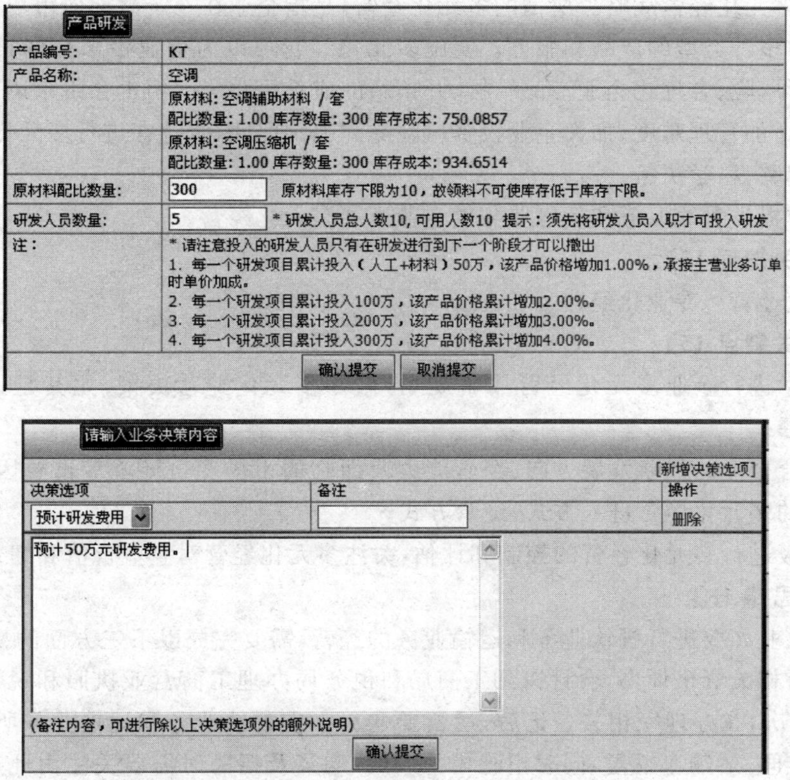

图 2.2-96 运营提交“研发空调”的请示

图 2.2-97 财务总监审批“研发空调”的请示

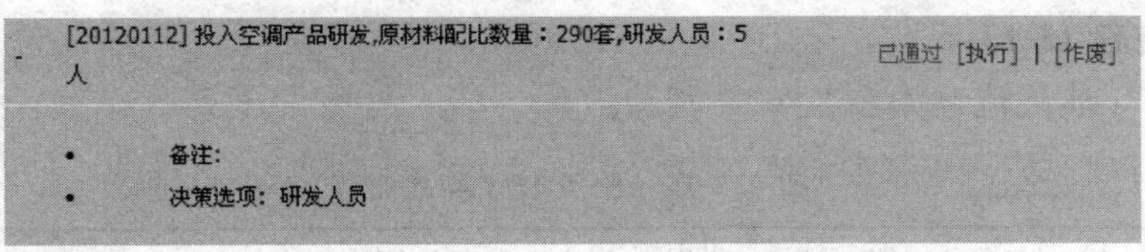

图 2.2-98 运营执行“研发空调”的指令

2.2.15 业务 15：其他业务——餐饮业务和运输业务

【知识提点 15】

企业在发展到一定阶段后，可拓展其他业务。这属于企业快速发展中的一项重要战略举措，即多元化经营战略。所谓的多元化经营，是指企业在一定时期向市场提供本质和用途不同的多种类型的产品和服务。实施多元化经营可以为企业带来很多积极的绩效，如分散经营风险、合理化企业产品结构、开拓新的成长机会等。但也会带来诸如过度投资分散资源、增加管理难度、加大企业投资风险等弊端。因此，企业在进行多元化经营时，要全面权衡利弊，科学决策。

本平台提供餐饮业务和运输业务供企业开展多元化经营。

【知识关键词 15】

多元化经营　专业化经营

【经营关键点 15】

- 科学进行企业多元化经营战略规划，做好多元化经营决策，尤其是进入产业的选择。
- 结合企业的战略发展方向、经营能力及面临的市场竞争环境等重要因素，选择合适的多元化经营进入方式、经营方式。
- 积极进行多元化经营的控制和评估，关注多元化经营对企业价值和绩效的影响。

【实战思路 15】

模拟企业如要进行餐饮业务和运输业务的经营，需要完成以下三方面的操作：首先，运营要申请相关资格证书，会计需到工商局和税务局办理工商营业执照和税务登记证变更登记；其次，在办理完相关登记后，运营要购买办理餐饮业务和运输业务所需的资产，如餐饮操作间、运输车辆等，同时招聘相关人员，购买及招聘时需要关注由此产生的成本费用及其对企业现金流的影响；最后，购买完成后，运营执行其他业务操作，平台要求首次执行业务应当在月初 1～10 日执行。

为便于理解，本业务将餐饮业务和运输业务的申请和执行分解成四个子业务进行介绍。这四个子业务分别是：餐饮业务和运输业务资质申请（业务 15-1）、购买餐饮设备及招聘人员（业务 15-2）、执行餐饮业务（业务 15-3）、运输业务经营（业务 15-4）。

【规则链接 15】

“1.2.7　其他业务规则”

“1.2.9　非货币性资产交换规则”

【实战流程 15-1】

业务 15-1 实战流程如表 2.2-15 所示。

表 2.2-15　业务 15-1 实战流程

角　色	运　　营	财务总监	财务经理	会　　计	出纳
具体执行	开始 （1）申请资格证书 （2）领取认证资格			（3）办理工商登记变更 （4）确认经营范围变更 （5）办理税务登记变更 （6）确认税务登记变更 结束	

【实战案例 15-1】

2012 年 1 月，华厦成长有限公司申请卫生经营许可证、道路运输许可证，并办理工商、税务登记变更。

【实战操作 15-1】

(1) 运营点击“外部机构”→“政府办事大厅”→“申请认证资格”，进入“申请认证资格”界面（如图 2.2-99 所示）。在该界面下，有高科技产业资格、卫生经营许可证、道路运输许可证三种资格，在需要申请的资格证书栏目下点击“申请”，等待审批（如图 2.2-100 所示）。

图 2.2-99　运营登录“申请认证资格”界面

我司认证资格

序号	认证资格	认证机构	申请时间	生效时间	状态	操作
1	卫生经营许可证	卫生局	2012-01-01	2012-01-06	审批中	查看证书
2	道路运输许可证	交通局	2012-01-01	2012-01-06	审批中	查看证书

申请认证资格

序号	认证资格	认证机构	操作
1	高科技产业资格	科技局	申请

图 2.2-100　运营“申请认证资格”

(2) 审批通过后，运营在“今日事项”中领取认证资格（如图 2.2-101 所示）。

图 2.2-101　运营“领取认证资格”

(3) 会计点击“外部机构”→“工商管理局”→“变更经营范围”，进入“变更经营范围”界面（如图 2.2-102 所示）。在该界面下，显示已取得认证资格的经营范围，在需要变更的栏目下点击“变更”按钮，等待审批（如图 2.2-103 所示）。

图 2.2-102　会计登录“变更经营范围”界面

(4) 审批通过后，会计在“今日事项”下进行经营范围变更的确认（如图 2.2-104 所示）。

(5) 会计点击“外部机构”→“税务局”→“变更税务登记”，进入“变更税务登记”界面

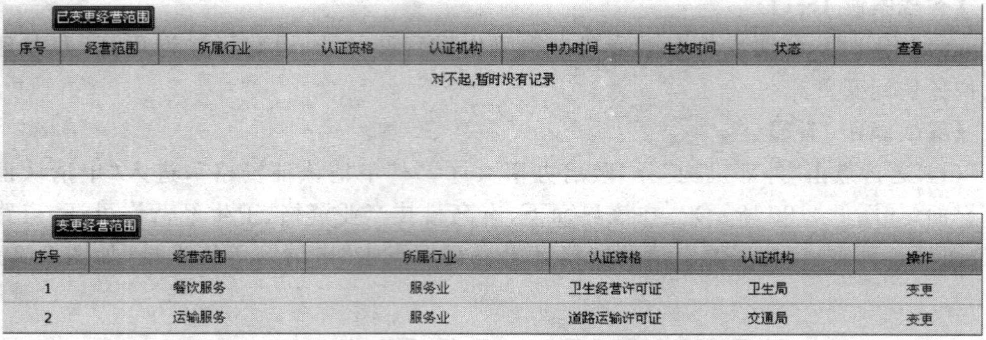

已变更经营范围

序号	经营范围	所属行业	认证资格	认证机构	申办时间	生效时间	状态	查看
对不起,暂时没有记录								

变更经营范围

序号	经营范围	所属行业	认证资格	认证机构	操作
1	餐饮服务	服务业	卫生经营许可证	卫生局	变更
2	运输服务	服务业	道路运输许可证	交通局	变更

图 2.2-103　会计申请“变更经营范围”

图 2.2-104　会计确认经营范围已变更

(如图 2.2-105 所示)。在该界面下,显示可以变更的经营范围,在需要变更的栏目下点击“变更”按钮,等待审批(如图 2.2-106 所示)。

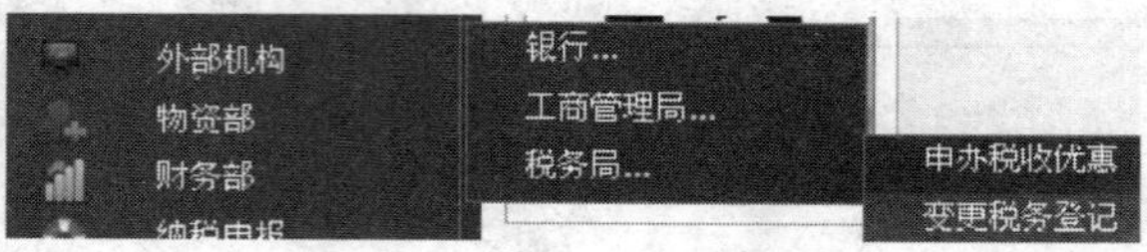

图 2.2-105　会计登录“变更税务登记”界面

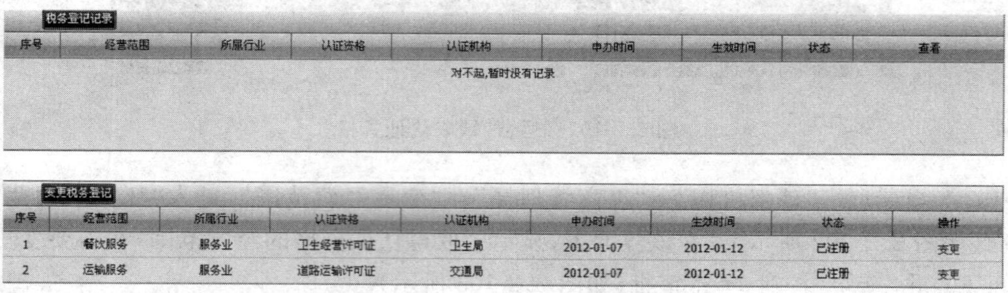

税务登记记录

序号	经营范围	所属行业	认证资格	认证机构	申办时间	生效时间	状态	查看
对不起,暂时没有记录								

变更税务登记

序号	经营范围	所属行业	认证资格	认证机构	申办时间	生效时间	状态	操作
1	餐饮服务	服务业	卫生经营许可证	卫生局	2012-01-07	2012-01-12	已注册	变更
2	运输服务	服务业	道路运输许可证	交通局	2012-01-07	2012-01-12	已注册	变更

图 2.2-106　会计申请“变更税务登记”

(6) 审批通过后,会计在“今日事项”下进行税务登记变更的确认(如图 2.2-107 所示)。

图 2.2-107　会计确认税务登记已变更

【实战流程 15-2】

业务 15-2 实战流程如表 2.2-16 所示。

表 2.2-16　业务 15-2 实战流程

角　色	运　　营	财务总监	财务经理	会　　计	出　纳
具体执行	开始 (1) 租赁餐饮操作间 (2) 购买餐饮炊具 (3) 招聘厨师 (5) 执行上述业务 (8) 资产到货确认	(4) 审批租赁、购买和招聘业务	(6) 审批付款	(9) 索取发票，账务处理 结束	(7) 付款

【实战案例 15-2】

2012 年 1 月，华夏成长有限公司在采购市场租赁餐饮操作间 A，该操作间面积 50 平方米，由北京景深房地产有限公司提供，月租金 8 333 元，租赁期 1 年，首次支付租金 33 332 元。购买餐饮炊具 A，价格 50 000 元，按 3 年提折旧，净残值率 5%，由北京乐家电器商场提供。招聘厨师 3 名，月薪 3 500 元/人。

【实战操作 15-2】

(1) 运营点击“采购市场”→“购买租赁房产”，进入“购买租赁房产”界面(如图 2.2-108 所示)。在该界面下，显示全部可选择的房产，通过搜索，找到餐饮操作间 A，点击“租赁”，进入“房产租赁合同”界面。在该界面下点击“确认提交”。提交后进入到“填写决策单”界面，填写提供给财务总监决策的内容，点击“确认提交”(如图 2.2-109 所示)。

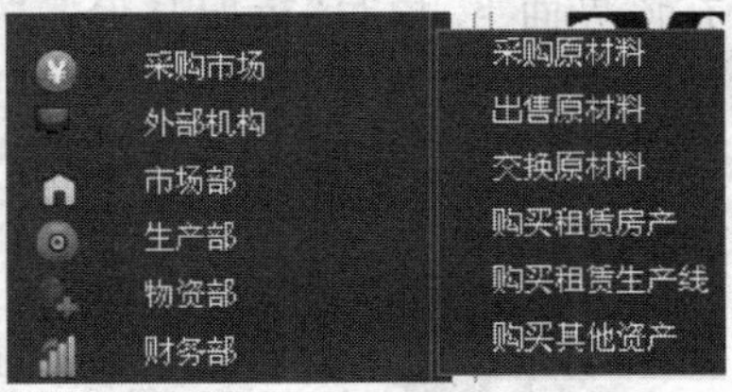

图 2.2-108　运营登录“购买租赁房产”界面

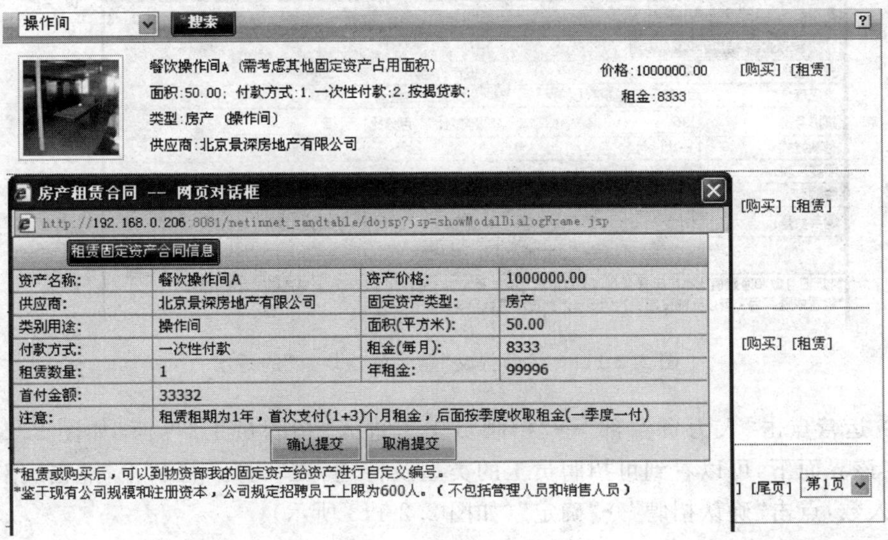

图 2.2-109　运营提交“租赁操作间”的请示

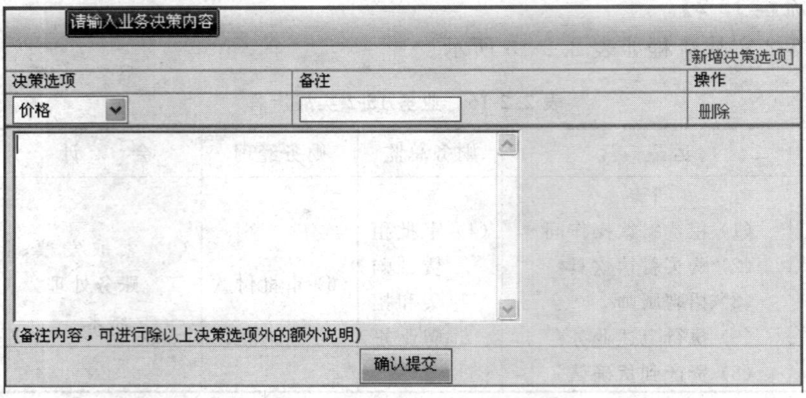

图 2.2-109(续)

(2) 运营点击“采购市场”→“购买其他资产”，进入“购买其他资产”界面(如图 2.2-110 所示)。在该界面下，显示全部可选择的资产，通过搜索，找到餐饮炊具 A，点击“购买”，进入“采购其他资产合同”界面。在该界面下，填写“折旧月份”、“净残比率”、“购买数量”，点击“确认提交”。提交后进入到“填写决策单”界面，填写提供给财务总监决策的内容，点击“确认提交”(如图 2.2-111 所示)。

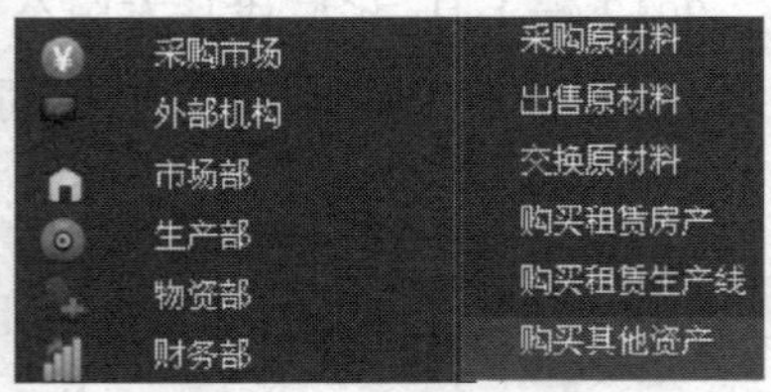

图 2.2-110 运营登录“购买其他资产”界面

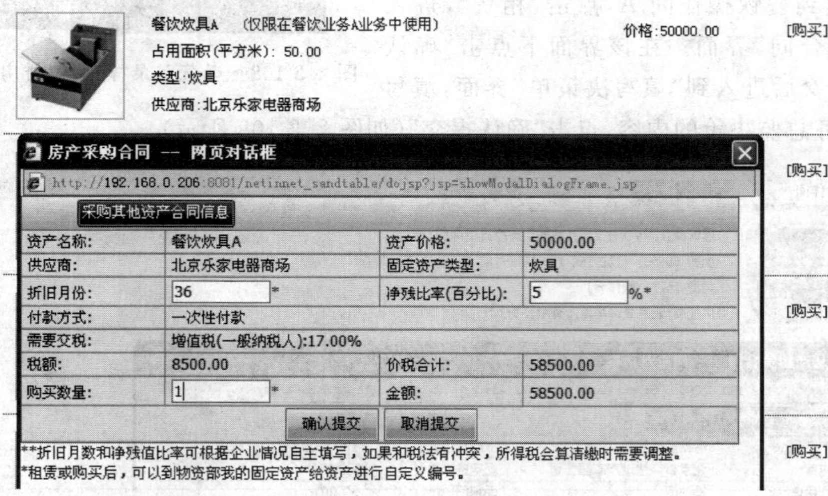

图 2.2-111 运营提交“购买餐饮炊具”的请示

(3) 运营点击“人力资源部”→“招聘员工”，进入“招聘员工”界面(如图 2.2-112 所示)。在该界面下，可以看到可招聘员工的类型及待遇，在“厨师”栏目下，点击“招聘”，输入招聘人数，点击“确认招聘”→“确定”(如图 2.2-113 所示)。

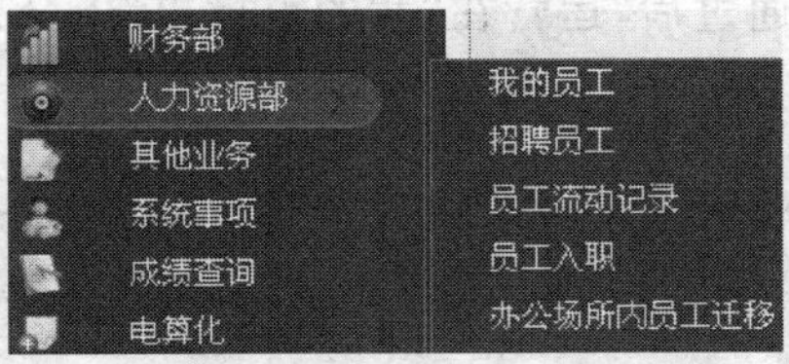

图 2.2-112　运营登录“招聘员工”界面

招聘员工

序号	员工类型	员工部门	工资	当前人数	操作
1	生产人员	生产部	3000.00		招聘
2	研发人员	研发部	5000.00		招聘
3	厨师	综合管理部	3500.00	3	招聘
4	司机	综合管理部	3000.00		招聘

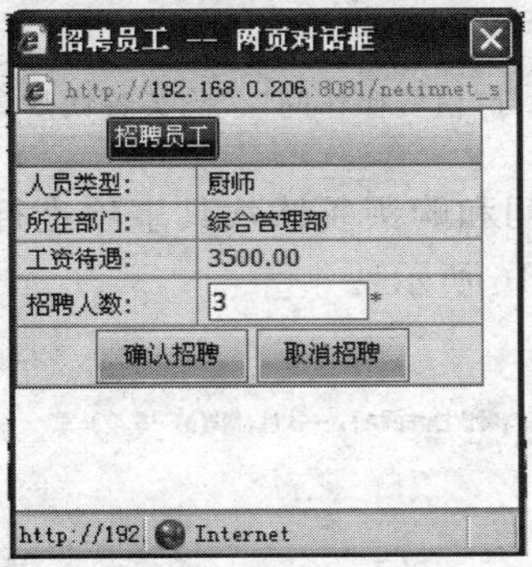

图 2.2-113　运营提交“招聘厨师”的请示

(4) 财务总监在“我的审批单”查看待审批的事项，并可点开左上角的“+”查看辅助决策的信息，逐一点击“通过”完成审批(如图 2.2-114 所示)。

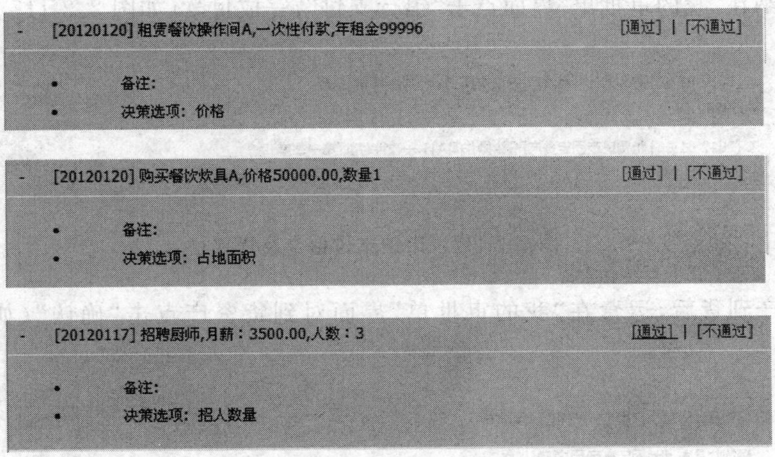

图 2.2-114　财务总监审批运营提交的请示

（5）以上三项任务审批通过后，运营在“我的审批单”下分别点击“执行”（如图 2.2-115 所示）。

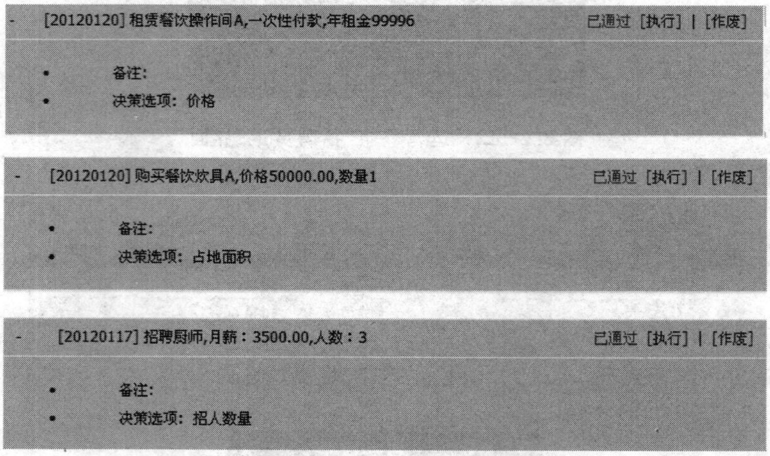

图 2.2-115　运营执行“租赁操作间”、“购买餐饮炊具”、“招聘厨师”指令

（6）财务经理对租赁操作间和购买餐饮炊具事项进行付款审批，在“我的审批单”界面点击“审批通过”（如图 2.2-116 所示）。

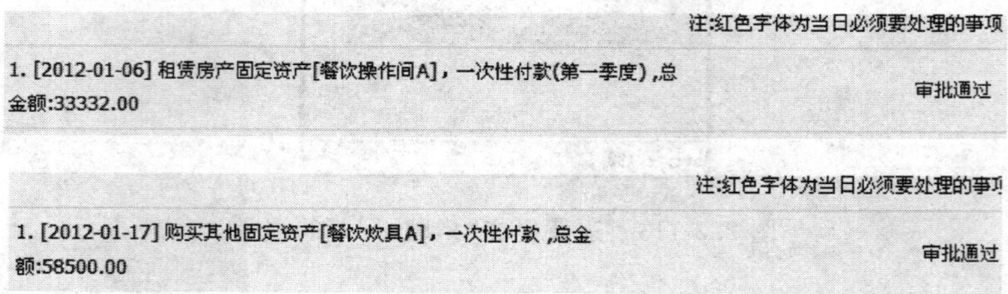

图 2.2-116　财务经理审批支付租金及货款的申请

（7）出纳在“我的审批单”界面点击“银行支付”，完成付款（如图 2.2-117 所示）。

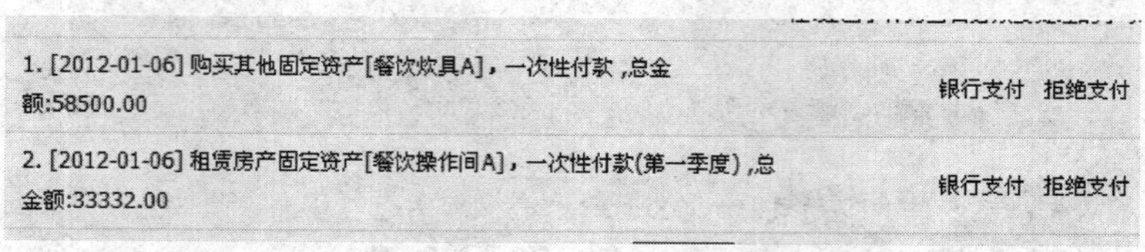

图 2.2-117　出纳支付租金及货款

（8）资产到货后，运营在“我的审批单”界面对到货资产点击“确认”（如图 2.2-118 所示）。

图 2.2-118　运营确认到货资产

【实战流程 15-3】

业务 15-3 实战流程如表 2.2-17 所示。

表 2.2-17　业务 15-3 实战流程

角　色	运　　营	财务总监	财务经理	会　　计	出　　纳
具体执行	开始 (1) 完成炊具与操作间的配置 (2) 查看餐饮业务信息 (3) 执行餐饮业务			(4) 账务处理 结束	(5) 餐饮收入确认

【实战案例 15-3】

2012 年 1 月，华夏成长有限公司申请卫生经营许可证、道路运输许可证，并办理了工商、税务登记变更，购买了餐饮操作间和炊具，招聘了厨师，开始经营餐饮业务。

【实战操作 15-3】

(1) 运营点击“生产部”→“安装配备操作间设施”，进入“其他固定资产与操作间关系设置”界面(如图 2.2-119 所示)。在该界面下，通过下拉菜单选择操作间，在需要移入操作间的资产项下打“√”，点击“移入”，系统提示“移入成功”，完成资产与操作间的配置(如图 2.2-120 所示)。

图 2.2-119　运营登录“安装配备操作间设施”界面

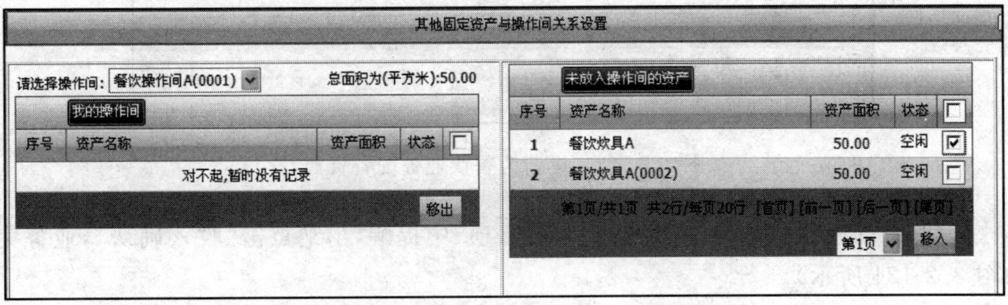

图 2.2-120　运营查看“安装配备操作间设施”界面

(2) 运营点击“其他业务”→“餐饮运输业务”，进入“其他业务”界面。在该界面下，显示所有的其他业务，选择需要执行的其他业务，点击查看“业务信息”。该信息提示餐饮业务 A 需要配置炊具 A 一套，厨师 3 名(如图 2.2-121 所示)。

(3) 运营返回“其他业务”界面，找到需要执行的业务，点击“执行”(只能每月 1～10 日执行)，进入到“餐饮、运输等业务”对话框(如图 2.2-122 所示)。在该对话框下，按照餐饮业务 A 业务信息提示的资产与人员配备要求，输入所需厨师的“投入人数”3 人、在

图 2.2-121 运营查看餐饮业务信息

餐饮炊具前打“√”，点击“执行”，系统提示“执行成功”（如图 2.2-123 所示）。首次执行完毕，以后每月不需要点击“执行”按钮，系统自动执行业务。停止该业务只能在执行该业务 180 天后的 27～31 日，点击“停止”按钮。

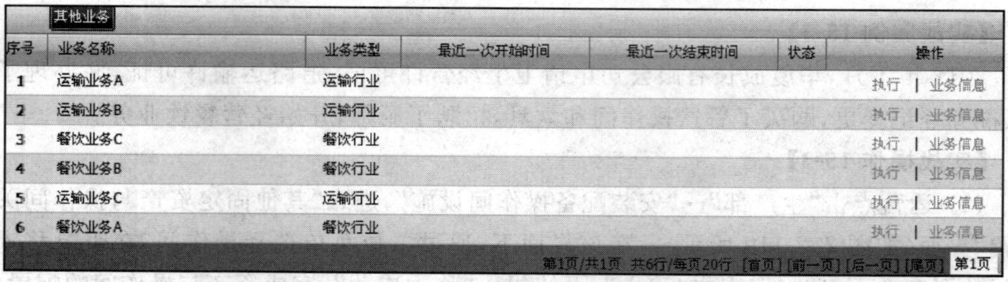

图 2.2-122 运营选择要执行的业务

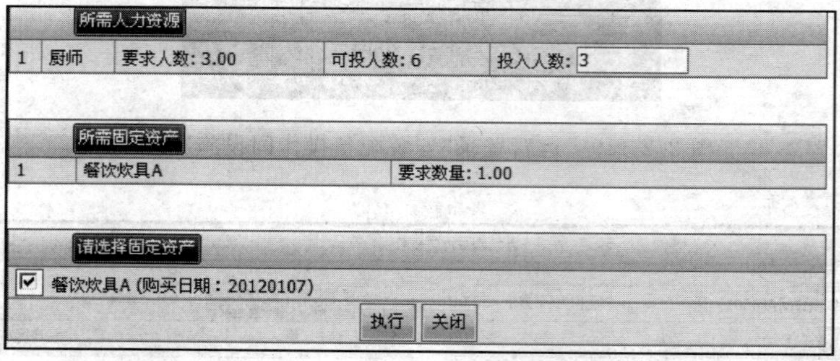

图 2.2-123 运营为餐饮业务配备资源

（4）取得的餐饮收入会在出纳的“今日事项”中提醒，出纳点击“收入确认”，业务完成（如图 2.2-124 所示）。

图 2.2-124 出纳确认餐饮收入

【实战流程 15-4】

业务 15-4 实战流程如表 2.2-18 所示。

表 2.2-18　业务 15-4 实战流程

角　色	运　　营	财务总监	财务经理	会　　计	出　　纳
具体执行	开始 (1) 提交购买货车申请 (2) 提交招聘司机申请 (4) 执行上述业务 (7) 资产到货确认 (8) 查看运输业务信息并执行	(3) 审批购买和招聘事项	(5) 审批付款	(10) 账务处理 结束	(6) 付款 (9) 收到运输收入

【实战案例 15-4】

2012 年 1 月，华厦成长有限公司购买载重量 10 吨的货车一辆，含税价格 175 500 元，折旧年限 3 年，货车净残值率 5%；招聘司机两人，月薪 3 000 元/人。

【实战操作 15-4】

(1) 运营点击"采购市场"→"购买其他资产"，进入"购买其他资产"界面(如图 2.2-125 所示)。在该界面下，选择 10 吨货车，点击"购买"，进入"采购其他资产合同"界面。在该界面下，输入"折旧月份"、"净残比率"、"购买数量"，点击"确认提交"(如图 2.2-126 所示)。

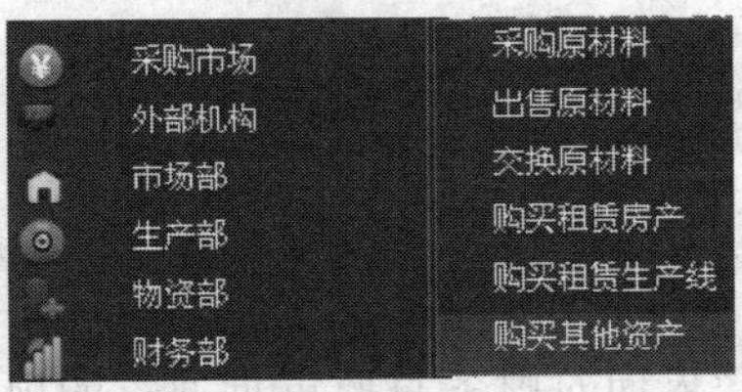

图 2.2-125　运营登录"购买其他资产"界面

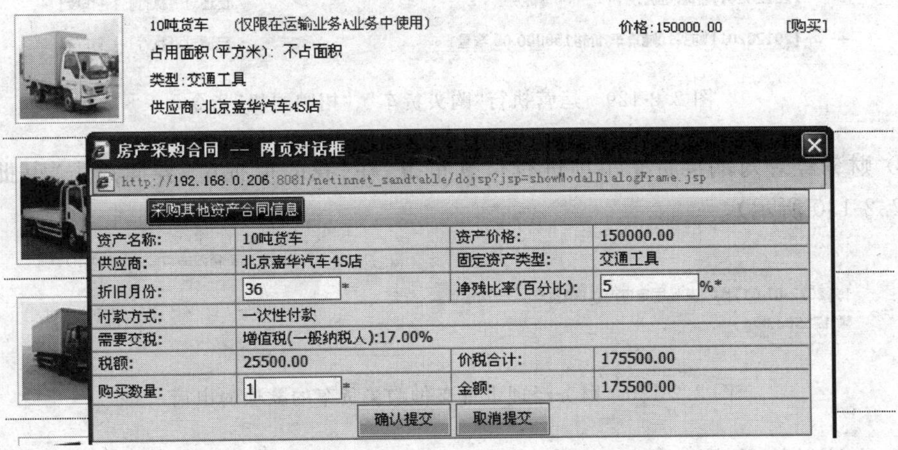

图 2.2-126　运营提交"购买货车"的请示

(2) 运营点击“人力资源部”→“招聘员工”，进入“招聘员工”界面。在“司机”栏目下，点击“招聘”，输入招聘人数，点击“确认招聘”(如图 2.2-127 所示)。

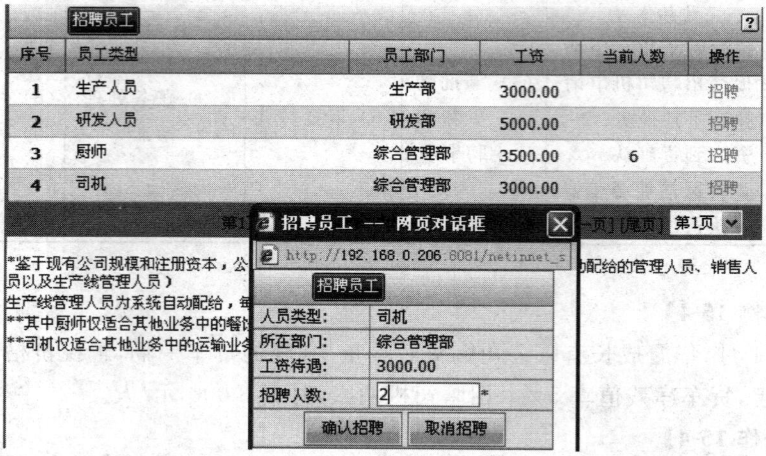

图 2.2-127　运营提交“招聘司机”的请示

(3) 财务总监在“我的审批单”界面查看待审批的事项，逐一点击“通过”完成审批(如图 2.2-128 所示)。

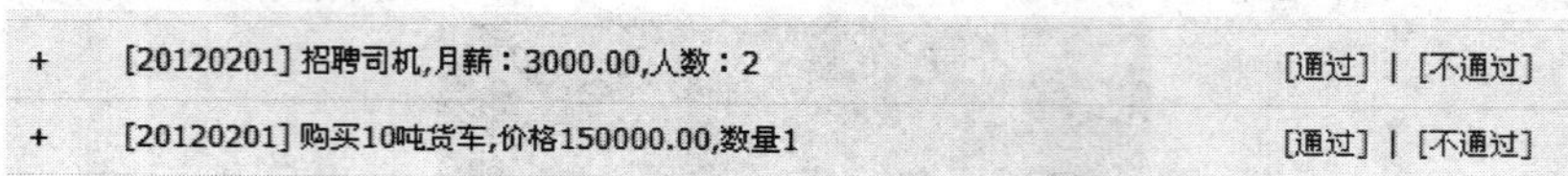

图 2.2-128　财务总监审批运营提交的请示

(4) 运营在“我的审批单”界面对财务总监审批通过的项目点击“执行”(如图 2.2-129 所示)。

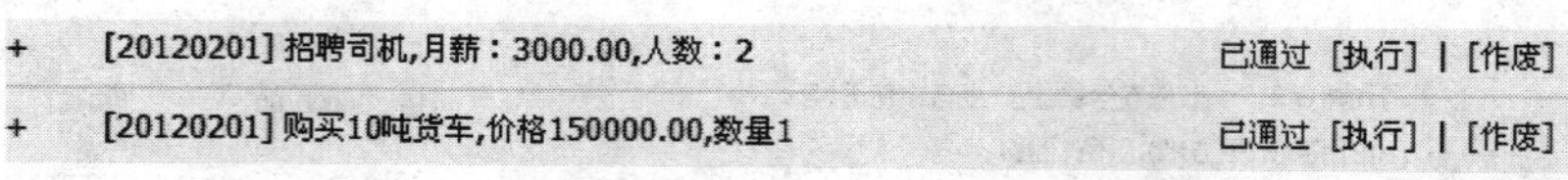

图 2.2-129　运营执行“购买货车”、“招聘司机”指令

(5) 财务经理对购买货车事项进行付款审批，在“我的审批单”界面点击“审批通过”(如图 2.2-130 所示)。

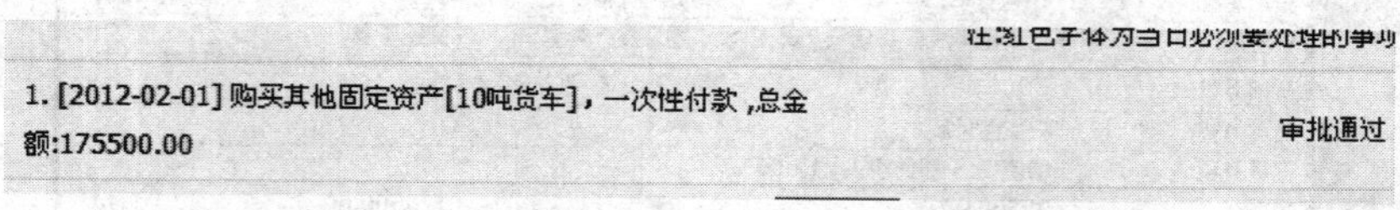

图 2.2-130　财务经理审批支付购买货车的款项的申请

(6) 出纳付款(如图 2.2-131 所示)。

(7) 运营确认收货(如图 2.2-132 所示)。

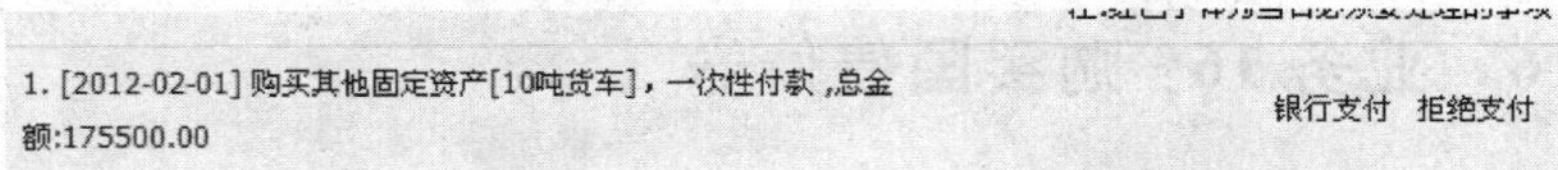

图 2.2-131 出纳支付购买货车的款项

图 2.2-132 运营确认“货车”到货

(8) 运营点击“其他业务”→“餐饮运输业务”，进入“餐饮运输业务界面”，查看业务信息。该信息提示，运输业务 A 需要配置 10 吨货车一辆，司机 2 名(如图 2.2-133 所示)。在需要执行的运输业务 A 下，输入司机“投入人数”2 名，在 10 吨货车前打“√”，点击“执行”(如图 2.2-134 所示)。执行运输业务后，系统提示“操作成功”。

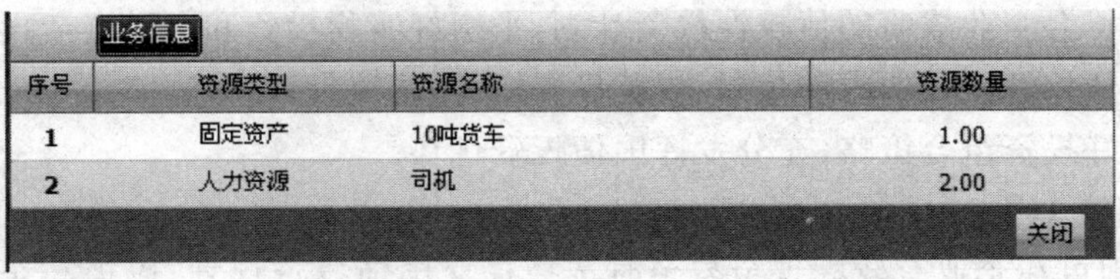

图 2.2-133 运营查看运输业务所需资源

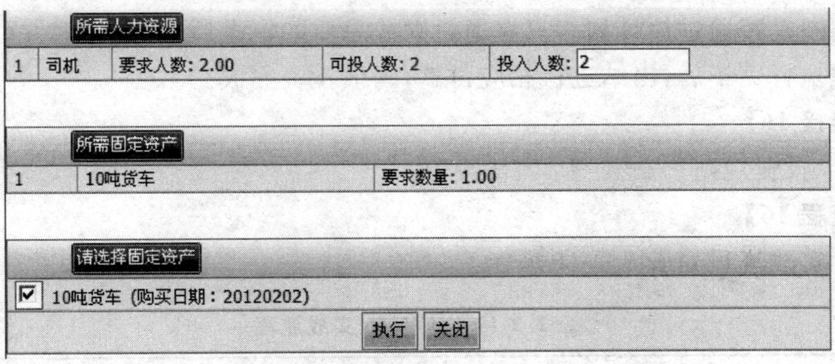

图 2.2-134 运营为运输业务配置资源

(9) 取得的运输收入会在出纳“今日事项”中提醒，出纳点击“收入确认”，业务完成(如图 2.2-135 所示)。

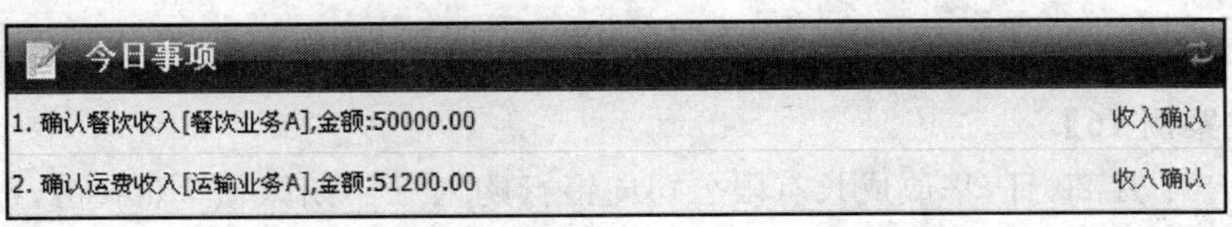

图 2.2-135 出纳确认餐饮收入和运费收入

2.2.16 业务16：购买国债债券

【知识提点16】

企业购买国债债券属于企业的债权性投资行为。所谓债权性投资，是指企业为取得债权所作的投资，如购买国库券、公司债券等。进行债权性投资可使企业获得高于一般银行存款利息的投资回报，承担的风险又小于股权性投资。其中，国债作为由政府发行的国家债务，具有极高的信用度。因其具有风险性小、安全性好、流通性强、收益稳定等优点，成为投资者青睐的投资资产之一。企业如选择投资国债，根据税法相关规定，还可享受国债利息收入免征企业所得税的优惠政策。

【知识关键词16】

投资　债权性投资　金融资产

【经营关键点16】

- 制定符合企业战略的债权性投资计划，平衡好实物投资和金融资产投资的比重。
- 加强债权性投资的内部控制，规范投资行为，防范投资风险。
- 运用好投资组合策略，充分发挥国债投资优势。

【实战思路16】

财务经理可在企业有较大现金盈余时选择提交国债投资计划，以提高企业资金使用效益。购买时应结合未来现金支出预期选择购买债券种类和金额。财务总监需对财务经理提交的国债投资计划进行审批，审批时财务总监要结合企业整个运营规划及企业现有财务状况，判断是否通过该计划。只有通过财务总监的审批后，财务经理方可执行国债投资，财务经理执行完毕后，出纳进行相应付款，国债投资完成。

【规则链接16】

“1.2.5　投资规则”——“三、国债投资”

【实战流程16】

业务16实战流程如表2.2-19所示。

表2.2-19　业务16实战流程

角　色	运营	财务总监	财务经理	会　计	出纳
具体执行		(2) 审批	开始 (1) 提交国债购买计划 (3) 执行国债购买计划	(4) 账务处理 结束	

【实战案例16】

2012年1月20日，华夏成长有限公司向银行购入3年期国债5 000份，市场价格每份100元，共支付买价500 000元，债券票面利率为5.54%。

【实战操作16】

(1) 财务经理进入“财务信息”界面查看企业基本账户余额(如图2.2-136所示)后，

进入“外部机构”→“银行”界面，点击“债券买卖”(如图 2.2-137 所示)。在“债券买卖”界面查看可购买的债券种类(如图 2.2-138 所示)。在选中的债券下，点击“购买”，进入“购买债券”界面，在“购买数量”栏填写购买数量后点击“提交”。提交完毕，填写业务决策内容单，点击“确认提交”，完成债券购买计划。系统提示“提交审批成功”(如图 2.2-139 所示)。

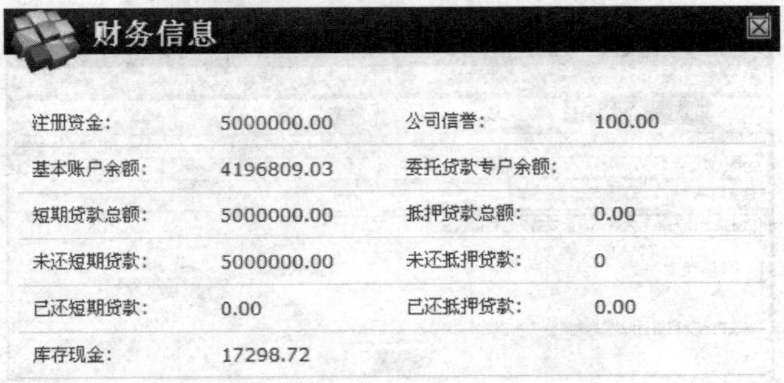
财务信息

注册资金:	5000000.00	公司信誉:	100.00
基本账户余额:	4196809.03	委托贷款专户余额:	
短期贷款总额:	5000000.00	抵押贷款总额:	0.00
未还短期贷款:	5000000.00	未还抵押贷款:	0
已还短期贷款:	0.00	已还抵押贷款:	0.00
库存现金:	17298.72		

图 2.2-136 财务经理查看企业账户余额

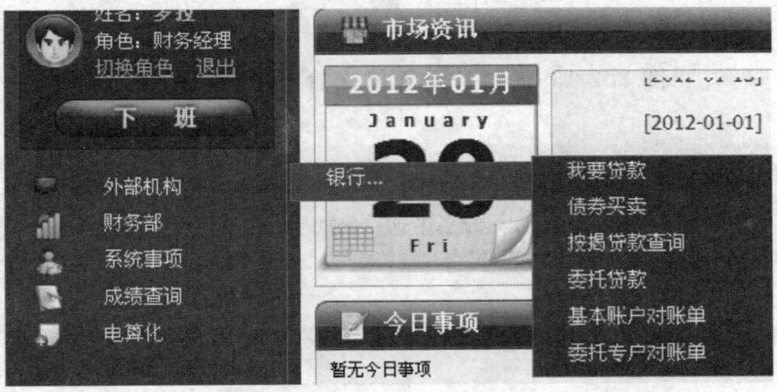

图 2.2-137 财务经理登录“债券买卖”界面

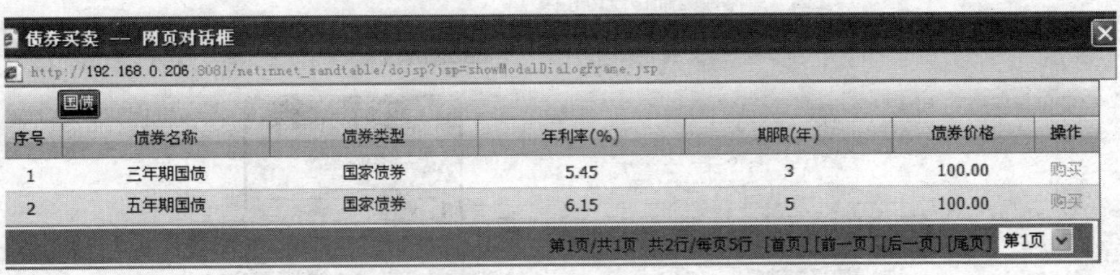
债券买卖 — 网页对话框

国债

序号	债券名称	债券类型	年利率(%)	期限(年)	债券价格	操作
1	三年期国债	国家债券	5.45	3	100.00	购买
2	五年期国债	国家债券	6.15	5	100.00	购买

第1页/共1页 共2行/每页5行 [首页] [前一页] [后一页] [尾页] 第1页

图 2.2-138 财务经理查看可购买的债券

(2) 财务总监在“我的审批单”查看“待审批的事项”——购买三年期国债债券，并可点开左上角的“+”查看辅助决策的信息，点击“通过”，完成审批(如图 2.2-140 所示)。

(3) 财务经理接到“系统消息”提示后，进入“我的审批单”查看“待审批的事项”——购买三年期国债债券，点击“执行”，完成国债购买(如图 2.2-141 所示)。

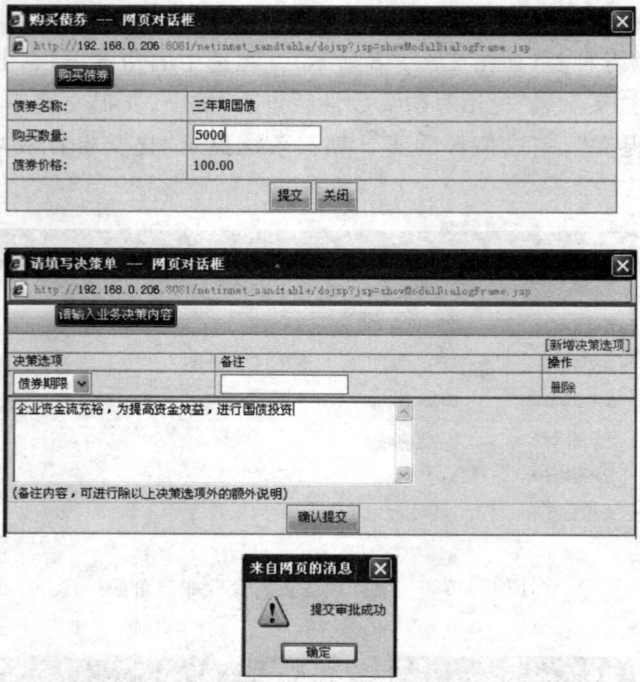

图 2.2-139 财务经理提交“购买债券”的请示

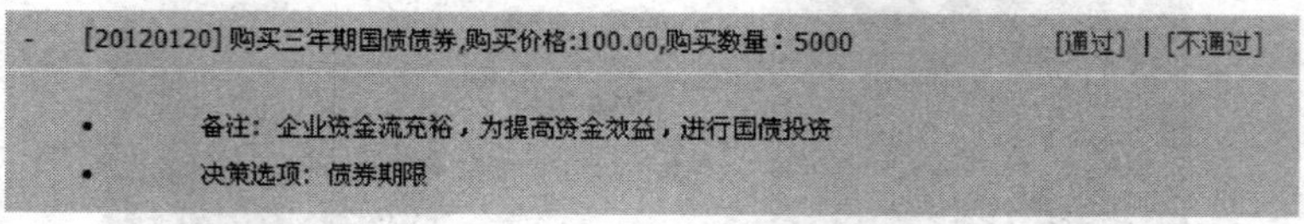

图 2.2-140 财务总监审批“购买债券”的请示

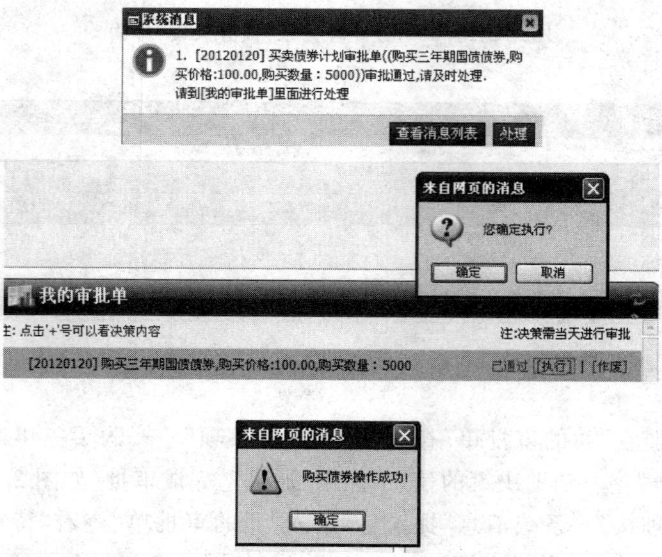

图 2.2-141 财务经理执行“购买债券”的指令

2.2.17 业务17：出售原材料

【知识提点17】

企业出售原材料属于存货处置业务。企业的存货可根据企业经营需要选择对外投资、捐赠、非货币性交易等方式进行处置。作为主要在生产过程或提供劳务过程中耗用的材料和辅料，出售的情形大多是针对残、次、冷、背的材料。处置时，对材料的处置方式、处置价格及处置价款的收回等要制定处置方案，并严格执行相关的内部控制制度。

【知识关键词17】

存货可变现净值　存货盘点

【经营关键点17】

- 企业应当制定并选择适当的存货盘点制度，并通过盘点、清查、检查等方式全面掌握存货的状况，及时发现存货的残、次、冷、背等情况。
- 仓储部门对残、次、冷、背存货的处置，应当选择有效的处理方式，并经相关部门审批后做出相应的处置。

【实战思路17】

本平台为帮助企业加速存货周转率，减少存货占用资金，提供闲置原材料出售功能。运营需根据企业存货库存及未来存货需求状况，选择出售存货的种类和数量，并提交出售存货计划。财务总监需结合企业流动资产管理现状，综合权衡是否通过该计划。如财务总监审批通过，运营需要点击"执行"；会计需要在运营执行完原材料出售业务后，及时开具增值税专用发票；最后，出纳执行收款。

【规则链接17】

"1.2.3　产品规则"——"一、原材料采购及出售"——"(7)"、"(8)"

【实战流程17】

业务17实战流程如表2.2-20所示。

表2.2-20　业务17实战流程

角　色	运　　营	财务总监	财务经理	会　　计	出　纳
具体执行	开始 (1) 提交材料出售计划 (3) 执行材料出售计划	(2) 审批材料出售计划		(4) 开具发票 (6) 账务处理 结束	(5) 收款

【实战案例17】

2012年1月20日，华厦成长有限公司将库存的1 010套生产空调的原料压缩机出售，出售价格为820.73元/套，购买方为郑州天宇科技有限公司。

【实战操作17】

(1) 运营点击"采购市场"→"出售原材料"，进入"出售原材料"界面(如图2.2-142所示)。在该界面下，通过下拉菜单选择合适的供应商，输入"出售数量"，点击"确认提交"，提交后进入到"填写决策单"界面，填写提供给财务总监决策的内容，点击"确认提交"(如

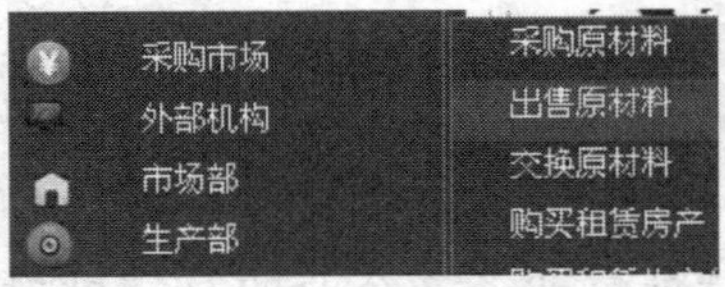

图 2.2-142　运营登录“出售原材料”界面

图 2.2-143 所示)。

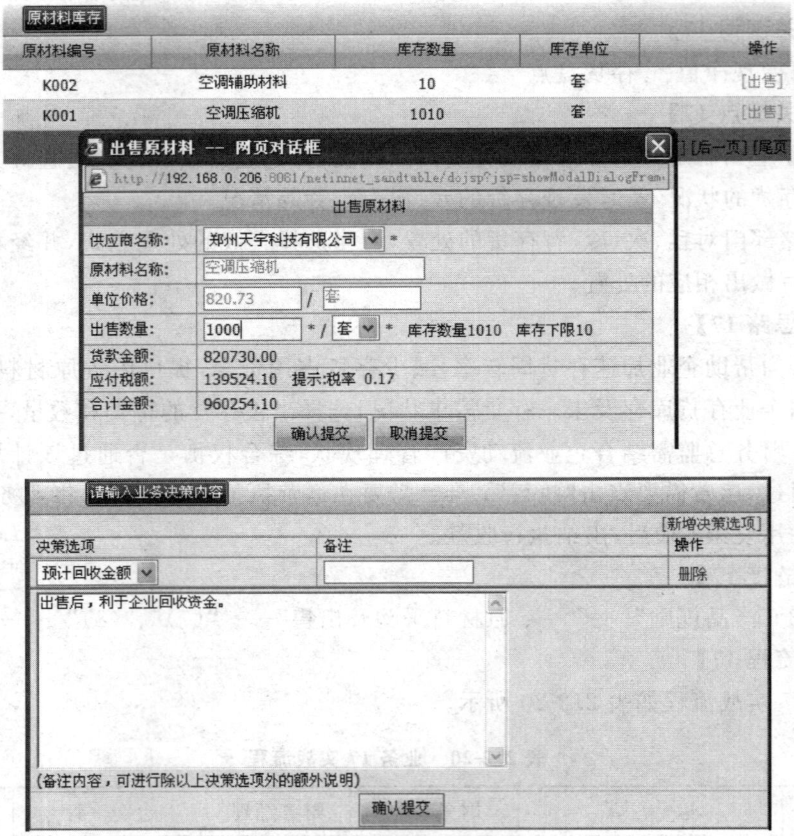

图 2.2-143　运营提交“出售原材料”的请示

(2) 财务总监在“我的审批单”查看“待审批的事项”——出售原材料，并可点开左上角的“+”查看辅助决策的信息，点击“通过”，完成审批(如图 2.2-144 所示)。

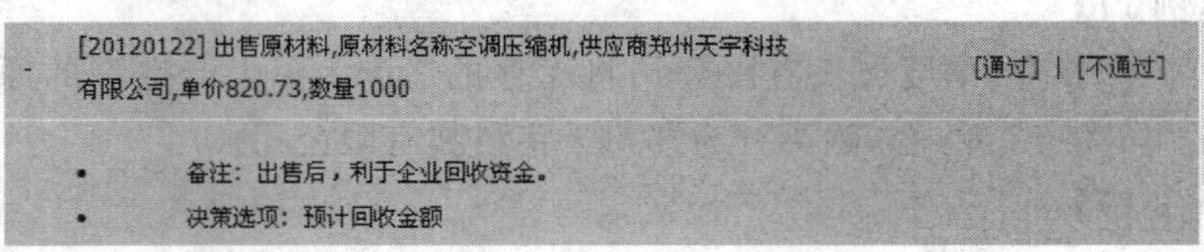

图 2.2-144　财务总监审批“出售原材料”的请示

(3) 运营在财务总监审批通过后，在“我的审批单”界面下，选择“执行”，点击“确定”(如图 2.2-145 所示)。

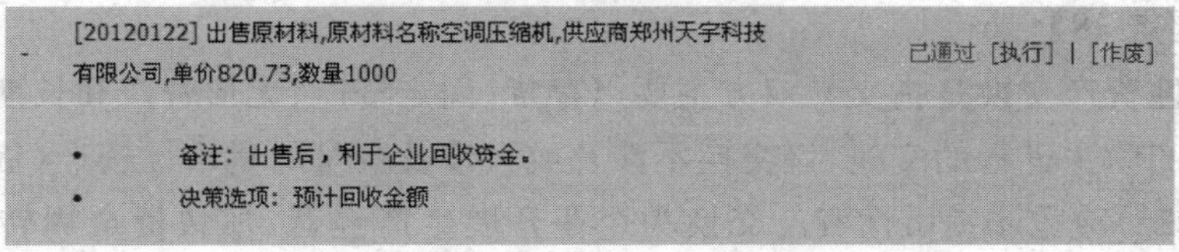

图 2.2-145 运营执行“出售原材料”的指令

(4) 会计点击“财务部”→“售材料、固定资产开票”(如图 2.2-146 所示)，进入“出售事项”界面。在该界面下点击“开具发票”，系统提示“开具发票成功”(如图 2.2-147 所示)。

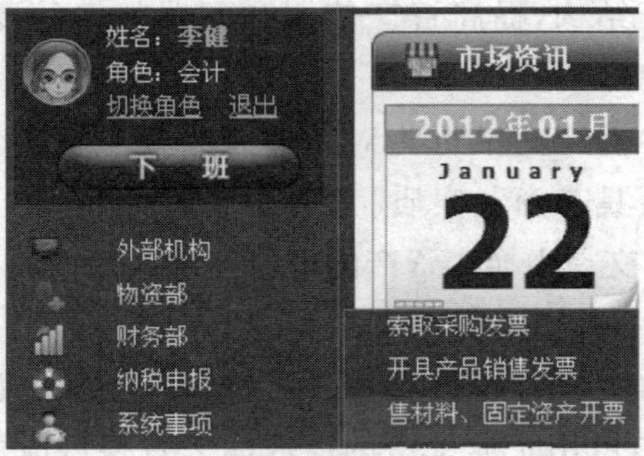

图 2.2-146 会计登录“售材料、固定资产开票”界面

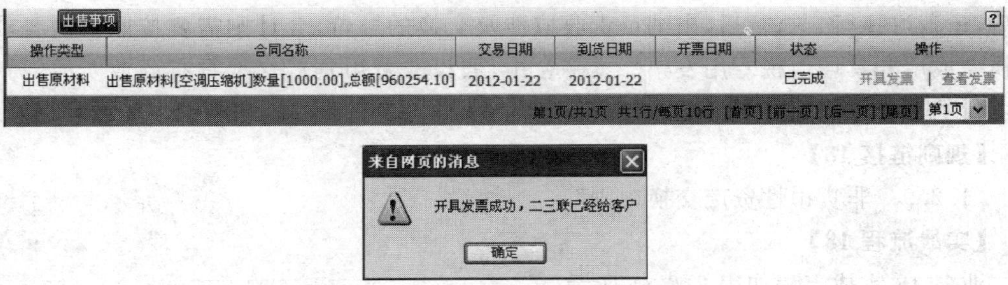

图 2.2-147 会计“开具发票成功”

(5) 出纳进入“今日事项”栏，点击“收款确认”，完成原材料出售收款(如图 2.2-148 所示)。

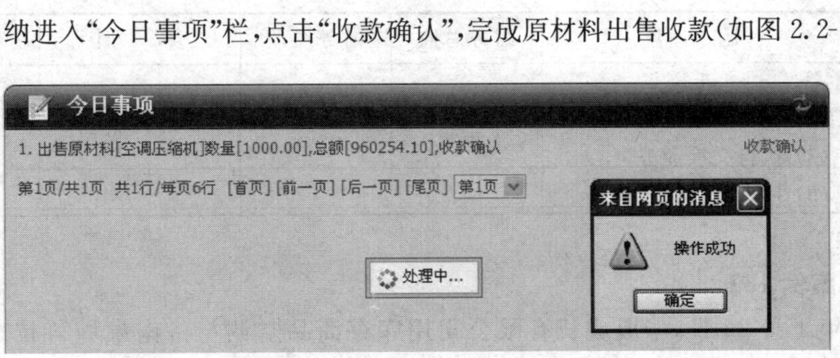

图 2.2-148 出纳确认“出售原材料”收款

2.2.18 业务18：非货币性资产交换

【知识提点18】

非货币性资产交换是指交易双方主要以存货、固定资产、无形资产和长期股权投资等非货币性资产为主进行的交换，该交换不涉及或只涉及少量的货币性资产（货币资金占交易总额小于25%）。非货币性资产交换为企业开展生产经营、加快资金周转提供了新的途径，但也带来了一些负面影响，如利用非货币性交易操纵企业利润。

【知识关键词18】

非货币性资产　非互惠转让　公允价值　视同销售

【经营关键点18】

- 根据企业优化资产结构，提高资产使用和配置效率的要求，选择进行非货币性交易的类型、范围及方式。
- 充分预期非货币性资产交换行为对企业未来现金流量、净利润及净资产的影响，判断交换行为是否具有商业实质。
- 准确计量非货币性交易中换入资产的价值及发生的相关损益，同时注意涉税风险。

【实战思路18】

本平台中，运营可以在企业产品库存较多，大量占用企业流动资金时选择进行非货币性资产交换。具体交换时，可用企业生产的产成品去置换供应商提供的原材料，从而节约成本，加快资金周转。运营在进行交换时，要决定换出产品的数量，而换入原材料的数量和补价则由平台自动计算。财务总监需审批运营提交的非货币性资产交换计划，审批通过后，运营可执行。执行后，出纳负责收取涉及交换的补价，会计则需要按照税法要求在交换完成后开具增值税专用发票。本平台中，假设非货币资产交换具有商业实质，另外，所支付的补价不能超过交换总金额（含税）的5%。

【规则链接18】

“1.2.9　非货币性资产交换规则”

【实战流程18】

业务18实战流程如表2.2-21所示。

表2.2-21　业务18实战流程

角　色	运　营	财务总监	财务经理	会　计	出　纳
具体执行	开始 (1) 提交交换原材料计划 (3) 执行交换业务 (5) 换入原料到货确认	(2) 审批		(6) 开具发票，索要发票 结束	(4) 收到补价

【实战案例18】

2012年1月22日，华厦成长有限公司用库存商品空调与济南泉城科技有限公司交换原料。换出的空调数量为180台，换入的是洗衣机机械材料，换入数量为684套，收取补价 107.87 元。

【实战操作 18】

(1) 运营点击“采购市场”→“交换原材料”，进入“交换原材料”界面(如图 2.2-149 所示)。在该界面下，显示全部可供交换的原料和产品(如图 2.2-150 所示)，在需要交换的产品后面点击“交换原材料”按钮，进入“交换原材料”界面。在该界面下，用下拉菜单选择换入“原材料名称”、“供应商名称”，输入“产品交换数量”，系统将自动计算换入原材料数量及需要的补价。输入完整后，点击“确认提交”(如图 2.2-151 所示)。提交后进入到“填写决策单”界面，填写提供给财务总监决策的内容，点击“确认提交”(如图 2.2-152 所示)。

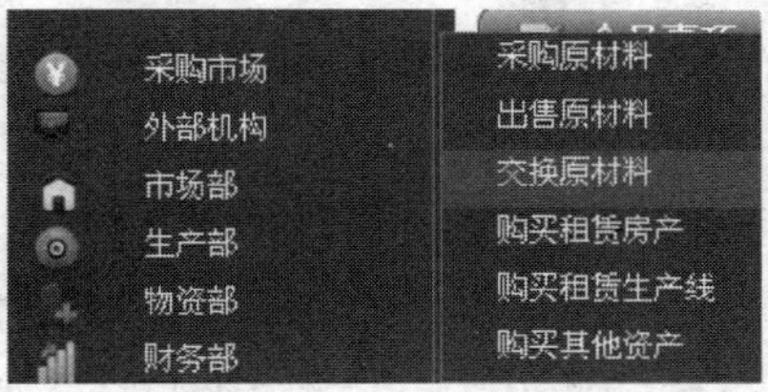

图 2.2-149　运营登录“交换原材料”界面

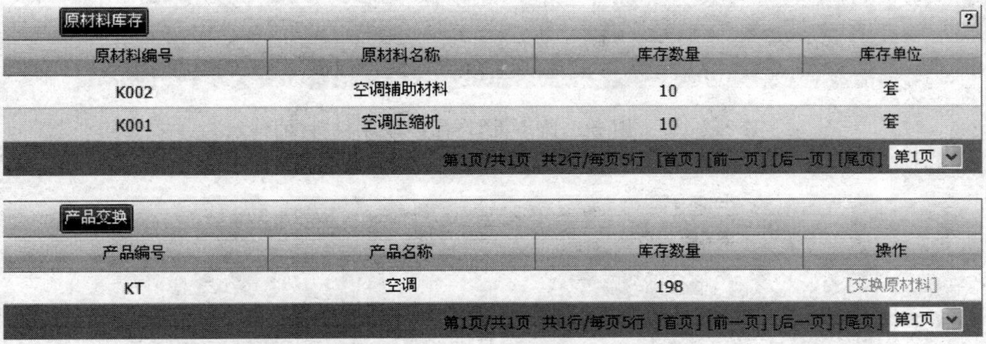

图 2.2-150　运营查看“可供交换的原料和产品”

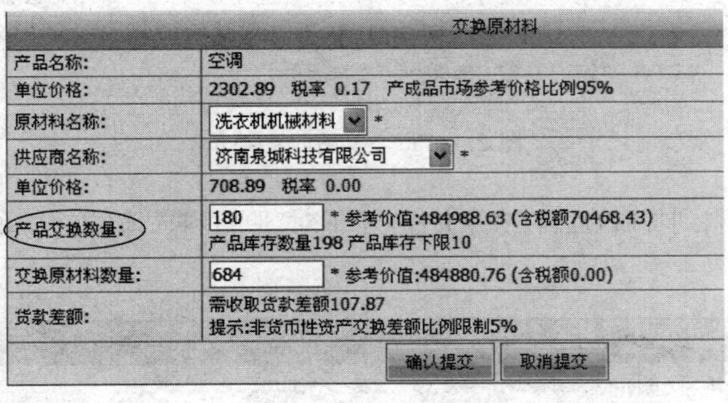

图 2.2-151　运营选择要交换的产品

(2) 财务总监在“我的审批单”查看“待审批的事项”——交换原材料，并可点开左上角的“+”查看辅助决策的信息，点击“通过”，完成审批(如图 2.2-153 所示)。

(3) 审批通过后，运营在“我的审批单”下，点击“执行”(如图 2.2-154 所示)。

(4) 出纳收到补价(如图 2.2-155 所示)。

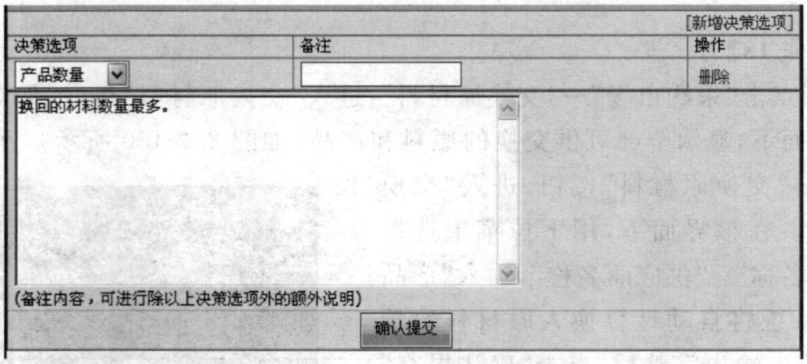

图 2.2-152　运营提交“产品换取原材料”的请示

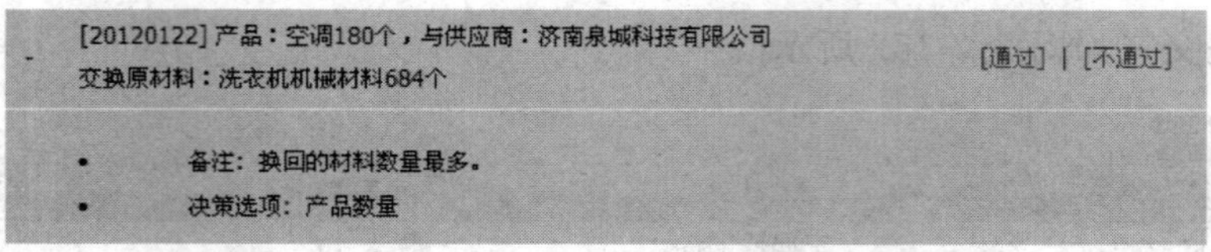

图 2.2-153　财务总监审批“产品换取原材料”的请示

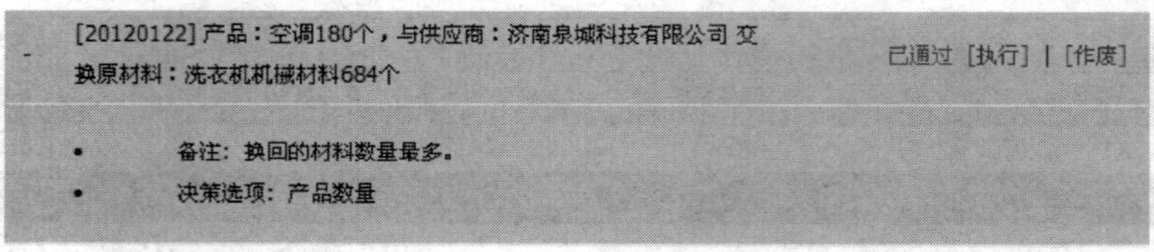

图 2.2-154　运营执行“产品换取原材料”的指令

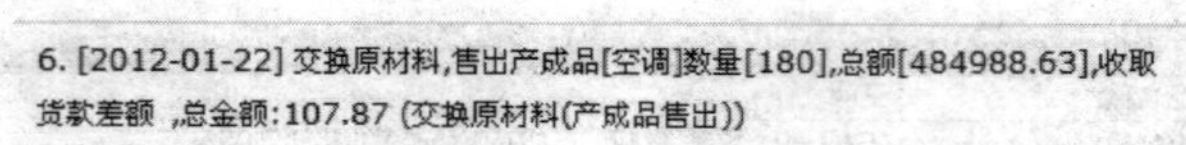

图 2.2-155　出纳收到补价

（5）换入原材料到货后，运营在“今日事项”下对“原材料入库”进行“确认”(如图 2.2-156 所示)。

图 2.2-156　运营确认“原材料入库”

（6）会计点击“财务部”→“易货所索票、开票”，进入“易货事项”界面(如图 2.2-157 所示)。在产成品售出栏目下点击“开具发票”，在“原材料购入”栏目下点击“索取发票”，业务完成(如图 2.2-158 所示)。

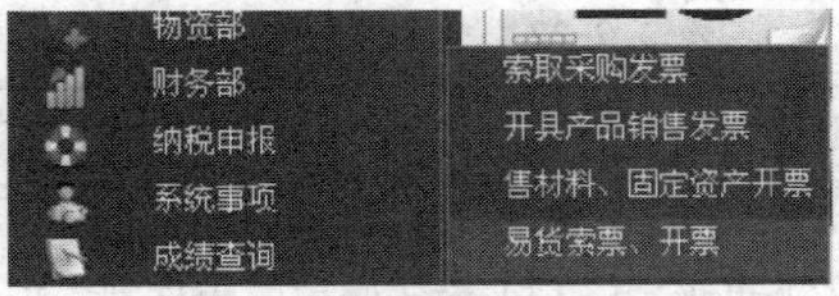

图 2.2-157　会计登录“易货索票、开票”界面

图 2.2-158　会计执行“易货索票、开票”业务

2.2.19　业务 19：购买股票

【知识提点 19】

从投资的性质上划分，购买股票属于权益性投资。所谓权益性投资（广义股权投资），是指通过投资拥有被投资单位的股权，按所持股份比例享有权益并承担责任。为了适应竞争环境和发展模式的变化，很多企业从经营战略出发，为实现资源整合、增强竞争力等目的选择权益性投资这一重要途径。买股票只是权益性投资中的一种方式，企业通常会结合自己的发展战略及经营需要进行股票的选择，并适时进行投资组合的管理，以期获得投资收益或其他经济利益。

【知识关键词 19】

权益性投资　权益工具　长期股权投资

【经营关键点 19】

- 制定符合企业发展战略的权益性投资计划，规范权益性投资流程与管理。
- 加强权益性投资的可行性研究和论证，力求权益性投资决策合法、合理。
- 加强对权益性投资的执行及处置的内部控制管理、防范投资风险、提升投资收益回报。

【实战思路 19】

本平台中，财务经理需根据宏观经济运行趋势及股票市场价格波动趋势，同时结合本企业现金流现状选择股票投资。财务经理需要对投资的股票种类及数量做出决策，提交财务总监审批。财务总监要结合企业整个运营规划及企业现有财务状况，判断是否通过该计划。

只有通过财务总监的审批后，财务经理方可执行股票投资，财务经理执行完毕后，出纳进行相应付款，股票投资完成。

【规则链接 19】

“1.2.5　投资规则”——“二、股票投资”

【实战流程 19】

业务 9 实战流程如表 2.2-22 所示。

表 2.2-22　业务 19 实战流程

角　色	运营	财务总监	财务经理	会　计	出　纳
具体执行		(2) 审批	开始 (1) 提交股票购买计划 (3) 执行	(5) 账务处理 结束	(4) 付款

【实战案例 19】

2012 年 1 月 31 日，华厦成长有限公司买入美的公司股票 10 000 股，每股市场价格 15.89 元，共支付 158 900 元。

【实战操作 19】

(1) 财务经理根据系统消息列表提醒进行股票投资业务操作。先点击“财务部”→“筹资投资业务执行”，进入“其他业务处理”界面（如图 2.2-159 所示），选择进行购买的股票种类和股票数量，选择完毕点击“执行业务”（如图 2.2-160 所示），并填写“业务决策单”，完成股票投资计划提交（如图 2.2-161 所示）。

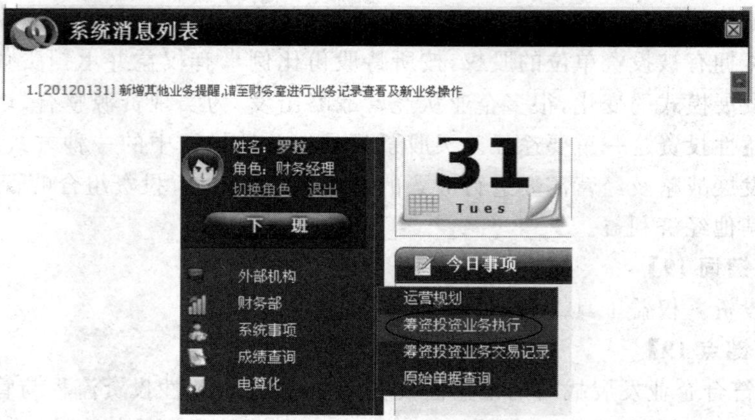

图 2.2-159　财务经理登录“筹资投资业务执行”界面

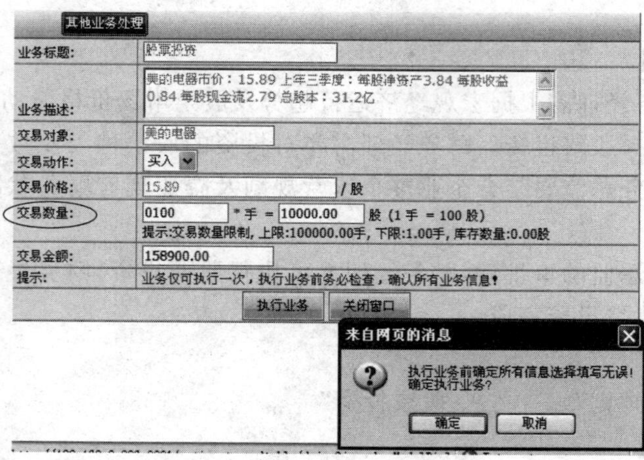

图 2.2-160　财务经理选择购买股票的数量

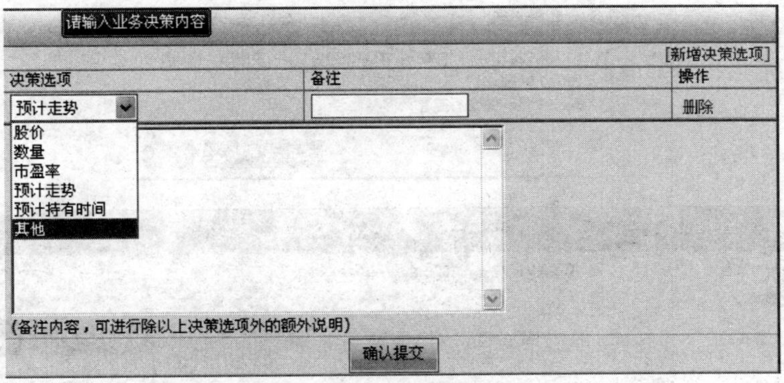

图 2.2-161　财务经理提交“购买股票”的请示

(2) 财务总监在“我的审批单”查看“待审批的事项”——购买股票业务，并可点开左上角的“+”查看辅助决策的信息，点击“通过”完成审批(如图 2.2-162 所示)。

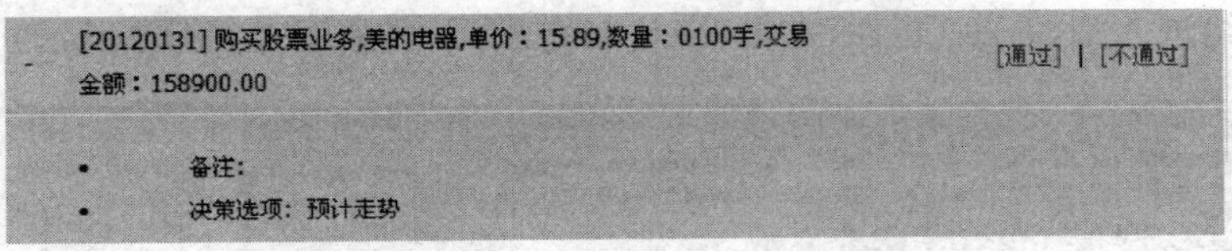

图 2.2-162　财务总监审批“购买股票”的请示

(3) 财务经理在财务总监审批完成后，根据系统消息提醒(如图 2.2-163 所示)，进入“我的审批单”界面，点击“执行”，完成股票购买业务(如图 2.2-164 所示)。随后根据系统消息提醒，进入“今日事项”栏点击“确认”，完成股票成交确认工作(如图 2.2-165 所示)。

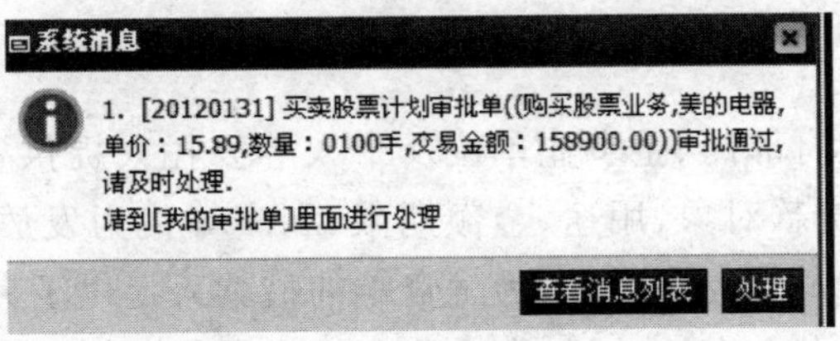

图 2.2-163　系统消息提示“购买股票”的请示已审批

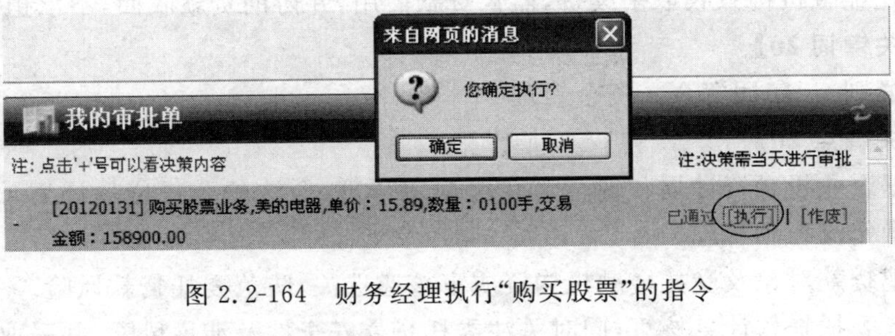

图 2.2-164　财务经理执行“购买股票”的指令

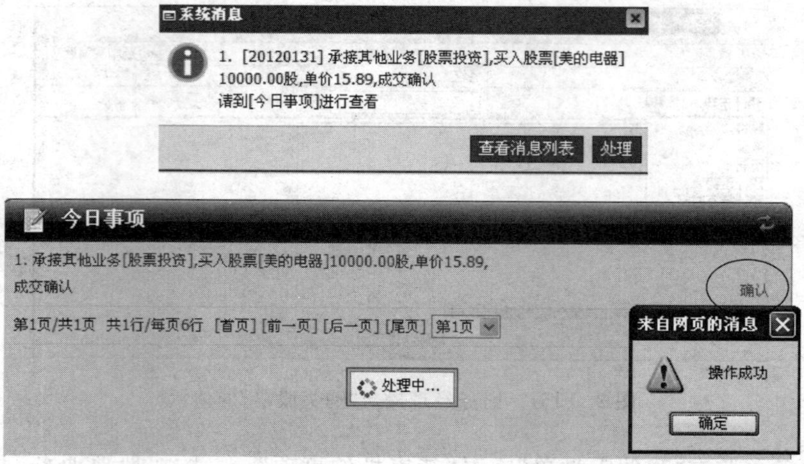

图 2.2-165　财务经理确认股票成交

(4) 出纳进入“今日事项”栏,点击“确认”,完成付款(如图 2.2-166 所示)。

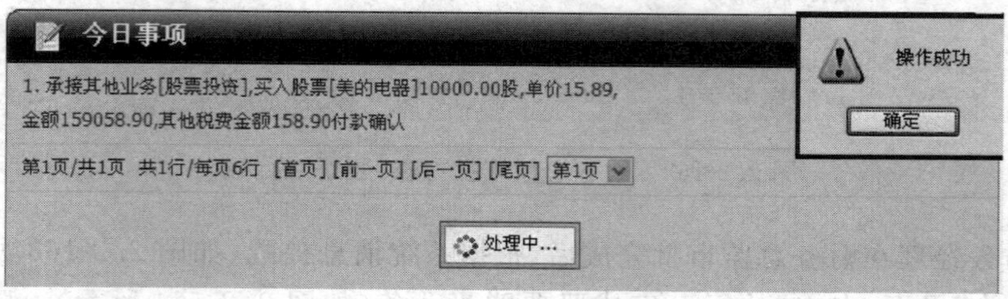

图 2.2-166　出纳支付购买股票的款项

2.2.20　业务 20:委托贷款

【知识提点 20】

委托贷款是指由政府部门、企事业单位及个人等委托人提供资金,由贷款人(即受托人)根据委托人确定的贷款对象、用途、金额期限、利率等代为发放、监督使用并协助收回的贷款。委托贷款作为一种经济活动,为融资难的借款人提供了另一条融资渠道,亦为资金富裕的优质企业调剂资金余缺、增加资金收益提供了新的投资理财方式。具体操作时,委托贷款的资金由委托人提供,并交由有经营资格的金融机构放贷,贷款风险由委托方企业承担,受托金融机构只收取手续费,监督贷款使用,并协助贷款收回,不承担贷款风险。

【知识关键词 20】

《贷款通则》　集团资金　资金管理

【经营关键点 20】

- 根据企业投融资计划和现金流状况制定合理、合法的委托贷款计划,严格委托贷款操作流程和管理。
- 严把贷款对象及受托金融机构资质审核遴选关,防范委托贷款风险。
- 规范委托贷款计息核算,同时关注委托贷款安全性及涉税风险,并采取措施应对。

【实战思路 20】

在本平台中，在无银行借贷的情形下，财务经理可根据企业的筹资投资规划及现金流状况提交委托贷款计划。提交该计划时，财务经理需要在对未来资金余缺预算后，对委托贷款的额度和贷款期限做出选择。委托贷款对象和受托金融机构由平台给定，无须决策。财务总监需对财务经理提交的委托贷款计划进行审批，审批时财务总监需权衡委托贷款事宜对企业现金流的影响及日后会带来的收益后再决策。委托贷款计划经过财务总监审批后，由财务经理具体执行，执行后出纳要转出贷款资金到贷款账户，委托贷款业务完成。最后，如收到委托贷款利息，出纳要负责收款。

【规则链接 20】

“1.2.5 投资规则”——“四、委托贷款”

【实战流程 20】

业务 20 实战流程如表 2.2-23 所示。

表 2.2-23 业务 20 实战流程

角 色	运营	财务总监	财务经理	会 计	出 纳
具体执行		(2) 审批	开始 (1) 提交委托贷款计划 (3) 执行	(5) 账务处理 结束	(4) 转账/付款

备注：如果委托贷款账户余额不足，出纳需先进行转账业务操作，财务经理方可执行。

【实战案例 20】

2012 年 2 月 1 日，华厦成长有限公司通过银行进行委托贷款投资，委托贷款 1 000 000.00 元，期限 6 个月，发生综合费用 2 000.00 元。

【实战操作 20】

(1) 财务经理点击“外部机构”→“银行”→“委托贷款”，进入“企业委托贷款”界面(如图 2.2-167 所示)。在该界面下，可以选择委托贷款的金额。本系统提供三种选择，分别是 100 万元、300 万元和 500 万元。通过下拉菜单选择 100 万元，选择期限 6 个月，点击“贷款提交”，系统提示“是否确定进行委托贷款?”，点击“确定”，进入“决策单”界面，在该界面下输入需要财务总监决策的内容后，点击“确认提交”(如图 2.2-168 所示)。

图 2.2-167 财务经理登录“委托贷款”界面

(2) 财务总监在“我的审批单”查看待审批的事项——委托贷款事项，并可点开左上角的“+”查看辅助决策的信息，点击“通过”，完成审批(如图 2.2-169 所示)。

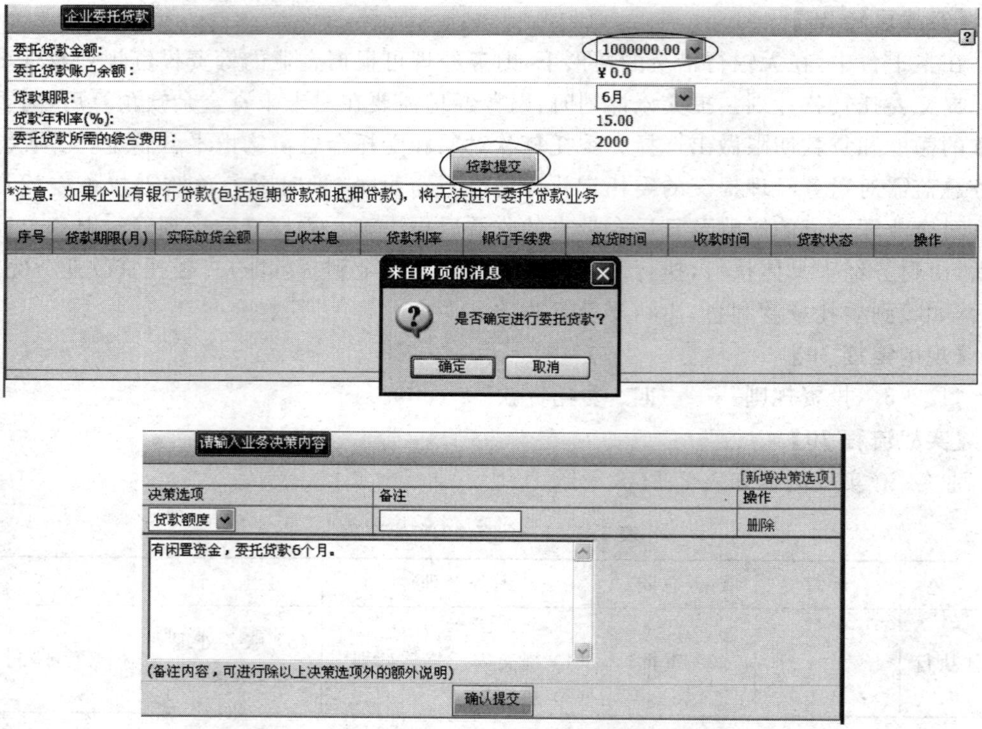

图 2.2-168　财务经理提交“委托贷款”的请示

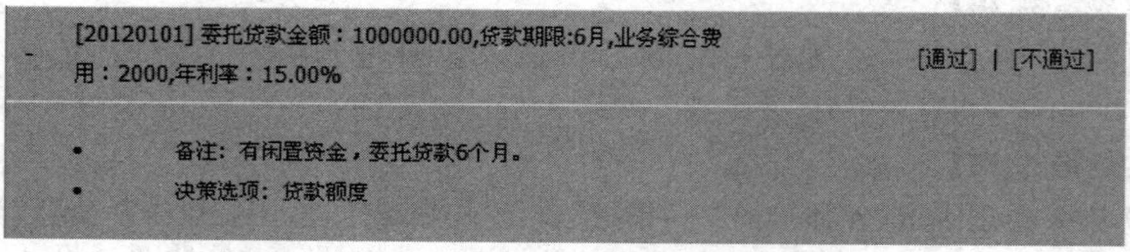

图 2.2-169　财务总监审批“委托贷款”的请示

(3) 财务总监审批通过后，如果企业委托贷款账户余额足以支付放贷金额，财务经理在“我的审批单下”点击“执行”，业务完成，系统提示“委托贷款成功”(如图 2.2-170 所示)。如果企业委托贷款账户余额不足，则需由出纳转账后才能执行该业务。

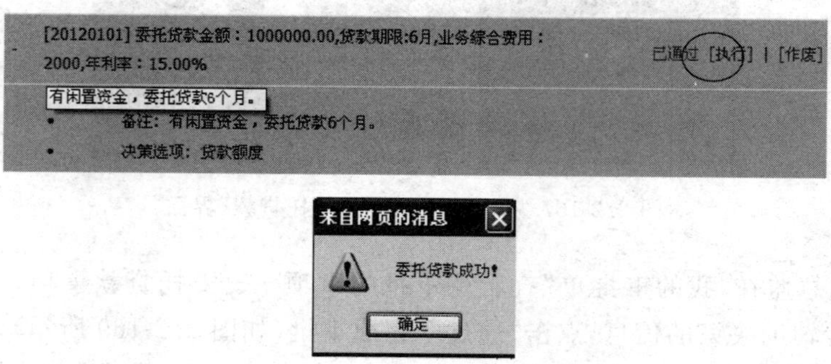

图 2.2-170　财务经理执行“委托贷款”的指令

(4) 出纳点击“外部机构”→“银行”→“转账管理”,进入“转账管理”界面(如图 2.2-171 所示)。在该界面下,显示企业账户信息,在需要转出资金的账户栏下点击“转出”按钮,进入到“转出现金”对话框,该对话框显示转出和转入账户的信息,输入“转出金额”,点击“确定”(如图 2.2-172 所示)。系统提示“转账成功”。

图 2.2-171 出纳登录“转账管理”界面

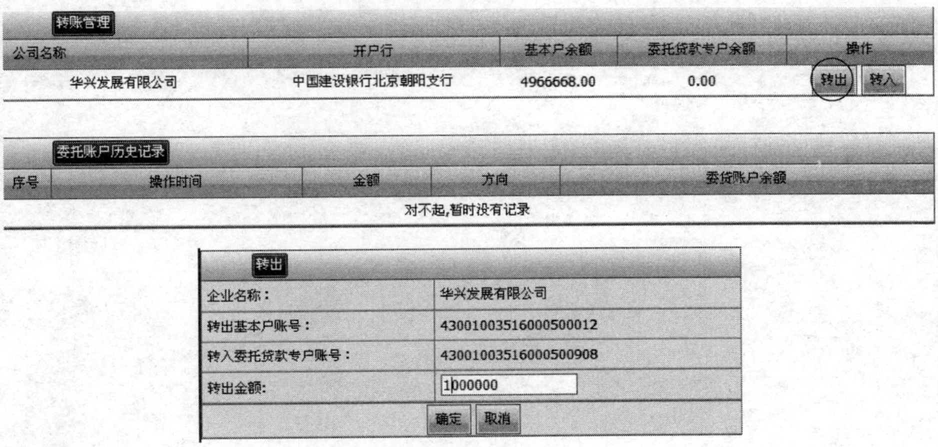

图 2.2-172 出纳转出“委托贷款”的资金

(5) 次月,出纳在“今日事项”下会收到委托贷款利息到账的通知,点击“到账确定”,收到委托贷款利息(如图 2.2-173 所示)。

图 2.2-173 出纳收取“委托贷款”利息

第3篇

会计业务实战操作篇

3.1 业务准备

3.1.1 会计政策

华夏成长有限公司是一家工业企业，主营业务是生产和销售空调，为增值税一般纳税人。根据《会计法》、《企业会计准则》、《企业财务通则》、《内部会计控制规范》和有关财经、税收法规制度，为加强企业会计核算和内部会计监督，提高企业信息质量，保护资产的安全完整，确保有关法律、法规和规章制度的贯彻执行，公司执行如下内部会计核算政策。

(1) 完工产品出库时采用全月一次加权平均法进行成本结转，原材料出库时采用移动加权平均法进行成本计算。

(2) 完工产品和在产品成本计算的方法为约当产量法。

(3) 材料采用实际成本法计算。材料出库采用移动加权平均法，材料在生产开始时一次性投入，完工产品与在产品所耗材料成本是相等的，材料成本按照完工产品和在产品数量进行分配。计算公式为：

每种产品的材料成本＝投入生产的每种材料领用数量×移动加权单价

(4) 工资薪酬根据工时在各产品品种中归集，并在在产品及完工产品中分配。

(5) 制造费用根据工时在各产品品种中归集，并在在产品及完工产品中分配。

(6) 固定资产采用直线法折旧，折旧年限和残值率根据企业实际情况自行设定，超过税法规定的标准，年终应当进行纳税调整。

(7) 进行研发时，研究阶段的研发费计入当期管理费用，开发阶段的研发费全部形成无形资产。

(8) 企业需按月产品销售收入额的3.5%预提产品质量保证金，计入预计负债。

(9) 国债买卖采用实际利率法。

(10) 企业所得税的核算采用债务法。

3.1.2 人员分工

本平台的会计电算化模块中，财务经理需要根据企业会计核算的分工，分配不同的会计角色给当前系统中的角色，不同的系统角色在进行凭证录入时将看到不同类型的经济业务。在电算化模块中，除财务总监、财务经理外，其他角色人员划分为会计 1、会计 2、会计 3，各会计角色有不同的权限（详见 3.1.5 小节）。

3.1.3 单据准备

企业按合同完成经济业务后，应索取或开具相应发票。开具或索取发票的时间由角色自行选择，如果不索取或不开具发票，账务处理时将看不到此单据。索取和开具发票的工作由会计在日常工作中完成。

3.1.4 其他说明

本平台中，会计核算可独立于运营业务，于月底集中进行。对模拟企业当期运营业务的会计处理，除日常业务外还应对月底必办业务进行梳理、防止遗漏。

(1) 会计查看、接受并审核工资薪酬类表单。

(2) 会计在财务部增加并填写工资薪酬类的分配表、制造费用分配表、完工产品及在产品分配表等成本计算表，并据此进行账务处理。

(3) 出纳支付本月必须支付的期间费用。

(4) 各会计角色对所有单据在电算化界面进行账务处理，出具财务报表。

3.1.5 会计分岗设置

本电算化模块需由财务经理将系统原有角色中的运营、出纳、会计重新分配给不同类型的会计角色，具体包括 5 个角色：财务总监、财务经理、会计 1、会计 2、会计 3。每个会计角色承担的会计岗位不同，然后由各会计角色各司其职，完成相应的业务操作。

财务经理点击“电算化”→“会计分岗设置”，进入会计分岗设置界面，进行会计角色分岗（如图 3.1-1 所示）。会计分岗设置的操作可在任务开始时先进行，在日常运营期间，相关会计角色可同时进行凭证录入等工作。由于财务经理负责凭证的审核，故财务经理不得进行凭证录入操作。例如，出纳岗位设置如图 3.1-2、图 3.1-3 所示，运营岗位设置如图 3.1-4 所示，会计岗位设置如图 3.1-5 所示。会计分岗查询如图 3.1-6 所示。

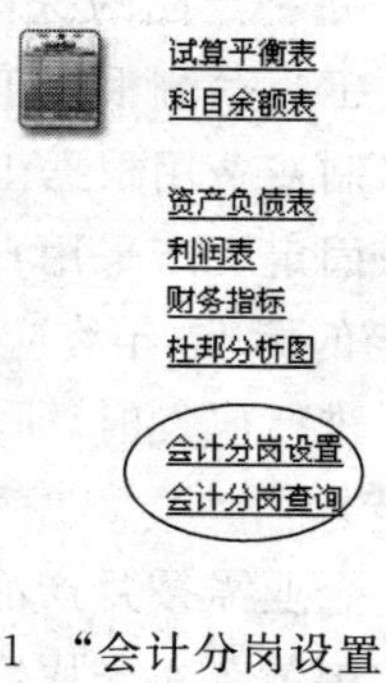

图 3.1-1 “会计分岗设置”界面（财务经理）

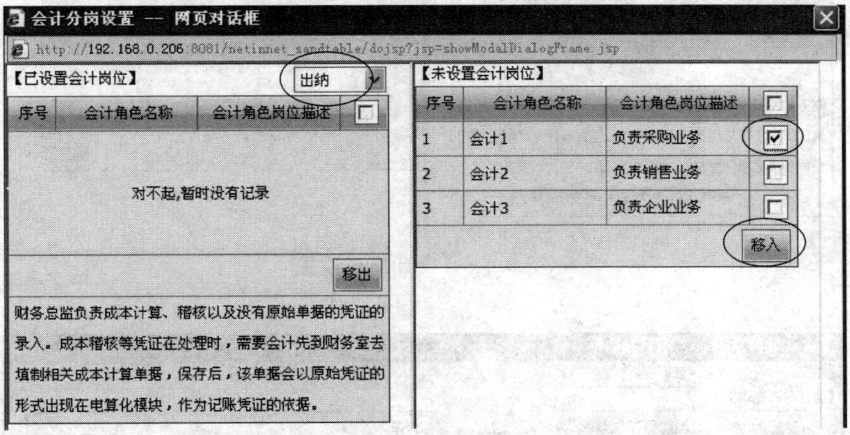

图 3.1-2 出纳岗位设置(1)

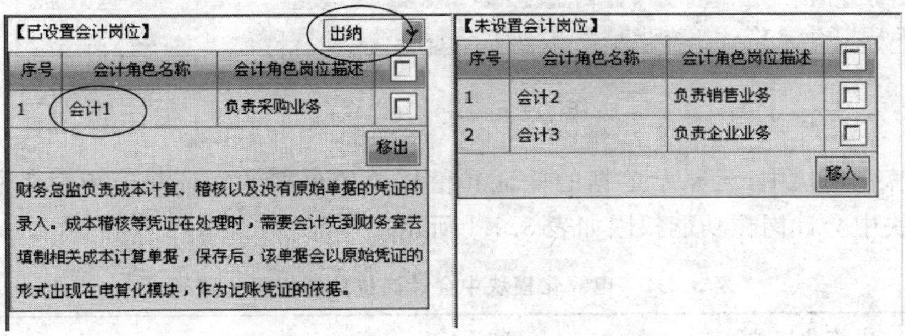

图 3.1-3 出纳岗位设置(2)

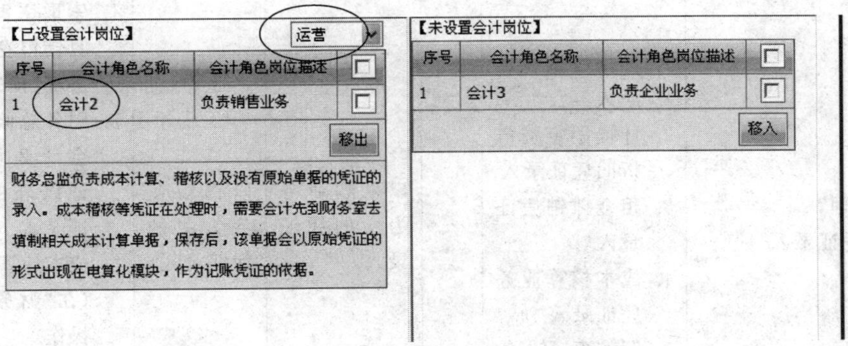

图 3.1-4 运营岗位设置

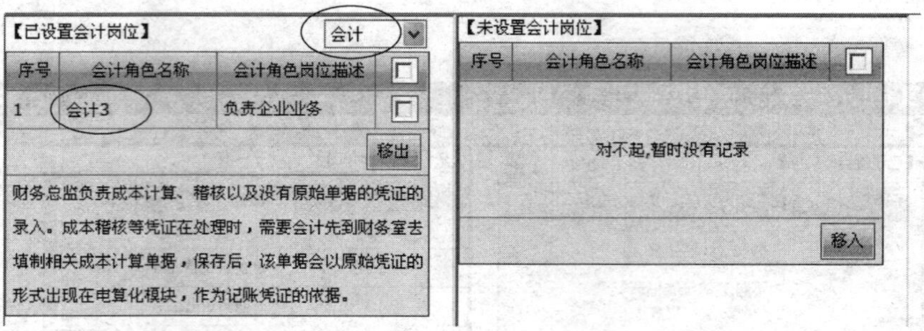

图 3.1-5　会计岗位设置

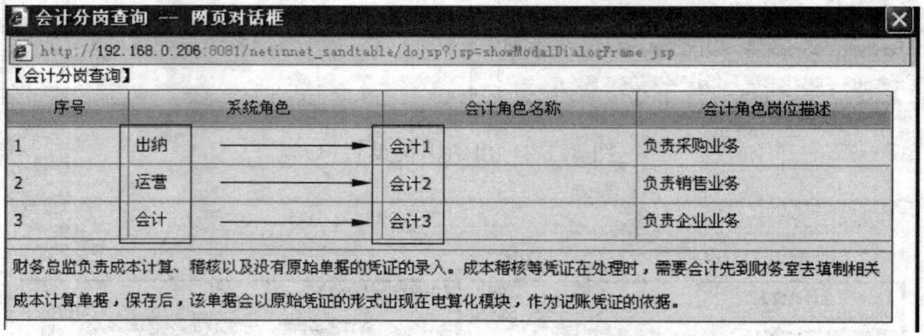

图 3.1-6　会计分岗查询

在电算化模块中，无原始单据的凭证和稽核原始单据的凭证只能由财务总监录入。电算化模块中会计岗位功能权限如表 3.1-1 所示。

表 3.1-1　电算化模块中会计岗位功能权限一览表

电算化岗位 功能权限 电算化模块	财务总监	财务经理	会计 1（建议由出纳角色担任）	会计 2（建议由运营角色担任）	会计 3（建议由原会计角色担任）
“账务处理” ——凭证录入	1. 计提税金凭证录入 2. 计提固定资产折旧凭证录入 3. 租金摊销凭证录入 4. 成本核算业务凭证录入 5. 调整事项业务凭证录入	—	以采购业务为主的凭证录入	以销售业务为主的凭证录入	1. 索取采购发票，开具销售发票（在“财务部”预先操作） 2. 财务总监、会计 1、会计 2 负责的凭证以外的其他凭证录入 3. 成本计算表的填制（在“财务部”预先操作） 4. 工资薪酬确认 5. 产品入库、出库核算 6. 纳税申报

续表

电算化岗位 / 功能权限 / 电算化模块	财务总监	财务经理	会计 1(建议由出纳角色担任)	会计 2(建议由运营角色担任)	会计 3(建议由原会计角色担任)
——凭证查询	√	√	√	√	√
——凭证审核	—	√	—	—	—
——凭证检查	—	√	—	—	—
——凭证过账	—	√	—	—	—
——结转损益	—	√	—	—	—
——期末结账	—	√	—	—	—
——总账预览	√	√	√	√	√
——明细账	√	√	√	√	√
——数量金额明细账	√	√	√	√	√
——多栏式明细账	√	√	√	√	√
——试算平衡表	√	√	√	√	√
——科目余额表	√	√	√	√	√
——资产负债表	√	√	√	√	√
——利润表	√	√	√	√	√
——财务指标	√	√	√	√	√
——杜邦分析图	√	√	√	√	√
——会计分岗设置	—	√	—	—	—
——会计分岗查询	√	√	—	—	—
“系统维护”	√	√	√	√	√

注：①只有财务经理才可进行反结账；②财务经理可反结转损益；③会计 1、会计 2、会计 3 只能查询各自录入的凭证。

3.1.6　系统维护

本平台电算化模块的系统维护主要是指企业会计核算所用会计科目的初始化设置工作。企业应根据实际情况合理设置会计科目及账户，在总账科目下根据需要设置二、三级明细科目，以方便对企业发生的各项经济业务进行详细核算和反映。各会计角色在对经济业务进行会计处理、录入记账凭证前，应先考虑是否需要设置明细科目，如该科目第一次使用时未设置下级明细科目，在后期设置下级科目时，一级科目的数据会全部自动转入新设置的第一个下级科目中，因此企业会计核算人员应事先做好明细科目的初始设置及维护工作。

一、明细科目的增加、修改、删除

总账科目按国家统一颁布的科目表执行，明细科目除统一规定的外，可根据需要自行增加或修改；二级以下会计科目不能修改科目代码，只能修改科目名称。

本电算化模块对一级科目所属明细科目的设置提供了两种不同的处理方式。

方法一：由不同的会计角色在进行会计业务处理时根据需要即时增设。某一会计角色设置的明细账户，所有的会计角色都可以查看、使用，资源共享。

方法二：由财务总监在期初统一对一般性业务的会计科目进行明细账户的设置。具体业务处理时，由各会计角色根据需要临时增加系统维护时未增设的账户(推荐使用)。

各会计角色点击“电算化”进入电算化操作主界面，点击“系统维护”可进入会计科目初始设置界面(如图 3.1-7、图 3.1-8 所示)。

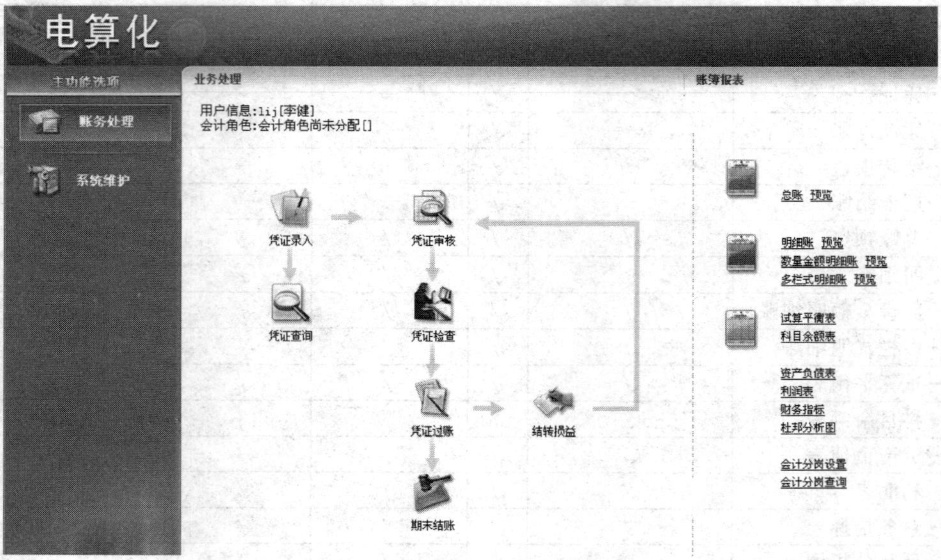

图 3.1-7　系统维护操作界面

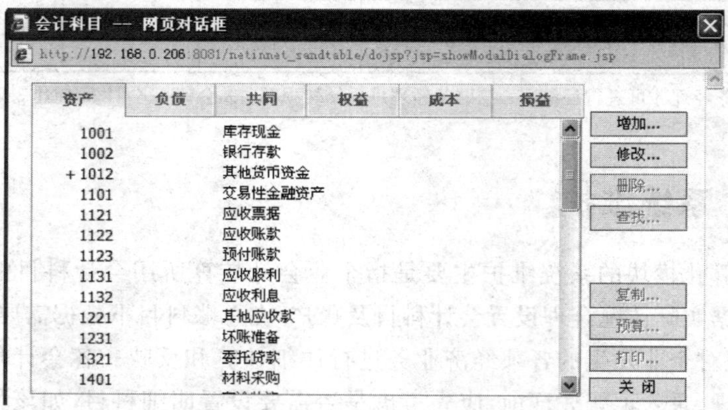

图 3.1-8　会计科目初始化设置

找到需增设明细科目的会计账户，点击“增加”按钮，进入明细科目增加设置界面。输入明细科目代码、科目名称，如“1002 银行存款”账户，下设两个二级明细账“100201 基本存款户”、“100202 委托贷款户”(如图 3.1-9 所示)。在二级明细科目下可设置三级明细科目，如“10020101 建行北京朝阳支行”(如图 3.1-10 所示)。

二、明细科目设置参考表

本平台典型业务总账科目及所属明细科目对照表如表 3.1-2 所示。

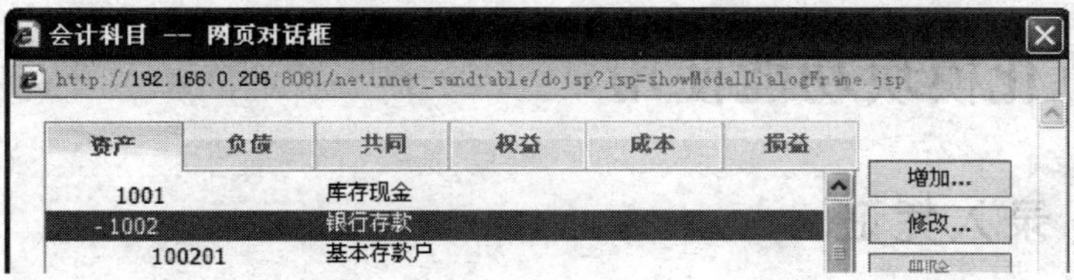

图 3.1-9　银行存款二级科目调协

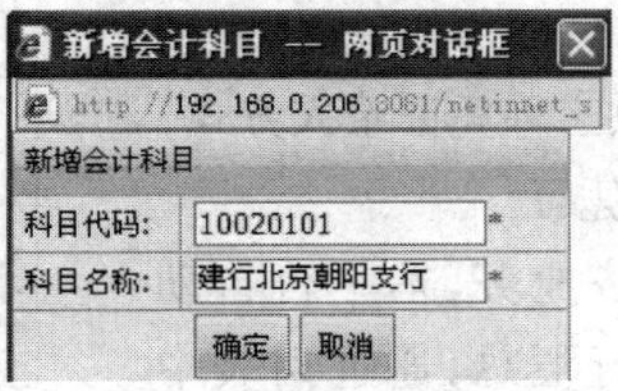

图 3.1-10　银行存款三级明细科目设置

表 3.1-2　平台典型业务总账科目及所属明细科目对照表

账户名称	应设置的明细科目或费用项目
原材料	按原材料名称设置，例如：空调压缩机、空调辅料、洗衣机机械材料
银行存款	基本存款户、委托贷款户
应收账款	按客户名称设置
应付账款	按供应商名称设置
交易性金融资产	国债、股票
生产成本	二级科目按照产品名称设置，如空调；三级科目可设置为：直接材料、直接人工、制造费用
库存商品	按照产品名称设置，如空调
制造费用	职工薪酬、折旧费、水费、电费、办公费、机物料消耗、其他
应付职工薪酬	工资、职工福利、社会保险费、住房公积金、工会经费、职工教育经费
销售费用	广告费、职工薪酬、其他
管理费用	职工薪酬、办公费、差旅费、水费、电费、折旧、修理费、税金、其他
财务费用	利息支出、利息收入、现金折扣、手续费
主营业务收入	按照产品名称设置，如空调
主营业务成本	按照产品名称设置，如空调
其他业务收入	原材料出售、餐饮业务、运输业务
应交税费——应交增值税	系统已设置，如进项税额、已交税金、销项税额、转出未交增值税，不需要自己设置
应交税费	如未交增值税，系统已设置，无须设置
应交税费	应交营业税、应交所得税、应交城市维护建设税

3.2 电算化模块功能使用

3.2.1 录入凭证

各会计角色点击“电算化”→“凭证录入”，进入经济业务选择页面(如图 3.2-1 所示)。

一、凭证录入的方式

在经济业务选择界面内，提供三种凭证录入方式。

1. 根据经济业务录入记账凭证

根据企业运营所产生的经济业务，本平台自动将同一经济业务的相关单据进行汇总，通过列表中的经济业务，点击“录入记账凭证”，进入原始单据选择页面(如图 3.2-2 所示)。

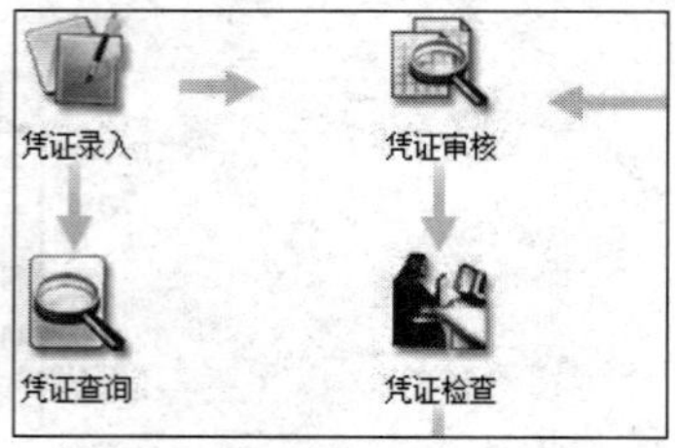

图 3.2-1 凭证录入操作主功能界面

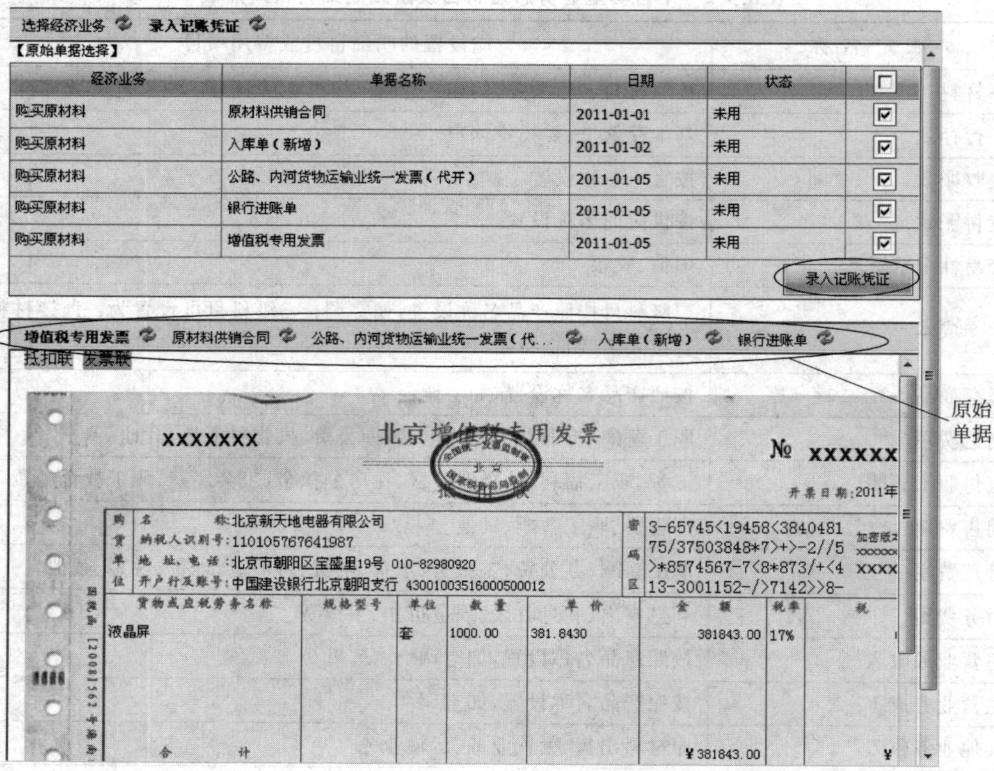

图 3.2-2 录入记账凭证界面

在原始单据选择界面，勾选需要附加到凭证上的原始单据，点击“录入记账凭证”，进入记账凭证录入页面。录入凭证完成后，点击“保存”，即完成一张记账凭证的录入(如图 3.2-3 所示)。本平台会将与该业务相关的凭证全部集中在一起，在进行会计处理时应根据业务需要进行选择，已被选择使用的原始单据将不能再用，如因选择性错误导致后期会计处理时无原始单据可用，需进行凭证修改，取消已经被选用凭证的关联性。

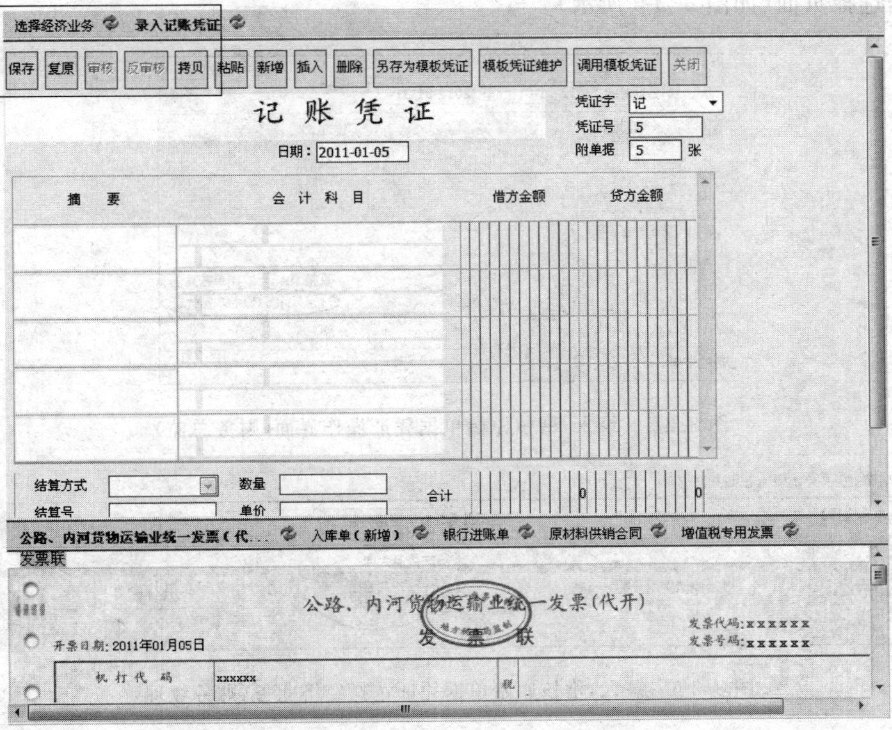

图 3.2-3　录入记账凭证保存、复原、拷贝界面

2. 直接录入，无原始单据凭证

电算化模块中，财务总监负责无原始单据凭证的处理。财务总监点击“直接录入，无原始单据凭证”，可跳过原始单据选择页面，进入记账凭证录入页面(如图 3.2-4 所示)。

图 3.2-4　直接录入，无原始单据凭证界面(财务总监)

3. 录入，稽核原始单据凭证

针对月末成本计算等需要在月末进行统计分配的经济业务，财务总监点击“凭证录

入”→“录入，稽核原始单据凭证”，进入经济业务选择界面(如图 3.2-5 所示)，点击页面中央“经济业务”右侧下拉菜单，选择经济业务类型，如制造费用分配、产成品入库等，进入原始单据选择页面(如图 3.2-6 所示)。

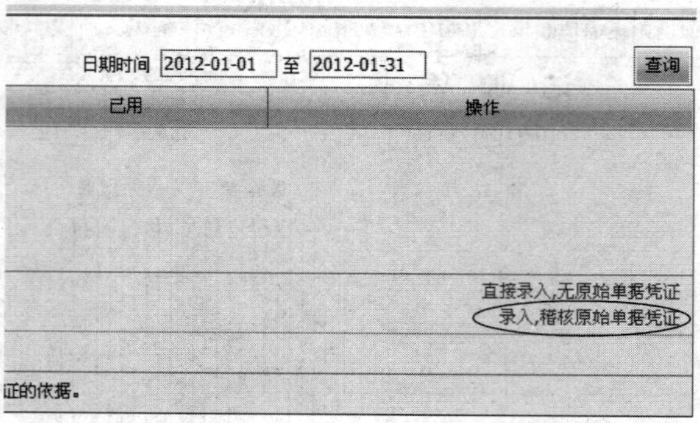

图 3.2-5　录入，稽核原始单据凭证操作界面(财务总监)

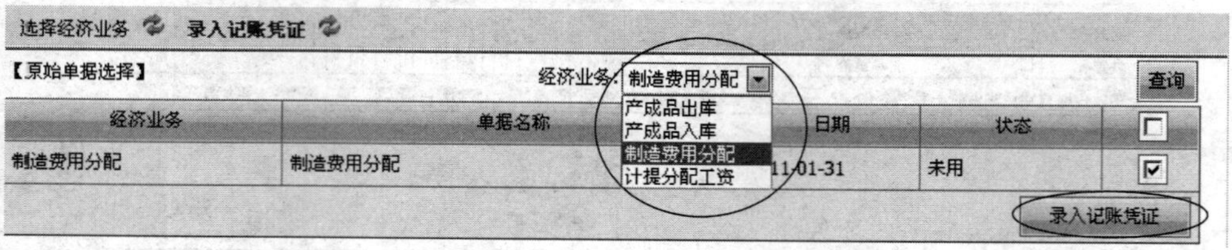

图 3.2-6　录入，稽核原始单据凭证选择经济业务(财务经理)

选择经济业务，点击“查询”，可查询当期对应核算需附带的原始单据，点击“录入记账凭证”，进入录入记账凭证界面(如图 3.2-7 所示)。

在记账凭证录入页面中，输入摘要，双击会计科目栏选择会计科目，输入金额，完成一条会计分录的录入，最后保存。

二、录入、保存凭证注意事项

(1) 记账凭证的凭证号是自动生成的。

(2) 记账凭证的凭证日期可以选择，但不能选择当期最末张凭证的日期之前的日期(即如果 1 月份已经保存的记账凭证的日期为 1 月 5 日，接下去录入的凭证日期不能选择 5 日之前的日期)；并且不可选择上期已结账的日期或超出本期会计期间的日期。

(3) 录入凭证时涉及的资产类科目若出现余额为负时，将不能继续进行该项业务的处理；如支付某笔业务款项时，导致“库存现金”余额为负，则应暂停该业务的处理，调查清楚原因后对之前录入的记账凭证的时间或凭证号进行调整后再行处理。

(4) 当会计科目为原材料或库存商品时，需要点选此条会计分录，在下方数量单价框输入数量，单价根据借贷方金额与数量自动换算。

(5) 凭证上方提供了一列功能按钮：如拷贝、粘贴、新增、插入、删除等，用于凭证填制中所需的功能性操作。

“拷贝”功能可复制已填制的凭证中光标所在行的全部内容，包括“摘要、科目及金

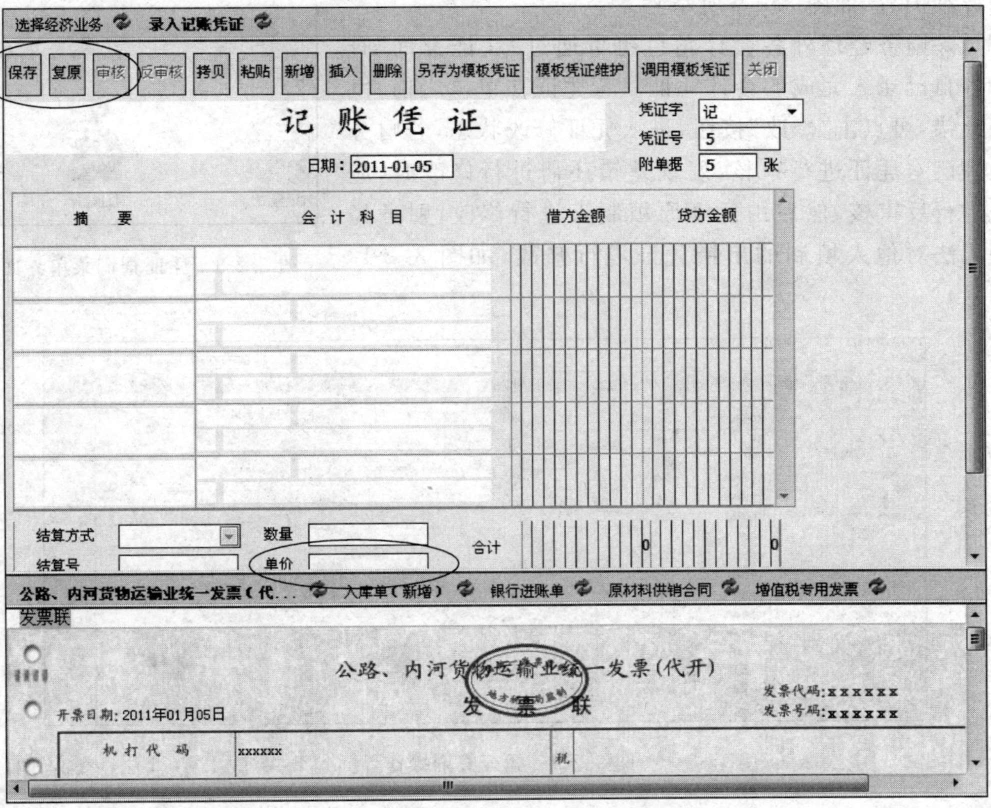

图 3.2-7　录入记账凭证(财务总监)

额”等；

“粘贴”功能可将已拷贝的凭证某行的内容放置在需要粘贴的位置；

“新增”功能提供凭证录入时，在光标所处行的下方插入一个空行；

“插入”功能提供凭证录入时，在光标所处行的上方插入一个空行；

“删除”功能提供凭证录入时，删除光标所在行。

(6) 模板凭证功能，提供自由维护模板凭证，每次录入凭证时可以选择已保存维护的模板凭证，进行会计分录摘要、会计科目的快速选择，之后只需要输入金额即可，以大大提高录入凭证的效率。当然，需先将该凭证保存为模板凭证，日后方可调用。

(7) 另存为模板凭证，对于已经录入完成的凭证可保存为模板凭证，日后在凭证录入时可直接调用。

(8) 录入无原始单据凭证、录入稽核原始单据凭证只能由财务总监完成。

3.2.2　凭证查询

财务经理点击“凭证查询”，进入“会计分录序时簿”，可查看各会计角色已录入完成的所有会计凭证(如图 3.2-8 所示)。

在会计分录序时簿中，可双击每条会计分录或点击“查看”，查看已完成的每一张凭证的详细内容(如图 3.2-9 所示)。

除财务经理外各会计角色也可通过“凭证查询”查看各自已录入完成的会计凭证。若凭证在审核之前,发现差错,可点击“修改”按钮,进入凭证修改状态,若财务经理已对凭证进行审核,发现差错还需进行修改时,应先进行反审核,然后由凭证原填制人进行修改,财务经理无法对他人填制的出错凭证进行修改(如图 3.2-10 所示)。

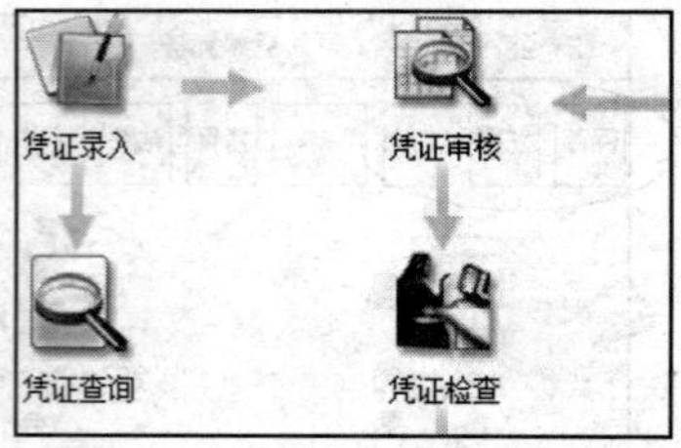

图 3.2-8 凭证查询菜单界面

【会计分录序时簿】

查询条件: 会计科目 所有科目 日期时间 2011-03-01 至 2011-03-31 凭证号 至 查询

日期	凭证字号	附件数	摘要	科目代码	科目名称	借方金额	贷方金额	数量	单价	操作	审核	过账
2011-03-02	记 -1	1	收款	1002		1709726.85				查看	√	√
			收款	112202			1709726.85				√	√
2011-03-02	记 -2	1	收款	1002		1709726.85				查看	√	√
			收款	112206			1709726.85				√	√
2011-03-01	记 -3	1	支付材料款	220212		1440297.00				查看	√	√
			支付材料款	1002			1440297.00				√	√
2011-03-01	记 -4	5	采购原材料	140305		1101336.70		2000.00	550.67	查看	√	√
			采购原材料	22210101		186911.04					√	√
			采购原材料	22210101		140.00					√	√
			采购原材料	660301		-21989.53					√	√
			采购原材料	1002			1266398.21				√	√
2011-03-01	记 -5	1	缴纳增值税	222102		1463532.78				查看	√	√
			缴纳增值税	1002			1463532.78				√	√
2011-03-01	记 -6	1	缴纳地税	222108		102447.29				查看	√	√
			缴纳地税	222113		43905.98					√	√
			缴纳地税	660210		2510.00					√	√
			缴纳地税	1002			148863.27				√	√

图 3.2-9 凭证查询操作界面

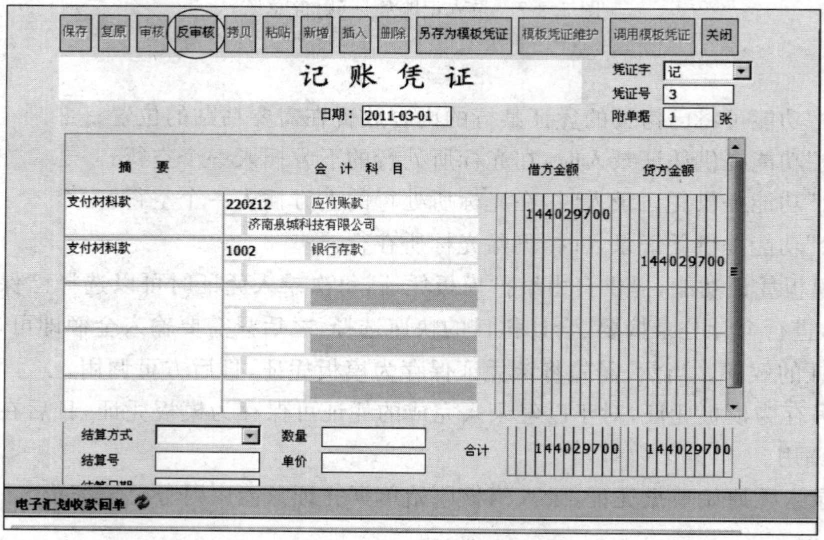

图 3.2-10 记账凭证反审核操作(财务经理)

已填制完成的记账凭证,如修改时涉及原始单据的关联问题,应先取消已用原始单据的关联性,再进行修改或重新填制(如图 3.2-11 所示)。具体操作步骤为:先点击进入“凭证查询”页面,找到需修改的凭证,点击“关联单据”,进入取消关联记账凭证界面,勾选与修改后的凭证无关的原始单据，然后再点击“取消关联记账凭证”按钮（修改后的凭证只保留与之相关的原始单据）（如图 3.2-12 所示）。在实际操作中，一定记住不能直接删除凭证，否则凭证会不连续，不能过账。

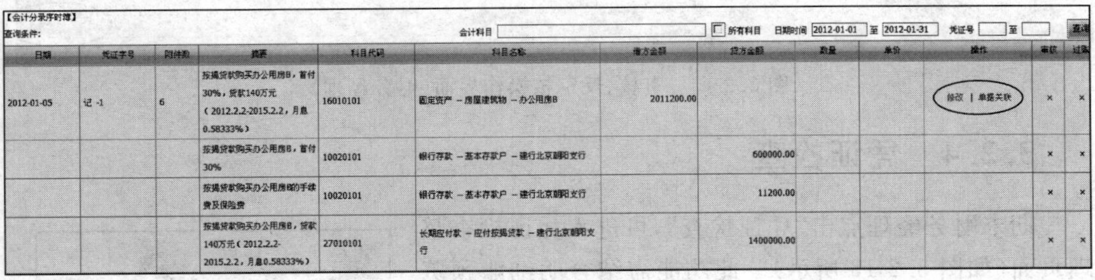

【会计分录序时簿】
查询条件：　会计科目 [ ]　所有科目　日期时间 2012-01-01 至 2012-01-31　凭证号 [ ] 至 [ ]　查询

日期	凭证字号	附件数	摘要	科目代码	科目名称	借方金额	贷方金额	数量	单价	操作	审核	过账
2012-01-05	记 -1	6	按揭贷款购买办公用房B，首付30%，贷款140万元（2012.2.2-2015.2.2，月息0.58333%）	16010101	固定资产 －房屋建筑物 －办公用房B	2011200.00				修改 | 单据关联	×	×
			按揭贷款购买办公用房B，首付30%	10020101	银行存款 －基本存款户 －建行北京朝阳支行		600000.00				×	×
			按揭贷款购买办公用房B的手续费及保险费	10020101	银行存款 －基本存款户 －建行北京朝阳支行		11200.00				×	×
			按揭贷款购买办公用房B，贷款140万元（2012.2.2-2015.2.2，月息0.58333%）	27010101	长期应付款 －应付按揭贷款 －建行北京朝阳支行		1400000.00				×	×

图 3.2-11　凭证修改操作

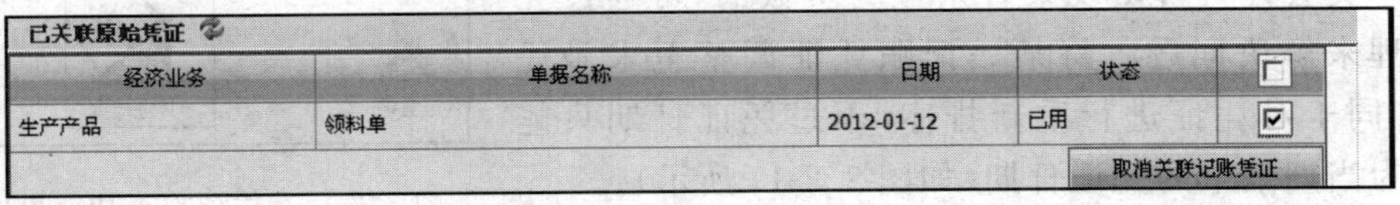

已关联原始凭证

经济业务	单据名称	日期	状态	☐
生产产品	领料单	2012-01-12	已用	☑

取消关联记账凭证

图 3.2-12　取消原始单据的关联操作

3.2.3　凭证审核

同凭证查询，凭证过账前，财务经理在凭证查询的基础上，查看并审核凭证（如图 3.2-13 所示）。对于审核有误需进行修改的凭证，仍应由凭证的原填制人进行修改更正。财务经理点击“凭证审核”进入会计分录序时簿，点击屏幕右侧“查看”按钮，即可对某字号凭证进行查看。在屏幕右侧勾选要进行审核的凭证，然后点击屏幕右下角“审核”按钮，进入凭证审核界面（如图 3.2-14 所示）。经过审核的凭证在“审核”栏会显示“√”，未审核的凭证则“审核”栏显示“×”。已审核过的凭证如之后又发现差错需进行修改的，应进行反审核操作。点击屏幕右下角“反审核”键，取消审核（如图 3.2-15 所示）。

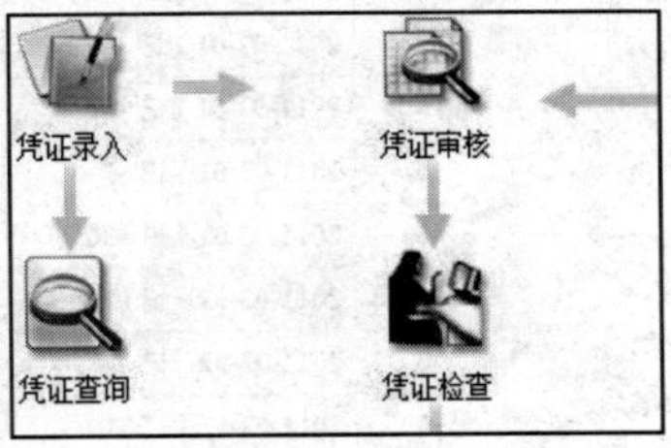

图 3.2-13　凭证审核菜单界面（财务经理）

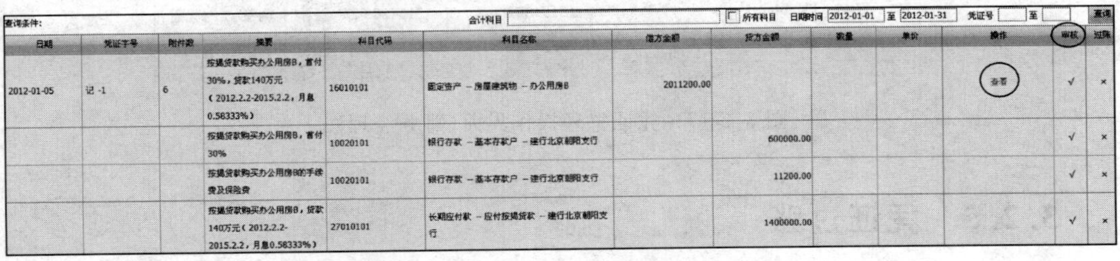

查询条件：　会计科目 [ ]　所有科目　日期时间 2012-01-01 至 2012-01-31　凭证号 [ ] 至 [ ]　查询

日期	凭证字号	附件数	摘要	科目代码	科目名称	借方金额	贷方金额	数量	单价	操作	审核	过账
2012-01-05	记 -1	6	按揭贷款购买办公用房B，首付30%，贷款140万元（2012.2.2-2015.2.2，月息0.58333%）	16010101	固定资产 －房屋建筑物 －办公用房B	2011200.00				查看	√	×
			按揭贷款购买办公用房B，首付30%	10020101	银行存款 －基本存款户 －建行北京朝阳支行		600000.00				√	×
			按揭贷款购买办公用房B的手续费及保险费	10020101	银行存款 －基本存款户 －建行北京朝阳支行		11200.00				√	×
			按揭贷款购买办公用房B，贷款140万元（2012.2.2-2015.2.2，月息0.58333%）	27010101	长期应付款 －应付按揭贷款 －建行北京朝阳支行		1400000.00				√	×

图 3.2-14　凭证审核操作界面（财务经理）

2012-01-21	记 -29	3	租赁餐饮操作间A	6402	其他业务成本	8333.00				查看	×	×	□
			租赁餐饮操作间A	1221	其他应收款	24999.00					×	×	□
			租赁餐饮操作间A	10020101	银行存款 —基本存款户 —建行北京朝阳支行		33332.00				×	×	□
2012-01-21	记 -30	3	出售原材料空调压缩机1000套	10020101	银行存款 —基本存款户 —建行北京朝阳支行	960254.10				查看	×	×	□
			出售原材料空调压缩机1000套	605101	其他业务收入 —出售原材料		820730.00	1000.00	820.7300		×	×	□
			出售原材料空调压缩机1000套	22210106	应交税费 —应交增值税 —应交增值税(销项税额)		139524.10				×	×	□

审核　反审核

图 3.2-15　审核、反审核操作界面(财务经理)

3.2.4　凭证检查

期末财务经理点击“凭证检查”,可进入凭证检查整理页面(如图 3.2-16 所示)。此功能需结合明细账预览一起使用,在明细账预览中,对因凭证顺序录入失误导致资产类会计科目出现某日余额为负数的,可通过凭证整理来解决问题。将某一记账凭证调整至末号凭证,等同于对凭证进行重新排序,不过凭证日期只能保存为当期最末的凭证日期(如图 3.2-17 所示)。

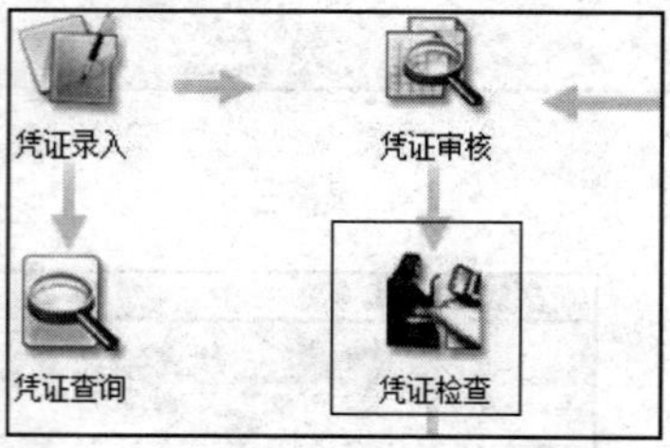

图 3.2-16　凭证检查功能界面(财务经理)

例如,根据明细账预览,需将序号 11,记字第 12 号凭证进行重新排序,可点击右侧“调整为末号凭证”,则可将该凭证填制日期调整为当期最末的凭证日期。

【凭证整理】

序号	日期	凭证字号	附件数	借方金额	贷方金额	操作
1	2011-03-01	记 -3	1	1440297.00	1440297.00	查看 | 调整为末号凭证
2	2011-03-01	记 -4	5	1266398.21	1266398.21	查看 | 调整为末号凭证
3	2011-03-01	记 -5	1	1463532.78	1463532.78	查看 | 调整为末号凭证
4	2011-03-01	记 -6	1	148863.27	148863.27	查看 | 调整为末号凭证
5	2011-03-01	记 -7	1	1287213.50	1287213.50	查看 | 调整为末号凭证
6	2011-03-01	记 -36	1	1319698.00	1319698.00	查看 | 调整为末号凭证
7	2011-03-02	记 -1	1	1709726.85	1709726.85	查看 | 调整为末号凭证
8	2011-03-02	记 -2	1	1709726.85	1709726.85	查看 | 调整为末号凭证
9	2011-03-07	记 -10	2	960000.00	960000.00	查看 | 调整为末号凭证
10	2011-03-07	记 -11	3	140000.00	140000.00	查看 | 调整为末号凭证
11	2011-03-07	记 -12	1	1287213.50	1287213.50	查看 | 调整为末号凭证
12	2011-03-11	记 -13	5	1742382.93	1742382.93	查看 | 调整为末号凭证
13	2011-03-11	记 -14	5	1311488.02	1311488.02	查看 | 调整为末号凭证
14	2011-03-12	记 -8	3	465421.32	465421.32	查看 | 调整为末号凭证

图 3.2-17　凭证整理操作界面(财务经理)

3.2.5　凭证过账

财务经理点击“凭证过账”,进入凭证过账页面(如图 3.2-18 所示)。

列表中,根据目前运营到的年份(月份),列出可以过账的年(月),点击“过账”即可对当年

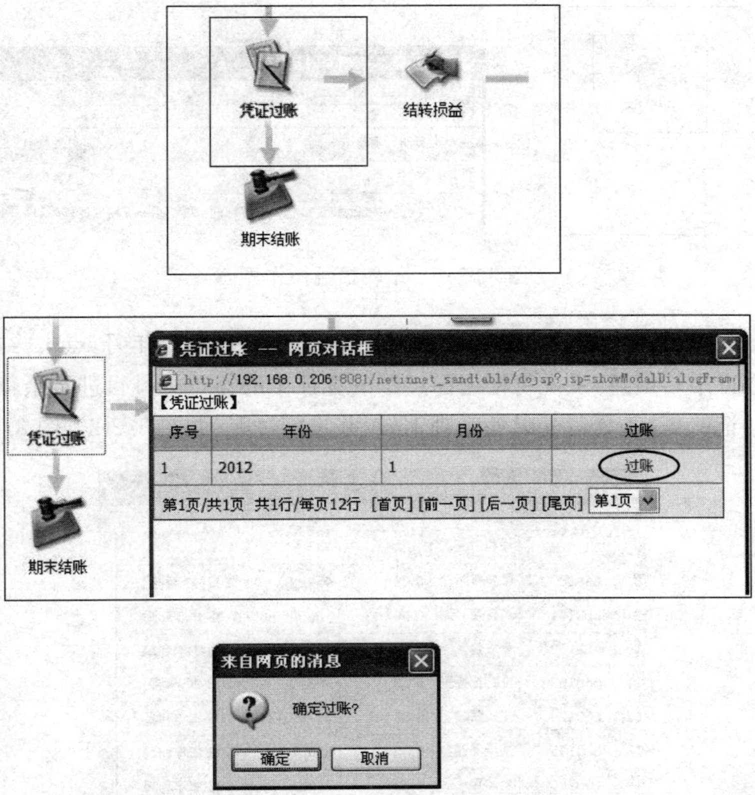

图 3.2-18　凭证过账操作流程图

(月)进行凭证过账,若出现当期存在未审核凭证或凭证号重复不连续等情况,将提示、并取消当前过账操作。正常过账后,当期可继续录入凭证并重复过账,应按系统提示逐步进行操作。

3.2.6　结转损益

本财务决策平台损益的结转操作步骤如下：

(1) 将企业本期发生的所有经济业务全部处理完毕,并填制会计凭证,保证没有遗漏,即确保损益结转的凭证为本期最后一张凭证；

(2) 由财务经理对所有凭证进行审核,确保凭证无误；

(3) 财务经理对审核无误的凭证进行过账；

(4) 过账后,财务经理进行损益结转,系统自动生成结转损益的凭证；

(5) 财务经理对系统自动生成的损益结转凭证再进行审核、过账的操作；预生成资产负债表和利润表；

(6) 财务经理审核预生成的资产负债表、利润表,确保无误后,方可进行结账。当期结账后将不能再进行录入凭证等账务处理操作,系统自动跳转到下个会计月度。

财务经理点击“结转损益”,进入结转损益页面。结转损益前应保证所有业务全部处理完成,即结转损益的凭证一定是本期最后一张凭证(如图 3.2-19 所示)。

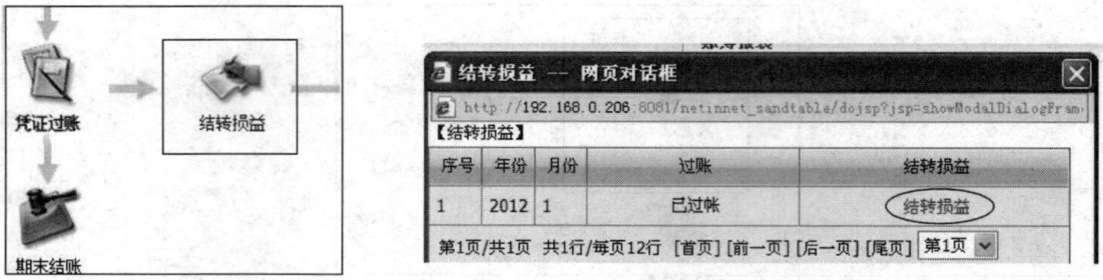

图 3.2-19 结转损益操作界面

列表中，根据目前运营到的年份、月份，列出可以结转损益的年月，点击“结转损益”即可对当年(月)进行结转损益，系统将根据已过账的凭证中的损益类科目进行余额结转，生成一张结转损益的记账凭证，之后需财务经理审核，并重新过账(如图 3.2-20、图 3.2-21 所示)。

图 3.2-20 结转损益操作界面(财务经理)

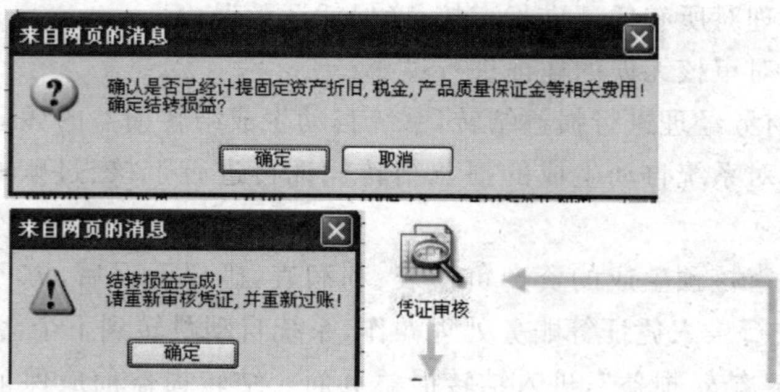

图 3.2-21 确认结转损益操作界面(财务经理)

系统会提示结转凭证未重新过账，财务经理应先对生成的结转凭证进行审核，然后再进行过账（如图 3.2-22、图 3.2-23 所示）。

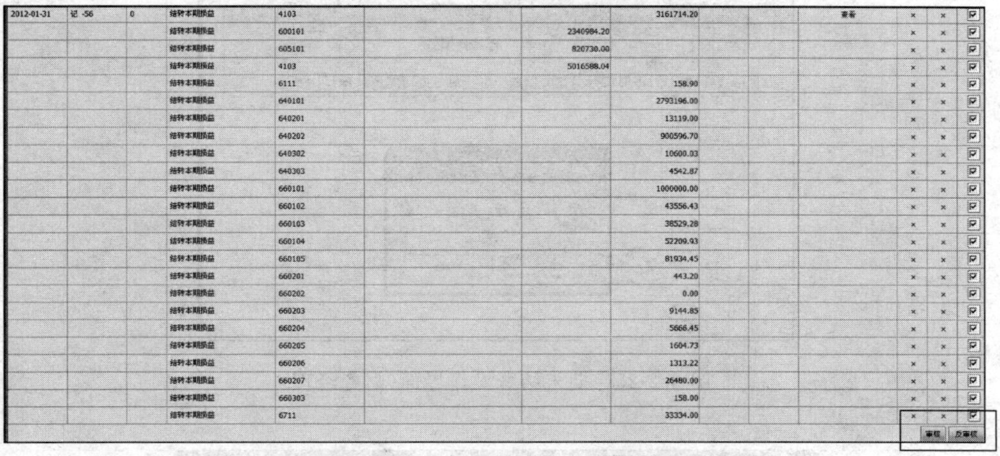

图 3.2-22　结转损益重新审核操作界面（财务经理）

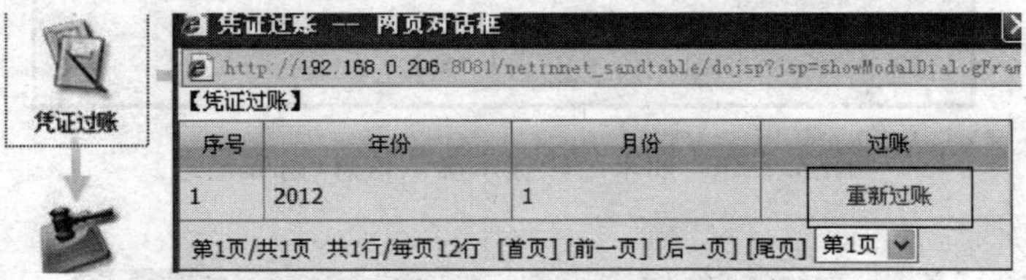

图 3.2-23　重新过账操作界面（财务经理）

3.2.7　期末结账

财务经理点击“期末结账”，进入期末结账页面（如图 3.2-24、图 3.2-25 所示）。

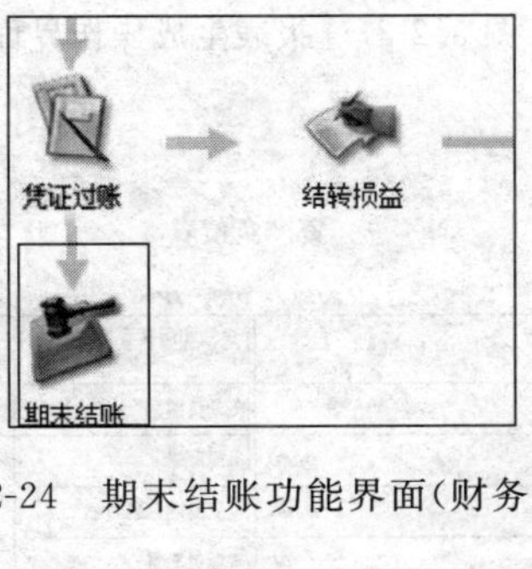

图 3.2-24　期末结账功能界面（财务经理）

列表中，根据目前运营到的年份、月份，列出可以期末结账的年月，点击“期末结账”即可对当年（月）进行期末结账，结账之后该年月不可再进行凭证过账、结转损益等账务处理（如图 3.2-26 所示）。

系统提供未结账前，预生成报表功能，并可以进行报表预览，进行报表核对，确认报表无误后可再行结账（如图 3.2-27～图 3.2-29 所示）。

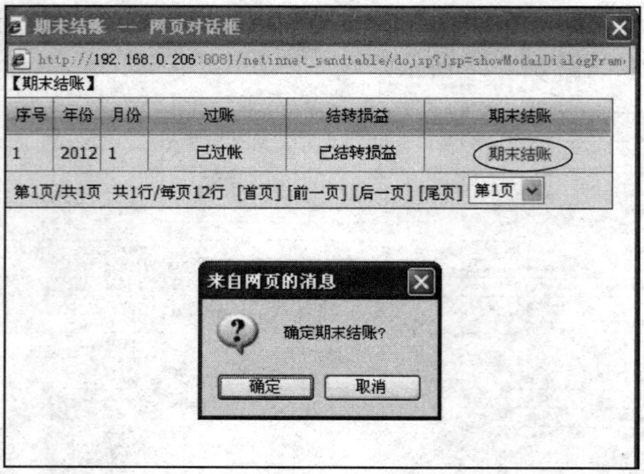

图 3.2-25 期末结账操作界面(财务经理)

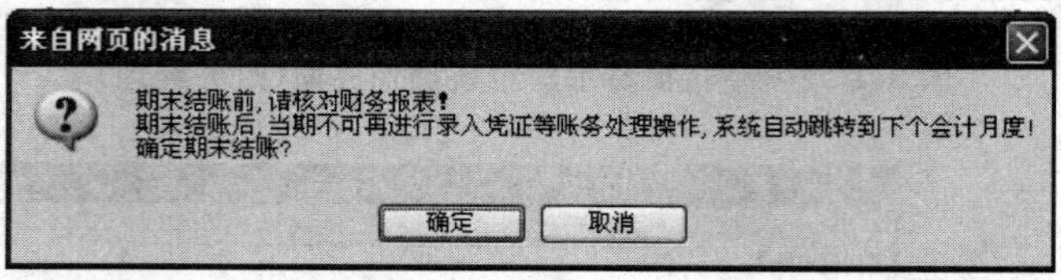

图 3.2-26 期末结账提示确认信息(财务经理)

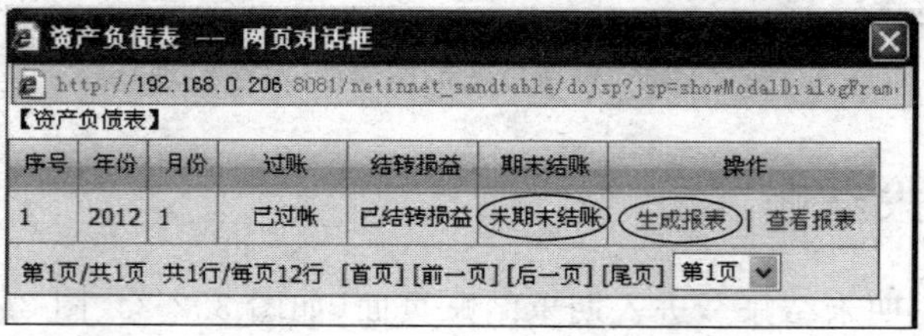

图 3.2-27 报表生成操作界面

资产负债表

会企01表

编制单位：华夏成长有限公司　　2012 年 01 月 31 日　　单位：元

资　产	期末余额	年初余额	负债和所有者权益(或股东权益)	期末余额	年初余额
流动资产:			流动负债:		
货币资金	6069960.81	0.00	短期借款	5000000.00	0.00
交易性金融资产	658900.00	0.00	交易性金融负债	0.00	0.00
应收票据	0.00	0.00	应付票据	0.00	0.00
应收账款	0.00	0.00	应付账款	0.00	0.00
预付账款	0.00	0.00	预收账款	0.00	0.00
应收利息	0.00	0.00	应付职工薪酬	1028315.93	0.00
应收股利	0.00	0.00	应交税费	166571.95	0.00
其他应收款	844998.00	0.00	应付利息	0.00	0.00

图 3.2-28 预生成的资产负债表

利　润　表

会企02表

编制单位：华夏成长有限公司　　2012年　1月　　单位：元

项　目	本 期 金 额	上 期 金 额
一、营业收入	3161714.20	0
减：营业成本	3706911.70	0
营业税金及附加	15142.90	0
销售费用	1216230.09	0
管理费用	44652.45	0
财务费用	158.00	0
资产减值损失	0.00	0
加：公允价值变动收益（损失以“-”填列）	0.00	0
投资收益（损失以“-”填列））	-158.90	0
其中：对联营企业和合营企业的投资收益	0	0
二、营业利润（亏损以“-”填列）	-1821539.84	0
加：营业外收入	0.00	0
减：营业外支出	33334.00	0
其中：非流动资产处置损失	0	0
三、利润总额（亏损总额以“-”号填列）	-1854873.84	0
减：所得税费用	0.00	0
四、净利润（净亏损以”-“号填列）	-1854873.84	0
五、每股收益：		
（一）基本每股收益		
（二）稀释每股收益		

图 3.2-29　预生成的利润表

对预生成的报表进行审核时，如发现问题，可进行相应的修改；期末结账后，财务经理可进行反结账操作（如图 3.2-30 所示）。

http://192.168.0.206:8081/netinnet_sandtable/dojsp?jsp=showModalDialogFram

【期末结账】

序号	年份	月份	过账	结转损益	期末结账
1	2012	1	已过帐	已结转损益	当月已结账

第1页/共1页　共1行/每页12行　[首页] [前一页] [后一页] [尾页]　第1页

图 3.2-30　反结账操作（财务经理）

3.2.8　账簿报表

各会计角色可根据需要查询通过账务处理生成的账簿报表。“预览”功能提供即时查询，只要凭证填制完成，就可以进行预览。“试算平衡表”、“科目余额表”也可进行即时查询，目的是对各会计角色所做的账务处理进行检查；“总账”、“明细账”、“数量金额明细账”等账簿，需等期末结账后方可查看，目的是对账簿进行检查。期末过账、损益结转后，结账前可预生成账务报表：资产负债表、利润表，并可点击“资产负债表”、“利润表”进行查看（如图 3.2-31 所示）。

各会计角色点击“明细账”右侧“预览”，可进入明细账查询界面。双击屏幕中间“会计科目”栏，可选择需要查询的会计科目，并可设置查询的时间，点击右侧“查询”按钮，即可进行相应查询（如图 3.2-32 所示）。

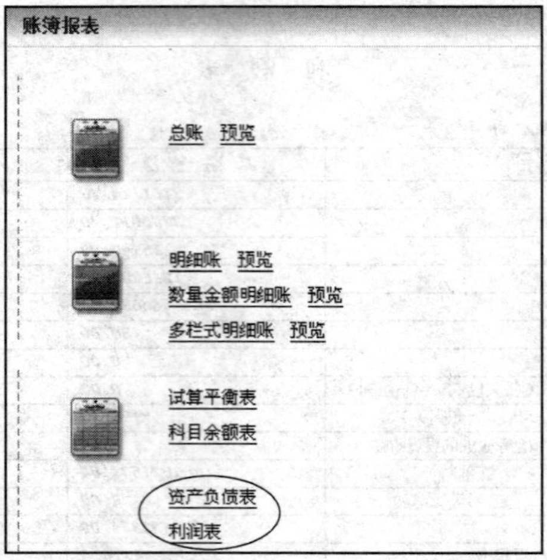

图 3.2-31　账簿报表功能菜单

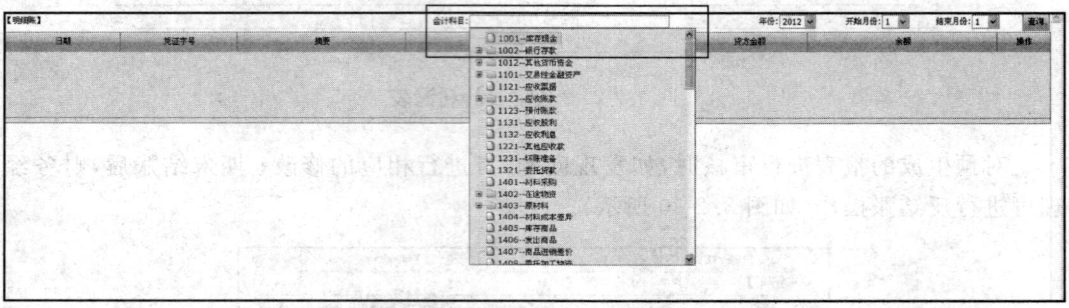

图 3.2-32　明细账查询操作界面

如需查询“生产成本——空调——直接材料”明细账，则在会计科目表中，双击“生产成本科目”打开三级明细，即可查询企业本月生产空调产品领用原材料的详细情况，并可查询相应的会计凭证(如图 3.2-33 所示)。

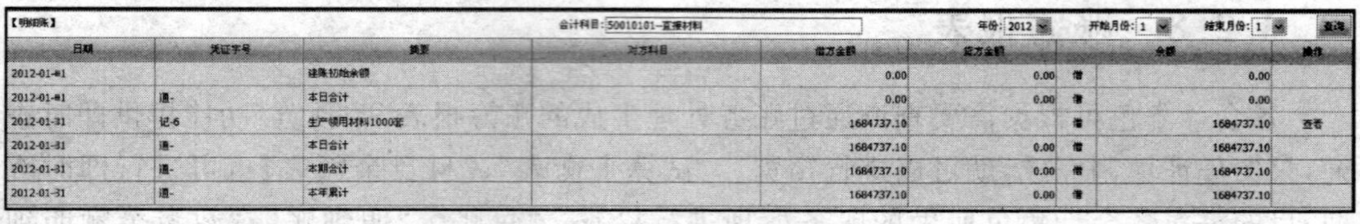

【明细账】 会计科目: 50010101--直接材料 年份: 2012 开始月份: 1 结束月份: 1 查询

日期	凭证字号	摘要	对方科目	借方金额	贷方金额		余额	操作
2012-01-#1		建账初始余额		0.00	0.00	借	0.00	
2012-01-#1	通-	本日合计		0.00	0.00	借	0.00	
2012-01-31	记-6	生产领用材料1000套		1684737.10		借	1684737.10	查看
2012-01-31	通-	本日合计		1684737.10	0.00	借	1684737.10	
2012-01-31	通-	本期合计		1684737.10	0.00	借	1684737.10	
2012-01-31	通-	本年累计		1684737.10	0.00	借	1684737.10	

图 3.2-33　查询的直接材料明细账

第4篇

会计典型业务处理篇

企业应对本月发生的各项经济业务进行会计处理。根据财务经理事先已进行的会计岗位设置，不同的会计角色在进行凭证录入时将看到不同类型的经济业务。

运营业务处理完之后，首先由会计点击“财务部”(如图 4-1 所示)，进行索取采购发票(如图 4-2 所示)、开具产品销售发票、填制成本计算表等会计核算前期工作；其次由各会计角色点击“电算化”→“凭证录入”，进行凭证录入工作(见本书 3.2 节)。

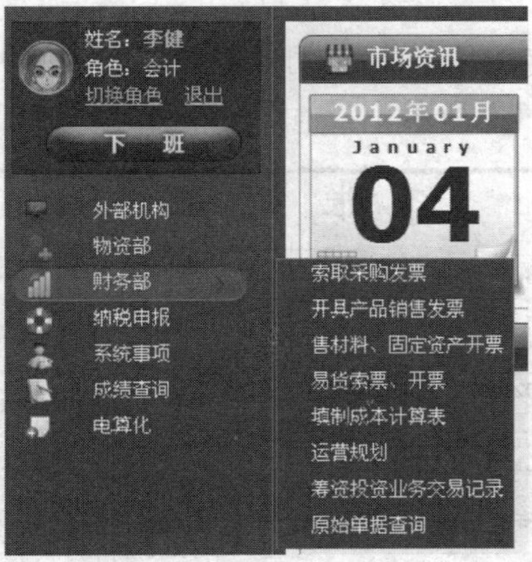

图 4-1 “财务部”界面(会计)

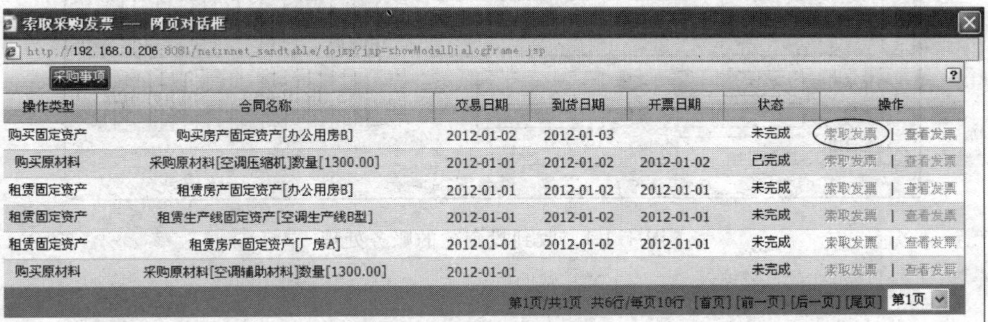

操作类型	合同名称	交易日期	到货日期	开票日期	状态	操作
购买固定资产	购买房产固定资产[办公用房B]	2012-01-02	2012-01-03		未完成	索取发票 | 查看发票
购买原材料	采购原材料[空调压缩机]数量[1300.00]	2012-01-01	2012-01-02	2012-01-02	已完成	索取发票 | 查看发票
租赁固定资产	租赁房产固定资产[办公用房B]	2012-01-01	2012-01-02	2012-01-01	未完成	索取发票 | 查看发票
租赁固定资产	租赁生产线固定资产[空调生产线B型]	2012-01-01	2012-01-02	2012-01-01	未完成	索取发票 | 查看发票
租赁固定资产	租赁房产固定资产[厂房A]	2012-01-01	2012-01-02	2012-01-01	未完成	索取发票 | 查看发票
购买原材料	采购原材料[空调辅助材料]数量[1300.00]	2012-01-01			未完成	索取发票 | 查看发票

第1页/共1页 共6行/每页10行 [首页] [前一页] [后一页] [尾页] 第1页

图 4-2 “索取采购发票”界面(会计)

4.1 典型业务的账务处理

4.1.1 日常经济业务

一、取得投资的核算

投资者设立企业时必须投入与其生产经营和服务规模相适应的资金，会计上称为实收资本。实收资本是指企业按照章程规定或合同、协议约定，接受投资者投入企业的资本。实收资本的构成比例即投资者的出资比例或股东的股权比例，是确定所有者在企业所有者权益中份额的基础，也是企业进行利润或股利分配的主要依据。投资者可以以现金、实物、设备、非现金资产等方式投入资本。企业收到投资者投入资本时的会计处理如下。

借：银行存款　　　　　　　　（按实收的金额）

　　贷：实收资本、股本　　　　（按投资者应享有的企业注册资本的份额计算的金额）

　　　　资本公积——资本溢价（按其差额）

本平台模拟企业注册资本为 500 万元，公司已注册完毕，可开始正常的生产经营活动。

【典型业务 1】 2012 年 1 月 1 日，公司收到投资款 500 万元。根据收到的银行进账单回单，其账务处理如图 4.1-1 所示。

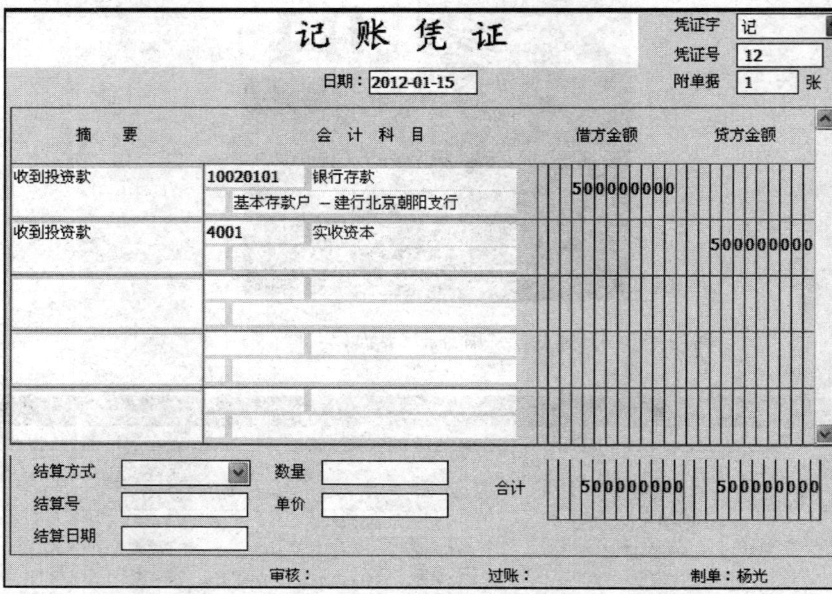

记账凭证

凭证字：记　凭证号：12　附单据：1 张

日期：2012-01-15

摘要	会计科目	借方金额	贷方金额
收到投资款	10020101 银行存款 基本存款户－建行北京朝阳支行	500000000	
收到投资款	4001 实收资本		500000000
合计		500000000	500000000

结算方式　数量

结算号　单价

结算日期

审核：　过账：　制单：杨光

图 4.1-1　收到投资款的账务处理

二、筹资业务的核算

企业在日常经营期间，如果资金紧张可以考虑短期贷款以缓解资金压力。

实际工作中，企业的筹资方式主要有国家投资、个人投资、企业投资、外商投资、发行股票以及举债借入资金等多种方式。本平台中，为简化操作，将企业资金筹集方式设定为以下三种：银行短期贷款、抵押贷款、按揭贷款。短期贷款的额度由银行根据企业的实收资本和信誉值确定。短期贷款期限为一年。企业贷款金额与期限决定贷款利息，每月需支付贷款利息，贷款到期的最后一个月还本。如企业流动资金正常运转，资金满足生产经营需求并有多余资金，可以考虑提前还贷。

与短期贷款有关的业务的账务处理如下。

(1) 取得短期借款的账务处理如下。

借：银行存款

　　贷：短期借款

(2) 支付借款相关手续费的账务处理如下。

借：财务费用

　　贷：银行存款/库存现金

(3) 支付借款利息的账务处理如下。

借：财务费用

　　贷：银行存款

(4) 归还短期借款本金的账务处理如下。

借：短期借款

　　贷：银行存款

(5) 印花税一般是在纳税申报并缴款时一次性集中处理，其账务处理如下。

借：管理费用——印花税

　　贷：库存现金/银行存款

【典型业务 2】 2012 年 1 月 5 日，公司向银行申请 1 年期短期贷款 5 000 000 元，月息 0.525%。1 月 11 日取得银行借款，期限 1 年，按月支付利息，另支付手续费 100 元。根据借款借据、银行短期借款合同、银行收费凭证，其账务处理如图 4.1-2 所示。

三、委托贷款的核算

实际经济活动中，由于不同的生产经营活动需要不同的资产，进而决定了企业日常经营活动的特点和方式。本平台中涉及的投资业务主要有委托贷款、固定资产投资、金融资产投资、产品研发、市场开拓等。此处只介绍委托贷款的账务处理，其他投资业务的账务处理在后文中介绍。

企业在生产经营过程中，往往会形成部分暂时闲置的资金。用好、用活资金是企业提高经济效益的重要途径之一，为了提高效益、降低风险，企业一般可通过委托银行贷款的方式对这部分闲置资金进行投资。

企业发放贷款时，应按照贷款合同进行如下账务处理。

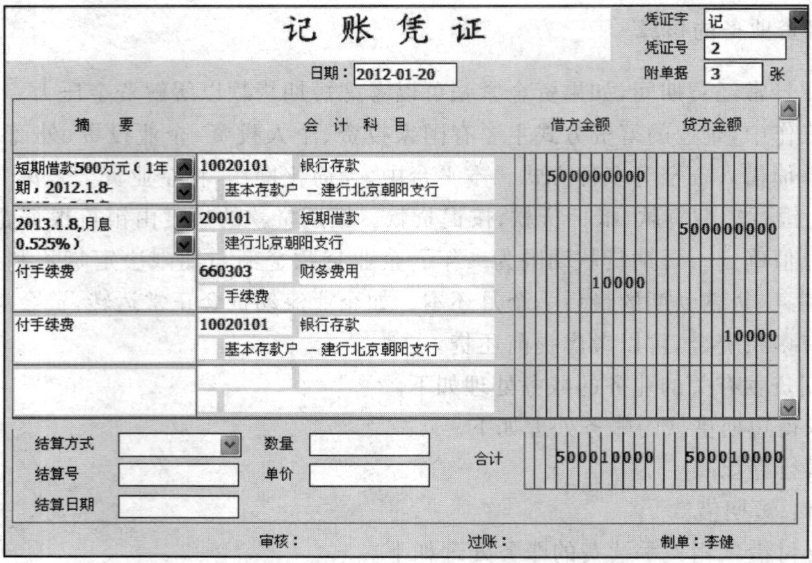

记 账 凭 证

凭证字 记　凭证号 2　附单据 3 张

日期：2012-01-20

摘要	会计科目	借方金额	贷方金额
短期借款500万元（1年期，2012.1.8-2013.1.8,月息0.525%）	10020101 银行存款 基本存款户－建行北京朝阳支行	500000000	
	200101 短期借款 建行北京朝阳支行		500000000
付手续费	660303 财务费用 手续费	10000	
付手续费	10020101 银行存款 基本存款户－建行北京朝阳支行		10000
合计		500010000	500010000

结算方式　数量　结算号　单价　结算日期

审核：　过账：　制单：李健

图 4.1-2　短期贷款的账务处理

(1) 委托银行发放贷款时的账务处理如下。

借：银行存款——委托贷款户

　　贷：银行存款——基本存款户

借：委托贷款——本金

　　贷：银行存款——委托贷款户——××银行

(2) 计提利息时的账务处理如下。

借：应收利息——委托贷款利息　　（按照合同本金和利率计算确定）

　　委托贷款——利息调整

　　贷：其他业务收入　　　　　　（按照贷款摊余成本和实际利率计算确定）

(3) 期满收回本金及利息时的账务处理如下。

借：银行存款——委托贷款户

　　贷：委托贷款——本金

　　　　其他业务收入

借：银行存款——基本存款户

　　贷：银行存款——委托贷款户

(4) 根据《中华人民共和国营业税暂行条例》及《营业税税目注释（试行稿）》（国税发[1993]149号）的规定，企业将资金贷与他人使用，应按"金融保险业"税目依5%的税率缴纳营业税；委托金融机构发放贷款的，以受托发放贷款的金融机构为扣缴义务人。

国税发[2002]13号文件中的第二条"关于金融企业承办委托贷款业务纳税义务发生时间"失效，即不再规定受委托的金融机构为法定扣缴义务人。如果金融企业为企业代扣、代缴了营业税，则企业可以不再申报；如果没有代扣、代缴，则需要企业自行申报缴纳。本平台要求企业在纳税申报期自行申报缴纳。

计提税金的账务处理如下。

借：其他业务成本

　　贷：应交税费——应交营业税

　　　　应交税费——应交城市维护建设税

　　　　应交税费——应交教育费附加

本平台中委托贷款的实际利率和合同利率是一样的，且资产负债表日委托贷款不存在减值事宜。

【典型业务 3】 2012 年 1 月 1 日，企业将暂时闲置的资金委托银行办理委托贷款业务，金额 1 000 000 元，支付手续费 2 000 元。

(1) 将款项从企业基本户转入委托贷款户的账务处理如图 4.1-3 所示。

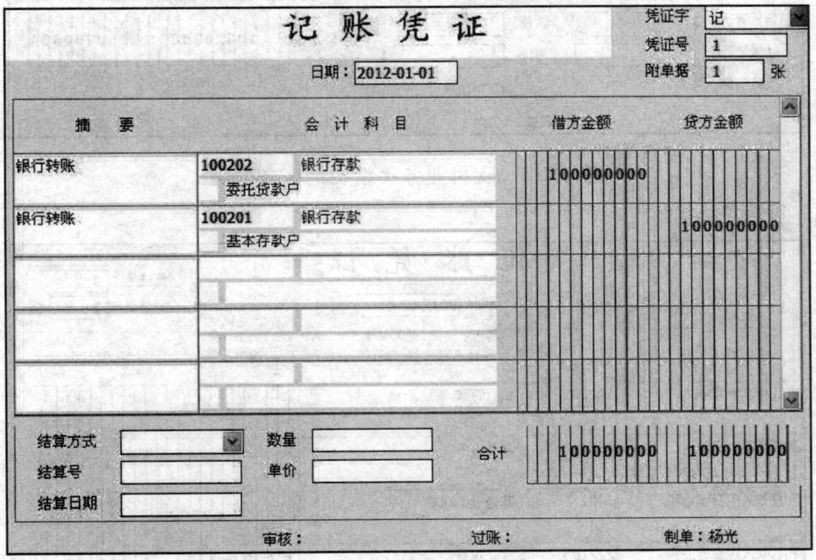

图 4.1-3　将款项从企业基本户转入委托贷款户的账务处理

(2) 进行委托贷款，支付业务手续费的账务处理如图 4.1-4 所示。

(3) 收取委托贷款利息的账务处理。2012 年 2 月 1 日，企业收到委托贷款利息 12 500 元，同时计算应交营业税 625 元。根据税务机关代开统一发票（地税）、收取贷款利息，其账务处理如图 4.1-5 所示。

(4) 针对委托贷款利息收入应缴纳的营业税，计提城建税及教育费附加。其账务处理如下。

借：其他业务成本	62.5	
贷：应交税费——应交城建税		43.75
应交税费——应交教育费附加		18.75

四、固定资产相关业务的核算

本平台中，企业固定资产投资主要包括生产线、房产（厂房、办公用房和餐饮业使用的

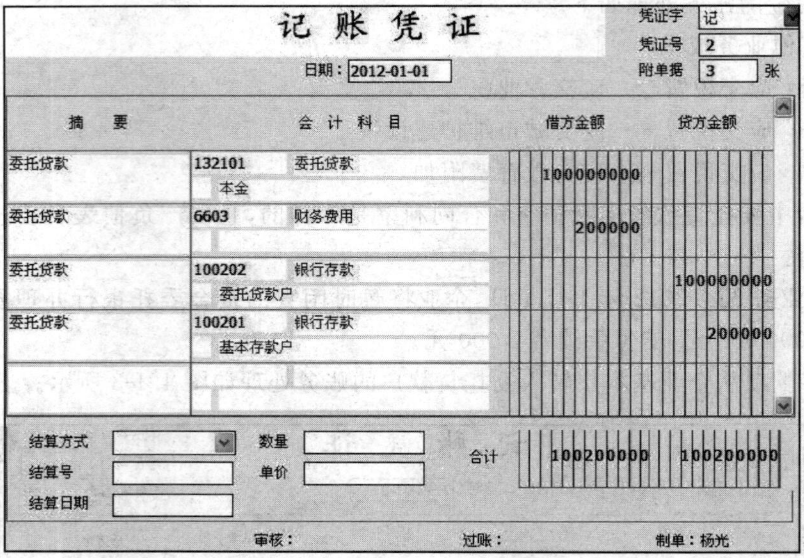

记 账 凭 证

凭证字 记　凭证号 2　附单据 3 张

日期：2012-01-01

摘要	会计科目	借方金额	贷方金额
委托贷款	132101 委托贷款 本金	100000000	
委托贷款	6603 财务费用	200000	
委托贷款	100202 银行存款 委托贷款户		100000000
委托贷款	100201 银行存款 基本存款户		200000

结算方式　数量　结算号　单价　结算日期

合计	100200000	100200000

审核：　过账：　制单：杨光

图 4.1-4　支付业务手续费的账务处理

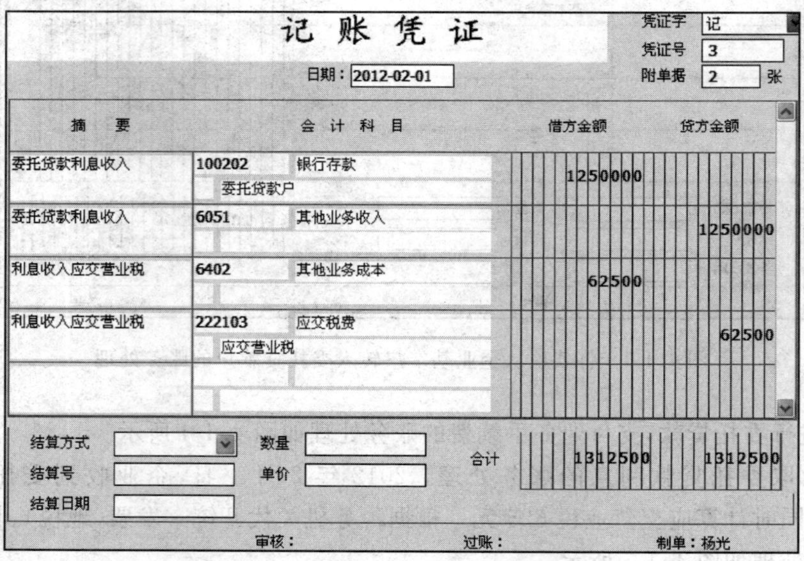

记 账 凭 证

凭证字 记　凭证号 3　附单据 2 张

日期：2012-02-01

摘要	会计科目	借方金额	贷方金额
委托贷款利息收入	100202 银行存款 委托贷款户	1250000	
委托贷款利息收入	6051 其他业务收入		1250000
利息收入应交营业税	6402 其他业务成本	62500	
利息收入应交营业税	222103 应交税费 应交营业税		62500

结算方式　数量　结算号　单价　结算日期

合计	1312500	1312500

审核：　过账：　制单：杨光

图 4.1-5　收取委托贷款利息的账务处理

操作间)和其他资产(餐饮炊具、卡车和办公设备)的投资。企业可以选择购买或租赁生产线或房产并购买其他资产。企业资产的所有权会对企业未来使用抵押贷款方式的筹资业务产生一定影响。

本平台中,企业根据需要选择租赁形式获得厂房、生产线,租赁周期一般为一年,租赁开始日支付 4 个月的租金,之后每个季度支付一次 3 个月租金,最后一次支付 2 个月租金。月末要按租赁金额乘以税率 0.1%缴纳租赁合同印花税。

（一）生产线业务的相关核算

1. 生产线的购买或租赁

（1）购买方式下，根据生产线采购合同、增值税专用发票等，其账务处理如下。

借：固定资产——××生产线

　　应交税费——应交增值税（进项税额）

　　贷：银行存款

注：购买固定资产能否抵扣，除了考虑纳税人类型、发票类型外，还应考虑购买的固定资产是否用于生产增值税应税产品。如果用于营业税项目则不可抵扣，例如购买卡车用于运输业务。

（2）租赁方式下，根据生产线租赁合同、付款单据等，支付生产线租赁费时的账务处理如下。

借：制造费用——租赁费　　　　　　　　（当期租赁费用）

　　其他应收款　　　　　　　　　　　　（应在以后月份摊销的租赁费用）

　　贷：银行存款

【典型业务 4】 2012 年 1 月 1 日，公司租赁空调生产线 1 条，租期 1 年，每月租金 24 000 元，按季支付，首次支付 4 个月租金，其中 1 个月租金为押金，最后一次支付租金时可以抵掉，少支付 1 个月租金。首次租金 960 000 元款项已付。根据房屋租赁合同、发票、银行进账单回单，其账务处理如图 4.1-6 所示。

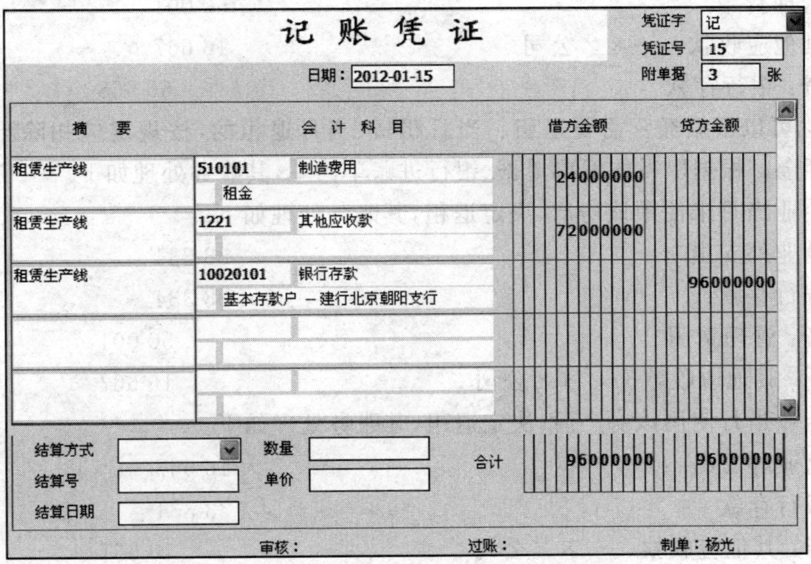
记账凭证

凭证字 记　凭证号 15　附单据 3 张

日期：2012-01-15

摘要	会计科目	借方金额	贷方金额
租赁生产线	510101 制造费用 租金	24000000	
租赁生产线	1221 其他应收款	72000000	
租赁生产线	10020101 银行存款 基本存款户 －建行北京朝阳支行		96000000
合计		96000000	96000000

结算方式　数量　结算号　单价　结算日期

审核：　过账：　制单：杨光

图 4.1-6　租赁生产线的账务处理

2. 生产线计提折旧

若企业采用购买方式取得生产线，则应在每个经营月末对所拥有的生产线按规定计提折旧，当月增加的，当月不提折旧，从下个月开始计提。采用租赁方式取得的生产线不用计提折旧。

月末计提折旧时，会计人员根据折旧计算结果进行如下的账务处理。

借：制造费用——折旧

　　贷：累计折旧

（二）厂房的相关业务核算

1. 厂房购买或租赁

企业根据需求可以选择以购买或租赁的方式取得生产所需的不动产。

（1）购买厂房时的账务处理如下。

借：固定资产——厂房

　贷：银行存款

（2）租赁方式下，根据租赁合同、付款单据等，支付厂房租赁费时的账务处理如下。

借：制造费用——租赁费　　　　　　　　（当期租赁费用）

　　其他应收款（或预收账款）　　　　　（应在以后月份摊销的租赁费用）

　　贷：银行存款

【典型业务5】 2012年1月1日，公司租赁办公用房100平方米，租期1年，每月租金16 667元，按季支付，首次支付4个月的租金，其中1个月租金为押金，最后一次支付租金时可以抵掉，少支付1个月租金。首次租金66 668元款项已付。根据房屋租赁合同、发票、银行进账单回单，其账务处理如下（由于业务没有跨年，为简化处理，租金全部计入当月损益）。

借：管理费用　　　　　　　　　　　　50 001

　　其他应收款——××公司　　　　　16 667

　　贷：银行存款　　　　　　　　　　　　66 668

企业也可以根据经营需要退租。当月租赁、当月退租的，按规定应扣除当月租金和1个月的押金。根据取得的发票单据、银行进账单回单，其账务处理如下。

（1）企业当月未使用该房产，决定退租，其账务处理如下。

借：营业外支出　　　　　　　　　　　33 334

　　银行存款　　　　　　　　　　　　33 334

　　贷：管理费用　　　　　　　　　　　　50 001

　　　　其他应收款——××公司　　　　　16 667

（2）企业当月使用该房产后，决定退租，其账务处理如下。

借：营业外支出　　　　　　　　　　　16 667

　　银行存款　　　　　　　　　　　　33 334

　　贷：其他应收款——××公司　　　　　16 667

　　　　管理费用　　　　　　　　　　　　33 334

【典型业务6】 2012年1月1日，公司租赁空调生产用厂房，租期一年，月租金33 333元，按季支付，首次支付4个月的租金，其中1个月租金为押金，最后一次支付租金时可以抵掉，少支付1个月租金。首次租金133 332元款项已付。根据厂房租赁合同、发票、银行进账单回单，其账务处理如图4.1-7所示。

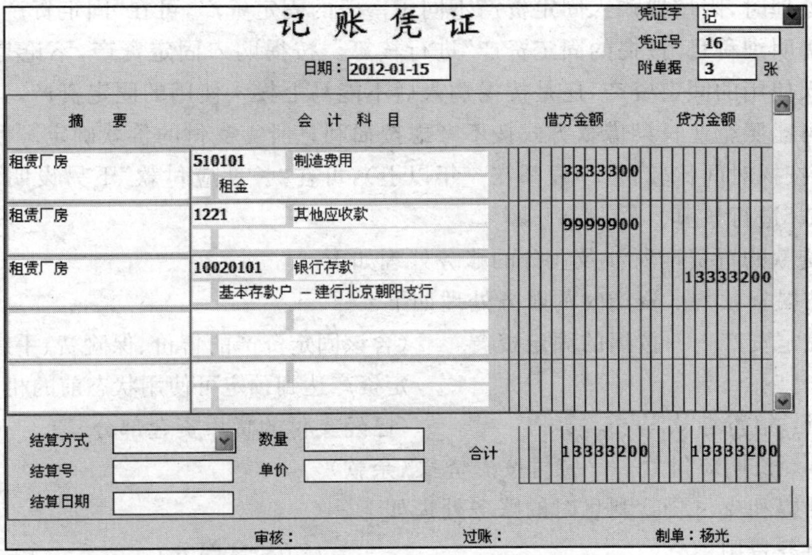

记 账 凭 证

凭证字 记
凭证号 16
日期：2012-01-15
附单据 3 张

摘　要	会 计 科 目		借方金额	贷方金额
租赁厂房	510101	制造费用 租金	3333300	
租赁厂房	1221	其他应收款	9999900	
租赁厂房	10020101	银行存款 基本存款户 －建行北京朝阳支行		13333200

结算方式　数量　合计 13333200 13333200
结算号　单价
结算日期
审核：　过账：　制单：杨光

图 4.1-7　租赁厂房的账务处理

2. 厂房计提折旧

本财务决策平台中企业拥有的生产线、不动产和其他资产应当计提折旧，采用直线法按月计提折旧额，折旧年限及净残值率根据企业具体情况设置。超过税法规定标准的，年终应当进行纳税调整。若企业采用购买方式取得企业生产用厂房，则应在每个经营月末对所拥有的厂房按规定计提折旧，当月增加的，当月不提折旧，从下个月开始计提。采用租赁方式取得的厂房，不用计提折旧。

月末计提折旧时，会计人员根据折旧计算结果进行如下的账务处理。

借：制造费用——折旧

　　贷：累计折旧

本平台模拟企业采用租赁方式获得厂房，所以不涉及月末计提折旧业务，且印花税于月末一次性集中处理。本平台中企业拥有的生产线、房产和其他资产只有在“空闲”状态才能被处置，处置时的供应商与初始购买时的供应商为同一家企业，按照处置时的市场价做固定资产清理，并缴纳相关税费。本平台中，按揭状态的资产不可处置。

（三）按揭贷款购入资产的核算

企业按揭贷款是利用向银行等金融机构融资、专用于向供货商购置所需固定资产并分期归还本息的贷款方式。一般来说，按揭购入固定资产可分为两类：一类是购入按揭固定资产后，一般不需继续发生大的支出即可投入使用，如按揭购入汽车或带装修的办公用房；另一类是购入按揭固定资产后不能马上投入使用，如按揭购入不带装修的办公用房。

企业按揭购入固定资产的账务处理主要涉及以下几个问题：①固定资产的入账价值如何确定；②负债的入账价值如何确定；③停止资本化后的应付按揭利息如何处理；④折旧如何计提。

账务处理时，因按揭购入固定资产不同于一般的固定资产，可在“固定资产”一级科目下另设二级明细科目“按揭的固定资产”进行核算。按揭购入固定资产，不论是按揭购入后即可投入使用的固定资产，还是按揭购入后不能马上投入使用的固定资产，其负债的入账价值均可比照企业长期借款方式按不考虑按揭利息所需支付的价款确定。但账务处理时，考虑到按揭时间比较长（一般都在一年以上），可在“长期应付款”下另设明细科目“应付按揭贷款”进行核算。

按揭贷款购置资产所涉及业务的账务处理如下。

(1) 按揭贷款购入资产时的账务处理如下。

借：固定资产——按揭的固定资产　　（含该固定资产的售价、保险费、手续费等使固定资产达到预定可使用状态前的相关费用）

　　贷：银行存款　　（已经支付的货币资金部分）

　　　　长期应付款——应付按揭贷款（余款）

(2) 计提和支付贷款利息时的账务处理如下。

借：财务费用　　（利息部分）

　　贷：长期应付款——应付按揭贷款

借：长期应付款——应付按揭贷款　　（还款金额）

　　贷：银行存款

本平台中，只有房产可以采用按揭贷款方式购买，购入后即可投入使用，采用等额本息还款方式偿还。等额本息还款方式（假定利率不变）下，每月还款金额（即月供款）可按照年金复利系数计算得出。其计算公式为：

$$每月还款金额 = \frac{贷款本金 \times 月利率}{1-(1+月利率)^{-n}}$$

式中，n 为还款期数。

等额本息还款方式下，每月应还利息和本金的计算公式为：

$$每月应还利息 = 剩余本金 \times 贷款月利率$$

$$每月应还本金 = 每月还款金额 - 每月利息$$

计算原则一：银行从每月月供款中，先收剩余本金利息，后收本金；利息在月供款中的比例随剩余应还本金的减少而降低，本金在月供款中的比例因而升高，但月供款总额不变。

计算原则二：每月归还的本金额始终不变，利息随剩余本金的减少而减少。在本平台中，还款的利息和本金会在银行单据上直接显示，无须再进行计算。

【典型业务 7】 2012 年 1 月 5 日，公司采用按揭贷款方式购买办公用房，总价 200 万元，首付 30%，计 600 000 元，按揭贷款 70%，计 1 400 000 元。贷款期限 3 年，月利率 5.833 3‰，贷款本金及利息按月以分期付款等额偿还方式还本付息。另按贷款金额的 3‰缴付手续费，在贷款日一次性付清。款项已收妥，转入企业存款户。根据房屋买卖合同、房产按揭贷款合同、取得的手续费发票、销售不动产发票、银行进账单回单等原始单据，其账务处理如图 4.1-8 所示。

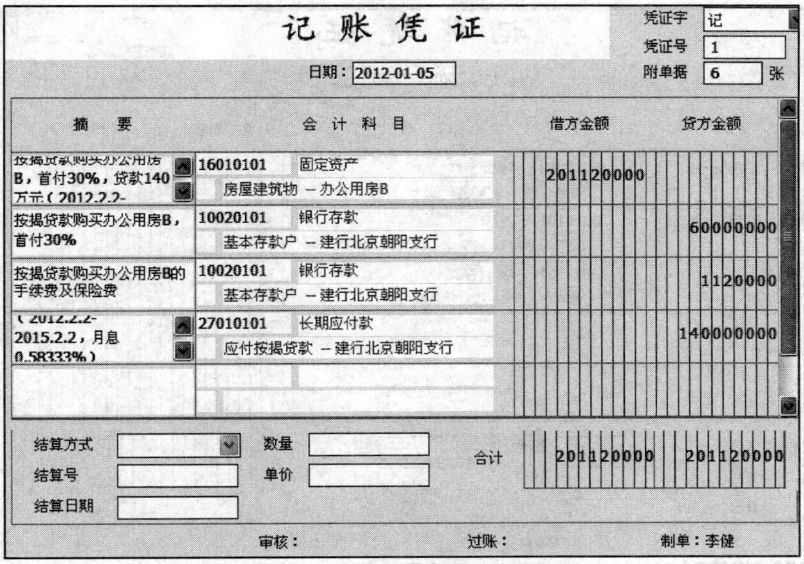

图 4.1-8　按揭贷款购置房产的账务处理

（四）其他资产购置

为了保证生产经营活动的正常进行，企业除需购置生产用资产外，还需配置相应的办公场所及一定数量的办公设备。

【典型业务 8】 2012 年 1 月 8 日，公司购置以下办公设备：笔记本电脑 15 台、复印机 1 台、打印机 1 台，以满足生产经营活动需要。根据购置时取得的增值税专用发票、银行进账单回单等，其账务处理如图 4.1-9～图 4.1-11 所示。

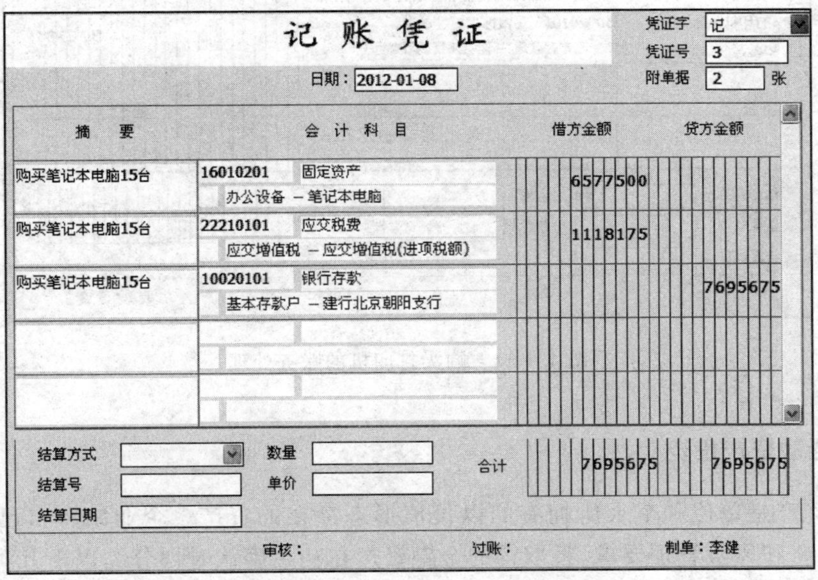

图 4.1-9　购买笔记本电脑的账务处理

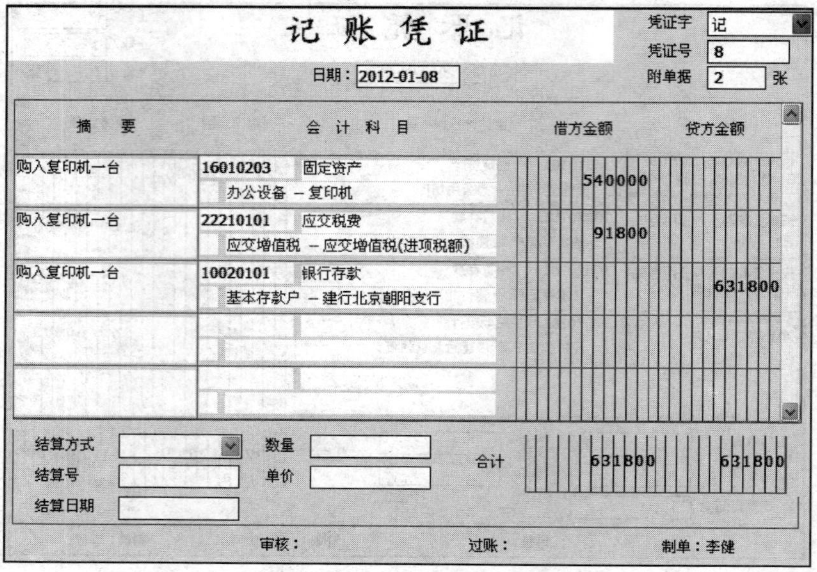

记 账 凭 证

凭证字 记　凭证号 8　附单据 2 张

日期：2012-01-08

摘要	会计科目	借方金额	贷方金额
购入复印机一台	16010203 固定资产 办公设备 – 复印机	540000	
购入复印机一台	22210101 应交税费 应交增值税 – 应交增值税(进项税额)	91800	
购入复印机一台	10020101 银行存款 基本存款户 – 建行北京朝阳支行		631800

结算方式　数量　合计 631800 631800

结算号　单价

结算日期

审核：　过账：　制单：李健

图 4.1-10　购买复印机的账务处理

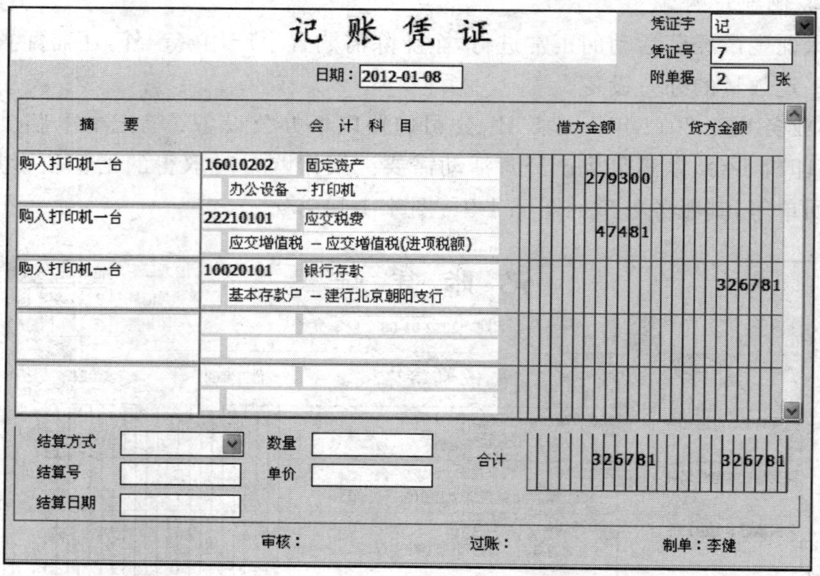

记 账 凭 证

凭证字 记　凭证号 7　附单据 2 张

日期：2012-01-08

摘要	会计科目	借方金额	贷方金额
购入打印机一台	16010202 固定资产 办公设备 – 打印机	279300	
购入打印机一台	22210101 应交税费 应交增值税 – 应交增值税(进项税额)	47481	
购入打印机一台	10020101 银行存款 基本存款户 – 建行北京朝阳支行		326781

结算方式　数量　合计 326781 326781

结算号　单价

结算日期

审核：　过账：　制单：李健

图 4.1-11　购买打印机的账务处理

五、金融资产投资

金融资产是单位和个人所拥有的以价值形态存在的资产。企业结合自己的业务特点、投资策略和风险管理要求，将取得的金融资产在初始确认时划分为以下几类：①以公允价值计量且其变动计入当期损益的金融资产；②持有至到期投资；③贷款和应收款项；④可供出售的金融资产。金融资产的分类一旦确定，不得随意改变。

本平台中涉及的金融资产主要有股票投资和债券投资，会计核算时应遵循《企业会计准则第22号——金融工具确认和计量》的规定。

（一）交易性金融资产

本平台中，投资股票和债券的目的如果是为了近期内出售，应当在初始投资时划分为交易性金融资产。

（1）企业取得交易性金融资产时的账务处理如下。

借：交易性金融资产——成本　　　　（公允价值）
　　投资收益　　　　（发生的交易费用）
　　应收股利　　　　（已宣告但尚未发放的现金股利）
　　应收利息　　　　（实际支付的款项中含有的利息）
　　贷：银行存款等

（2）持有期间的股利或利息的账务处理如下。

借：应收股利　　　　（被投资单位宣告发放的现金股利×投资持股比例）
　　应收利息　　　　（资产负债表日计算的应收利息）
　　贷：投资收益

（3）资产负债表日公允价值变动。

① 公允价值上升的账务处理如下。

借：交易性金融资产——公允价值变动
　　贷：公允价值变动损益

② 公允价值下降的账务处理如下。

借：公允价值变动损益
　　贷：交易性金融资产——公允价值变动

（4）出售交易性金融资产时的账务处理。

借：银行存款　　　　（价款扣除手续费）
　　贷：交易性金融资产——成本
　　　　交易性金融资产——公允价值变动
　　　　投资收益（差额，也可能在借方）

同时，

借：公允价值变动损益（原计入该金融资产的公允价值变动）
　　贷：投资收益

或

借：投资收益
　　贷：公允价值变动损益

【典型业务9】 2012年1月20日，公司购入三年期国债500 000元，年息5.54%，不打算持有至到期，无交易手续费。根据银行进账单回单，其账务处理如图4.1-12所示。

【典型业务10】 2012年1月31日，公司购入美的公司股票10 000股，每股15.89元，计158 900元，另支付手续费158.90元。企业不打算长期持有，划分为交易性金融资产。根据股票交割单及银行进账单回单，其账务处理如图4.1-13所示。

记 账 凭 证

凭证字：记　凭证号：28　日期：2012-01-20　附单据：1 张

摘要	会计科目	借方金额	贷方金额
购买三年期国债（5.54%/年息）	110101 交易性金融资产 国债	50000000	
购买三年期国债（5.54%/年息）	10020101 银行存款 基本存款户 －建行北京朝阳支行		50000000
合计		50000000	50000000

结算方式：　数量：　结算号：　单价：　结算日期：

审核：　过账：　制单：李健

图 4.1-12　购入国债的账务处理

记 账 凭 证

凭证字：记　凭证号：43　日期：2012-01-31　附单据：2 张

摘要	会计科目	借方金额	贷方金额
购入美的电器股票（1万股，每股15.89元）	11010201 交易性金融资产 股票 －美的电器	15890000	
购入美的电器股票手续费	6111 投资收益	15890	
购入美的电器股票和支付手续费	10020101 银行存款 基本存款户 －建行北京朝阳支行		15905890
合计		15905890	15905890

结算方式：　数量：　结算号：　单价：　结算日期：

审核：　过账：　制单：李健

图 4.1-13　购入股票的账务处理

（二）持有至到期投资

持有至到期投资是指到期日固定、回收金额固定或可确定，且企业有明确意图和能力持有至到期的非衍生金融资产。通常情况下，企业持有的、在活跃市场上有公开报价的国债、企业债券、金融债券等，可以划分为持有至到期投资。

本平台中，如果投资债券的目的是为了持有至到期收取债券利息，那么应当在初始投资时划分为持有至到期投资。

按照《企业会计准则第22号——金融工具确认和计量》的规定，持有至到期投资的会计处理主要应解决该金融资产实际利率的计算、摊余成本的确定、持有期间的收益确认及将其处置时损益的处理问题。

(1) 取得持有至到期投资的账务处理如下。

借：持有至到期投资——成本（面值）
　　应收利息　　　（按支付的价款中包含的已到付息期但尚未领取的利息）
　　贷：银行存款　　　（实际支付的金额）
　　　　持有至到期投资——利息调整（按其差额，借记或贷记）

(2) 资产负债表日，若持有至到期投资为分期付息、一次还本债券投资，其账务处理如下。

借：应收利息　　　（按票面利率计算确定的应收未收利息）
　　贷：投资收益　　　（按持有至到期投资摊余成本和实际利率确定的利息收入）
　　　　持有至到期投资——利息调整（按其差额，借记或贷记）

若持有至到期投资为一次还本付息债券投资，其账务处理如下。

借：持有至到期投资——应计利息　　　（按票面利率计算确定的应收未收利息）
　　贷：投资收益　　　（按持有至到期投资摊余成本和实际利率计算确定的利息收入）
　　　　持有至到期投资——利息调整（按其差额，借记或贷记）

(3) 出售持有至到期投资的账务处理如下。

借：银行存款　　　（按实际收到的金额）
　　贷：持有至到期投资——成本、利息调整、应计利息　　　（按其账面余额）
　　　　投资收益　　　（按其差额，贷记或借记）

已计提减值准备的，还应同时结转减值准备。

(三) 买卖股票的涉税处理

《中华人民共和国营业税暂行条例》第五条第四款规定，外汇、有价证券、期货等金融商品买卖业务，以卖出价减去买入价后的余额为营业额。根据上述规定，企业买卖上市公司的股票是要按照差额缴纳营业税的。

六、产品研发投入

实际工作中，企业为了提升产品科技含量，从而提高产品的市场竞争优势及销售价格，应积极进行产品研发工作。本平台中，企业可根据产品进行研发，投入研发人员和一定的原材料，当研发费用达到一定标准后，企业的产品价格会有所提升。研发费用在所得税汇算清缴时允许加计扣除。研发“投入费用”由“投入材料经费”和“工资薪酬”构成。

(1) 投入研发费用时的账务处理如下。

借：研发支出——费用化支出
　　研发支出——资本化支出
　　贷：原材料

应付职工薪酬——工资

银行存款等

(2) 费用结转时的账务处理如下。

借：管理费用

无形资产

贷：研发支出——费用化支出

研发支出——资本化支出

本平台根据企业产品研发需求，招聘研发人员 10 名，月工资 5 000 元。其他有关产品研发的规定遵循产品规则中的产品研发规则。

【典型业务 11】 2012 年 1 月 12 日，企业研发空调产品，领用原材料空调压缩机 488 573.76 元，领用空调辅助材料 217 524.85 元。根据领料单，其账务处理如图 4.1-14 所示。

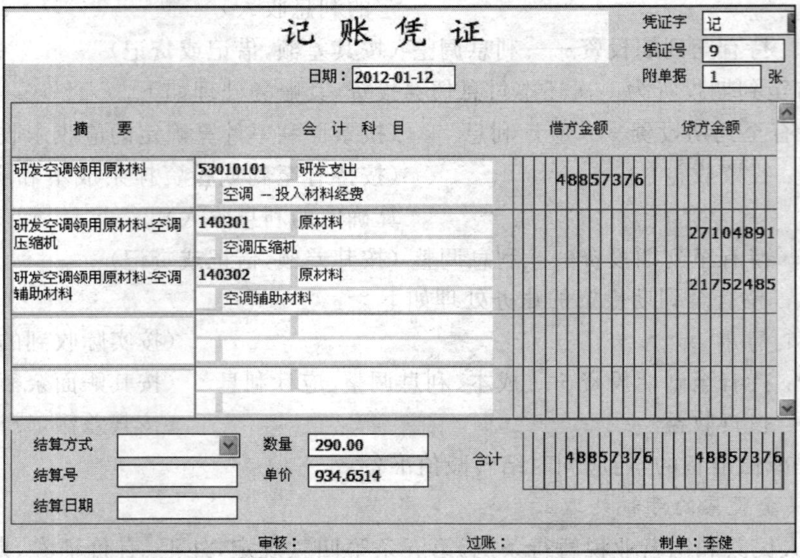

图 4.1-14 投入研发费用的账务处理

七、生产经营过程的业务核算

企业的生产经营过程包括采购过程、生产过程和销售过程。

(一) 采购过程

在实际经营活动中，采购过程是制造企业生产经营活动的第一阶段。采购过程的主要任务是采购生产经营所需的各种原材料以及物料，形成企业的生产储备。采购过程中，企业应按经济合同和结算制度的规定支付货款及采购费用(如运输费、装卸费等)。材料的买价加上采购费用就构成了材料的采购成本。会计人员要把企业在采购过程中发生的各项采购支出，按照材料的品种或类别加以归集，计算材料物资的采购总成本和单位成本。物资采购成本是由买价和采购费用构成的。其中，买价是销售单位开出的发票价格；

采购费用包括运杂费、运输途中合理损耗、支付的各种税金、入库前整理挑选费用、大宗材料的市内运输费用和其他项目。对于买价，可直接计入各种物资的采购成本。对于各种费用，凡是能分得清归属的，可直接计入各种物资的采购成本；不能分清归属的，可根据实际受益情况采用一定的方法分配计入各种物资的采购成本，通常是按标准（如重量、体积或买价等）比例进行分配。企业要有计划地采购材料，既要力求满足生产上的需要，又要避免因过多储备而造成资金的浪费。

采购原材料的账务处理如下。

借：原材料——×××

　　应交税费——应交增值税（进项税额）

　　贷：银行存款（应付账款等）

企业购进或者销售货物以及生产经营过程中支付运输费用的，按照运输费用结算单据上注明的运输费用金额和7%的扣除率计算进项税额。

备注：营改增试点地区的运输发票也可以取得增值税专用发票。

【典型业务12】 2012年1月2日，公司购买空调生产用材料空调压缩机1 300套。增值税专用发票上列明的价款为1 213 512.30元，税金206 297.09元，合计1 419 809.39元，运费1 650.00元，货物已验收入库，款项已通过银行转账支付。根据取得的增值税专用发票、运输发票、电子汇划收款回单、入库单等单据，其账务处理如图4.1-15所示。

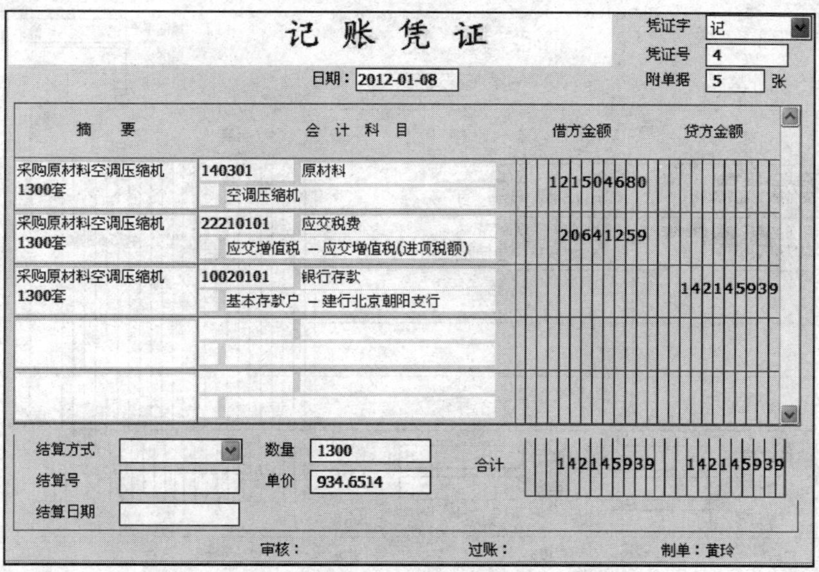

记 账 凭 证

凭证字：记　凭证号：4　附单据：5 张

日期：2012-01-08

摘要	会计科目	借方金额	贷方金额
采购原材料空调压缩机1300套	140301 原材料 空调压缩机	121504680	
采购原材料空调压缩机1300套	22210101 应交税费 应交增值税 – 应交增值税(进项税额)	20641259	
采购原材料空调压缩机1300套	10020101 银行存款 基本存款户 – 建行北京朝阳支行		142145939

结算方式　结算号　结算日期　数量：1300　单价：934.6514　合计：142145939　142145939

审核：　过账：　制单：黄玲

图4.1-15　购买空调压缩机的账务处理

【典型业务13】 2012年1月2日，公司购买空调生产用材料空调辅助材料1 300套。增值税专用发票上列明的价款为973 576.89元，税金165 508.07元，合计1 139 084.96元，运费1 650.00元，货物已验收入库，款项通过银行转账采用首四余六分期支付，首期支付款项685 100.98元。根据取得的增值税专用发票、运输发票、电子汇划收款回单、入库单等单据，其账务处理如图4.1-16所示。

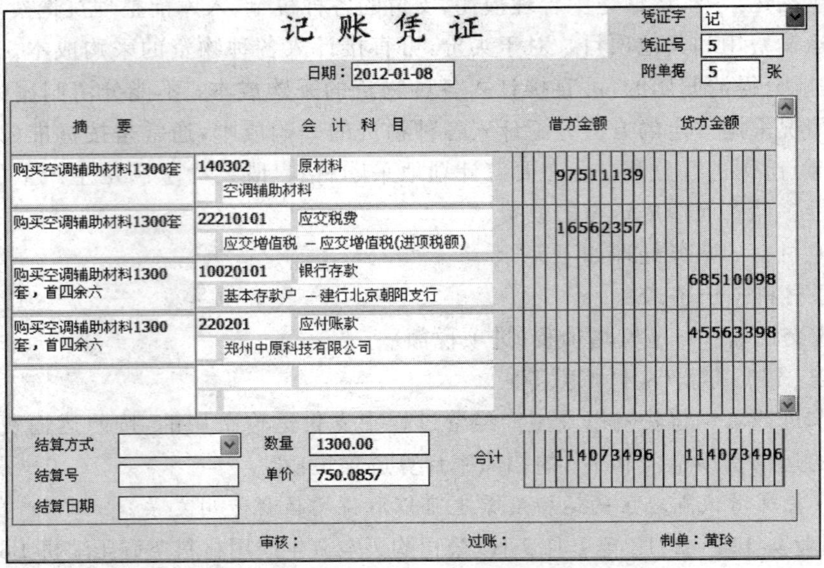

记 账 凭 证

凭证字：记　凭证号：5　附单据：5 张

日期：2012-01-08

摘要	会计科目	借方金额	贷方金额
购买空调辅助材料1300套	140302 原材料 空调辅助材料	97511139	
购买空调辅助材料1300套	22210101 应交税费 应交增值税 －应交增值税(进项税额)	16562357	
购买空调辅助材料1300套，首四余六	10020101 银行存款 基本存款户 －建行北京朝阳支行		68510098
购买空调辅助材料1300套，首四余六	220201 应付账款 郑州中原科技有限公司		45563398

结算方式：　数量：1300.00　合计：114073496　114073496

结算号：　单价：750.0857

结算日期：

审核：　过账：　制单：黄玲

图 4.1-16　分期付款购买空调辅助材料的账务处理

2012 年 1 月 15 日，支付余下的 60％货款 455 633.98 元，其账务处理如图 4.1-17 所示。

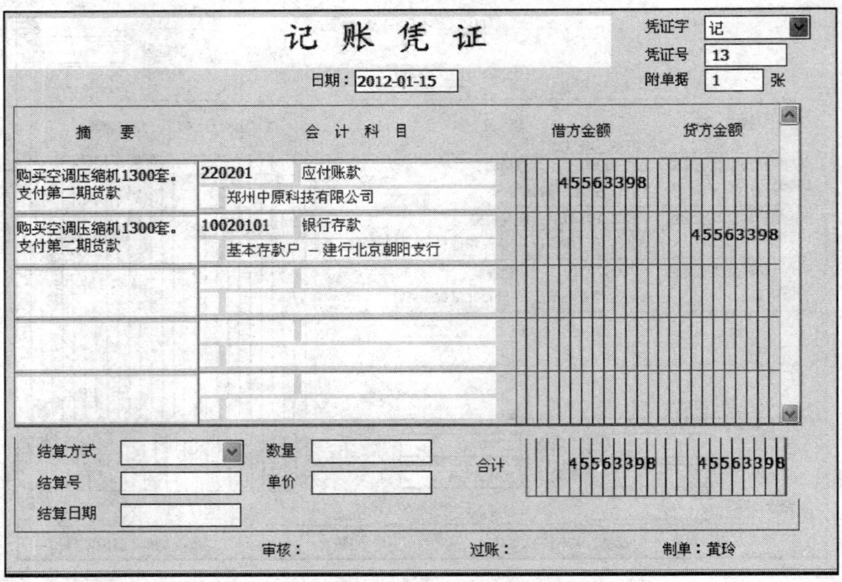

记 账 凭 证

凭证字：记　凭证号：13　附单据：1 张

日期：2012-01-15

摘要	会计科目	借方金额	贷方金额
购买空调压缩机1300套。支付第二期货款	220201 应付账款 郑州中原科技有限公司	45563398	
购买空调压缩机1300套。支付第二期货款	10020101 银行存款 基本存款户 －建行北京朝阳支行		45563398

结算方式：　数量：　合计：45563398　45563398

结算号：　单价：

结算日期：

审核：　过账：　制单：黄玲

图 4.1-17　支付剩余货款的账务处理

【典型业务 14】 2012 年 1 月 19 日，公司购买空调生产用材料空调压缩机 1 000 套。供应商宁波创投科技有限公司为小规模纳税人，货物已验收入库。款项通过银行转账采用首三余七分期支付。根据取得的增值税专用发票、运输发票、电子汇划收款回单、入库单等单据，其账务处理如图 4.1-18 所示。

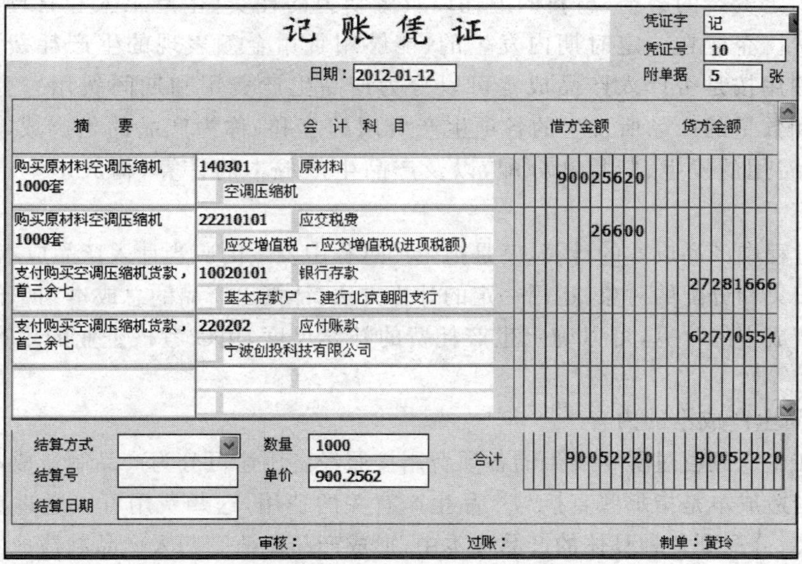

记 账 凭 证

凭证字：记　凭证号：10　附单据：5 张

日期：2012-01-12

摘　要	会 计 科 目	借方金额	贷方金额
购买原材料空调压缩机1000套	140301 原材料 空调压缩机	90025620	
购买原材料空调压缩机1000套	22210101 应交税费 应交增值税 －应交增值税(进项税额)	26600	
支付购买空调压缩机货款，首三余七	10020101 银行存款 基本存款户 －建行北京朝阳支行		27281666
支付购买空调压缩机货款，首三余七	220202 应付账款 宁波创投科技有限公司		62770554

结算方式：　数量：1000　合计：90052220　90052220

结算号：　单价：900.2562

结算日期：

审核：　过账：　制单：黄玲

图 4.1-18　分期购买空调压缩机的账务处理

1 月 30 日，企业支付宁波创投科技有限公司购买空调压缩机的尾款（总金额的70%），计 627 705.54 元。根据银行汇划收款回单，其账务处理如图 4.1-19 所示。

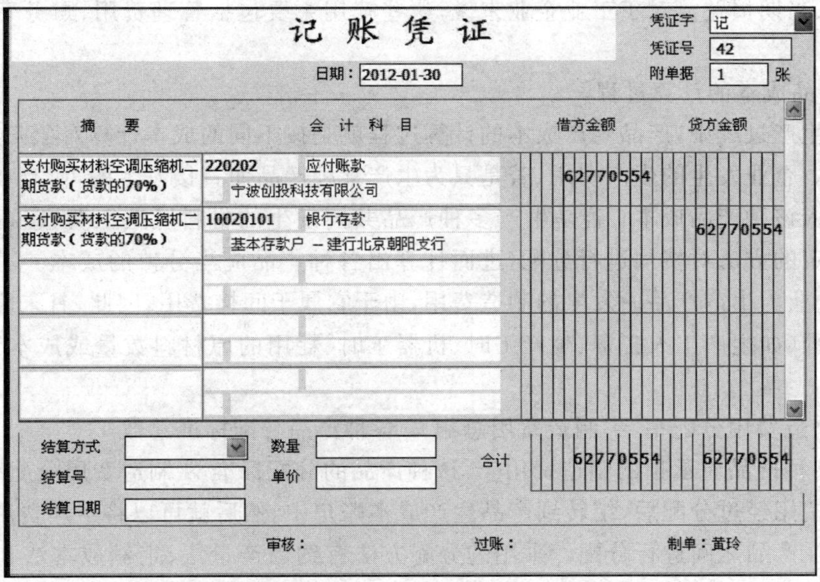

记 账 凭 证

凭证字：记　凭证号：42　附单据：1 张

日期：2012-01-30

摘　要	会 计 科 目	借方金额	贷方金额
支付购买材料空调压缩机二期货款（货款的70%）	220202 应付账款 宁波创投科技有限公司	62770554	
支付购买材料空调压缩机二期货款（货款的70%）	10020101 银行存款 基本存款户 －建行北京朝阳支行		62770554

结算方式：　数量：　合计：62770554　62770554

结算号：　单价：

结算日期：

审核：　过账：　制单：黄玲

图 4.1-19　支付剩余货款的账务处理

（二）生产过程

生产过程是制造企业经营活动的主要过程，它的主要任务是将原材料等投入生产，经过工人的劳动加工，制造出满足需要的产品。生产过程中，一方面，劳动者借助劳动资料对劳动对象进行加工，制造产品，以满足社会需要；另一方面，为了制造产品，企业必然会发生诸如固定资产的磨损、材料的消耗以及劳动力的耗费(生产工人和管理人员)等各项生产耗费。企业在一定时期内发生的、能够用货币金额表现的生产耗费,叫生产费用。生产费用按是否计入产品成本可以分为产品生产费用和期间费用。企业为生产一定种类和数量的产品所发生的各项生产费用的总和,称为产品的生产成本。生产过程中,制造费用的发生、归集和分配,以及产品生产成本的计算,构成了生产过程核算的主要内容。

生产过程中产品成本的计算,就是把生产过程中发生的应当计入产品成本的费用,以产品成本归集和分配的对象,运用一定的计算方法,计算出产品的总成本和单位成本。通过产品生产成本的计算,可以确定生产耗费的补偿尺度,用以考核企业的生产经营管理水平。

1. 产品生产成本的内容

企业在生产经营过程中发生的各项费用按照经济用途可分为产品制造成本和期间费用。产品制造成本是指那些直接与产品生产有关的费用,这些费用可以通过直接或间接的方式归集、分配到各种具体的产品成本中,形成产品价值。归入产品制造成本项目的费用可以进一步细分为直接材料、直接人工和制造费用三个成本项目。

期间费用是指不能计入产品成本,而应当计入期间损益的费用。这些费用是企业生产经营活动过程中发生的,与产品生产没有直接联系,不能确定成本归集对象,但是可以确定其发生期间和归属期间的费用。它不能计入产品成本参与成本计算,只能作为期间费用,计入当期损益。对于工业企业来说,这些费用主要包括管理费用、财务费用和销售费用。

2. 产品成本的计算过程

产品生产过程中,产品生产成本的计算过程就是按不同的成本计算对象归集、分配费用的过程。企业发生的生产费用,若是只为生产某种产品而直接发生的,应当在费用发生时直接计入该种产品成本;若是生产多种产品共同发生的材料及人工费,应在费用发生时通过一定的方法对费用进行分配,进而计算出各种产品应当分摊的成本。需要注意的是,对于企业为生产产品而发生的制造费用,由于它属于间接费用,因此,月末应采用适当的分配标准(如生产工人工资、生产工时、机器工时、耗用的原材料数量或成本等)对其进行分配。

制造费用分配率 = 制造费用总额 ÷ 各种产品分配标准总数

某种产品应承担的制造费用 = 该种产品的分配标准 × 制造费用分配率

制造费用经过分配后,结转到产品生产成本账户中,然后就可以将生产费用在完工产品和月末在产品之间进行分配。采用的分配方法有约当产量法、定额成本法和定额比例法等。

完工产品成本=月初在产品成本+本月发生的生产费用-月末在产品成本

产品成本的计算过程可分为以下几个步骤。

第一步,归集生产费用。生产过程中,企业可根据所生产的不同品种的产品进行生产费用的归集,包括直接材料和直接人工费用。对于发生的“制造费用”可先在“制造费用”科目中进行归集,然后再在不同产品之间按照生产工时比例进行分配。本平台模拟企业只生产空调一种产品。

第二步，生产费用在完工产品和在产品之间的分配。生产费用在完工产品和在产品之间进行分配的方法很多。本平台模拟企业月末在产品成本采用约当产量法进行分配计算。

第三步，计算完工产品单位成本。会计人员根据计算出的完工产品的总成本除完工产品的数量，即求出完工产品的单位成本。

产品单位成本＝完工产品总成本÷完工产品数量

企业生产过程中涉及的账务处理包括以下几个方面。

(1) 发生材料费用的账务处理如下。

借：生产成本——××产品——直接材料

　贷：原材料——××材料

(2) 发生直接人工费用的账务处理如下。

借：生产成本——××产品——直接人工

　贷：应付职工薪酬——工资

(3) 按生产工人薪酬计算企业应负担的保险费和住房公积金、福利费等附加费用。其账务处理如下。

借：生产成本——××产品——直接人工

　贷：应付职工薪酬——社会保险费

　　应付职工薪酬——住房公积金

　　应付职工薪酬——福利费

(4) 发生、归集和分配制造费用的账务处理。

① 计提折旧费用的账务处理如下。

借：制造费用——折旧费

　贷：累计折旧

② 支付设备维护费的账务处理如下。

借：制造费用——维护费

　贷：库存现金(或银行存款)

③ 分配、结转制造费用的账务处理如下。

借：生产成本——××产品——制造费用

　贷：制造费用

④ 将生产费用在完工产品和在产品之间进行分配的账务处理如下。

借：库存商品——××产品

　贷：生产成本——××产品——直接材料

　　生产成本——××产品——直接人工

　　生产成本——××产品——制造费用

【典型业务 15】　2012 年 1 月 12 日，公司生产领用空调压缩机 1 000 套，单价 934.651 4 元，领用空调辅助材料 1 000 套，单价 750.085 7 元。其账务处理如图 4.1-20 所示。

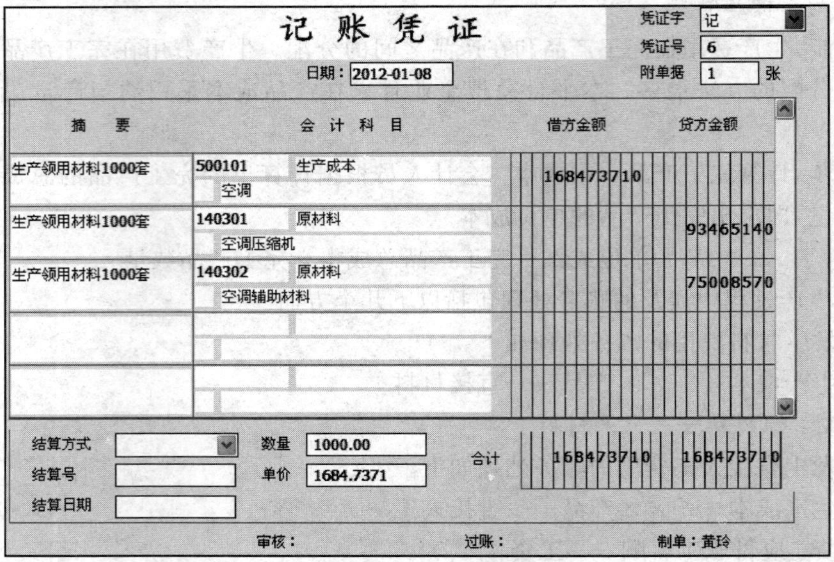

记 账 凭 证

凭证字：记　凭证号：6　附单据：1 张

日期：2012-01-08

摘要	会计科目	借方金额	贷方金额
生产领用材料1000套	500101 生产成本 空调	168473710	
生产领用材料1000套	140301 原材料 空调压缩机		93465140
生产领用材料1000套	140302 原材料 空调辅助材料		75008570

结算方式：　数量：1000.00　合计：168473710　168473710

结算号：　单价：1684.7371

结算日期：

审核：　过账：　制单：黄玲

图 4.1-20　领用原材料的账务处理

（三）销售过程

通过销售，企业将产品资金转化为货币资金，从而完成一次资金循环。销售有广义和狭义之分，广义的销售应包括企业与外部各单位所发生的所有买卖的经济活动，包括对外的劳务提供和对外发生的所有有形和无形资产的出售等，如对外出售产成品、对外转让无形资产和对外出售剩余的或不需要用的材料等；狭义的销售则仅指企业产品的销售。

会计上作为销售业务核算的内容包括产品销售、材料销售以及无形资产转让等。产品销售收入为主营业务收入，在企业的整体收入中占有极大的比例，是企业利润的主要来源；材料销售以及无形资产转让等销售收入称为其他业务收入。企业通过销售，一方面实现产品的价值；另一方面也是企业对投资于生产领域中资金的补偿和回收。构成工业企业销售业务核算的主要内容有：确认产品销售收入和其他销售收入的实现；进行与购买单位的货款结算、计算；结转产品销售成本和其他销售成本；支付产品销售费用；计算和交纳销售税金；确定产品销售损益和其他销售损益。

1. 销售业务的会计核算

销售过程涉及的成本计算主要是主营业务成本的计算，即已销产品成本的确定。采用的计价方法主要包括先进先出法、月末一次加权平均法和移动加权平均法等。

（1）支付销售费用，如销售广告宣传、展览的费用，销售环节仓储、装卸等费用，其账务处理如下。

借：销售费用

　　贷：库存现金（或银行存款）

（2）计提销售税金（根据当月应缴纳的增值税计算）的账务处理如下。

借：主营业务税金及附加

贷：应交税费——应交城建税

应交税费——应交教育费附加

（3）缴纳销售税金的账务处理如下。

借：应交税费——应交城建税

应交税费——应交教育费附加

贷：银行存款

（4）销售商品的账务处理如下。

借：应收账款（或银行存款）

贷：主营业务收入——××产品

应交税费——应交增值税（销项税额）

（5）期末结转已销商品成本的账务处理如下。

借：主营业务成本——××产品

贷：库存商品——××产品

备注：主营业务成本可从库存商品的数量金额账查看，不需要自己计算出库单价。

【典型业务16】 2012年1月20日，企业按订单出售空调产品两批次。第一批出售200台，不含税单价2 361.04元，增值税税率17%，货款价税合计552 483.36元；第二批出售600台，不含税单价2 423.76元，增值税税率17%，货款价税合计1 701 479.52元。以上款项均未收。根据产品销售合同、开出的增值税专用发票等，其账务处理如图4.1-21、图4.1-22所示。

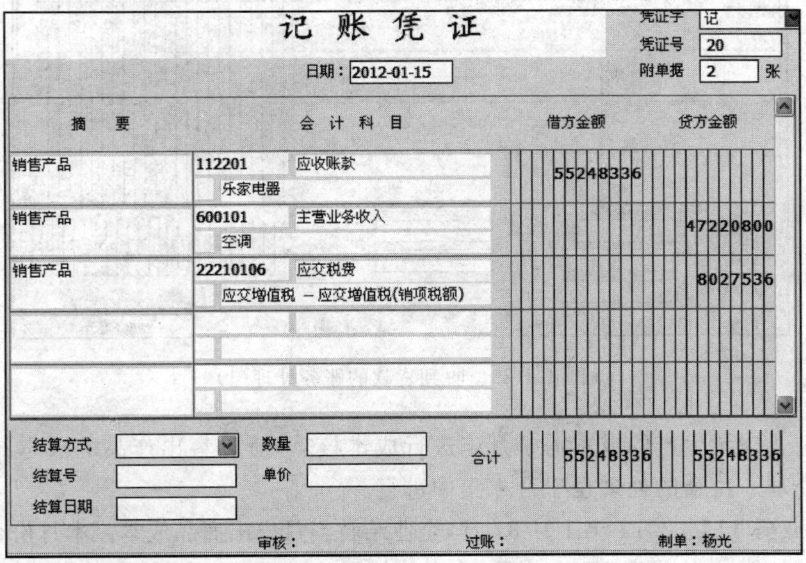

记账凭证

凭证字 记　凭证号 20　附单据 2 张

日期：2012-01-15

摘要	会计科目	借方金额	贷方金额
销售产品	112201 应收账款 乐家电器	55248336	
销售产品	600101 主营业务收入 空调		47220800
销售产品	22210106 应交税费 应交增值税 －应交增值税(销项税额)		8027536
合计		55248336	55248336

结算方式　数量　结算号　单价　结算日期

审核：　过账：　制单：杨光

图4.1-21　销售空调的账务处理(1)

1月25日，公司收到乐家电器支付的空调销售货款552 483.36元，同时收到苏宁电器支付的空调销售货款1 701 479.52元。根据银行进账单回单，其账务处理如图4.1-23、图4.1-24所示。

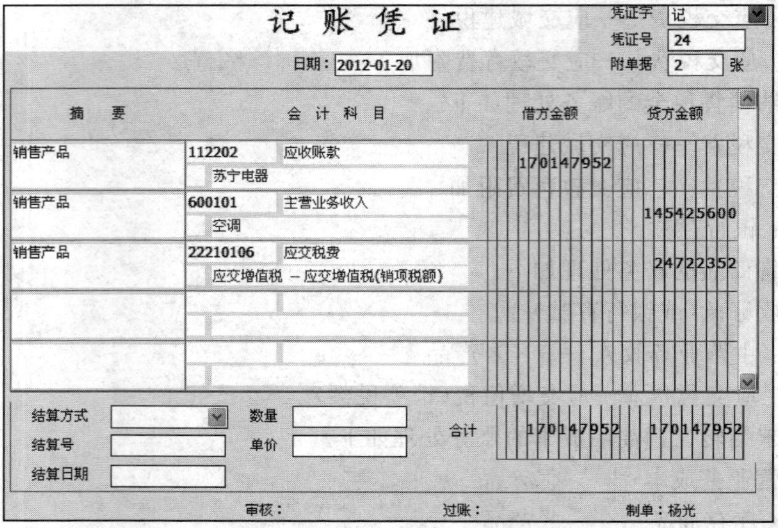

记 账 凭 证

凭证字 记　凭证号 24　附单据 2 张

日期：2012-01-20

摘 要	会 计 科 目	借方金额	贷方金额
销售产品	112202 应收账款 苏宁电器	170147952	
销售产品	600101 主营业务收入 空调		145425600
销售产品	22210106 应交税费 应交增值税 – 应交增值税(销项税额)		24722352
合计		170147952	170147952

结算方式　数量　结算号　单价　结算日期

审核：　过账：　制单：杨光

图 4.1-22　销售空调的账务处理(2)

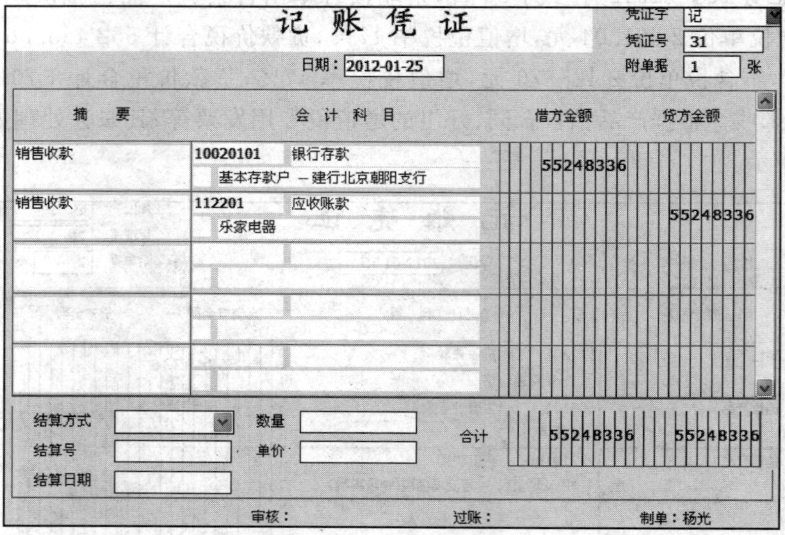

记 账 凭 证

凭证字 记　凭证号 31　附单据 1 张

日期：2012-01-25

摘 要	会 计 科 目	借方金额	贷方金额
销售收款	10020101 银行存款 基本存款户 – 建行北京朝阳支行	55248336	
销售收款	112201 应收账款 乐家电器		55248336
合计		55248336	55248336

结算方式　数量　结算号　单价　结算日期

审核：　过账：　制单：杨光

图 4.1-23　收到货款的账务处理(1)

由于企业空调生产的成本需于月末进行成本核算，所以售出产品的成本结转于月末统一进行处理。税金的处理也于月末集中进行。

【典型业务 17】 2012 年 1 月 31 日，企业结转当月售出商品成本。本月份企业共销售空调产品 800 台，单位成本 2 850.2 元，出库单如图 4.1-25 所示。其账务处理如图 4.1-26、图 4.1-27 所示。

2. 计提产品质量保证金(或有事项)的核算

或有事项是指过去的交易或者事项形成的，其结果须由某些未来事件的发生或不发生才能决定的不确定事项。常见的或有事项主要包括：未决诉讼或仲裁、债务担保、产品

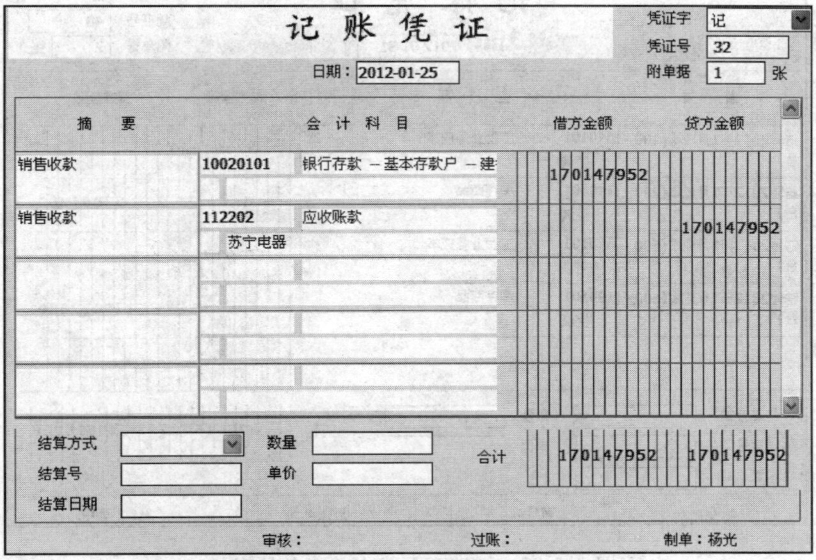

图 4.1-24　收到货款的账务处理(2)

图 4.1-25　出库单

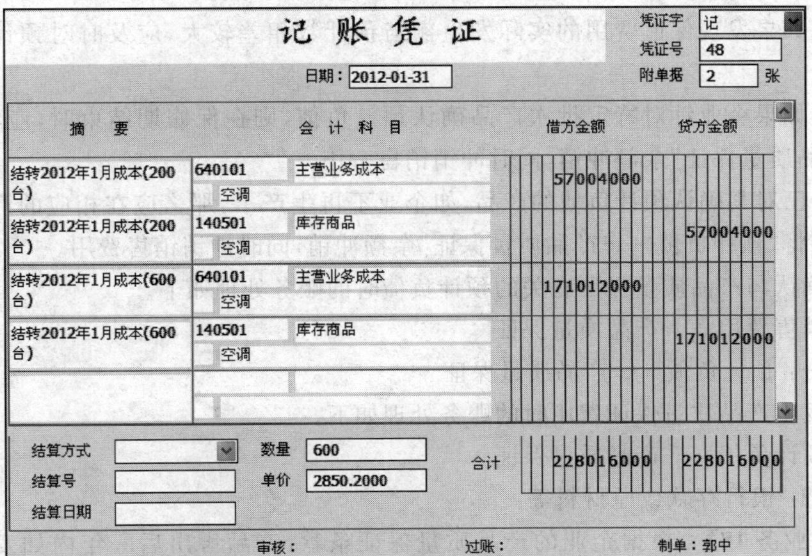

图 4.1-26　结转商品成本的账务处理(1)

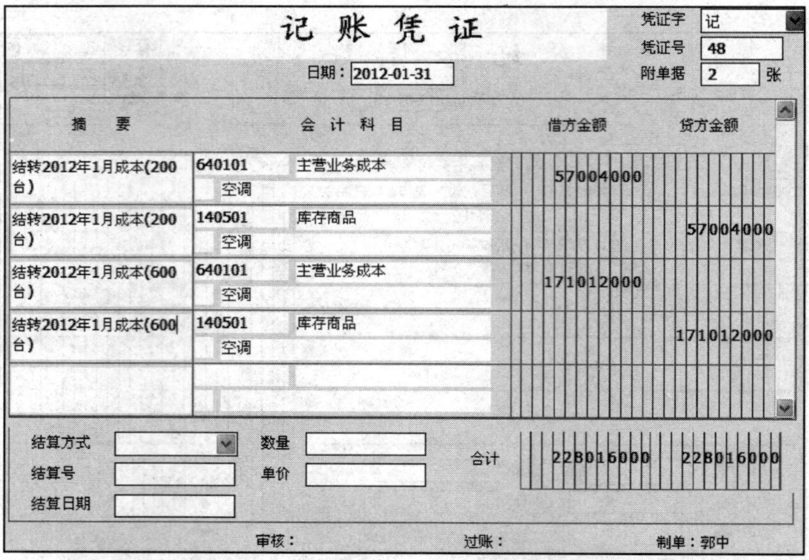

图 4.1-27 结转商品成本的账务处理(2)

质量保证(含产品安全保证)、承诺、亏损合同、重组义务、环境污染整治等。

产品质量保证通常指销售商或制造商在销售产品或提供劳务后，对客户提供服务的一种承诺。在约定期内(或终身保修)，若产品或劳务在正常使用过程中出现质量或与之相关的其他属于正常范围的问题，企业负有更换产品、免费或只收成本价进行修理等责任。按照权责发生制的要求，上述相关支出符合确认条件就应在收入实现时确认相关预计负债。

在对产品质量保证确认预计负债时，需要注意以下三点。

第一，如果发现保证费用的实际发生额与预计数相差较大，应及时对预计比例进行调整。

第二，如果企业针对特定批次产品确认预计负债，则在保修期结束时，应将“预计负债——产品质量保证”余额冲销，同时冲销销售费用。

第三，已对其确认预计负债的产品，如企业不再生产了，那么应在相应的产品质量保证期满后，将“预计负债——产品质量保证”余额冲销，同时冲销销售费用。

(1) 确认与产品质量保证有关的预计负债时的账务处理如下。

借：销售费用——产品质量保证

贷：预计负债——产品质量保证

(2) 发生产品质量保证费用时的账务处理如下。

借：预计负债——产品质量保证

贷：银行存款或原材料等

【典型业务 18】 根据企业的产品质量保证条款，产品售出后一年内如发生质量问题，公司将负责免费维修。预计发生维修费为销售收入的 2%～5%。每月末按月销售收入的 3.5%((2%+5%)÷2)计提产品质量保证金。

本业务中，应先计算当月产品销售收入的金额，然后再计提产品质量保证金。

计算当月产品销售收入的金额可结合明细账预览进行操作。具体操作方法为：点击“电算化”→“明细账预览”，进入明细账预览界面（如图 4.1-28 所示）；双击“会计科目”栏，选择“主营业务收入——空调”，再点击“查询”（如图 4.1-29 所示），即可查询本月产品销售的详细情况；按当月销售收入的总金额乘以计提比例 3.5%，计算本月应提产品质量保证金，计入当月销售费用。

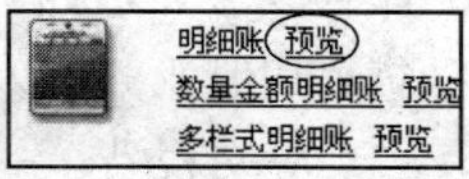

图 4.1-28　明细账预览功能界面

【明细账】　会计科目：600101--空调　年份：2012　开始月份：1　结束月份：1　查询

日期	凭证字号	摘要	对方科目	借方金额	贷方金额		余额	操作
2012-01-01		建账初始余额		0.00	0.00	贷	0.00	
2012-01-01	通-	本日合计		0.00	0.00	贷	0.00	
2012-01-15	记-20	销售产品			472208.00	贷	472208.00	查看
2012-01-15	通-	本日合计		0.00	472208.00	贷	472208.00	
2012-01-20	记-24	销售产品			1454256.00	贷	1926464.00	查看
2012-01-20	通-	本日合计		0.00	1454256.00	贷	1926464.00	
2012-01-25	记-33	出售空调换取洗衣机机械材料			414520.20	贷	2340984.20	查看
2012-01-25	通-	本日合计		0.00	414520.20	贷	2340984.20	
2012-01-31	通-	本期合计		0.00	2340984.20	贷	2340984.20	
2012-01-31	通-	本年累计		0.00	2340984.20	贷	2340984.20	

图 4.1-29　空调销售明细账预览

计提产品质量保证金的账务处理如图 4.1-30 所示。

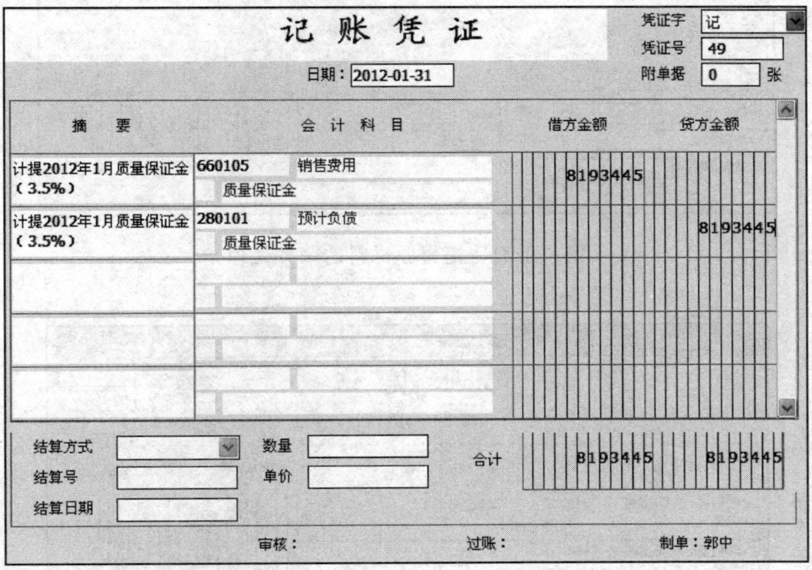

图 4.1-30　计提产品质量保证金的账务处理

本平台中，每个季度末将自动产生一张单据以支付质量保证金。其账务处理如下。

借：预计负债——质量保证金

　　贷：银行存款

3. 其他销售业务

企业在经营过程中除销售企业自产的产品以外，可能还会销售部分剩余材料，销售原材料的账务处理如下。

借：库存现金(或银行存款)

　　贷：其他业务收入

　　　　应交税费——应交增值税(销项税额)

月末，结转原材料销售成本的账务处理如下。

借：其他业务成本

　　贷：原材料——××产品

【典型业务 19】 2012 年 1 月 21 日，公司出售原材料空调压缩机 1 000 套，不含税单价 820.73 元，计 820 730 元，销项税 139 524.10 元，价税合计 960 254.10 元。根据电子汇划收款回单、增值税专用发票、出库单等原始单据，其账务处理如图 4.1-31、图 4.1-32 所示。

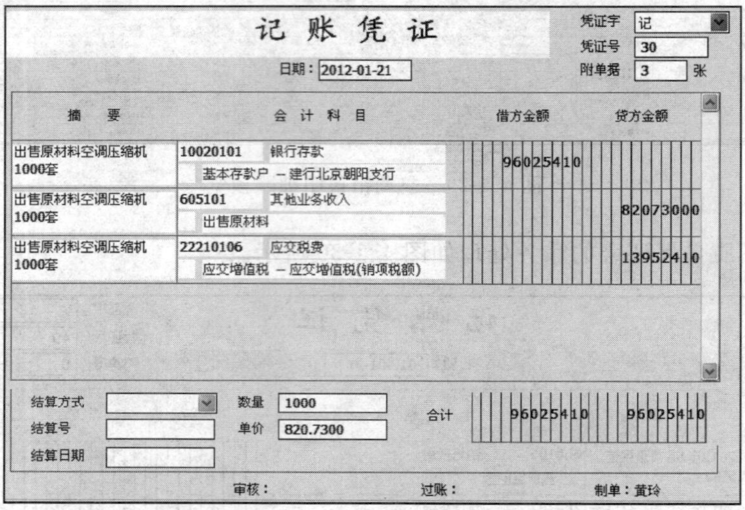

图 4.1-31　销售原材料的账务处理

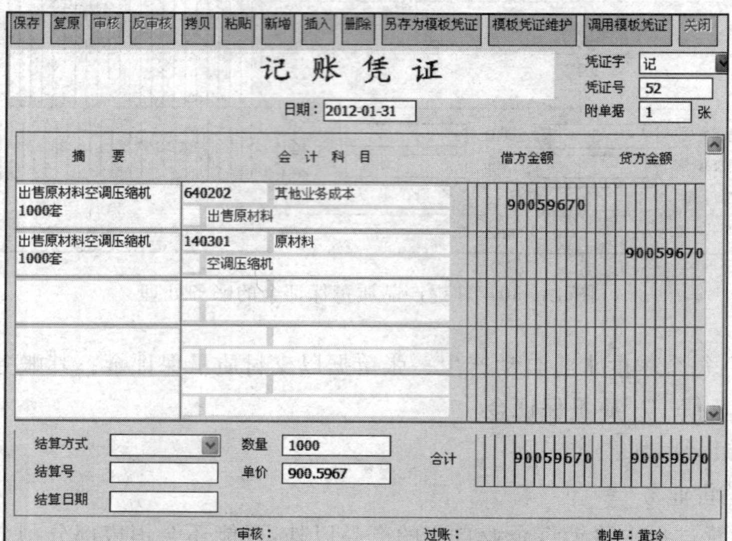

图 4.1-32　结转原材料销售成本的账务处理

八、其他业务核算

（一）支付仓储费用

【典型业务 20】 2012 年 1 月 15 日，公司支付仓储费用 443.20 元。根据取得的发票及银行进账单回单，其账务处理如图 4.1-33 所示。

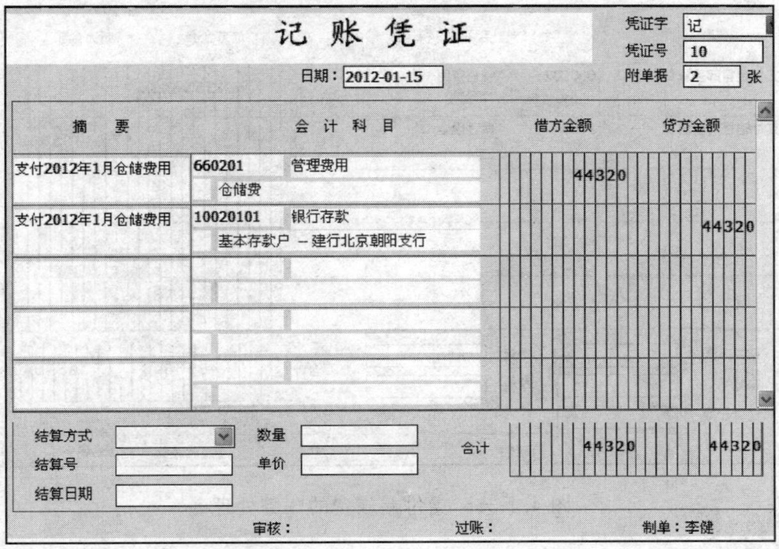

记 账 凭 证

凭证字：记　凭证号：10　附单据：2 张

日期：2012-01-15

摘　要	会 计 科 目	借方金额	贷方金额
支付2012年1月仓储费用	660201 管理费用 仓储费	44320	
支付2012年1月仓储费用	10020101 银行存款 基本存款户 －建行北京朝阳支行		44320
合计		44320	44320

结算方式　数量　结算号　单价　结算日期

审核：　过账：　制单：李健

图 4.1-33　支付仓储费用的账务处理

（二）支付广告费

【典型业务 21】 2012 年 1 月 9 日，公司支付广告费 1 000 000 元。根据取得的发票及银行进账单回单，其账务处理如图 4.1-34 所示。

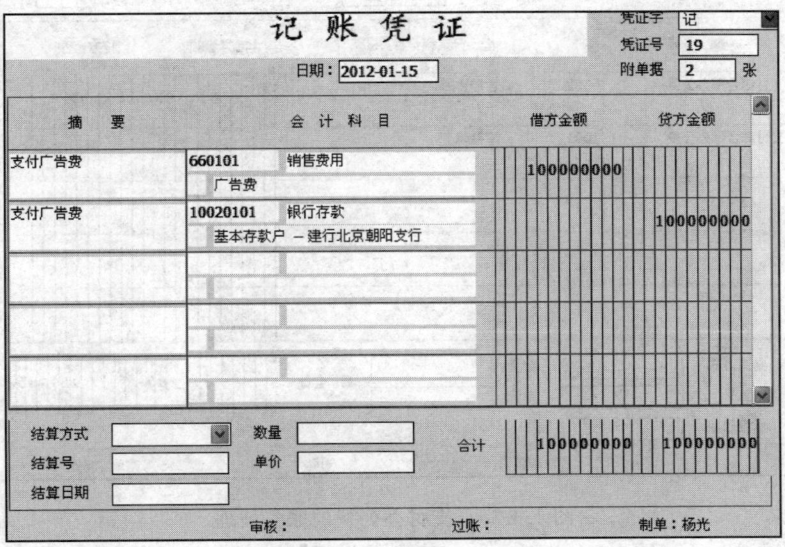

记 账 凭 证

凭证字：记　凭证号：19　附单据：2 张

日期：2012-01-15

摘　要	会 计 科 目	借方金额	贷方金额
支付广告费	660101 销售费用 广告费	100000000	
支付广告费	10020101 银行存款 基本存款户 －建行北京朝阳支行		100000000
合计		100000000	100000000

结算方式　数量　结算号　单价　结算日期

审核：　过账：　制单：杨光

图 4.1-34　支付广告费的账务处理

（三）支付差旅费

【典型业务22】 2012年1月20日，销售部门人员报销差旅费43 556.43元。根据差旅费报销单，其账务处理如图4.1-35所示。

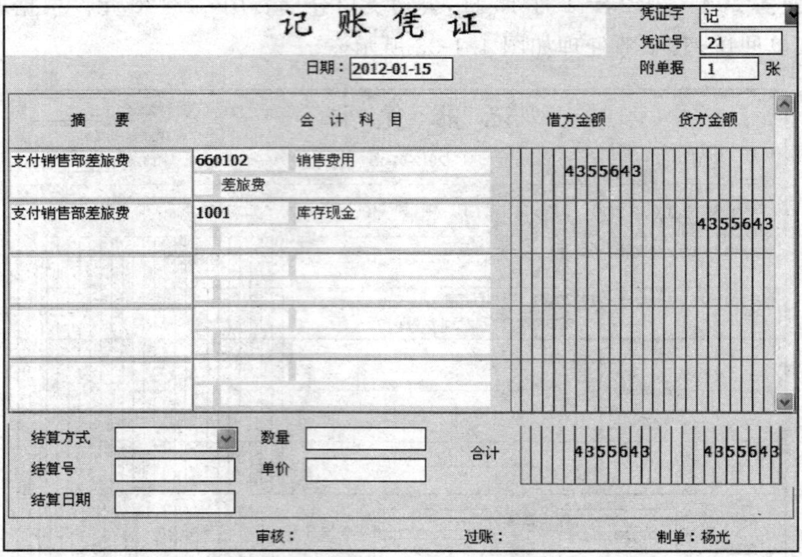

记账凭证

凭证字：记　凭证号：21　附单据：1 张

日期：2012-01-15

摘要	会计科目		借方金额	贷方金额
支付销售部差旅费	660102	销售费用 差旅费	4355643	
支付销售部差旅费	1001	库存现金		4355643
合计			4355643	4355643

结算方式　数量　结算号　单价　结算日期

审核：　过账：　制单：杨光

图4.1-35　支付差旅费的账务处理

（四）支付办公费

【典型业务23】 2012年1月20日，综合管理部门人员报销办公费用9 144.85元。根据费用报销单，其账务处理如图4.1-36所示。

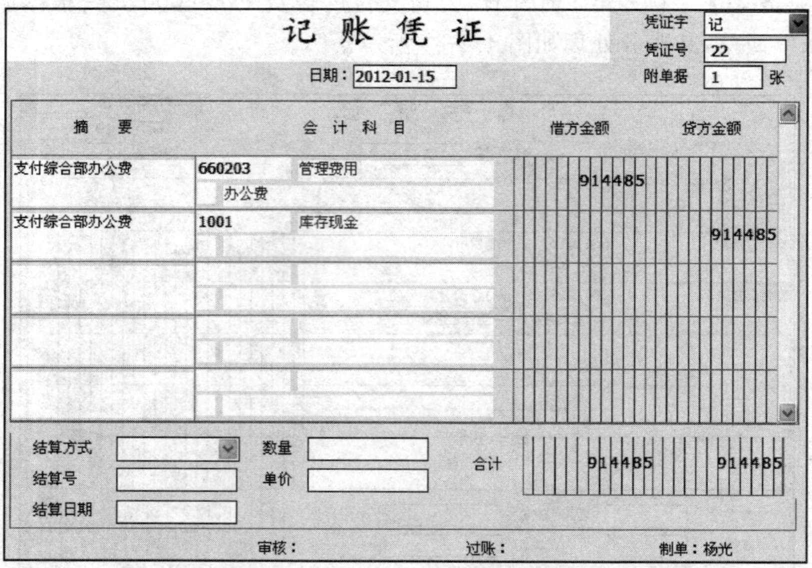

记账凭证

凭证字：记　凭证号：22　附单据：1 张

日期：2012-01-15

摘要	会计科目		借方金额	贷方金额
支付综合部办公费	660203	管理费用 办公费	914485	
支付综合部办公费	1001	库存现金		914485
合计			914485	914485

结算方式　数量　结算号　单价　结算日期

审核：　过账：　制单：杨光

图4.1-36　支付办公费的账务处理

（五）支付通信费

【典型业务 24】 2012 年 1 月 20 日，公司支付通信费用 5 666.45 元。根据取得的发票、银行进账单回单，其账务处理如图 4.1-37 所示。

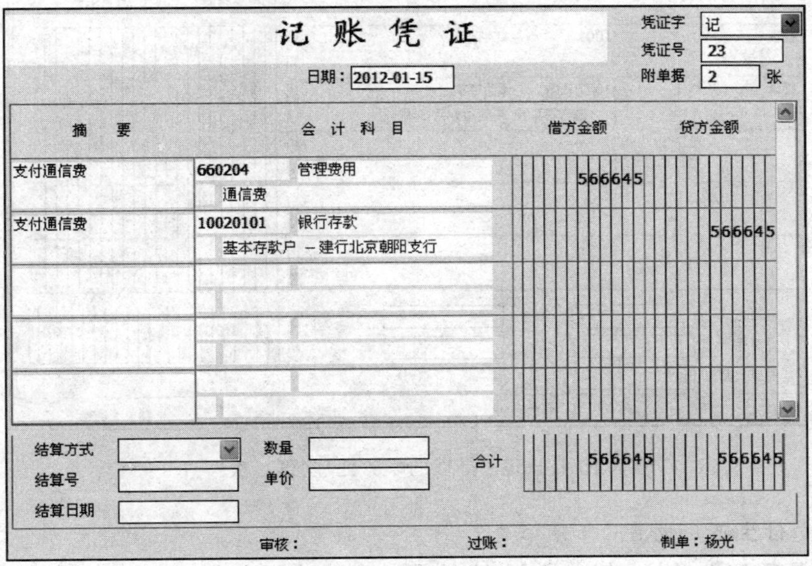

图 4.1-37　支付通信费的账务处理

（六）提现

【典型业务 25】 2012 年 1 月 20 日，公司提取备用金 70 000 元。因每次提现金额最多只能为 50 000 元，故分两次提取。根据现金支票存根，其账务处理如图 4.1-38、图 4.1-39 所示。

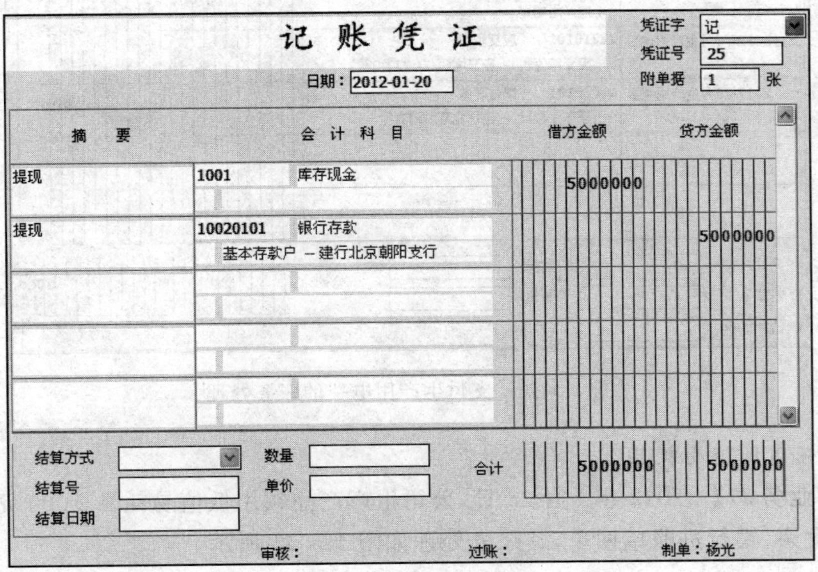

图 4.1-38　提现的账务处理（第一次）

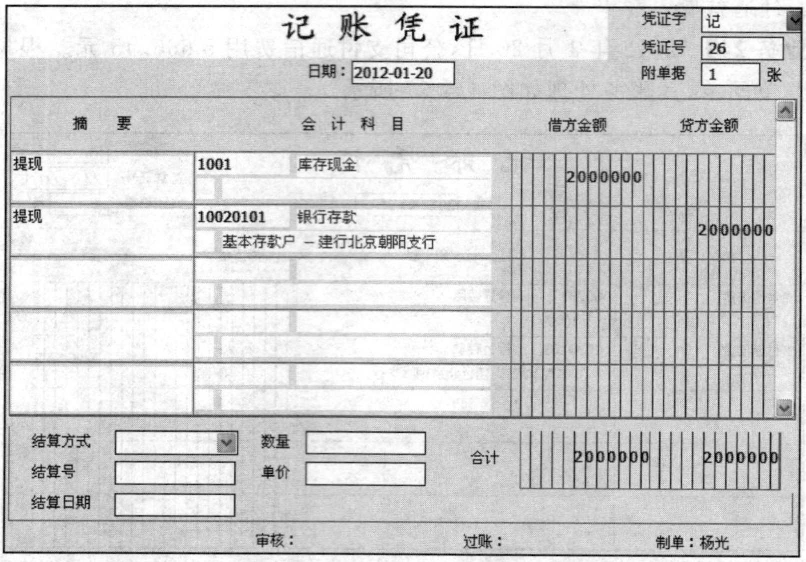

图 4.1-39 提现的账务处理(第二次)

（七）支付生产用电费

【典型业务 26】 2012 年 1 月 28 日，公司支付生产用电费 2 000 元。根据增值税专用发票、银行进账单回单，其账务处理如图 4.1-40 所示。

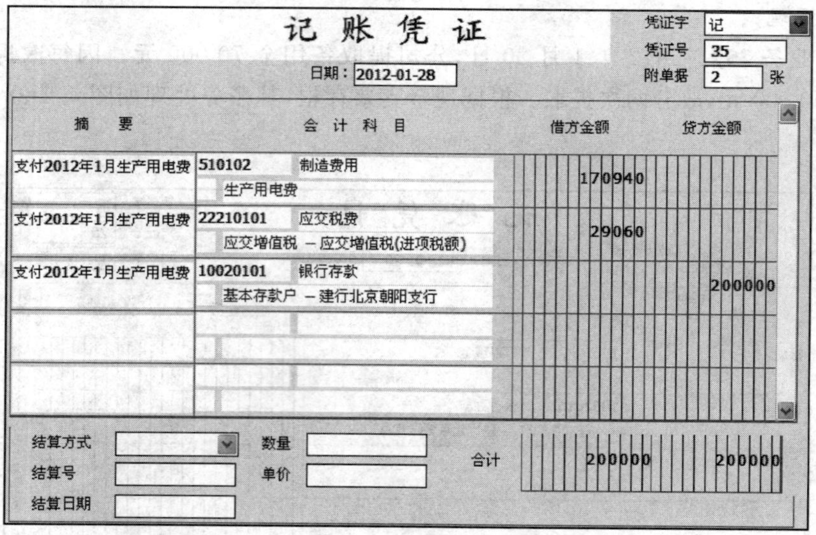

图 4.1-40 支付生产用电费的账务处理

（八）领用低值易耗品

【典型业务 27】 2012 年 1 月 28 日，公司生产产品领用低值易耗品 2 000 元。根据增值税专用发票、银行进账单回单，其账务处理如图 4.1-41 所示。

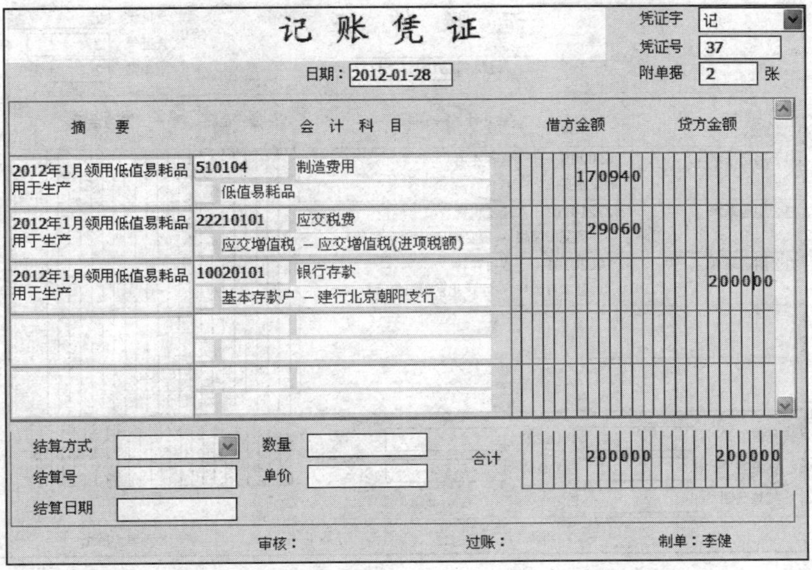

记 账 凭 证

凭证字：记　凭证号：37　附单据：2 张

日期：2012-01-28

摘要	会计科目	借方金额	贷方金额
2012年1月领用低值易耗品用于生产	510104 制造费用 低值易耗品	170940	
2012年1月领用低值易耗品用于生产	22210101 应交税费 应交增值税 — 应交增值税(进项税额)	29060	
2012年1月领用低值易耗品用于生产	10020101 银行存款 基本存款户 — 建行北京朝阳支行		200000

结算方式　数量　结算号　单价　结算日期

合计　200000　200000

审核：　过账：　制单：李健

图 4.1-41　领用低值易耗品的账务处理

（九）支付生产用水费

【典型业务 28】 2012 年 1 月 28 日，公司支付生产用水费 1 500 元。根据增值税专用发票、银行进账单回单，其账务处理如图 4.1-42 所示。

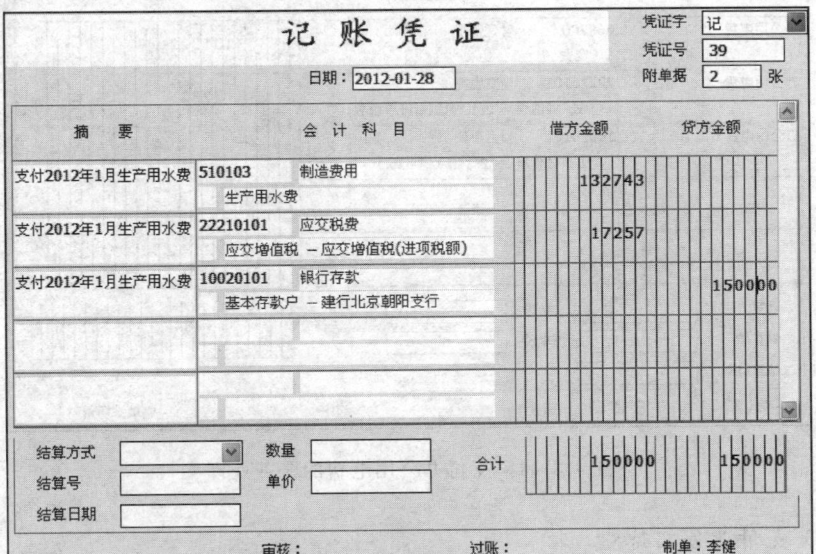

记 账 凭 证

凭证字：记　凭证号：39　附单据：2 张

日期：2012-01-28

摘要	会计科目	借方金额	贷方金额
支付2012年1月生产用水费	510103 制造费用 生产用水费	132743	
支付2012年1月生产用水费	22210101 应交税费 应交增值税 — 应交增值税(进项税额)	17257	
支付2012年1月生产用水费	10020101 银行存款 基本存款户 — 建行北京朝阳支行		150000

结算方式　数量　结算号　单价　结算日期

合计　150000　150000

审核：　过账：　制单：李健

图 4.1-42　支付生产用水费的账务处理

（十）支付办公用水费、电费

【典型业务 29】 2012 年 1 月 28 日，公司支付办公用水费 1 813.35 元，电费 1 536.47 元。根据银行进账单回单、增值税专用发票，其账务处理如图 4.1-43、图 4.1-44 所示。

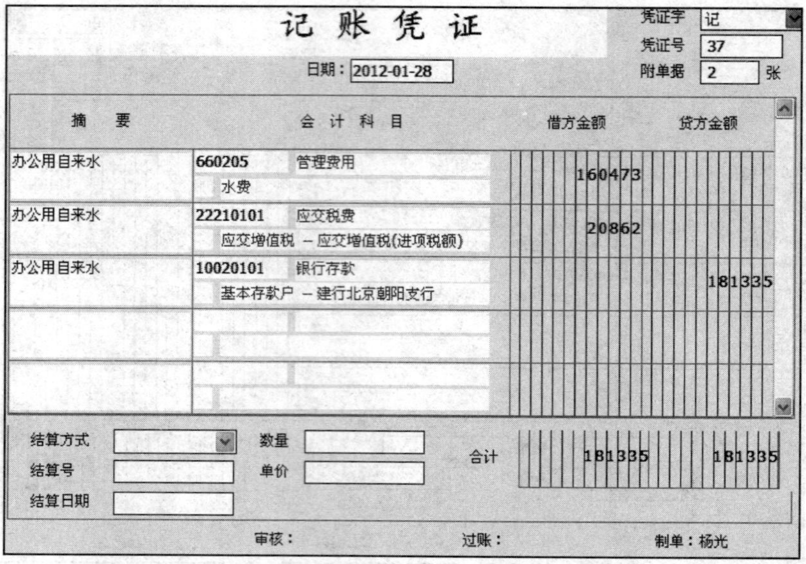

记 账 凭 证

凭证字：记　凭证号：37　附单据：2 张

日期：2012-01-28

摘要	会计科目	借方金额	贷方金额
办公用自来水	660205 管理费用 水费	160473	
办公用自来水	22210101 应交税费 应交增值税 – 应交增值税(进项税额)	20862	
办公用自来水	10020101 银行存款 基本存款户 – 建行北京朝阳支行		181335
合计		181335	181335

结算方式　结算号　结算日期　数量　单价

审核：　过账：　制单：杨光

图 4.1-43　支付办公用水费的账务处理

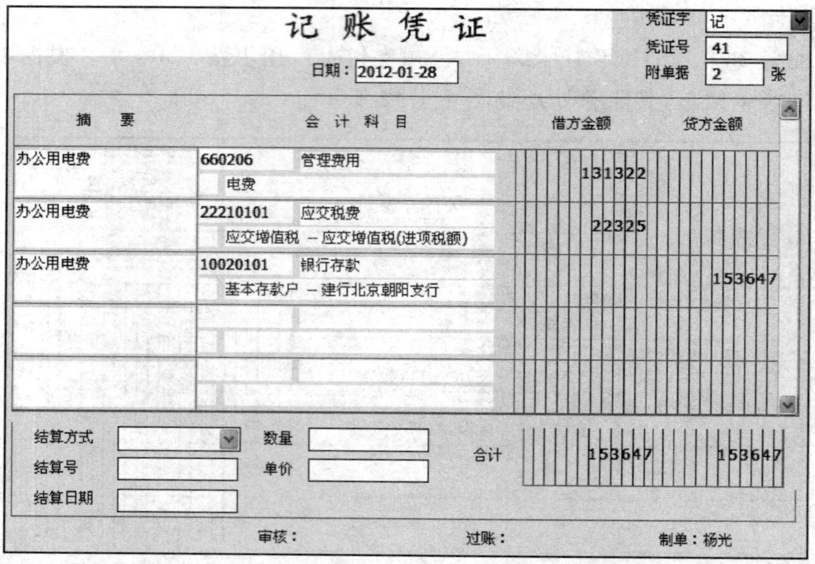

记 账 凭 证

凭证字：记　凭证号：41　附单据：2 张

日期：2012-01-28

摘要	会计科目	借方金额	贷方金额
办公用电费	660206 管理费用 电费	131322	
办公用电费	22210101 应交税费 应交增值税 – 应交增值税(进项税额)	22325	
办公用电费	10020101 银行存款 基本存款户 – 建行北京朝阳支行		153647
合计		153647	153647

结算方式　结算号　结算日期　数量　单价

审核：　过账：　制单：杨光

图 4.1-44　支付办公用电费的账务处理

（十一）支付业务招待费

【典型业务 30】 2012 年 1 月 28 日，销售部报销本月业务招待费 38 529.28 元，根据费用报销单，其账务处理如图 4.1-45 所示。

（十二）支付凭证工本费

【典型业务 31】 2012 年 1 月 31 日，公司支付向银行购买凭证的工本费 58 元。根据凭证工本费清单，其账务处理如图 4.1-46 所示。

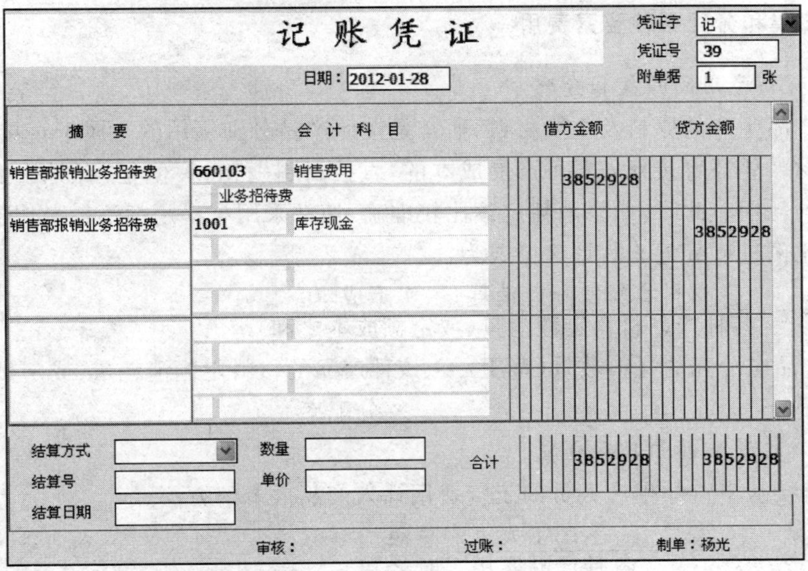

图 4.1-45　支付业务招待费的账务处理

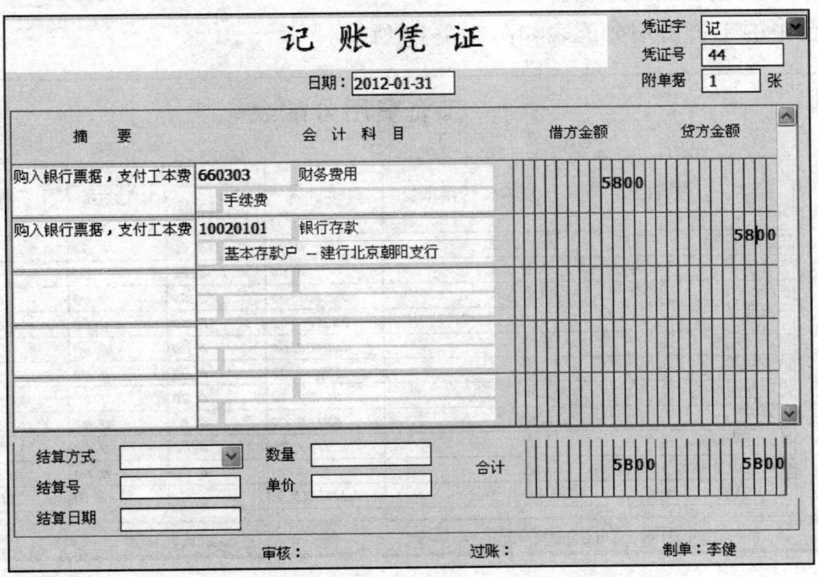

图 4.1-46　支付凭证工本费的账务处理

4.1.2　成本核算

企业月末要对本月生产的产品进行成本计算，并将完工产品结转入库。企业产品成本计算的基本方法有品种法、分批法和分步法。成本核算的一般程序为：①归集和分配各种要素费用；②开设成本明细账；③分配制造费用；④分配计算各种完工产品和在产品成本。

一、归集和分配各种要素费用

(一)材料费用的归集和分配

用于产品生产的原料及主要材料,通常是按照产品分别领用的。属于直接费用的,应根据领用材料凭证直接计入各种产品成本的“直接材料”科目。但是,有时一批材料为几批产品共同耗用。此时,如果消耗定额比较准确,通常采用材料定额消耗量比例或材料定额成本的比例进行分配。其计算公式为:

$$分配率 = \frac{材料实料实际总消耗量(实际成本)}{各种产品材料定额消量(或定额成本之和)}$$

$$某种产品应分配的材料数量(费用) = 该种产品的材料定额消耗量(或定额成本) \times 分配率$$

(二)职工薪酬的归集和分配

(1)直接从事产品生产人员的工资费用计入产品成本的方法。

$$分配率 = \frac{生产工人工资总额}{各种产品实用工时之和}$$

$$某种产品应分配的工资费用 = 该种产品实用工时 \times 分配率$$

(2)工资费用分配表的编制如下。

本平台中的工资费用分配表如图 4.1-47 所示。

工资费用分配表

2012年 1月 31日　　　　单位:元

应借科目		成本或费用项目	直接计入	分配计入		工资费用合计
				分配标准	分配金额(分配率)	
生产成本	洗衣机	直接人工	0.00	0.00	0.00	0.00
生产成本	液晶显示器	直接人工	0.00	0.00	0.00	0.00
生产成本	空调	直接人工	855200.00	0.00	0.00	855200.00
生产成本	小计	-	855200.00	0.00	0.00	855200.00
制造费用	-	工资	26480.00	0.00	0.00	26480.00
销售费用	-	工资	52209.93	0.00	0.00	52209.93
管理费用	-	工资	26480.00	0.00	0.00	26480.00
研发支出	-	工资	63160.00	0.00	0.00	63160.00
其他业务成本	-	工资	4786.00	0.00	0.00	4786.00
其他业务成本	-	工资	0.00	0.00	0.00	0.00
合计	-	-	1028315.93	-	0.00	1028315.93

工资汇总表　薪酬类费用表　工时汇总表

图 4.1-47　工资费用分配表

填写说明:

① 按照系统给定的人工工时表单,根据工时标准将直接人工成本在各个产品之间进行分配。

② 按照收益对象,将可以直接计入其他费用的工资薪酬,直接计入其费用科目。

③ 将填好的表单保存,并与系统给定的工资费用计提表比对核实。

④ 填制好的该表单将作为计提工资凭证的原始附件在电算化界面自动生成。

月末,企业应对工资费用进行分配,计提工会经费、住房公积金、社保费等。

(1) 计提职工工资的账务处理如下。

借：生产成本——××产品(工资)

制造费用——工资

销售费用——工资

管理费用——工资

贷：应付职工薪酬——工资

(2) 实际发放职工工资时的账务处理如下。

借：应付职工薪酬——工资

贷：其他应付款——社保(个人负担部分)

其他应付款——住房公积金(个人负担部分)

应交税费——应交个人所得税

银行存款

(3) 按照收益对象负担的社保费等计提薪酬费用时的账务处理如下。

借：生产成本——××产品——工资薪酬

制造费用——工资薪酬

管理费用——工资薪酬

制造费用——工资薪酬

贷：应付职工薪酬——社会保险(单位负担部分)

应付职工薪酬——福利费等

(4) 缴纳社会保险、住房公积金、个人所得税时的账务处理如下。

借：应付职工薪酬——社会保险(单位负担部分)

应付职工薪酬——住房公积金(单位负担部分)

其他应付款——社保(个人负担部分)

其他应付款——住房公积金(个人负担部分)

应交税费——应交个人所得税

贷：银行存款

(三) 外购动力费的归集和分配

外购动力费是指企业为生产经营而耗用的外购电力、热力等动力所支付的费用。本平台中的外购动力费主要为电费,可直接按照收益对象计入相关费用。其账务处理如下。

借：制造费用——水电费

贷：银行存款

(四) 制造费用的归集和分配

企业发生的各项制造费用,根据有关付款凭证、各项要素费用分配表、辅助生产费用分配表等,将有关费用记入“制造费用”账户及各明细账户有关项目栏。月末采用适当的分配方法,将这些费用在各种产品之间进行分配,计入各产品成本的制造费用项目栏。

制造费用分配的方法有按产品的实用工时比例分配、按生产工人工资比例分配、按机器工时比例分配、按产品产量比例分配等。季节性生产的企业，为了使单位成本中制造费用不致因为生产的季节性而发生较大的波动，可采取按计划分配率的方法，即根据当月的产量和制造费用计划分配率分配本月应负担的制造费用，年终时再将实际发生的制造费用与按计划分配率分配的制造费用的差额进行调整。

本平台中未设置辅助车间，制造费用建议使用机械工时分配。本平台中的制造费用分配表如图 4.1-48 所示。

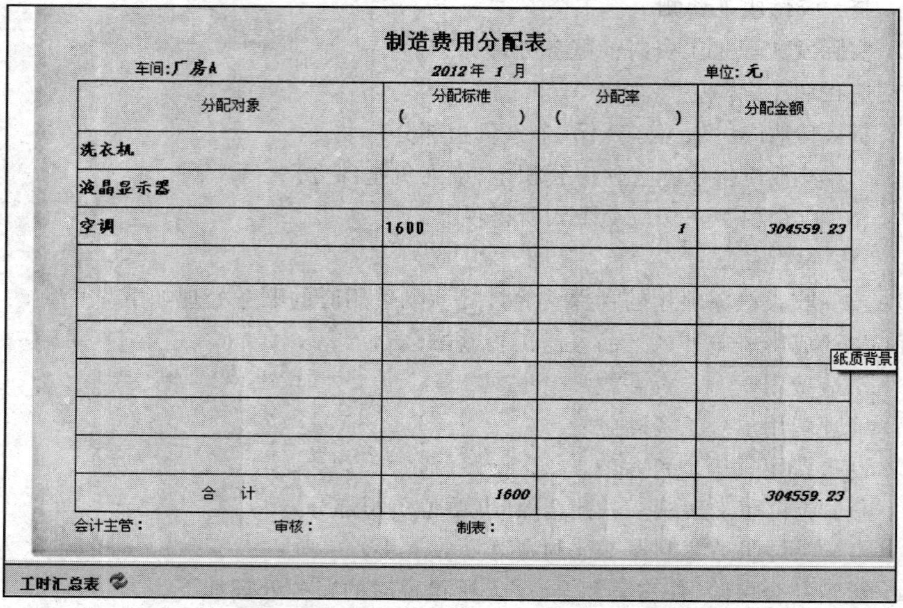

制造费用分配表

车间：厂房A　　2012年 1 月　　单位：元

分配对象	分配标准 （　　）	分配率 （　　）	分配金额
洗衣机			
液晶显示器			
空调	1600	1	304559.23
合　计	1600		304559.23

会计主管：　　审核：　　制表：

图 4.1-48　制造费用分配表

填写说明：

① 按照系统给定的机械工时表单，根据工时标准将制造费用在各个产品之间进行分配，计入各个产品的制造费用。

② 计算填写分配率及分配金额。

③ 填制好的该表单将作为分配制造费用的原始附件在电算化界面自动生成。

制造费用分配的账务处理如下。

借：生产成本——××产品——制造费用

　　贷：制造费用

二、分配计算各种完工产品和在产品成本

通过将各项发生费用的归集和分配，基本生产车间在生产过程中发生的各项费用，已经集中反映在“生产成本——基本生产成本”科目及其明细账的借方，并按成本项目予以反映。如果企业或车间月末没有在产品或不计算在产品成本，则这些费用就是完工产品的总成本。如果月末既有完工产品又有在产品，那么应由本月产品负担的费用（包括月初在产品成本加上本月发生的应由本月产品负担的生产费用），就要在本月完工产品和月末

在产品之间进行分配，以求得本月完工产品成本。

生产费用在完工产品与在产品之间的分配，在成本计算中是一个重要而又比较复杂的工作。企业应当根据产品的生产特点，如月末结存在产品数量的多少，各月月末在产品结存数量变化的大小，月末结存在产品价值的大小，各项费用在成本中所占比重的轻重，以及企业定额管理基础工作的扎实与否等，结合企业的管理要求，选择既合理又简便的分配方法。通常有六种用于分配生产费用的方法，分别是：①不计算在产品成本（即在产品成本为零），通常自来水生产企业、采掘企业等可采用此方法；②在产品成本按年初数固定计算，例如，冶炼、化工企业的产品，由于高炉和化学反应装置的容积固定，其在产品成本就可采用这种方法；③在产品成本按其所耗用的原材料费用计算，例如，纺织、造纸和酿酒等工业的产品，都可以采用这种分配方法；④约当产量法，这种方法适用范围较广泛，特别是月末在产品结存数量较大，且各月月末在产品结存不稳定，变化比较大，其他分配方法受到限制、不宜采用时，尤为适合；⑤在产品成本按定额成本计算；⑥定额比例法，适用于各项消耗定额比较健全、稳定，定额管理基础比较好的，各月月末在产品数量变动较大的产品。

本平台案例中，企业月末对在产品成本的计算采用约当产量法进行计算。材料在生产投产时一次性投入。本平台中的完工产品与月末在产品成本分配表如图 4.1-49 所示。

完工产品与月末在产品成本分配表

年　月　日

产品：

成本项目	月初在产品成本	本月生产费用	合计	完工产品产量	月末在产品产量	月末在产品约当产量	单位成本	月末在产品成本	完工产品
直接材料									
直接人工									
制造费用									
合计									

审核：　　　　编制：

图 4.1-49　完工产品与月末在产品成本分配表

填写说明：

① 如果企业在月末有在产品，则需要用到这张表，将产品的料、工、费在完工产品与月末在产品之间分配。

② 在平台中材料是一次性投入生产的，完工产品和在产品所耗费的原材料是相等的，所以原材料费用按照完工产品数量和在产品数量分配，而制造费用和工资薪酬按照完工产品和在产品约当产量分配。

③ 计算填写表中的数据，将完工产品成本计入当期的产成品成本中。

④ 填制好的该表单将作为产成品入库业务凭证的原始附件在电算化界面自动生成。

4.1.3 期末业务

一、计提产品质保金

财务总监点击“电算化”→“凭证录入”→ 直接录入,无原始单据凭证 ,填写“产品质量保证金”记账凭证。操作时,应先查询“主营业务收入”明细账,统计本月产品销售收入金额,然后计算产品质量保证金。产品质量保证金=当月主营业务收入合计数×3.5%(具体可参见销售过程业务核算部分)。

二、计提固定资产折旧和计提无形资产摊销

财务总监点击“电算化”→“凭证录入”→ 直接录入,无原始单据凭证 ,填写“计提固定资产折旧”和“计提摊销”记账凭证。操作时,应先查询“固定资产”、“无形资产”明细账再进行计算。计提固定资产折旧和计提无形资产摊销应在月末进行,否则会影响当月损益计算的正确性。

三、成本计算和录入

成本结转的步骤如下:

(1) 按照品种法计提分配当月的工资费用,填写工资费用分配表。

(2) 按照品种法分配制造费用,填写制造费用分配表。

(3) 按照约当产量法把生产成本在完工产品和在产品之间分配。

(4) 根据入库单等将完工产品成本结转到库存商品中去。

(5) 根据出库单结转库存商品到主营业务成本中去。

四、成本结转的账务处理及平台操作

(一) 账务处理

(1) 计提工资的账务处理如下。

借:生产成本——××产品——工资薪酬
　　管理费用——工资薪酬
　　销售费用——工资薪酬
　　制造费用——工资薪酬
　　研发支出——工资薪酬
　　……
　　贷:应付职工薪酬——工资薪酬
　　　　应付职工薪酬——社保费(单位缴纳部分)
　　　　应付职工薪酬——福利费
　　　　应付职工薪酬——工会经费
　　　　应付职工薪酬——职工教育经费

(2) 分配制造费用的账务处理如下。

借：生产成本——××产品——制造费用

　　贷：制造费用——租金

　　　　制造费用——生产用水、电费

　　　　制造费用——低值易耗品等

(3) 结转完工产品生产成本的账务处理如下。

借：库存商品——××产品

　　贷：生产成本——原材料

　　　　生产成本——工资薪酬

　　　　生产成本——制造费用

(4) 结转主营业务成本的账务处理如下。

借：主营业务成本——××产品

　　贷：库存商品——××产品

(二) 平台操作

在本平台中，结转成本的具体操作步骤如下：

(1) 会计点击"财务部"→"填制成本计算表"，进入成本计算表填制界面(如图 4.1-50 所示)。

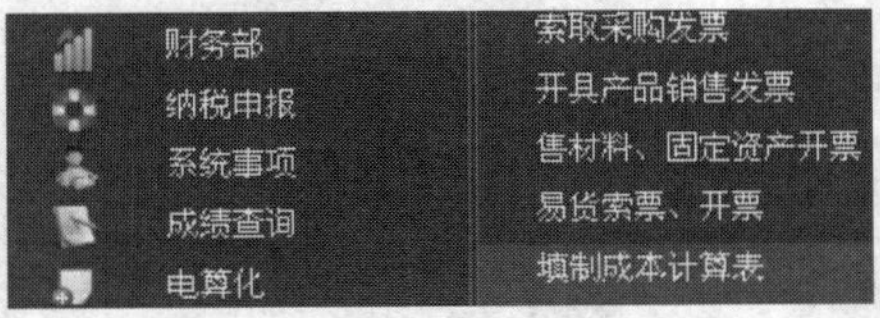

图 4.1-50　点击"填制成本计算表"

(2) 在"单据"栏选择"工资费用分配表"，点击"新增"，生成成本计算表。然后，再依次选择"制造费用分配"、"完工产品与月末在产品成本分配表"，点击"新增"，分别生成相关计算表格。如果企业生产多个产品，则可以新增多个"完工产品与月末在产品成本分配表"(如图 4.1-51 所示)。

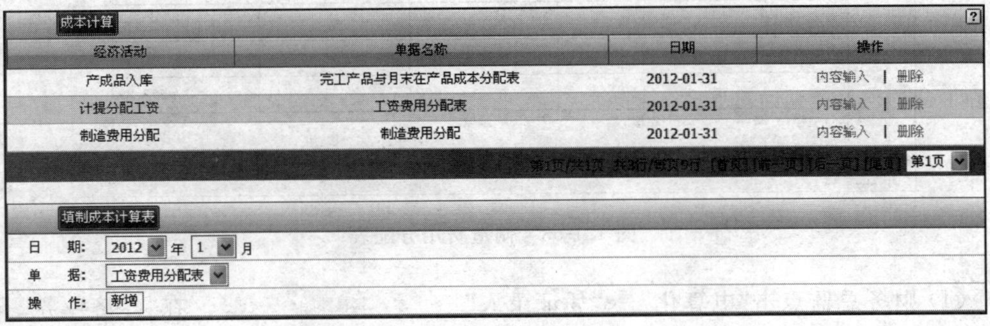

图 4.1-51　新增成本计算表

(3) 点击“内容输入”，进入成本计算表填制状态。操作时，应根据成本计算的步骤依次填写“工资费用分配表”(如图 4.1-52 所示)、“制造费用分配”(如图 4.1-53 所示)、“完工产品与月末在产品成本分配表”(如图 4.1-54 所示)，不可调整填写顺序。填写成本计算表时，除了依据界面下方提供的原始单据外，还应查询相应的明细账。

工资费用分配表

2012年 1月 31日　　　　单位：元

应借科目		成本或费用项目	直接计入	分配计入		工资费用合计
				分配标准	分配金额(分配率)	
生产成本	洗衣机	直接人工	0.00	0.00	0.00	0.00
生产成本	液晶显示器	直接人工	0.00	0.00	0.00	0.00
生产成本	空调	直接人工	855200.00	0.00	0.00	855200.00
生产成本	小计	-	855200.00	0.00	0.00	855200.00
制造费用	-	工资	26480.00	0.00	0.00	26480.00
销售费用	-	工资	52209.93	0.00	0.00	52209.93
管理费用	-	工资	26480.00	0.00	0.00	26480.00
研发支出	-	工资	63160.00	0.00	0.00	63160.00
其他业务成本	-	工资	4786.00	0.00	0.00	4786.00
其他业务成本	-	工资	0.00	0.00	0.00	0.00
合计	-	-	1028315.93	-	0.00	1028315.93

工资汇总表　薪酬类费用表　工时汇总表

图 4.1-52　工资费用分配表

制造费用分配表

车间：厂房A　　　　2012年 1 月　　　　单位：元

分配对象	分配标准 ( )	分配率 ( )	分配金额
洗衣机			
液晶显示器			
空调	1600	1	304559.23
合　计	1600		304559.23

会计主管：　　审核：　　制表：

工时汇总表

图 4.1-53　制造费用分配表

(4) 财务总监点击“电算化”→“凭证录入”→ 录入,稽核原始单据凭证 。在“经济业务”下拉菜单处依次选取“计提分配工资”(如图 4.1-55 所示)、“制造费用分配”、“产成品入库”和“产成品出库”，点击“录入记账凭证”。填写记账凭证前，需查询所需要的明细账，如生产成本明细账、制造费用明细账。

完工产品与月末在产品成本分配表

2012年 1月31日

产品：空调

成本项目	月初在产品成本	本月生产费用	合计	完工产品产量	月末在产品产量	月末在产品约当产量	单位成本	月末在产品成本	完工产品成本
直接材料	0	1684737.1	1684737.1	998	0	0			
直接人工	0	855200	855200	998	0	0			
制造费用	0	304559.23	304559.23	998	0	0			
合计		2844496.33	2844496.33				2850.20	0	2844496.33

审核：　　编制：

入库单（新增）

图 4.1-54　完工产品与月末在产品成本分配表

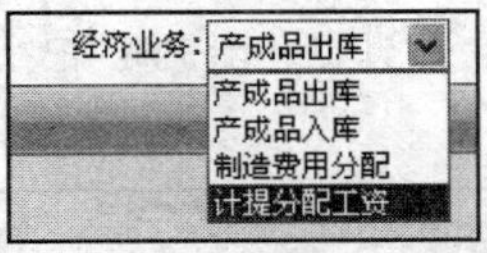

图 4.1-55　经济业务选择界面(财务经理)

(5) 填写“计提分配工资”记账凭证(如图 4.1-56～图 4.1-58 所示)。

【原始单据选择】　经济业务：计提分配工资　查询

经济业务	单据名称	日期	状态	☐
计提分配工资	工时汇总表	2012-01-31	未用	☑
计提分配工资	工资费用分配表	2012-01-31	未用	☑
计提分配工资	工资汇总表	2012-01-31	未用	☑
计提分配工资	薪酬类费用表	2012-01-31	未用	☑

导入记账凭证

图 4.1-56　工资分配原始单据选择界面

记 账 凭 证

凭证字：记　凭证号：45　附单据：4 张

日期：2012-01-31

摘要	会计科目	借方金额	贷方金额
计提2012年1月工资薪酬	50010102 生产成本 空调 －直接人工	85520000	
计提2012年1月工资薪酬	510105 制造费用 工资薪酬	2648000	
计提2012年1月工资薪酬	53010102 研发支出 空调 －工资薪酬	6316000	
计提2012年1月工资薪酬	660104 销售费用 工资薪酬	5220993	
计提2012年1月工资薪酬	660207 管理费用 工资薪酬	2648000	

图 4.1-57　“计提分配工资”记账凭证(1)

(6) 填写“制造费用分配”记账凭证(如图 4.1-59、图 4.1-60 所示)。

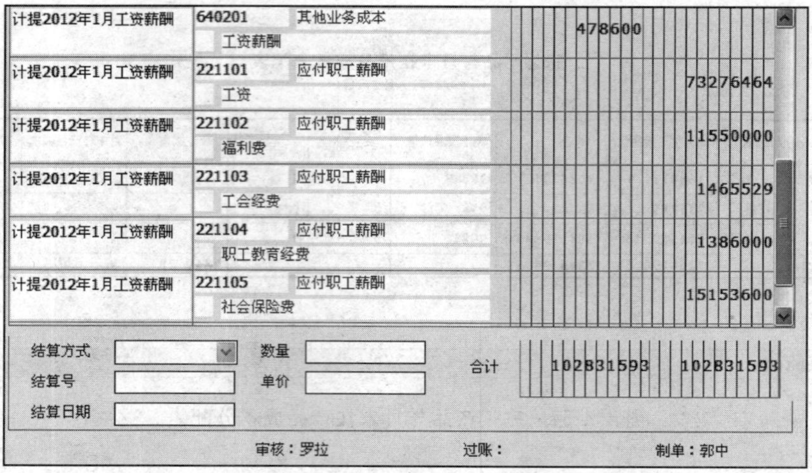

图 4.1-58 “计提分配工资”记账凭证(2)

图 4.1-59 制造费用分配原始单据选择界面

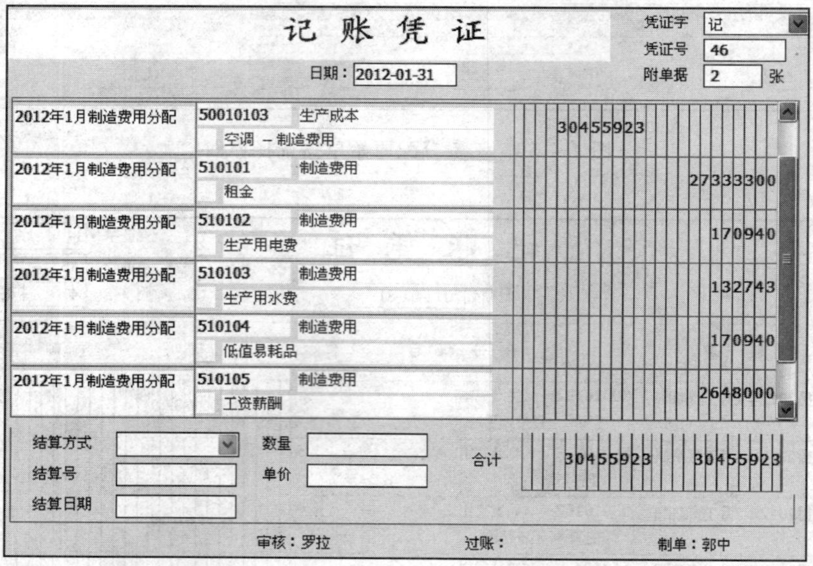

图 4.1-60 “制造费用分配”记账凭证

(7) 填写“产成品入库”记账凭证(如图 4.1-61 所示)。

(8) 财务经理进行“凭证审核”、“凭证过账”后，库存商品明细账将自动进行全月一次性加权平均，自动计算出库存商品单价。结合该单价，可结转当月出库商品的成本，填写“产成品出库”记账凭证(如图 4.1-62、图 4.1-63 所示)。

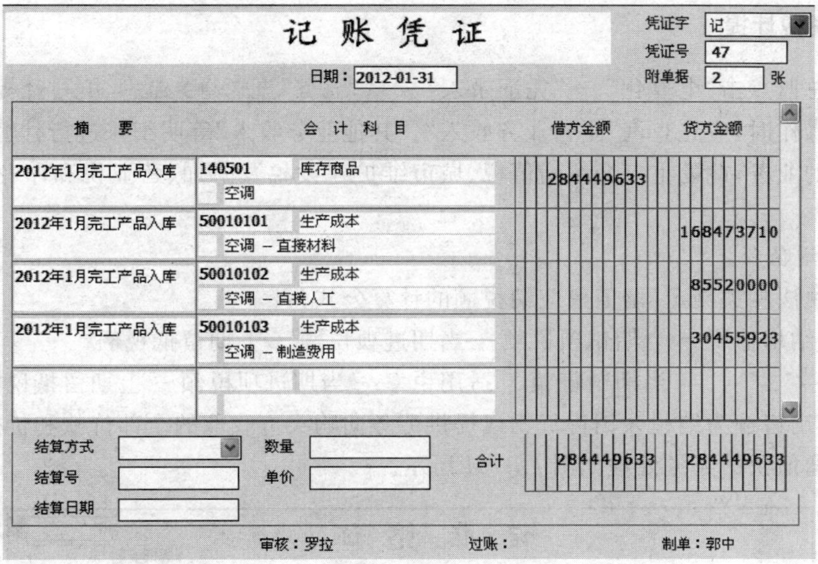

图 4.1-61　“产成品入库”记账凭证

图 4.1-62　产成品出库凭证填制原始单据选择界面

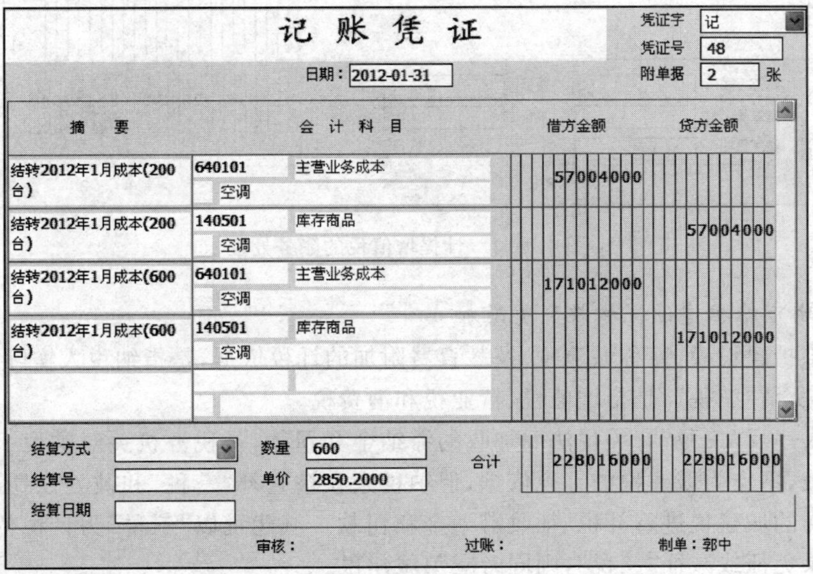

图 4.1-63　“产成品出库”记账凭证

五、税费计提

财务总监点击“电算化”→“凭证录入”→ 直接录入,无原始单据凭证 ,填写计提税费的记账凭证。操作时,应先查询“主营业务收入”、“其他业务收入”等明细账进行计算。根据平台所涉及的业务,此处重点介绍增值税、城市维护建设税及附加、营业税和印花税的计提处理。

(一)增值税

根据税法相关规定,增值税应纳税额的计算公式为:

应纳增值税 = 当期销项税额 − 当期进项税额 − 上期留抵税额

= 当期销售额 × 适用税率 − 当期进项税额 − 上期留抵税额

其中,销售额为纳税人销售货物或提供劳务向购买方收取的全部价款和价外费用。

计提增值税的账务处理如图 4.1-64 所示。

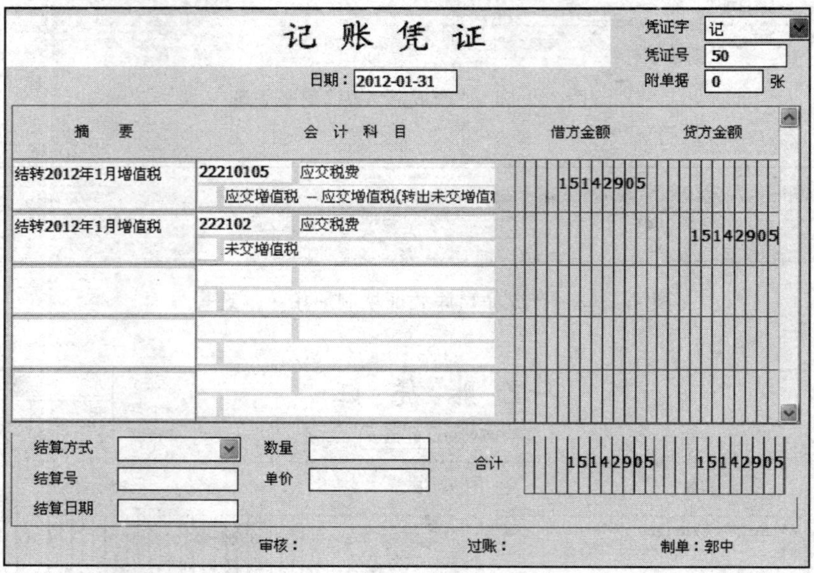

图 4.1-64 计提增值税的账务处理

(二)城市维护建设税和教育费附加

城市维护建设税(简称城建税)及教育费附加的计税依据,是指纳税人实际缴纳的“三税”税额。所谓“三税”,是指增值税、营业税和消费税。

纳税人违反“三税”有关税法而加收的滞纳金和罚款,是税务机关对纳税人违法行为的经济制裁,不作为城建税的计税依据,但纳税人在被查补“三税”和被处以罚款时,应同时对其偷漏的城建税进行补税、征收滞纳金和罚款。城建税以“三税”为计税依据并同时征收。如果免征或减征“三税”,则同时减免城建税。

城建税及教育费附加应纳税额的计算公式为:

应纳税额=纳税人实际缴纳的增值税、消费税、营业税税额×适用税率

计提城建税及教育费附加的账务处理如图 4.1-65 所示。

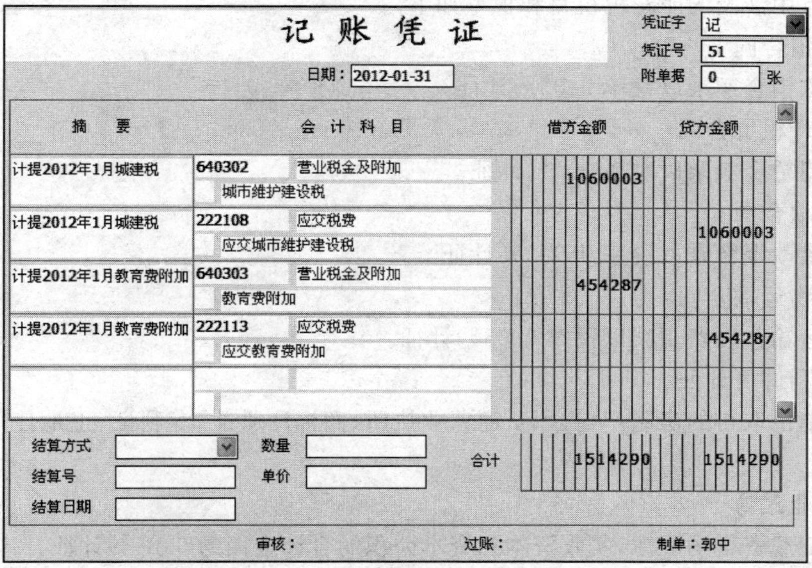

记 账 凭 证

凭证字 记　凭证号 51　附单据 0 张

日期：2012-01-31

摘　要	会计科目	借方金额	贷方金额
计提2012年1月城建税	640302 营业税金及附加 城市维护建设税	1060003	
计提2012年1月城建税	222108 应交税费 应交城市维护建设税		1060003
计提2012年1月教育费附加	640303 营业税金及附加 教育费附加	454287	
计提2012年1月教育费附加	222113 应交税费 应交教育费附加		454287
	合计	1514290	1514290

结算方式　数量　结算号　单价　结算日期

审核：　过账：　制单：郭中

图 4.1-65　计提城建税及教育费附加的账务处理

（三）营业税

本平台中模拟企业可能涉及营业税的主要有三个行业。

1. 交通运输业

交通运输业的营业税税率为3%。

2. 金融保险业

金融是指经营货币资金融通活动的业务，包括贷款、融资租赁、金融商品转让、金融经纪业务和其他金融业务。贷款业务的营业额为贷款利息收入，包括各种加息、罚息等。

买卖金融商品可在统一会计年度末，将不同纳税期出现的正差和负差按同一会计年度汇总的方式计算并缴纳营业税。如果汇总计算应缴纳的营业税税额小于本年已缴纳的营业税税额，可以向税务机关申请办理退税，但不得将一个会计年度汇总后仍为负差的部分结转至下一会计年度。

3. 餐饮服务业

餐饮服务业的营业税税率为5%。

本平台中，模拟企业当月未涉及营业税业务。

（四）印花税

我国的印花税是以经济活动中签立的各种合同、产权转移书据、营业账簿、权利许可证等应税凭证文件为对象所征的税。印花税由纳税人按规定应税的比例和定额自行购买并粘贴印花税票，即完成纳税义务。证券交易印花税是印花税的一部分，根据书立证券交易合同的金额对卖方计征，税率为1‰。

经国务院批准，财政部决定从 2008 年 9 月 19 日起，对证券交易印花税政策进行调整，由现行双边征收改为单边征收，即只对卖出方（或继承、赠与 A 股、B 股股权的出让方）征收证券（股票）交易印花税，对买入方（受让方）不再征税，税率仍保持1‰。

本平台中涉及的印花税税目和税率如下。

1. 购销合同

按照购销金额乘以税率0.03%计征。

2. 财产租赁合同

按照租赁金额乘以税率0.1%计征。

3. 借款合同

按照借款金额乘以税率0.005%计征。

4. 货物运输合同

按照运输收取费用乘以税率0.05%计征。

5. 权利许可证照

按照单位取得的房屋产权证、工商营业执照、商标注册证、专利证、土地使用证每件5元计征。

6. 营业账簿

按照记载资金的账簿,实收资本和资本公积的合计金额的0.05%计征。

企业缴纳印花税或购买印花税票时的账务处理如下。

借：管理费用

　　贷：银行存款——库存现金

六、财务成果核算

企业财务成果也称企业盈亏,是企业收入与费用的差额,是衡量企业经营管理最重要的综合指标。因此,进行财务成果核算的最重要工作就是正确计算企业在一定会计期间的盈亏,而正确计算盈亏的前提是确认各期的收入和费用。

企业的收入,广义地讲不仅包括营业收入,还应包括营业外收入和投资收益。企业的费用,广义地讲不仅包括为取得营业收入而发生的各种耗费,还包括营业外支出和所得税等。

按照我国有关法规规定,企业实现的净利润还要进行分配,如提取盈余公积和向投资者分配利润等。因此,计算确定企业实现的利润并对其进行分配,就构成了企业财务成果核算的主要内容。

财务成果核算所涉及的主要业务及其账务处理如下。

(1) 结转各项收入的账务处理如下。

借：主营业务收入

　　其他业务收入

　　投资收益

　　公允价值变动损益

　　营业外收入等

　　贷：本年利润

(2) 结转各项费用支出的账务处理如下。

借：本年利润

贷：主营业务成本

其他业务支出

营业外支出

营业税金及附加

销售费用

管理费用

财务费用

资产减值损失等

(3) 计算会计利润。根据企业会计人员记录的"本年利润"账户的借、贷方发生业务额的差额来确定企业当年经营的盈亏。

(4) 进行纳税调整，计算结转所得税费用。计算公式为：

$$应纳税所得税额 = 会计利润 \pm 纳税调整额$$

$$应纳税所得额 = 应纳税所得额 \times 所得税率$$

根据所得税法的规定，所得税税率为25%。

① 确认所得税费用的账务处理如下。

借：所得税费用

贷：应交税费——应交所得税

② 结转所得税费用的账务处理如下。

借：本年利润

贷：所得税费用

(5) 计算净利润。计算公式为：

$$净利润 = 会计利润 - 所得税费用$$

进行利润分配的账务处理如下。

借：利润分配——提取盈余公积

利润分配——应付股利

贷：盈余公积

应付股利

(6) 年末结转实现的利润和已分配利润。

① 结转本年实现的净利润(或亏损)的账务处理如下。

借：本年利润

贷：利润分配——未分配利润

企业若亏损，则做相反的账务处理。

借：利润分配——未分配利润

贷：本年利润

② 结转本年已分配的利润的账务处理如下。

借：利润分配——未分配利润

贷：利润分配——提取盈余公积

利润分配——应付股利

年末结转后，利润分配科目除“未分配利润”明细科目外，其他明细科目应无余额。“利润分配——未分配利润”科目的余额反映的是企业未分配利润(或未弥补的亏损)。

本平台中财务经理结转损益后，系统会自动生成损益结转的凭证(如图 4.1-66 所示)。财务经理审核无误后，再过账，系统会自动生成资产负债表和利润表。经审核无误后，方可进行结账(详见本书第 3 篇中“凭证过账”、“结转损益”部分的内容)。

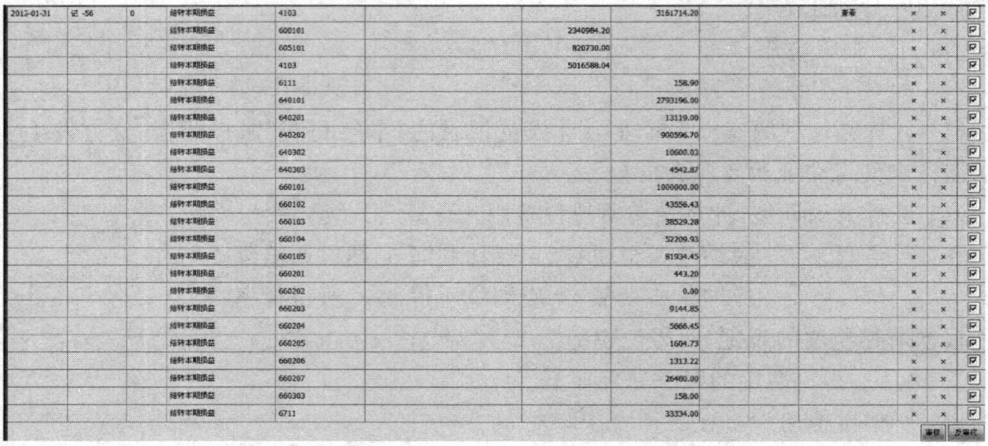

2012-01-31	记 -56	0	结转本期损益	4103			3161714.20			查看	×	×
			结转本期损益	600101		2340984.20					×	×
			结转本期损益	605101		820730.00					×	×
			结转本期损益	4103		5016588.04					×	×
			结转本期损益	6111			158.90				×	×
			结转本期损益	640101			2793196.00				×	×
			结转本期损益	640201			13119.00				×	×
			结转本期损益	640202			900596.70				×	×
			结转本期损益	640302			10600.03				×	×
			结转本期损益	640303			4542.87				×	×
			结转本期损益	660101			1000000.00				×	×
			结转本期损益	660102			43556.43				×	×
			结转本期损益	660103			38529.28				×	×
			结转本期损益	660104			52209.93				×	×
			结转本期损益	660105			81934.45				×	×
			结转本期损益	660201			443.20				×	×
			结转本期损益	660202			0.00				×	×
			结转本期损益	660203			9144.85				×	×
			结转本期损益	660204			5666.45				×	×
			结转本期损益	660205			1604.73				×	×
			结转本期损益	660206			1313.22				×	×
			结转本期损益	660207			26480.00				×	×
			结转本期损益	660303			158.00				×	×
			结转本期损益	6711			33334.00				×	×

图 4.1-66　损益结转(财务经理)

4.1.4　其他业务

企业在正常生产运作一段时间后，需要扩大生产规模及调整产品结构，这时候就要考虑是否要加入其他能够给企业带来更快、更好的现金流的生产经营模式。企业可以根据自身条件和市场需求，选择增加其他经营范围。通过其他业务的执行，使企业的规模不断壮大，企业利润不断增加，企业进入成熟发展期。

企业扩大生产、改变原有的经营范围，要先进行资格认证。本平台中可以点击申请卫生经营许可证和道路运输许可证，待审批通过后可以查看许可证书，然后申请进行工商变更登记，方能开展餐饮服务和运输报务。工商登记变更后 30 日内需办理税务登记变更手续。

一、餐饮业务

模拟企业打算扩大生产，对外提供餐饮服务。此时，需购买餐饮用具，购买或租赁操作场所，招聘厨师。

(一) 购买餐饮用具

【典型业务 32】 2012 年 1 月 20 日，公司为开展餐饮劳务业务，购买餐饮炊具 A，价款 58 500 元，款已付。根据银行进账单回单，其账务处理如图 4.1-67 所示。

(二) 租赁餐饮操作间

【典型业务 33】 2012 年 1 月 20 日，公司为开展餐饮劳务业务，租赁餐饮操作间 A，

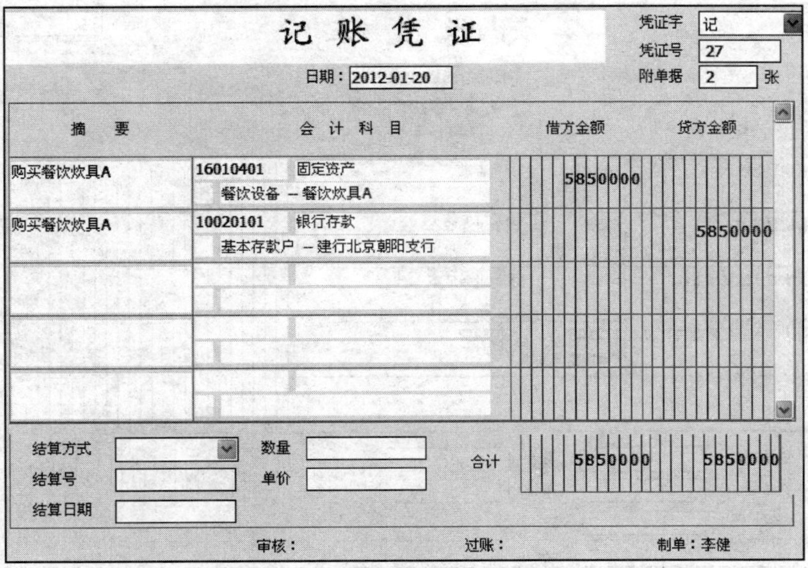

记 账 凭 证

凭证字：记　凭证号：27　附单据：2 张

日期：2012-01-20

摘要	会计科目	借方金额	贷方金额
购买餐饮炊具A	16010401 固定资产 餐饮设备 —餐饮炊具A	5850000	
购买餐饮炊具A	10020101 银行存款 基本存款户 —建行北京朝阳支行		5850000

结算方式　数量　结算号　单价　结算日期　合计 5850000 5850000

审核：　过账：　制单：李健

图 4.1-67　购买餐饮用具的账务处理

面积 50 平方米，租期 1 年，每月租金 8 333 元。租金按月支付，首次支付 4 个月租金，其中 1 个月租金为押金，最后一次支付租金时可以抵掉，少付 1 个月的租金。首次租金已付。根据房屋租赁合同、发票及银行进账单回单，其账务处理如图 4.1-68 所示。

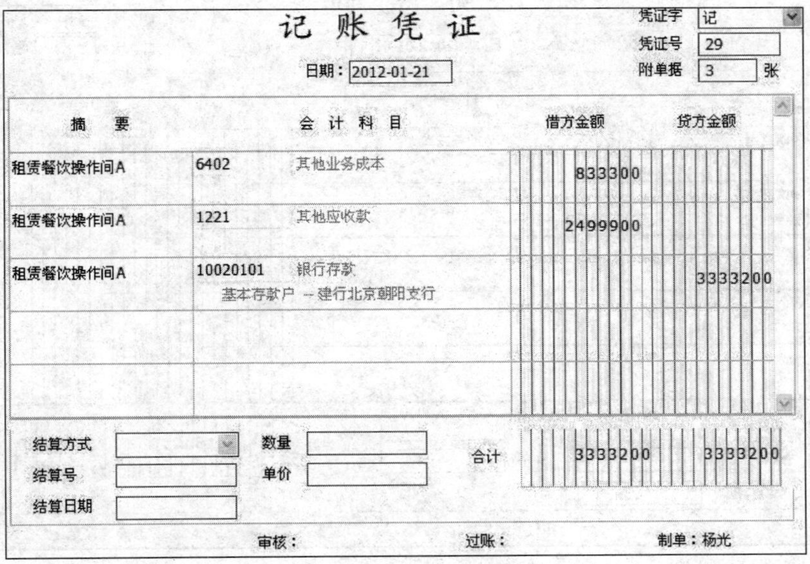

记 账 凭 证

凭证字：记　凭证号：29　附单据：3 张

日期：2012-01-21

摘要	会计科目	借方金额	贷方金额
租赁餐饮操作间A	6402 其他业务成本	833300	
租赁餐饮操作间A	1221 其他应收款	2499900	
租赁餐饮操作间A	10020101 银行存款 基本存款户 —建行北京朝阳支行		3333200

结算方式　数量　结算号　单价　结算日期　合计 3333200 3333200

审核：　过账：　制单：杨光

图 4.1-68　租赁餐饮操作间的账务处理

（三）取得餐饮劳务收入

【典型业务 34】　2012 年 2 月 1 日，公司收到餐饮业务收入 50 000 元，同时计算应交营业税 2 500 元。根据取得的银行进账单回单和发票账单，其账务处理如图 4.1-69 所示。

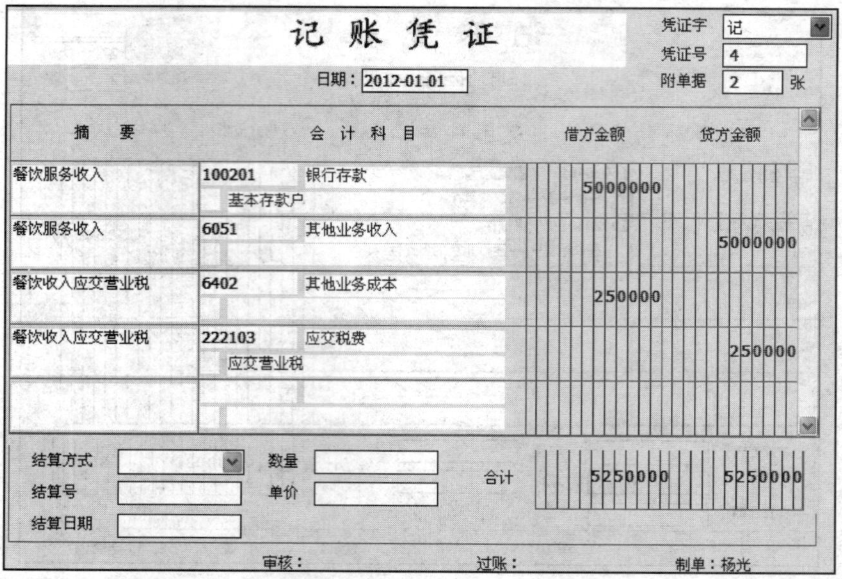

记 账 凭 证

凭证字：记　凭证号：4　附单据：2 张

日期：2012-01-01

摘要	会计科目	借方金额	贷方金额
餐饮服务收入	100201 银行存款 基本存款户	5000000	
餐饮服务收入	6051 其他业务收入		5000000
餐饮收入应交营业税	6402 其他业务成本	250000	
餐饮收入应交营业税	222103 应交税费 应交营业税		250000
合计		5250000	5250000

结算方式　数量　结算号　单价　结算日期

审核：　过账：　制单：杨光

图 4.1-69　取得餐饮劳务收入的账务处理

【典型业务 35】 企业为开展餐饮支出劳务费用 21 600 元。根据取得的银行进账单回单、报销单，其账务处理如图 4.1-70 所示。

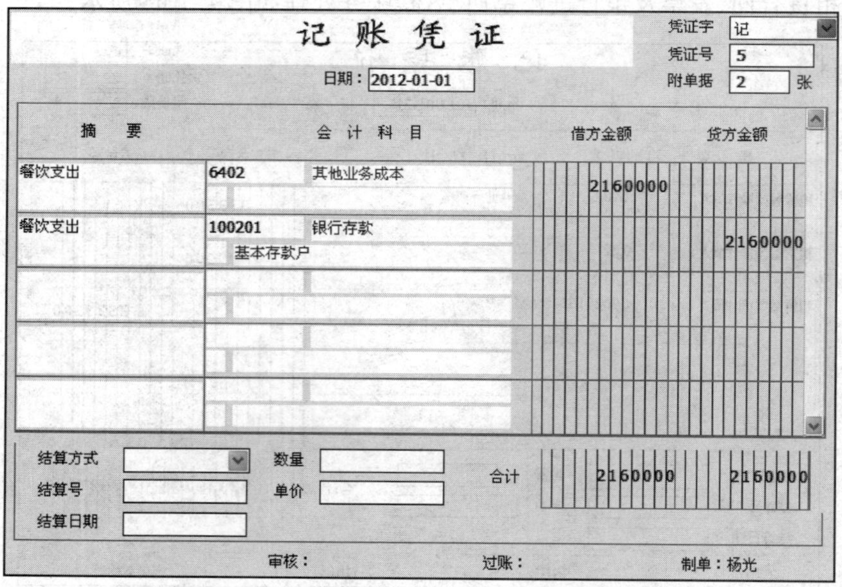

记 账 凭 证

凭证字：记　凭证号：5　附单据：2 张

日期：2012-01-01

摘要	会计科目	借方金额	贷方金额
餐饮支出	6402 其他业务成本	2160000	
餐饮支出	100201 银行存款 基本存款户		2160000
合计		2160000	2160000

结算方式　数量　结算号　单价　结算日期

审核：　过账：　制单：杨光

图 4.1-70　支出劳务费用的账务处理

二、运输业务

模拟企业为开展运输业务，需购置运输车辆、招聘司机。

（一）购置运输车辆

【典型业务 36】　2012 年 1 月 1 日，企业购入运输业务用货车 1 辆，计 175 500 元。根据取得的增值税专用发票、银行进账单回单，其账务处理如图 4.1-71 所示。

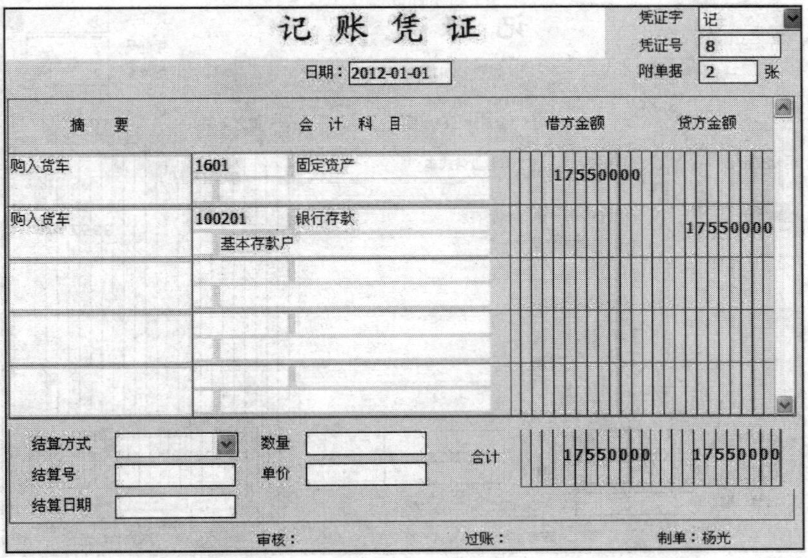

记 账 凭 证

凭证字：记　凭证号：8　附单据：2 张

日期：2012-01-01

摘　要	会 计 科 目		借方金额	贷方金额
购入货车	1601	固定资产	17550000	
购入货车	100201	银行存款　基本存款户		17550000
合计			17550000	17550000

结算方式　数量　结算号　单价　结算日期

审核：　过账：　制单：杨光

图 4.1-71　购置运输车辆的账务处理

（二）取得运输业务收入

【典型业务 37】　2012 年 2 月 1 日，企业取得运输业务收入 51 200 元，应支付营业税 1 536 元。根据取得的银行电子汇收款回单、运输业发票，其账务处理如图 4.1-72 所示。

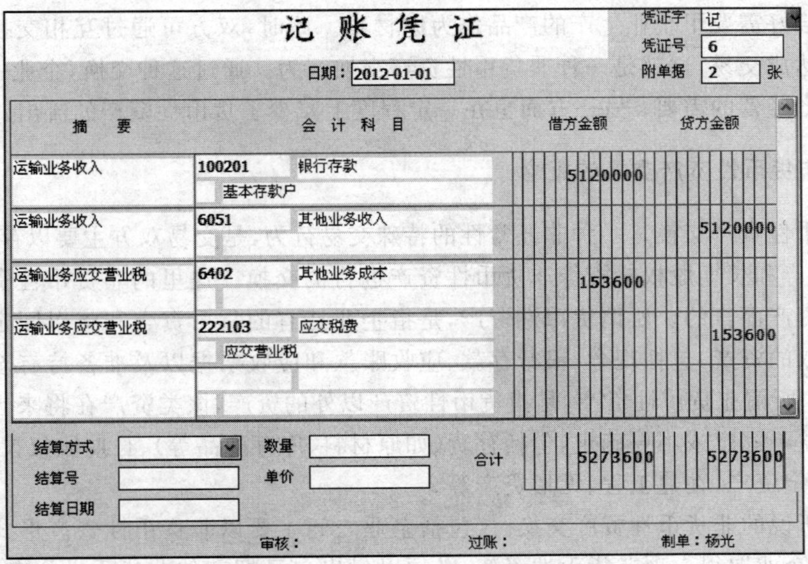

记 账 凭 证

凭证字：记　凭证号：6　附单据：2 张

日期：2012-01-01

摘　要	会 计 科 目		借方金额	贷方金额
运输业务收入	100201	银行存款　基本存款户	5120000	
运输业务收入	6051	其他业务收入		5120000
运输业务应交营业税	6402	其他业务成本	153600	
运输业务应交营业税	222103	应交税费　应交营业税		153600
合计			5273600	5273600

结算方式　数量　结算号　单价　结算日期

审核：　过账：　制单：杨光

图 4.1-72　取得运输业务收入的账务处理

（三）支付运输业务成本

【典型业务 38】 2012 年 2 月 1 日，企业报销运输业务支出 39 920 元。根据银行进账单回单、报销单据，其账务处理如图 4.1-73 所示。

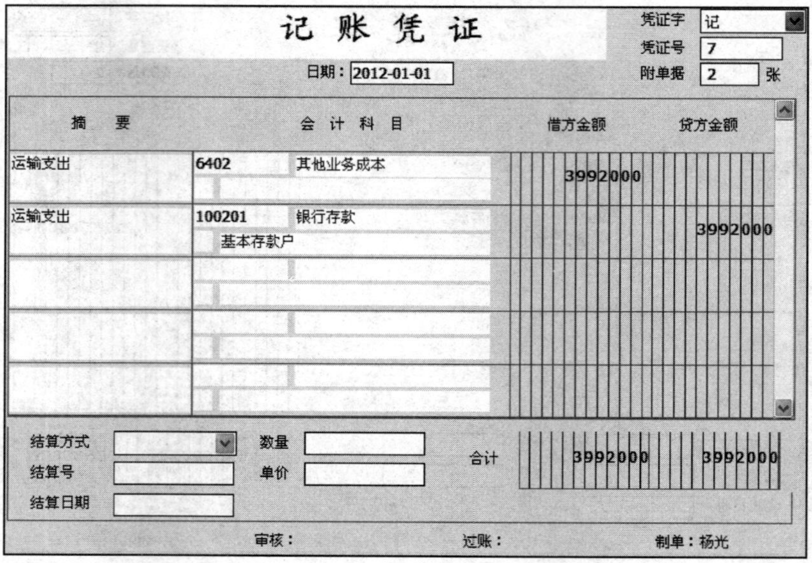

图 4.1-73 支付运输业务成本的账务处理

4.1.5 特殊业务——非货币性资产交换

企业在生产经营过程中，有时会出现这种状况：甲企业需要乙企业拥有的某项设备，而乙企业恰好需要甲企业生产的产品作为原材料。此时，双方可通过互相交换上述设备和原材料达成交易，这就是一种非货币性资产交换行为。通过这种交换，企业一方面满足了各自生产经营的需要；另一方面也在一定程度上减少了货币性资产的流出。

一、非货币性资产交换的概念

非货币性资产交换是一种非经常性的特殊交易行为，是交易双方主要以存货、固定资产、无形资产和长期股权投资等非货币性资产进行的交换。这里的非货币性资产是相对于货币性资产而言的。所谓货币性资产，是指企业持有的货币资金和将以固定或可确定的金额收取的资产，包括现金、银行存款、应收账款和应收票据以及准备持有至到期的债券投资等；所谓非货币性资产，是指货币性资产以外的资产，该类资产在将来为企业带来的经济利益不固定或不可确定，包括存货(如原材料、库存商品等)、长期股权投资、投资性房地产、固定资产、在建工程、无形资产等。

这里所说的非货币性资产交换，仅包括企业之间主要以非货币性资产形式进行的互惠转让，即企业取得一项非货币性资产，必须以付出自己拥有的非货币性资产作为代价。企业与所有者或所有者以外发生的非货币性资产非互惠转让，如以非货币性资产作为股利发放给股东，或政府无偿提供非货币性资产给企业等，或在企业合并、债务重组中取得的非货币性资产，或企业以发行股票形式取得的非货币性资产等，均不属于本章所讲的非货币性资产交换的范围。

二、非货币性资产交换的认定

从非货币性资产交换的概念可以看出，非货币性资产交换的交易对象主要是非货币性资产，交易中一般不涉及货币性资产，或只涉及少量货币性资产即补价。一般认为，如果补价占整个资产交换金额的比例低于5%，则认定所涉及的补价为“少量”，该交换为非货币性资产交换；如果该比例等于或高于5%，则视为货币性资产交换。

三、非货币性资产交换的账务处理

根据换出资产类别的不同，非货币性资产交换的账务处理可分为以下几种情况。

(1) 换出资产为存货的，应当视同存货销售处理，按照公允价值确认销售收入，同时结转销售成本，销售收入与销售成本之间的差额即换出资产公允价值与换出资产账面价值的差额，在利润表中作为营业利润的构成部分予以列示。

(2) 换出资产为固定资产、无形资产的，应当视同固定资产、无形资产处置处理，换出资产公允价值与换出资产账面价值的差额计入营业外收入或营业外支出。

(3) 换出资产为长期股权投资的，应当视同长期股权投资处置处理，换出资产公允价值与换出资产账面价值的差额计入投资收益。

非货币性资产交换涉及相关税费的，如换出存货视同销售计算的增值税销项税额，换入资产作为存货、固定资产应当确认的增值税进项税额，以及换出固定资产、无形资产视同转让应交纳的增值税、营业税等，按照相关税收规定计算。

(4) 涉及补价情况下的会计处理。在以公允价值确定换入资产成本的情况下，发生补价的，支付补价方和收到补价方应分别处理。

① 支付补价方应以换出资产的公允价值加上支付的补价(或换入资产的公允价值)和应支付的相关税费作为换入资产的成本；换入资产成本与换出资产账面价值加支付的补价、应支付的相关税费之和的差额应当计入当期损益。其计算公式为：

换入资产成本 = 换出资产公允价值 + 支付的补价 + 应支付的相关税费

计入当期损益的金额 = 换入资产成本 −(换出资产账面价值 + 支付的补价 + 应支付的相关税费)

= 换出资产公允价值 − 换出资产账面价值

② 收到补价方应以换入资产的公允价值(或换出资产的公允价值减去补价)和应支付的相关税费作为换入资产的成本；换入资产成本加收到的补价之和与换出资产账面价值加应支付的相关税费之和的差额应当计入当期损益。其计算公式为：

换入资产成本 = 换出资产公允价值 − 收取的补价 + 应支付的相关税费

计入当期损益的金额 =(换入资产成本 + 收到的补价)−(换出资产账面价值 + 应支付的相关税费)

= 换出资产公允价值 − 换出资产账面价值

在涉及补价的情况下，对支付补价方而言，作为补价的货币性资产构成换入资产所放弃对价的一部分；对收到补价方而言，作为补价的货币性资产构成换入资产的一部分。

取得换入资产时的账务处理如下。

借：原材料

　　应交税金——应交增值税(进项税额)

　　贷：主营业务收入

　　　　应交税金——应交增值税(销项税额)

　　　　银行存款(支付的补价)

结转换出资产成本时的账务处理如下。

借：主营业务成本

　　贷：库存商品

【典型业务 39】 2012 年 1 月 22 日，企业售出产成品空调，数量 180 台，总额 484 988.63 元，用来交换洗衣机机械材料，数量 684 套，总额 484 880.76 元，原材料已验收入库，收取货款差价金额 107.87 元。售出商品成本于月末集中结转。根据易货贸易合同、银行汇划收款回单、增值税专用发票、出库单、入库单等原始单据，其账务处理如图 4.1-74～图 4.1-76 所示。

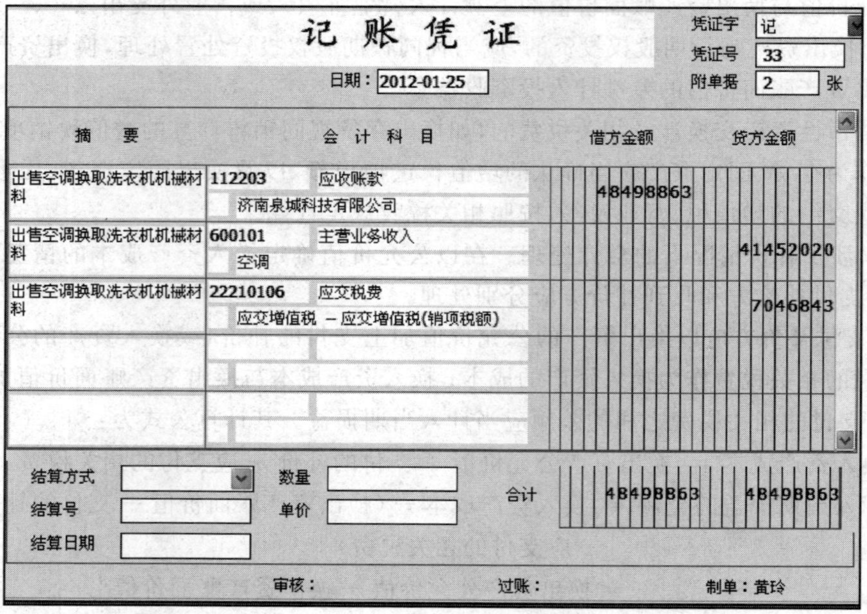

记账凭证

凭证字 记　凭证号 33　附单据 2 张

日期：2012-01-25

摘要	会计科目		借方金额	贷方金额
出售空调换取洗衣机机械材料	112203	应收账款 济南泉城科技有限公司	48498863	
出售空调换取洗衣机机械材料	600101	主营业务收入 空调		41452020
出售空调换取洗衣机机械材料	22210106	应交税费 应交增值税 －应交增值税(销项税额)		7046843

结算方式　数量　结算号　单价　结算日期

合计　48498863　48498863

审核：　过账：　制单：黄玲

图 4.1-74　非货币性资产交换的账务处理(1)

备注：非货币资产交换时的账务处理应注意补价的核算。本平台中，非货币资产交换假设均具有商业实质。所支付的补价不超过交换总金额(含税)的 5%。但由于系统原因，无法将所有原始单据集中在一起使用，故本案例业务分两笔进行会计处理，通过“应收账款”科目进行过渡。

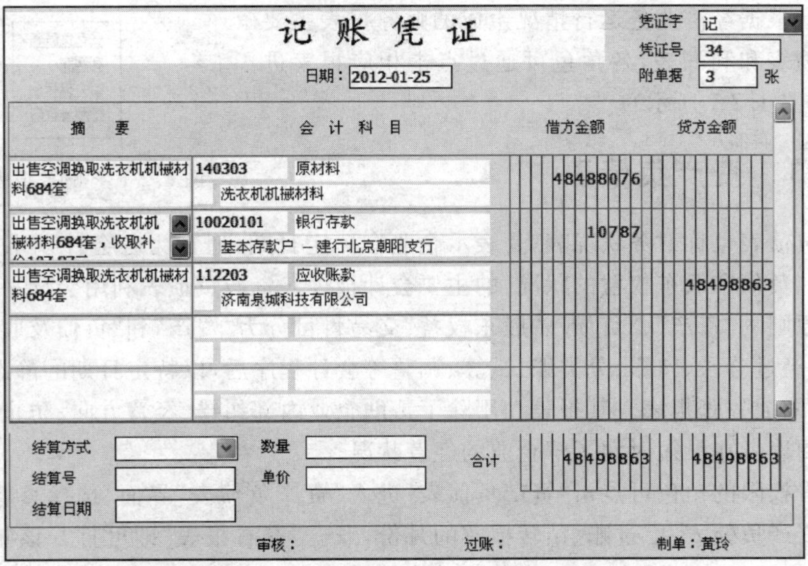

记 账 凭 证

凭证字 记　凭证号 34　附单据 3 张

日期：2012-01-25

摘要	会计科目	借方金额	贷方金额
出售空调换取洗衣机机械材料684套	140303 原材料 洗衣机机械材料	48488076	
出售空调换取洗衣机机械材料684套，收取补价107.87元	10020101 银行存款 基本存款户 －建行北京朝阳支行	10787	
出售空调换取洗衣机机械材料684套	112203 应收账款 济南泉城科技有限公司		48498863
合计		48498863	48498863

结算方式　结算号　结算日期　数量　单价

审核：　过账：　制单：黄玲

图 4.1-75　非货币性资产交换的账务处理(2)

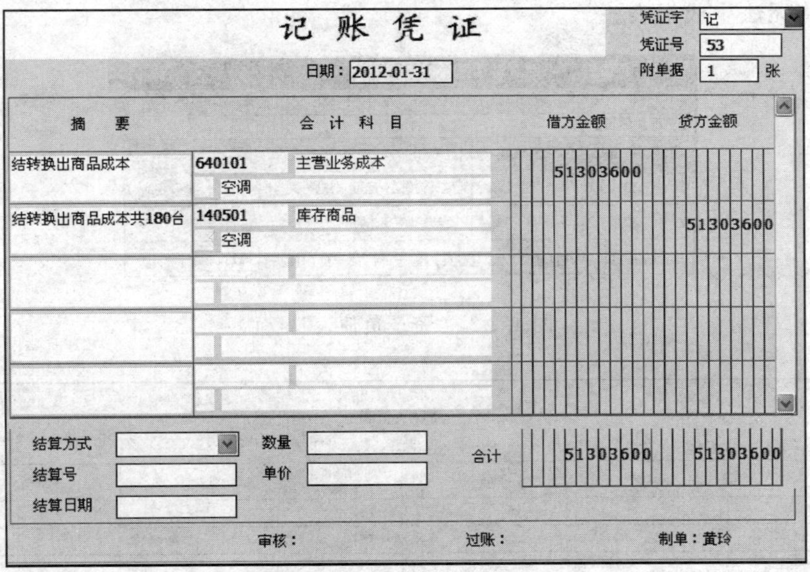

记 账 凭 证

凭证字 记　凭证号 53　附单据 1 张

日期：2012-01-31

摘要	会计科目	借方金额	贷方金额
结转换出商品成本	640101 主营业务成本 空调	51303600	
结转换出商品成本共180台	140501 库存商品 空调		51303600
合计		51303600	51303600

结算方式　结算号　结算日期　数量　单价

审核：　过账：　制单：黄玲

图 4.1-76　非货币性资产交换的账务处理(3)

4.2　财务报表

财务报表也称对外会计报表，是会计主体对外提供的反映会计主体财务状况和经营的会计报表，包括资产负债表、利润表、现金流量表及其附表和附注。财务报表是财务报告的主要部分，是以会计准则为规范编制的，是向所有者、债权人、政府及其他有关各方及社会公众等外部使用者披露的会计报表。

本平台根据经济业务运行情况生成的财务报表主要有资产负债表和利润表，各角色可通过点击相应报表进行查看(如图 4.2-1 所示)。

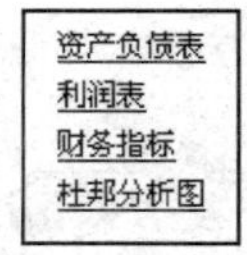

图 4.2-1 “财务报表”界面

4.2.1 资产负债表

资产负债表也称财务状况表，是表示企业在一定日期(通常为各会计期末)的财务状况(即资产、负债和股东权益的状况)的主要会计报表。资产负债表利用会计平衡原则，将合乎会计原则的“资产”、“负债”、“股东权益”交易科目分为“资产”和“负债及股东权益”两大区块，在经过分录、转账、分类账、试算、调整等会计程序后，以特定日期的静态企业情况为基准，浓缩成一张报表。其报表功用除了帮助企业内部纠错、经营方向、防止弊端外，也可让所有阅读者在最短时间了解企业的经营状况。

有查看权限的角色可点击“资产负债表”进入“资产负债表”界面，选择查看对应年份某月份的资产负债表，已过账、结转损益的月份，点击“查看报表”即可打开该年某月份资产负债表(如图 4.2-2 所示)。已过账、结转损益的月份若还没有正式生成报表，也可点击“生成报表”，系统将自动生成该月份资产负债表(如图 4.2-3 所示)。期末未过账、结转损益的月份将无法生成报表。

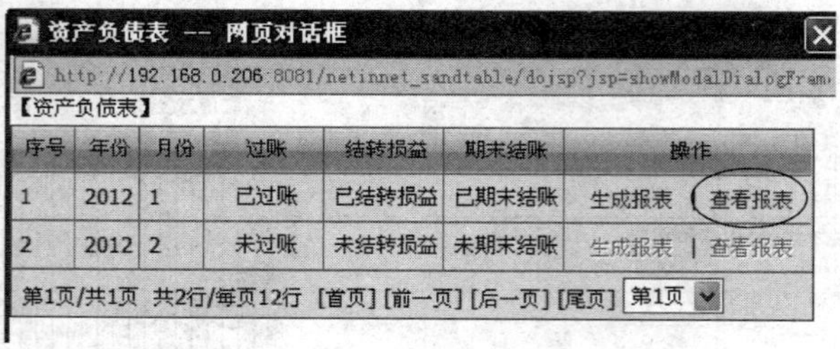

图 4.2-2 “资产负债表”界面

资产负债表

编制单位：华夏成长有限公司　　2012 年 01 月 31 日　　会企01表　单位：元

资　产	期末余额	年初余额	负债和所有者权益(或股东权益)	期末余额	年初余额
流动资产:			流动负债:		
货币资金	6069960.81	0.00	短期借款	5000000.00	0.00
交易性金融资产	658900.00	0.00	交易性金融负债	0.00	0.00
应收票据	0.00	0.00	应付票据	0.00	0.00
应收账款	0.00	0.00	应付账款	0.00	0.00
预付账款	0.00	0.00	预收账款	0.00	0.00
应收利息	0.00	0.00	应付职工薪酬	1028315.93	0.00
应收股利	0.00	0.00	应交税费	166571.95	0.00
其他应收款	844998.00	0.00	应付利息	0.00	0.00
存货	552687.92	0.00	应付股利	0.00	0.00
一年内到期的非流动资产	0.00	0.00	其他应付款	0.00	0.00
其他流动资产	0.00	0.00	一年内到期的非流动负债	0.00	0.00
流动资产合计	8126546.73	0.00	其他流动负债	0.00	0.00
非流动资产：			流动负债合计	6194887.88	0.00
可供出售金融资产	0.00	0.00	非流动负债：		

图 4.2-3 查看预生成的资产负债表

4.2.2　利润表

利润表主要提供有关企业经营成果方面的信息，是反映企业在一定会计期间经营成果的报表。

编制利润表的主要目的是将企业经营成果的信息提供给各种报表用户，便于会计报表使用者判断企业未来的发展趋势，以供他们作为决策的依据或参考。

本平台中利润表的生成、查看方法（如图 4.2-4、图 4.2-5 所示）与资产负债表相同。

利润表 -- 网页对话框

http://192.168.0.206:8081/netinnet_sandtable/dojsp?jsp=showModalDialogFram

【利润表】

序号	年份	月份	过账	结转损益	期末结账	操作
1	2012	1	已过账	已结转损益	已期末结账	生成报表　查看报表
2	2012	2	未过账	未结转损益	未期末结账	生成报表 | 查看报表

第1页/共1页　共2行/每页12行　[首页] [前一页] [后一页] [尾页] 第1页

图 4.2-4　利润表查看操作界面

利　润　表

会企02表

编制单位：华夏成长有限公司　　2012年　1月　　单位：元

项　目	本 期 金 额	上 期 金 额
一、营业收入	3161714.20	0
减：营业成本	3706911.70	0
营业税金及附加	15142.90	0
销售费用	1216230.09	0
管理费用	44652.45	0
财务费用	158.00	0
资产减值损失	0.00	0
加：公允价值变动收益（损失以“-”填列）	0.00	0
投资收益（损失以“-”填列））	-158.90	0
其中：对联营企业和合营企业的投资收益	0	0
二、营业利润（亏损以“-”填列）	-1821539.84	0
加：营业外收入	0.00	0
减：营业外支出	33334.00	0
其中：非流动资产处置损失	0	0
三、利润总额（亏损总额以“-”号填列）	-1854873.84	0
减：所得税费用	0.00	0
四、净利润（净亏损以”-“号填列）	-1854873.84	0
五、每股收益：		
（一）基本每股收益		
（二）稀释每股收益		

单位负责人　　会计主管　　复核　　制表

图 4.2-5　查看预生成的利润表

4.3 财务分析

4.3.1 财务指标分析

财务分析是以企业财务报表为主要信息，并结合其他信息来源，对企业当前的状况做出综合评价，对未来发展趋势做出预测，从而帮助报表使用者改善管理并优化决策的一种专门技术。财务分析是评价企业财务状况、衡量经营业绩的重要依据，是挖掘潜力、改进工作、实现理财目标的重要手段，是合理实施投资决策的重要步骤。

财务指标分析是指总结和评价企业财务状况与经营成果的分析指标，具体包括偿债能力指标、运营能力指标、获利能力指标和发展能力指标，这四者是相辅相成的关系。财务分析信息的需求者主要包括企业投资者、债权人、经营管理者和政府等。不同主体的利益视角不同，对财务分析的目的和侧重点也不一样。

本平台设计的财务指标主要涉及以下几个方面。

一、偿债能力分析

偿债能力是指企业偿还到期债务(包括本息)的能力。偿债能力分析包括短期偿债能力分析和长期偿债能力分析。

(一) 短期偿债能力分析

短期偿债能力是指企业流动资产对流动负债及时足额偿还的保证程度，是衡量企业当前财务能力，特别是流动资产变现能力的重要标志。

企业短期偿债能力分析主要采用比率分析法，衡量指标主要有流动比率、速动比率和现金流动负债率。

1. 流动比率

流动比率是流动资产与流动负债的比率，表示企业每元流动负债有多少流动资产作为偿还的保证，反映了企业以流动资产偿还流动负债的能力。其计算公式为：

$$流动比率=流动资产\div流动负债$$

一般情况下，流动比率越高，反映企业短期偿债能力越强，因为该比率越高，不仅反映企业拥有较多的营运资金抵偿短期债务，而且表明企业可以变现的资产数额较大，债权人的风险越小。但是，过高的流动比率并不是好现象。

从理论上讲，流动比率维持在 2∶1 是比较合理的。但是，由于行业性质不同，流动比率的实际标准也不同。所以，在分析流动比率时，应将其与同行业平均流动比率、本企业历史的流动比率进行比较，才能得出合理的结论。

2. 速动比率

速动比率又称酸性测试比率，是企业速动资产与流动负债的比率。其计算公式为：

$$速动比率=速动资产\div流动负债$$

其中：

$$速动资产=流动资产-存货$$

或

$$速动资产=流动资产-存货-预付账款-待摊费用$$

计算速动比率时，流动资产中扣除存货，是因为存货在流动资产中变现速度较慢，有些存货可能滞销，无法变现。至于预付账款和待摊费用，它们根本不具有变现能力，只是减少企业未来的现金流出量，所以理论上也应加以剔除，但实务中，由于它们在流动资产中所占的比重较小，计算速动资产时也可以不扣除。

传统经验认为，速动比率维持在1∶1较为正常，它表明企业的每1元流动负债就有1元易于变现的流动资产来抵偿，即短期偿债能力有可靠的保证。

速动比率过低，企业的短期偿债风险较大；速动比率过高，企业在速动资产上占用资金过多，会增加企业投资的机会成本。但以上评判标准并不是绝对的。

3. 现金流动负债比率

现金流动负债比率是企业一定时期的经营现金净流量与流动负债的比率，它可以从现金流量角度来反映企业当期偿付短期负债的能力。其计算公式为：

$$现金流动负债比率=年经营现金净流量\div 年末流动负债$$

式中，年经营现金净流量是指一定时期内，由企业经营活动所产生的现金及现金等价物的流入量与流出量的差额。

该指标是从现金流入和流出的动态角度对企业的实际偿债能力进行考察的。用该指标评价企业的偿债能力更为谨慎。该指标较大，表明企业经营活动产生的现金净流量较多，能够保障企业按时偿还到期债务。但该指标也不是越大越好，太大表示企业流动资金利用不充分，收益能力不强。

(二) 长期偿债能力分析

长期偿债能力是指企业偿还长期负债的能力。它的大小是反映企业财务状况稳定与否及安全程度高低的重要标志。其分析指标主要有四项：资产负债率、权益乘数、负债与有形净资产比率、利息保障倍数。

1. 资产负债率

资产负债率又称负债比率，是企业的负债总额与资产总额的比率。它表示在企业资产总额中，债权人提供资金所占的比重，以及企业资产对债权人权益的保障程度。其计算公式为：

$$资产负债率=\frac{负债总额}{资产总额}\times 100\%$$

资产负债率的高低对企业的债权人和所有者具有不同的意义。

债权人希望负债比率越低越好，此时，其债权的保障程度就越高。对所有者而言，最关心的是投入资本的收益率。只要企业的总资产收益率高于借款的利息率，举债越多，即负债比率越大，所有者的投资收益越大。

一般情况下，企业负债经营规模应控制在一个合理的水平，负债比重应掌握在一定的标准内。

2. 权益乘数

权益乘数又称股本乘数，是指资产总额相当于股东权益的倍数。权益乘数越大，表明所有者投入企业的资本占全部资产的比重越小，企业负债的程度越高；反之，该比率越小，表明所有者投入企业的资本占全部资产的比重越大，企业的负债程度越低，债权人权益受保护的程度越高。权益乘数的计算公式为：

$$权益乘数=资产总额\div股东权益总额$$

即

$$权益乘数=\frac{1}{1-资产负债率}$$

权益乘数较大，表明企业负债较多，一般会导致企业财务杠杆率较高，财务风险较大。这就要求企业在管理中必须寻求一个最优资本结构，以获取适当的 EPS/CEPS，从而实现企业价值最大化。如，在借入资本成本率小于企业的资产报酬单时，借入资金首先会产生避税效应（债务利息税前扣除），提高 EPS/CEPS，同时杠杆扩大，使企业价值随债务的增加而增加。但杠杆扩大也使企业的破产可能性上升，而破产风险又会使企业价值下降等。

权益乘数代表企业所有可供运用的总资产是业主权益的几倍。权益乘数越大，代表公司向外融资的财务杠杆倍数也越大，公司将承担较大的风险。但是，若公司营运状况刚好处于向上趋势中，较高的权益乘数反而可以创造更高的公司利润，通过提高公司的股东权益报酬率，对公司的股票价值产生正面的激励效果。

3. 负债与有形净资产比率

负债与有形净资产比率是负债总额与有形净资产的比例关系，表示企业有形净资产对债权人权益的保障程度。其计算公式为：

$$负债与有形净资产比率=\frac{负债总额}{有形净资产}\times100\%$$

其中：

$$有形净资产=所有者权益-无形资产-递延资产$$

企业的无形资产、递延资产一般难以作为偿债的保证，从净资产中将其剔除，可以更合理地衡量企业清算时对债权人权益的保障程度。该比率越低，表明企业的长期偿债能力越强。

4. 利息保障倍数

利息保障倍数又称为已获利息倍数，是企业息税前利润与利息费用的比率，是衡量企业偿付负债利息能力的指标。其计算公式为：

$$利息保障倍数=税息前利润\div利息费用$$

式中，利息费用是指本期发生的全部应付利息，包括流动负债的利息费用、长期负债中进入损益的利息费用以及进入固定资产原价中的资本化利息费用。

利息保障倍数越高，说明企业支付利息费用的能力越强；该倍数越低，说明企业越难以保证用经营所得来及时、足额地支付负债利息。因此，它是判断企业是否可以举债经营，衡量其偿债能力强弱的主要指标。

若要合理地确定企业的利息保障倍数，需将该指标与其他企业，特别是同行业平均水平进行比较。根据稳健原则，应以指标最低年份的数据作为参照物。但是，一般情况下，利息保障倍数不能低于 1。

二、营运能力分析

营运能力分析是指通过计算企业资金周转的有关指标来分析其资产利用的效率，是对企业管理层管理水平和资产运用能力的分析。

(一) 应收款项周转率

应收款项周转率也称应收款项周转次数，是一定时期内商品或产品主营业务收入净额与平均应收款项余额的比值，是反映应收款项周转速度的一项指标。其计算公式为：

应收款项周转率(次数)＝主营业务收入净额÷平均应收账款余额

其中：

主营业务收入净额 ＝ 主营业务收入 － 销售折让与折扣

平均应收账款余额 ＝(应收款项年初数 ＋ 应收款项年末数)÷2

应收款项周转天数 ＝ 360 ÷ 应收账款周转率

＝ 平均应收账款 × 360 ÷ 主营业务收入净额

应收账款包括“应收账款净额”和“应收票据”等全部赊销账款。应收账款净额是指扣除坏账准备后的余额，应收票据如果已向银行办理了贴现手续，则不应包括在应收账款余额内。

应收账款周转率反映了企业应收账款变现速度的快慢及管理效率的高低。周转率越高，表明：①收账迅速，账龄较短；②资产流动性强，短期偿债能力强；③可以减少收账费用和坏账损失，从而相对增加企业流动资产的投资收益。同时借助应收账款周转期与企业信用期限的比较，还可以评价购买单位的信用程度，以及企业原定的信用条件是否适当。

此外，在评价一个企业应收款项周转率是否合理时，还应与同行业的平均水平相比较。

(二) 存货周转率

存货周转率也称存货周转次数，是企业一定时期内的主营业务成本与存货平均余额的比率。它是反映企业的存货周转速度和销货能力的指标，也是衡量企业生产经营中存货营运效率的综合性指标。其计算公式为：

存货周转率(次数) ＝ 主营业务成本 ÷ 存货平均余额

存货平均余额 ＝(存货年初数 ＋ 存货年末数)÷2

存货周转天数 ＝ 360 ÷ 存货周转率 ＝ 平均存货 × 360 ÷ 主营业务成本

存货周转速度的快慢，不仅反映出企业采购、出错、生产、销售各环节管理工作状况的好坏，而且对企业的偿债能力及获利能力也有决定性的影响。一般来说，存货周转率越高越好，因为存货周转率越高，表明其变现的速度越快、周转额越大、资金占用水平越低。存货占用水平低，存货积压的风险就越小，企业的变现能力以及资金使用效率就越好。但是在存货周转率分析中，应注意剔除存货计价方法不同所产生的影响。

(三) 总资产周转率

总资产周转率是企业主营业务收入净额与资产总额的比率。它可以用来反映企业全部资产的利用效率。其计算公式为：

总资产周转率 ＝ 主营业务收入净额 ÷ 平均资产总额

平均资产总额 ＝(期初资产总额 ＋ 期末资产总额)÷2

资产平均占用额应按分析期的不同分别加以确定，并应当与分子的主营业务收入净额在时间上保持一致。

总资产周转率反映了企业全部资产的使用效率。该周转率高，说明全部资产的经营效率高，取得的收入多；该周转率低，说明全部资产的经营效率低，取得的收入少，最终会影响企业的盈利能力。企业应采取各项措施来提高企业的资产利用程度，如提高销售收入或处理多余的资产。

（四）固定资产周转率

固定资产周转率是指企业年销售收入净额与固定资产平均净值的比率。它是通过反映企业固定资产周转情况，从而衡量固定资产利用效率的一项指标。其计算公式为：

固定资产周转率 ＝ 主营业务收入净额 ÷ 固定资产平均净值

固定资产平均净值 ＝（期初固定资产净值 ＋ 期末固定资产净值）÷ 2

固定资产周转率高，不仅表明企业充分利用了固定资产，同时也表明企业的固定资产投资得当，固定资产结构合理，能够充分发挥其作用。反之，固定资产周转率低，表明固定资产使用效率不高，提供的生产成果不多，企业的营运能力欠佳。

在实际分析该指标时，应剔除某些因素的影响。一方面，固定资产的净值随着计提折旧而逐渐减少，而因固定资产更新，净值会突然增加；另一方面，由于折旧方法不同，固定资产净值可能缺乏可比性。

三、获利能力分析

获利能力又称盈利能力，是指企业赚取利润的能力，是企业重要的财务能力之一。无论投资者、债权人、经营者，都非常重视和关心企业的获利能力。利润的源头是收入，利润取得的基础是资产，而资产的取得首先要融资。因此，可从收入、资产、融资三个方面对企业的获利能力进行评价。

（一）与收入相关的获利能力指标

与收入相关的获利能力指标主要以营业收入为基础计算，通过利润表中各项目与营业收入的比较，求得单位营业收入的获利水平。

1. 营业利润率

营业利润率是企业一定时期营业利润与营业收入的比例，体现每 1 元的营业收入能够给企业带来多少营业利润，其计算公式为：

营业务利润率＝营业利润÷营业收入×100％

营业利润是企业利润的主要来源，决定了企业的获利水平、获利的稳定性和持久性。营业利润率越高，表明企业的市场竞争力越强，获利能力越强。

2. 销售净利率

销售净利率是净利润与营业收入的比例。该指标可衡量企业营业收入的盈利能力，即每 1 元的营业收入所获取的净利润。其计算公式为：

销售净利率＝净利润÷营业收入×100％

（二）与资产相关的获利能力指标

与资产相关的获利能力指标中常用的是资产净利率。

资产净利率是企业净利润与平均资产总额的比率，反映的是企业运用全部资产所获得利润的水平，即公司每占用1元的资产平均能获得多少元的利润。该指标越高，表明公司的投入产出水平越高，资产运营越有效，成本费用的控制水平越高。它体现了企业管理水平的高低。其计算公式为：

资产净利率＝净利润÷平均资产总额

平均资产总额为期初资产总额与期末资产总额的平均数。资产净利率越高，表明企业资产利用的效率越好，整个企业的盈利能力越强，经营管理水平越高。考察资产净利润率时，应关注企业的债务利息率。当企业的资产净利率大于债务利息率时，说明公司所借债务为盈利做了贡献，反之则表明由每1元的债务所产生的收益还不足以弥补这1元所给企业所带来的利息支出。

（三）与融资相关的获利能力指标

与融资相关的获利能力指标反映投资者投资的获利能力，主要有权益净利率、每股收益、市盈率等。

权益净利率亦称净值报酬率或净资产收益率，它是指企业一定时期内的净利润与平均净资产的比率。它可以反映投资者投入企业的自有资本获取净收益的能力，即反映投资与报酬的关系，因而是评价企业资本经营效率的核心指标。其计算公式为：

权益净利率＝净利润÷平均净资产×100％

式中，净利润是指企业的税后利润，是未作分配的数额；平均净资产是企业年初所有者权益与年末所有者权益的平均数，平均净资产＝(所有者权益年初数＋所有者权益年末数)÷2。

本平台中，根据企业资产负债表、利润表及企业运营的相关数据，系统自动取数计算，生成如下财务指标数据(如图4.3-1所示)，供企业报表使用者、企业经营管理人员分析、决策时参考。

图4.3-1　财务指标查看界面

4.3.2 企业综合绩效分析——杜邦分析法

企业综合绩效分析方法有很多,传统方法主要有杜邦分析法和沃尔评分法等。这里主要介绍杜邦分析法。杜邦分析法又称杜邦财务分析体系,简称杜邦体系,是利用各主要财务比率指标间的内在联系,对企业财务状况及经济效益进行综合系统分析评价的方法(如图 4.3-2 所示)。该体系是以净资产收益率为起点,以资产净利率和权益乘数为核心,重点揭示企业获利能力及权益乘数对净资产收益率的影响,以及各相关指标间的相互影响作用关系。其分析关系式为:

净资产收益率=销售净利率×总资产周转率×权益乘数

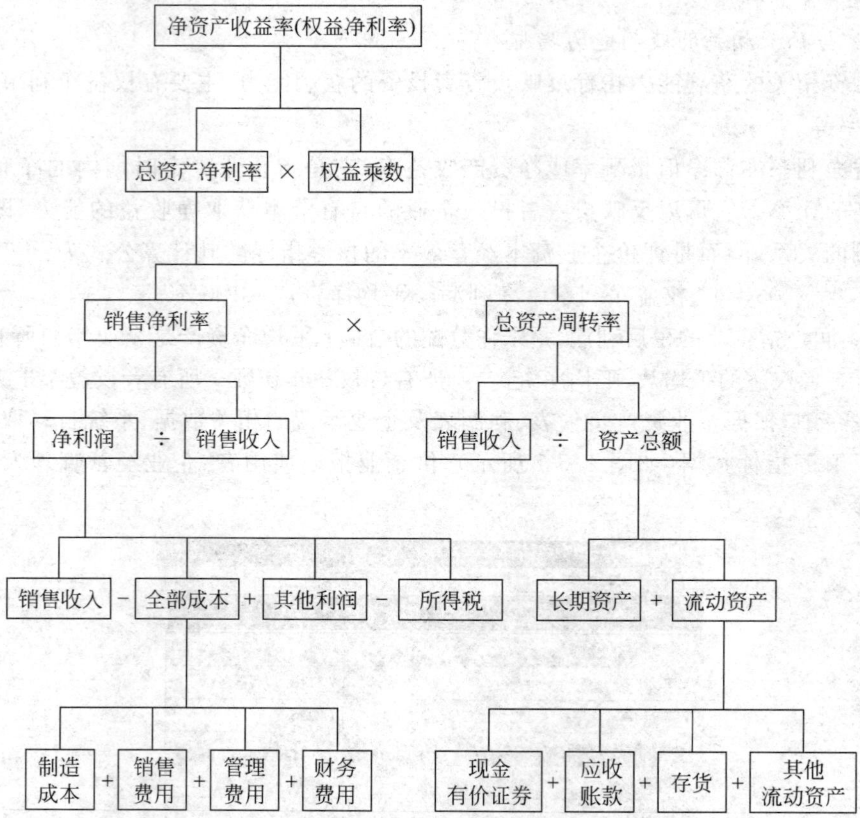

图 4.3-2 杜邦分析体系

运用杜邦分析法需要注意以下几点。

(1) 净资产收益率是一个综合性最强的财务分析指标,是杜邦分析的起点。

(2) 销售净利率反映了企业净利润与销售收入的关系,它的高低取决于销售收入与成本总额的高低。

(3) 影响总资产周转率的一个重要因素是资产总额。

(4) 权益乘数主要受资产负债率指标的影响。

本平台模拟企业的杜邦财务分析体系如图 4.3-3 所示。

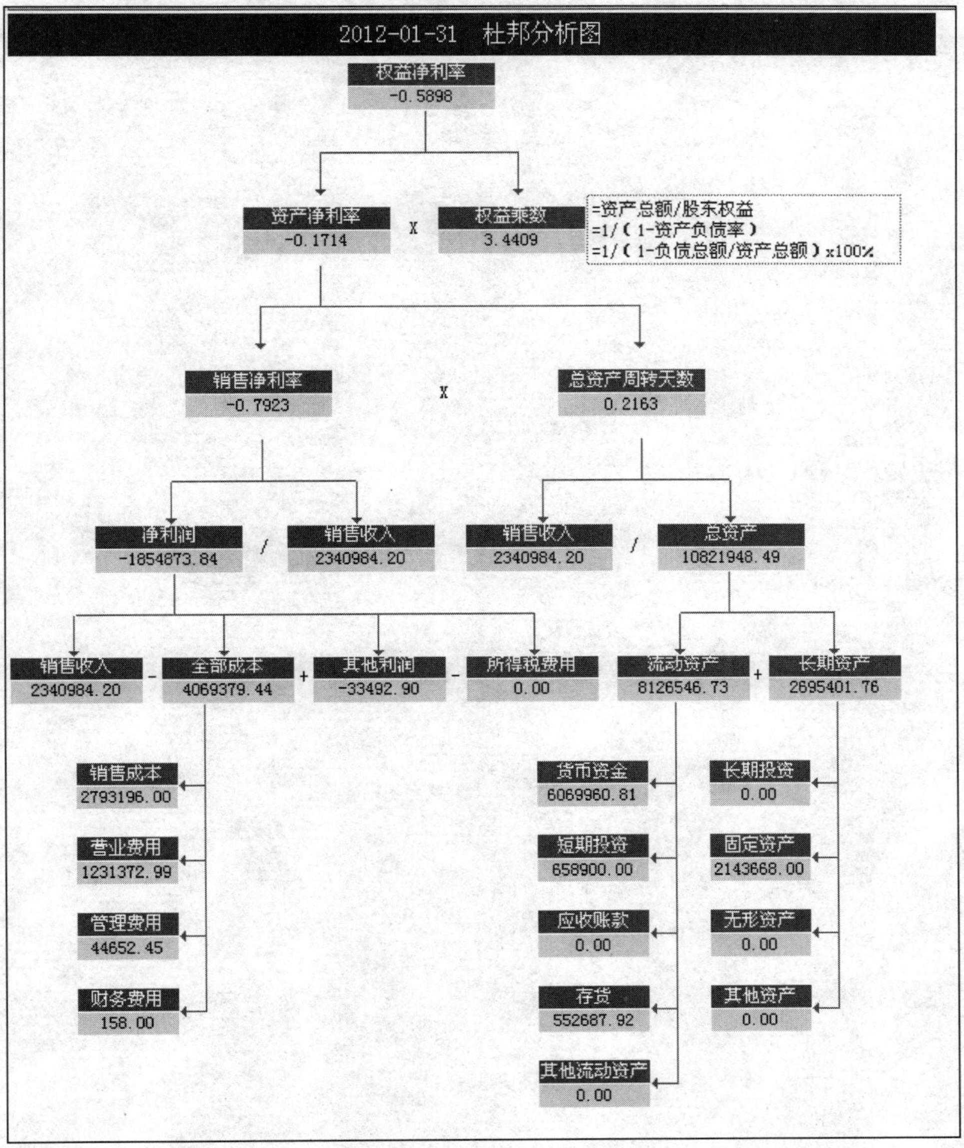

图 4.3-3　模拟企业的杜邦财务分析体系

第5篇

纳税申报篇

税收是国家财政收入的最主要来源，依法纳税是国家赋予企业的义务。税费计算和纳税申报是企业经营管理中的重要环节，事关企业的生存和发展。

税收是企业经营中的重要成本项目，企业在决策时应树立依法纳税的观念和税收筹划的意识，从投资计划的制订、运营业务的设计开始就需要将税收列入重点考虑的因素之一。实际工作中，财务部门相关人员应及时学习税收法规，正确解读税收法律条款，严格执行税收征管流程，不仅做到依法纳税、避免企业受到不必要的损失，还要能提出合理的税收筹划方案，为管理层的决策提供有用的信息。

纳税申报是企业履行纳税义务的重要环节，办税人员在纳税申报时，首先要关注企业运营的形式和实质，正确计算应纳税额，其次要关注纳税申报表填写的规范(如纳税申报表数据的内在逻辑关系)、纳税申报的地点、形式和期限。

从纳税申报的地点来看，纳税申报分为国税申报和地税申报。办税人员要根据税种和税收征管机关的规定，分别到不同的税务局进行纳税申报。国税主要申报增值税(月报)、企业所得税(季报、年报)等，地税主要申报营业税(月报)、城市维护建设税(月报)、教育费附加(月报)、印花税(月报)、个人所得税(月报)、房产税(季报)、车船使用税(年报)等。

从纳税申报的形式来看，《税收征管法》第二十六条规定："纳税人、扣缴义务人可以直接到税务机关办理纳税申报或者报送代扣代缴、代收代缴税款报告表，也可以按照规定采取邮寄、数据电文或者其他方式办理上述申报、报送事项。"目前，纳税申报的形式主要有以下三种。

(1) 直接申报。是指纳税人自行到税务机关办理纳税申报。这是一种传统申报方式。

(2) 邮寄申报。是指经税务机关批准的纳税人使用统一规定的纳税申报特快专递专用信封，通过邮政部门办理交寄手续，并向邮政部门索取收据作为申报凭据的方式。

(3) 数据电文。是指经税务机关确定的电话语音、电子数据交换和网络传输等电子方式。例如目前纳税人的网上申报，就是数据电文申报方式的一种形式。

从纳税申报的期限来看，国税和地税的申报时间一般是：月报在次月15日内；季报在季度终了的15日内；年报在年度终了15日内。

纳税申报期限的确定与申报方式也有一定的联系，如以邮寄方式申报纳税的，以邮件寄出的邮戳日期为实际申报日期；以数据电文方式办理纳税申报的，以税务机关计算机网络系统收到该数据电文的时间为申报日期。

5.1 平台纳税申报要点

本平台采用的是网上申报（数据电文）的方式。会计每月需在规定时间内申报、缴纳上月税收。纳税申报时需重点关注税费计算、申报表填写规范、纳税地点、纳税期限。会计角色在进行税费计算和纳税申报表填写时，基础数据主要通过查询电算化模块中的“明细账”来获取有用的数据，必要时还可点击“明细账”中的“查看”按钮，查询相关的原始凭证。

结合平台，下面将对增值税、营业税、印花税、城建税及教育费附加、个人所得税进行具体的说明。

5.1.1 增值税申报要点

增值税是对销售货物或者提供加工、修理修配劳务以及进口货物的单位和个人就其实现的增值额征收的一种税。增值税一般按月征收。办税人员应根据增值税计算公式查询和统计相关的数据。

当月应纳增值税额＝当月销项税额－当月进项税额－月初留抵进项税额

当月销项税额应查询“应交税费——应交增值税——销项税额”明细账，当月进项税额应查询“应交税费——应交增值税——进项税额”，月初留抵进项税额应查询上月纳税申报表，当月应纳增值税额应查询“应交税费——未交增值税”，这样才可做到账务处理和纳税申报数据的一致性。实务中，还可与防伪税控开票系统的数据和认证相符申报抵扣的增值税专用发票数据相核对。

需特别关注的是，购买固定资产时，如果符合进项税抵扣的情况，可计入进项税额。如果采购货物时还不知具体用途，取得增值税专用发票的情况下可以计入进项税额先申报抵扣，待使用时再判断是否进行进项税额转出。

5.1.2 营业税申报要点

营业税是对在中国境内提供应税劳务、转让无形资产或销售不动产的单位和个人，就其所取得的营业额征收的一种税。营业税的税目共九项，包括交通运输业、建筑业、金融保险业、邮电通信业、文化体育业、娱乐业、服务业、转让无形资产、销售不动产。办税人员应根据营业税计算公式查询和统计相关的数据。

应纳营业税额＝计税营业额×适用税率

办税人员可查询“主营业务收入”、“其他业务收入”、“主营业务成本”、“其他业务成本”、“销售费用”等明细账确定收入和可扣除项目，以计算计税营业额，填写到纳税申报表中相应的“计税金额”栏，系统自动计算出应纳税额。

5.1.3 印花税申报要点

印花税是以经济活动中签立的各种合同、产权转移书据、营业账簿、权利许可证照等应税凭证文件为对象所征的税。印花税的税目共十三项，包括购销合同、借款合同、财产租赁合同、加工承揽合同、建设工程勘察设计合同、建筑安装工程承包合同、货物运输合同、仓储保管合同、财产保险合同、技术合同、产权转移书据、营业账簿(资金账簿和其他账簿)、权利许可证照。办税人员应根据印花税计算公式查询和统计相关的数据。

应纳印花税额＝相关的合同金额×印花税率

办税人员可查询“主营业务收入”、“其他业务收入”、“主营业务成本”、“其他业务成本”、“销售费用”、“管理费用”、“原材料”、“固定资产”、“实收资本”、“资本公积”等明细账，检索出企业经营业务中所涉及的印花税合同，然后通过明细账中的“查看”功能，确定合同类型，计算印花税相关的合同金额，作为计税依据，填写到纳税申报表中相应的“计税金额”栏，系统自动计算出应纳税额。

5.1.4 城建税和教育费附加申报要点

城建税和教育费附加是增值税、营业税、消费税三类流转税的附加税，只要缴纳了增值税、消费税和营业税就要同时缴纳城市维护建设税和教育费附加。城市维护建设税根据地区不同，税率分为7%(市区)、5%(县城镇)和1%；教育费附加税率是3%。这两个附加税是用实际缴纳的增值税、消费税和营业税作为基数乘以相应的税率，计算应纳的附加税金额。

办税人员可查询“应交税费——未交增值税”、“应交税费——应交消费税”、“应交税费——应交营业税”明细账确定实际缴纳的增值税、消费税和营业税的金额，作为计税依据，填写到纳税申报表中相应的“计税金额”栏，系统自动计算出应纳税额。

5.1.5 个人所得税申报要点

个人所得税是调整征税机关与自然人(居民、非居民人)之间在个人所得税的征纳与管理过程中所发生的社会关系的法律规范的总称。个人所得税的税目包括：工资、薪金所得、个体工商户的生产、经营所得、对企事业单位的承包经营、承租经营所得、劳务报酬所得、稿酬所得、特许权使用费所得、利息、股息、红利所得、财产租赁所得、财产转让所得、偶然所得、其他所得。办税人员应根据个人所得税计算公式查询和统计相关的数据。

应纳个人所得税额＝应纳税所得额×适用税率

为方便个人进行纳税申报，系统在月末会自动计算出应纳个人所得税额，办税人员可查询“应交税费——应交个人所得税”明细账确定应纳个人所得税额，纳税申报时根据获取的应纳个人所得税额除以10%倒推出应纳税所得额，填写到纳税申报表中的“计税金额”栏，系统自动计算出应纳税额。

5.2 平台纳税申报流程及操作

5.2.1 平台纳税申报流程

本平台纳税申报主要涉及财务总监和会计角色。其中，会计要履行填写和申报各种税单的职责，并在申报成功后进行相应的账务处理；财务总监负责审批相关申报表格并查看相应申报回单。本平台纳税申报流程如表 5.2-1 所示。

表 5.2-1 平台纳税申报流程

角 色	运营	财务总监	财务经理	会 计	出纳
具体执行		4. 审批国税申报 5. 缴纳国税 6. 查看国税回单 9. 审批地税申报 10. 缴纳地税 11. 查看地税回单		开始 1. 选择国税申报或地税申报 2. 选择申报表 3. 进行国税申报 7. 查看国税回单并进行账务处理 8. 进行地税申报 12. 查看地税回单并进行账务处理 结束	

5.2.2 平台纳税申报具体操作

根据表 5.2-1 的操作流程，本平台纳税申报的具体操作可分为以下 12 个步骤。

一、选择国税申报或地税申报

会计点击“纳税申报”→“网上申报国税”/“网上申报地税”，进入相应的申报界面（如图 5.2-1 所示）。

图 5.2-1 纳税申报登录界面

二、选择申报表

会计选取需申报的税种和申报期限，点击操作栏的“月申报”、“季申报”、“年申报”，进行申报表的填写（如图 5.2-2、图 5.2-3 所示）。

三、国税申报

会计点击“增值税纳税申报表”→“月申报”，依次填写“固定资产进项税额抵扣情况

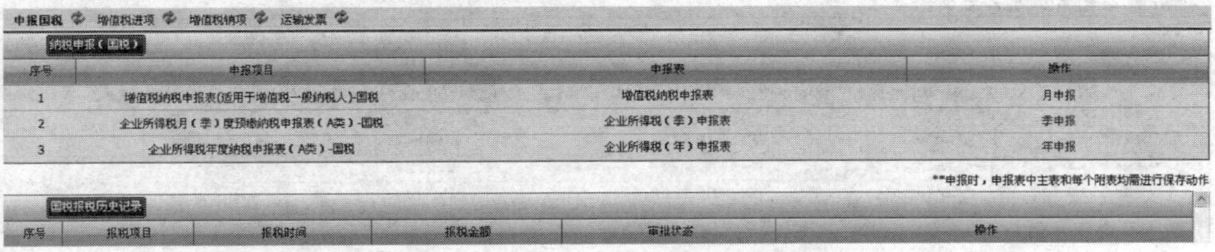

图 5.2-2　选取申报的税种和申报期限操作界面(国税)

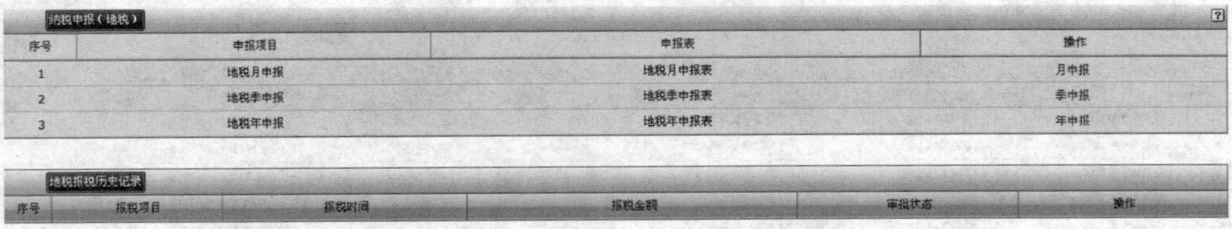

图 5.2-3　选取申报的税种和申报期限操作界面(地税)

表"、"增值税纳税申报表附列资料(表一)(本期销售情况明细)"、"增值税纳税申报表附列资料(表二)(本期进项税额明细)"、"增值税纳税申报表"(如图 5.2-4 所示)。

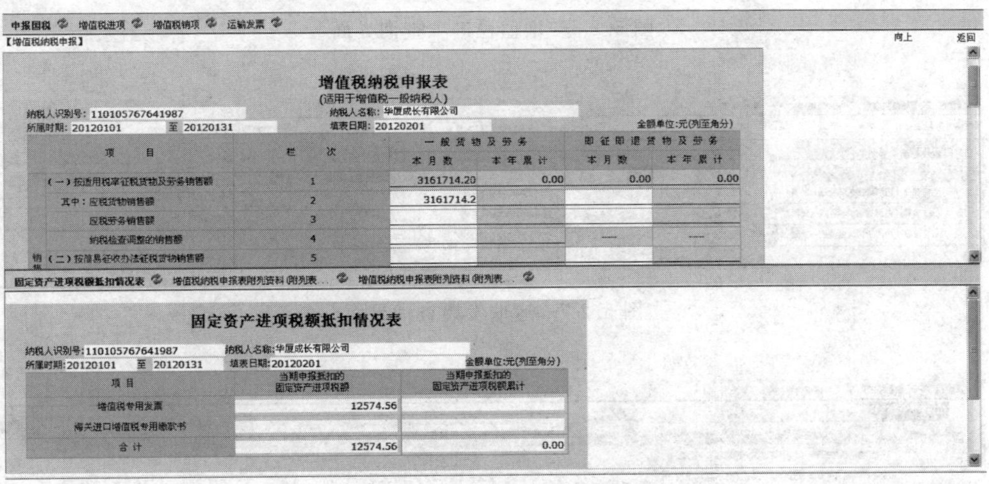

图 5.2-4　申报增值税界面

填写纳税申报表时,可查看系统提供的"增值税进项"、"增值税销项"、"运输发票"清单。三张清单反映了企业开具、获取的增值税专用发票或获取的运输发票情况。"增值税进项"清单中所列举的发票不一定都可以进行进项抵扣,填报时,需根据税法和具体业务情况进行判断。"增值税销项"、"增值税进项"、"运输发票"查询界面如图 5.2-5～图 5.2-7 所示。

每份纳税申报表填写完,点击左下角"确定",保存数据,形成"国税报税历史记录",可以在操作栏进行"查看"、"修改"。确认无误后可点击"审批提交",等待财务总监审批。审批提交后可"查看回单"(如图 5.2-8 所示)。

申报国税　增值税进项　增值税销项　运输发票

【增值税销项】　开始时间:2012-01-01　结束时间:2012-01-31　查询

增值税销项

序号	发票名称	开票日期	客户	金额	税额	操作
1	增值税专用发票	2012-01-20	北京乐家电器商场	¥472208.00	¥80275.36	查看
2	增值税专用发票	2012-01-20	苏宁电器北京旧宫店	¥1454256.00	¥247223.52	查看
3	增值税专用发票	2012-01-22	郑州天宇科技有限公司	¥820730.00	¥139524.10	查看
4	增值税专用发票	2012-01-25	济南泉城科技有限公司	¥414520.20	¥70468.43	查看
合计				¥3161714.20	¥537491.41	

图 5.2-5　增值税销项查询界面

申报国税　增值税进项　增值税销项　运输发票

【增值税进项】　开始时间:2012-01-01　结束时间:2012-01-31　查询

增值税进项

序号	发票名称	开票日期	客户	金额	税额	操作
1	增值税专用发票	2012-01-02	华厦成长有限公司	¥1213512.30	¥206297.09	查看
2	增值税专用发票	2012-01-08	华厦成长有限公司	¥973576.89	¥165508.07	查看
3	增值税专用发票	2012-01-08	华厦成长有限公司	¥65775.00	¥11181.75	查看
4	增值税专用发票	2012-01-08	华厦成长有限公司	¥2793.00	¥474.81	查看
5	增值税专用发票	2012-01-08	华厦成长有限公司	¥5400.00	¥918.00	查看
6	增值税专用发票	2012-01-20	华厦成长有限公司	¥50000.00	¥8500.00	查看
7	增值税专用发票	2012-01-28	华厦成长有限公司	¥1709.40	¥290.60	查看
8	增值税专用发票	2012-01-28	华厦成长有限公司	¥1604.73	¥208.62	查看
9	增值税专用发票	2012-01-28	华厦成长有限公司	¥1709.40	¥290.60	查看
10	增值税专用发票	2012-01-28	华厦成长有限公司	¥1313.22	¥223.25	查看
11	增值税专用发票	2012-01-28	华厦成长有限公司	¥1327.43	¥172.57	查看
合计				¥2318721.37	¥394065.36	

图 5.2-6　增值税进项查询界面

申报国税　增值税进项　增值税销项　运输发票

【运输发票】　开始时间:2012-01-01　结束时间:2012-01-31　查询

运输发票

序号	发票名称	开票日期	客户	金额	操作
1	公路、内河货物运输业统一发票	2012-01-02	郑州天宇科技有限公司	¥1650.00	查看
2	公路、内河货物运输业统一发票	2012-01-08	郑州中原科技有限公司	¥1650.00	查看
3	公路、内河货物运输业统一发票	2012-01-19	宁波创投科技有限公司	¥3800.00	查看
合计				¥7100.00	

图 5.2-7　运输发票查询界面

申报国税　增值税进项　增值税销项　运输发票

纳税申报（国税）

序号	申报项目	申报表	操作
1	增值税纳税申报表(适用于增值税一般纳税人)-国税	增值税纳税申报表	月申报
2	企业所得税月（季）度预缴纳税申报表（A类）-国税	企业所得税（季）申报表	季申报
3	企业所得税年度纳税申报表（A类）-国税	企业所得税（年）申报表	年申报

**申报时，申报表中主表和每个附表均需进行保存动作

国税报税历史记录

序号	报税项目	报税时间	报税金额	审批状态	操作
1	国税增值税报税	20120201	151429.05	未提交	查看　修改　审批提交　查看回单

图 5.2-8　增值税申报审批提交界面

四、审批国税申报

会计操作完毕后，财务总监界面的“待办事项”栏提示会计提交了“纳税申报”申请，等待审批(如图 5.2-9 所示)。

财务总监点击“纳税申报”→“网上申报国税”→“查看”，进入审批界面(如图 5.2-10 所示)。

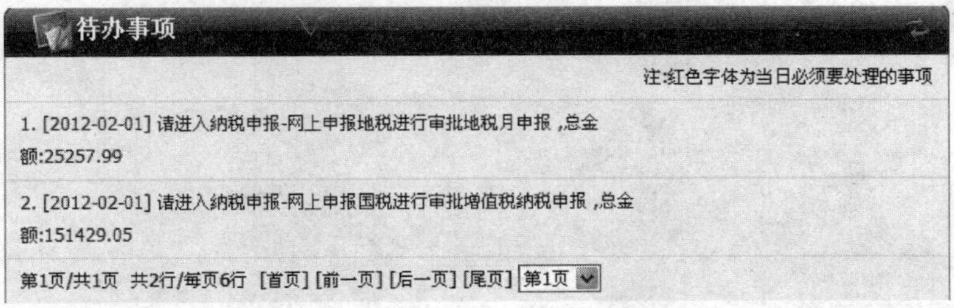

图 5.2-9 财务总监待办事项显示界面

图 5.2-10 财务总监查看国税申报界面

财务总监判断是否进行正式对外进行纳税申报,选择“审批通过”或“审批不通过”(如图 5.2-11 所示)。

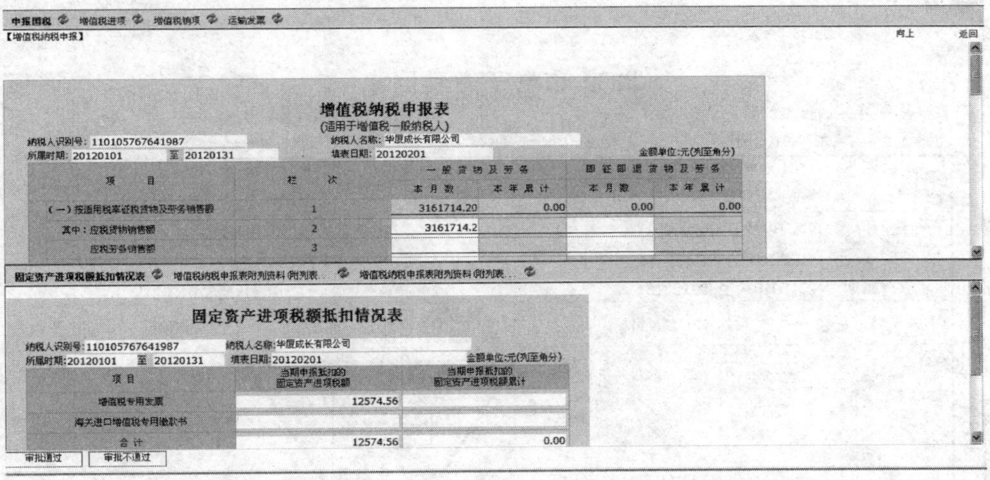

图 5.2-11 财务总监审批纳税申报表界面

五、缴纳国税

如选择“审批通过”,点击“纳税提交”,银行自动进行扣款(如图 5.2-12 所示)。此项操作前,需预先查看银行账户中是否有足够的资金。

六、查看国税回单

“纳税提交”后,可返回“国税报税历史记录”栏点击“查看回单”,查看“电子缴税回单”(如图 5.2-13 所示)。

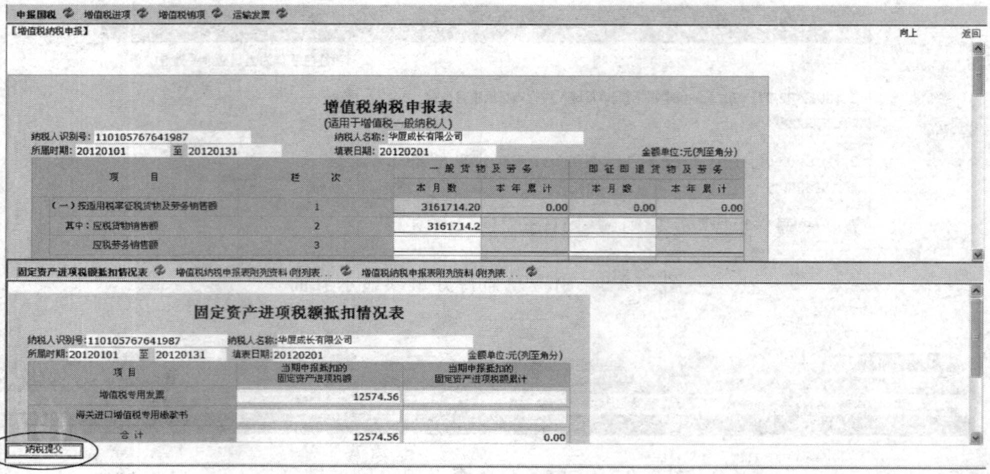

图 5.2-12 纳税提交界面

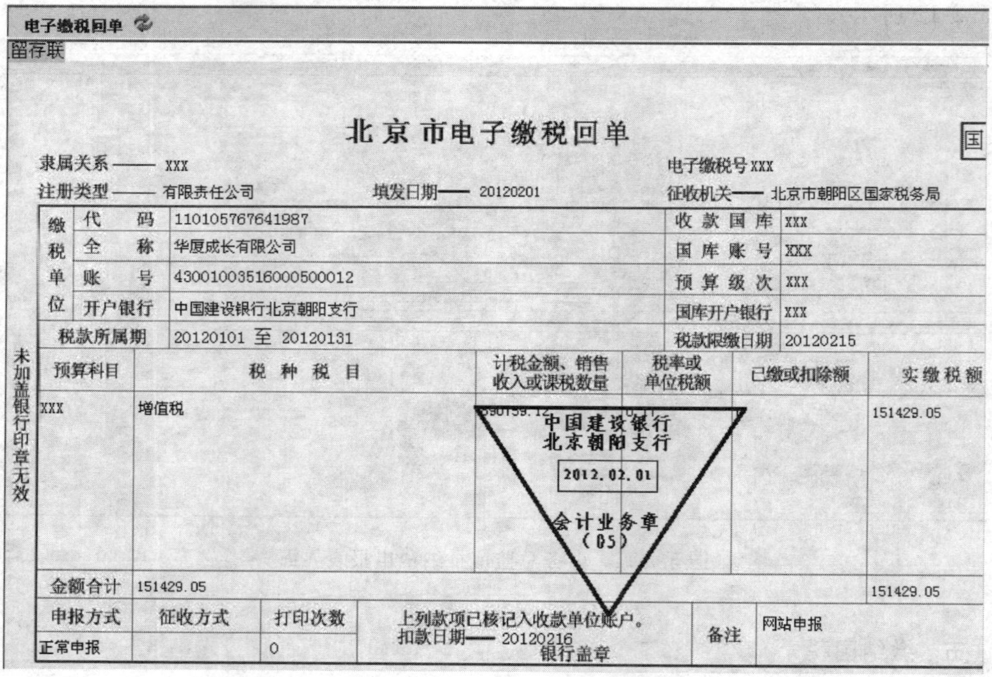
电子缴税回单

留存联

北京市电子缴税回单

隶属关系—— XXX　　电子缴税号 XXX

注册类型—— 有限责任公司　　填发日期—— 20120201　　征收机关—— 北京市朝阳区国家税务局

缴税单位	代码	110105767641987	收款国库	XXX
	全称	华厦成长有限公司	国库账号	XXX
	账号	43001003516000500012	预算级次	XXX
	开户银行	中国建设银行北京朝阳支行	国库开户银行	XXX
税款所属期		20120101 至 20120131	税款限缴日期	20120215

预算科目	税种税目	计税金额、销售收入或课税数量	税率或单位税额	已缴或扣除额	实缴税额
XXX	增值税				151429.05
金额合计	151429.05				151429.05

申报方式	征收方式	打印次数	上列款项已核记入收款单位账户。扣款日期—— 20120216 银行盖章	备注	网站申报
正常申报		0			

未加盖银行印章无效

图 5.2-13 查看电子缴税回单界面

七、查看国税回单并进行账务处理

会计在“国税报税历史记录”栏点击“查看回单”，查看“电子缴税回单”，并进入电算化模块进行账务处理。

八、地税申报

“地税申报表”中集合了所有当月需要在地税申报的税种，月度、季度、年度申报表中列示的税种根据申报期限的规定会有所不同。会计点击“地税申报表”→“月申报”，填写地税申报表，根据表格列示的税种，依次填写（如图 5.2-14 所示）。

【地税月申报】

地税申报表

税种	税目	计税金额（数量）	税率（%）	单位税额	应纳税额
营业税	房屋租赁		5.000		0.00
	餐饮业		5.000		0.00
	销售不动产		5.000		0.00
	交通运输业		3.000		0.00
	金融保险		5.000		0.00
印花税	借款合同	6400000	0.005		320.00
	产权转移书据	2158900	0.050		1079.45
	财产租赁合同	3579996	0.100		3580.00
	购销合同	6916843.81	0.030		2075.05
	资金账簿	5000000	0.050		2500.00
	其他营业账簿			5.00	0.00
	货物运输合同	7100	0.050		3.55
	权利许可证照	2		5.00	10.00
教育费附加		151429.05	3.000		4542.87
个人所得税	正常工资薪金	5470.4	10.000		547.04
城建税		151429.05	7.000		10600.03
累计					25257.99

录入提交

本企业个人所得税申报方式为汇总申报，财务人员根据企业实际缴纳税款和设定税率倒算缴税基数自行填写申报。

图 5.2-14 地税申报填写界面

填写完点击“录入提交”，形成“地税报税历史记录”。可以在操作栏进行“查看”、“修改”。确认无误后可点击“审批提交”，等待财务总监审批（如图 5.2-15 所示）。审批提交后可“查看回单”。

纳税申报（地税）

序号	申报项目	申报表	操作
1	地税月申报	地税月申报表	月申报
2	地税季申报	地税季申报表	季申报
3	地税年申报	地税年申报表	年申报

地税报税历史记录

序号	报税项目	报税时间	报税金额	审批状态	操作
1	地税月申报	20120201	25257.99	未提交	查看 修改 审批提交 查看回单

第1页

图 5.2-15 地税录入提交界面

九、审批地税申报

会计操作完毕后，财务总监界面的“待办事项”栏提示会计提交了“纳税申报”申请，等待审批。点击“纳税申报”→“网上申报地税”进入审批界面，判断是否正式进行对外纳税申报，选择“审批通过”或“审批不通过”（如图 5.2-16 所示）。

【地税月申报】

地税申报表

税种	税目	计税金额（数量）	税率（%）	单位税额	应纳税额
营业税	房屋租赁		5.00		0.00
	餐饮业		5.00		0.00
	销售不动产		5.00		0.00
	交通运输业		3.00		0.00
	金融保险		5.00		0.00
印花税	借款合同	6400000.00	0.01		320.00
	产权转移书据	2158900.00	0.05		1079.45
	财产租赁合同	3579996.00	0.10		3580.00
	购销合同	6916843.81	0.03		2075.05
	资金账簿	5000000.00	0.05		2500.00
	其他营业账簿			5.00	0.00
	货物运输合同	7100.00	0.05		3.55
	权利许可证照	2.00		5.00	10.00
教育费附加		151429.05	3.00		4542.87
个人所得税	正常工资薪金	5470.40	10.00		547.04
城建税		151429.05	7.00		10600.03
累计					25257.99

审批通过　审批不通过

本企业个人所得税申报方式为汇总申报，财务人员根据企业实际缴纳税款和设定税率倒算缴税基数自行填写申报。

图 5.2-16　地税申报审批界面

十、缴纳地税

如选择“审批通过”，点击“纳税提交”，银行自动进行扣款（如图 5.2-17 所示）。此项操作前，需预先查看银行账户中是否有足够的资金。

【地税月申报】

地税申报表

税种	税目	计税金额（数量）	税率（%）	单位税额	应纳税额
营业税	房屋租赁		5.00		0.00
	餐饮业		5.00		0.00
	销售不动产		5.00		0.00
	交通运输业		3.00		0.00
	金融保险		5.00		0.00
印花税	借款合同	6400000.00	0.01		320.00
	产权转移书据	2158900.00	0.05		1079.45
	财产租赁合同	3579996.00	0.10		3580.00
	购销合同	6916843.81	0.03		2075.05
	资金账簿	5000000.00	0.05		2500.00
	其他营业账簿			5.00	0.00
	货物运输合同	7100.00	0.05		3.55
	权利许可证照	2.00		5.00	10.00
教育费附加		151429.05	3.00		4542.87
个人所得税	正常工资薪金	5470.40	10.00		547.04
城建税		151429.05	7.00		10600.03
累计					25257.99

纳税提交

本企业个人所得税申报方式为汇总申报，财务人员根据企业实际缴纳税款和设定税率倒算缴税基数自行填写申报。

图 5.2-17　地税纳税提交界面

十一、查看地税回单

纳税提交后，财务总监可返回“地税报税历史记录”栏点击“查看回单”，查看“电子缴税回单”（如图 5.2-18、图 5.2-19 所示）。

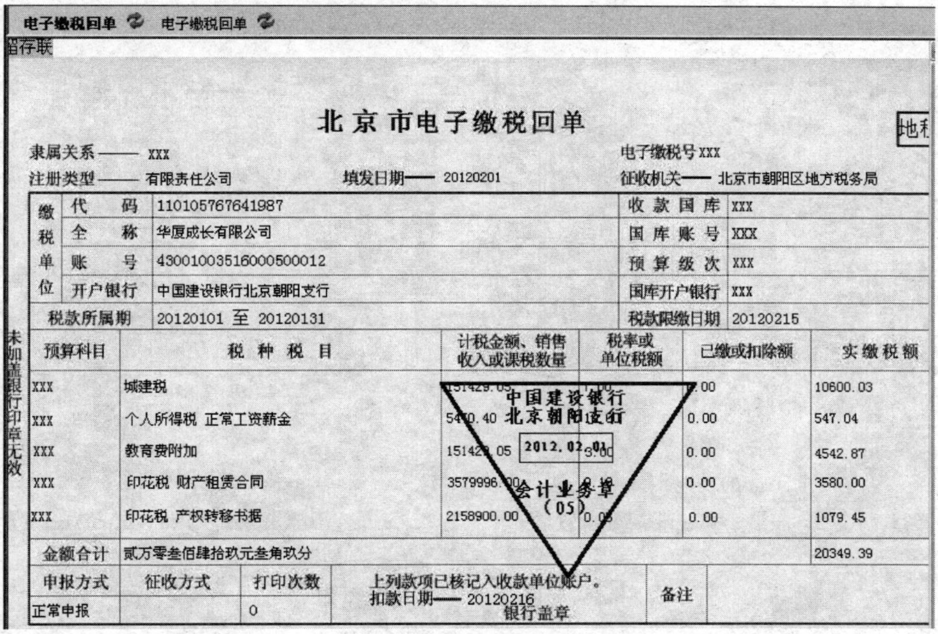

电子缴税回单 电子缴税回单

留存联

北京市电子缴税回单

隶属关系—— xxx　　电子缴税号 xxx

注册类型—— 有限责任公司　　填发日期—— 20120201　　征收机关—— 北京市朝阳区地方税务局

缴税单位	代码	110105767641987	收款国库	xxx
	全称	华厦成长有限公司	国库账号	XXX
	账号	43001003516000500012	预算级次	xxx
	开户银行	中国建设银行北京朝阳支行	国库开户银行	xxx
税款所属期		20120101 至 20120131	税款限缴日期	20120215

预算科目	税种税目	计税金额、销售收入或课税数量	税率或单位税额	已缴或扣除额	实缴税额
xxx	城建税	[illegible]	[illegible]	[illegible]	10600.03
xxx	个人所得税 正常工资薪金	[illegible]	[illegible]	0.00	547.04
xxx	教育费附加	[illegible]	[illegible]	0.00	4542.87
xxx	印花税 财产租赁合同	[illegible]	[illegible]	0.00	3580.00
xxx	印花税 产权转移书据	2158900.00	[illegible]	0.00	1079.45
金额合计	贰万零叁佰肆拾玖元叁角玖分				20349.39

申报方式	征收方式	打印次数	上列款项已核记入收款单位账户。扣款日期—— 20120216 银行盖章	备注
正常申报		0		

未加盖银行印章无效

图 5.2-18　地税电子缴税回单(1)

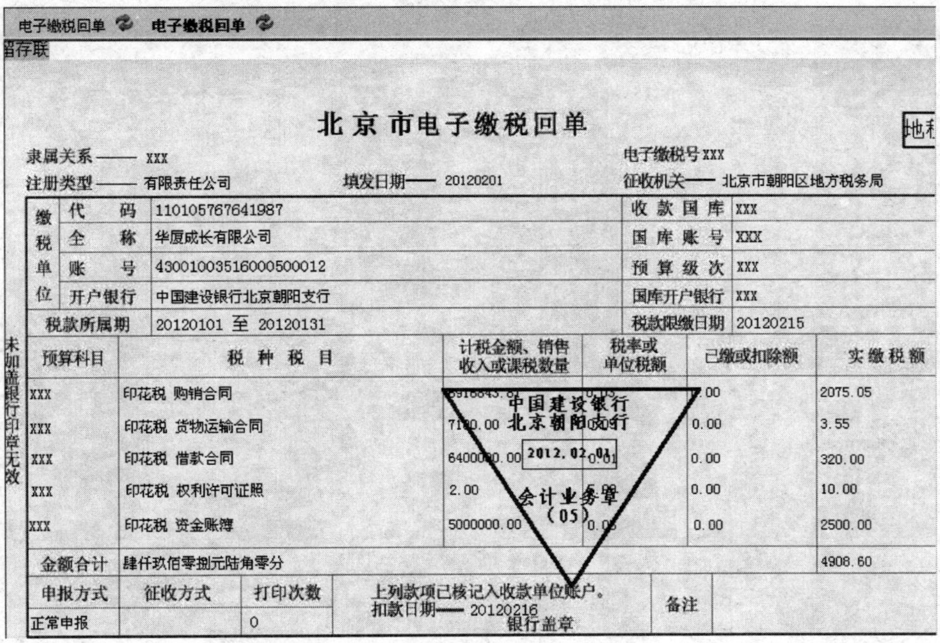

电子缴税回单 电子缴税回单

留存联

北京市电子缴税回单

隶属关系—— xxx　　电子缴税号 xxx

注册类型—— 有限责任公司　　填发日期—— 20120201　　征收机关—— 北京市朝阳区地方税务局

缴税单位	代码	110105767641987	收款国库	xxx
	全称	华厦成长有限公司	国库账号	XXX
	账号	43001003516000500012	预算级次	xxx
	开户银行	中国建设银行北京朝阳支行	国库开户银行	xxx
税款所属期		20120101 至 20120131	税款限缴日期	20120215

预算科目	税种税目	计税金额、销售收入或课税数量	税率或单位税额	已缴或扣除额	实缴税额
xxx	印花税 购销合同	[illegible]	[illegible]	[illegible]	2075.05
xxx	印花税 货物运输合同	[illegible]	[illegible]	0.00	3.55
xxx	印花税 借款合同	[illegible]	[illegible]	0.00	320.00
xxx	印花税 权利许可证照	2.00	[illegible]	0.00	10.00
xxx	印花税 资金账簿	5000000.00	[illegible]	0.00	2500.00
金额合计	肆仟玖佰零捌元陆角零分				4908.60

申报方式	征收方式	打印次数	上列款项已核记入收款单位账户。扣款日期—— 20120216 银行盖章	备注
正常申报		0		

未加盖银行印章无效

图 5.2-19　地税电子缴税回单(2)

十二、查看地税回单并进行账务处理

会计在“地税报税历史记录”栏点击“查看回单”，查看“电子缴税回单”，并进入电算化模块进行账务处理。

第6篇

税务稽查篇

6.1 税务稽查概述

6.1.1 税务稽查相关内容

一、税务稽查的定义

税务稽查是依法对纳税人、扣缴义务人和其他涉税当事人履行纳税义务、扣缴义务情况及涉税事项进行检查处理，以及围绕检查处理开展的其他相关工作。本平台设计的税务稽查模块，是从国税和地税的角度出发，对企业的账务和报税数据进行稽查，对于发现的问题形成报告提交给企业，让其进行整改，并以国税、地税稽查员的身份对运营企业进行税收补缴、罚款、滞纳金等处理，并出具稽查报告和调整分录。

二、税务稽查中各方的权利与义务

（一）税务稽查中税务机关的权利

税务稽查中，税务机关的权利有：税务查账权、场地检查权、责成提供资料权、询问权、查证权、查核存款权、采取税收保全措施权（提前征收、责成提供纳税担保、阻止欠税者出境、暂停支付存款和扣押查封财产），强制执行权（对于纳税人和扣缴义务人均可适用，但保全措施只适用于纳税人）、搜集证据权、依法处罚权（罚款、没收非法所得和非法财物、停止出口退税）。

（二）税务稽查中被检查对象的权利

税务检查中被稽查对象的权利有：拒绝违法检查权、要求赔偿权、申请复议和诉讼权、要求听证权、索要收据和拒绝违法处罚权。

（三）税务稽查中税务机关的义务

税务稽查中税务机关的义务有四项，分别是：出示证件、为纳税人保密、采取行政措施、开付单据。

(四)税务检查中被检查对象的义务

税务稽查中被检查对象的义务有三项,分别是:接受税务机关依法检查(只要不阻挠即为履行该义务)、如实反映情况、提供有关资料。

三、税务稽查的内容

在进行税务稽查时,具体稽查的内容分为以下七项。

(1) 稽查纳税人各种营业收入的核算与申报。

(2) 稽查纳税人各种成本费用的列支、转销及申报。

(3) 稽查纳税人其他各种纳税义务的核算及申报。

(4) 稽查纳税人收取或支付的价款、费用的定价情况。

(5) 稽查纳税人适用税率、减免税、出口退税的申报情况。

(6) 稽查应纳税款的计算、缴纳与申报情况。

(7) 稽查纳税人、扣缴义务人对税务管理规定的执行情况。

四、税务稽查的方法

税务稽查的方法有:财务指标分析法、账证核对法、比较法、实物盘点法、交谈询问法、外调法、突击检查法、控制计算法。

五、税务稽查的步骤

(1) 选择被稽查的企业。

(2) 调账检查。

(3) 实地调查。

(4) 编制《税务稽查底稿》和《税务稽查底稿(整理)分类表》,录入稽查调整分录。

(5) 向企业通报问题,核实事实,听取意见。

(6) 填制《税务稽查报告》或者《税务稽查结论》,计算企业补缴税额、滞纳金、罚款等。

(7) 提交《税务稽查报告》给被审理单位,审查通过后如果拟对被稽查企业进行税务行政处罚,编制《税务行政处罚事项告知书》给被稽查企业,被稽查企业可进行陈述、申辩。

(8) 审理部门区分下列情形分别做出处理,并将相关文书递交被稽查企业。

① 认为有税收违法行为,应当进行税务处理的,拟制《税务处理决定书》。

② 认为有税收违法行为,应当进行税务行政处罚的,拟制《税务行政处罚决定书》。

③ 认为税收违法行为轻微,依法可以不予税务行政处罚的,拟制《不予税务行政处罚决定书》。

④ 认为没有税收违法行为的,拟制《税务稽查结论》。

(9) 处罚被稽查企业,强制执行补缴税款、滞纳金、罚款等。

(10) 被稽查企业同税务机关在纳税上发生争议时,必须先依照税务机关的纳税决定缴纳或者解缴税款及滞纳金或者提供相应的担保,然后可以依法申请行政复议;对行政复议决定不服的,可以依法向人民法院起诉。

6.1.2　重点税种的稽查要点

一、增值税稽查要点

(1) 虚构废品收购业务、虚增进项税额。

(2) 隐瞒销售收入。以代销为由对发出商品不入账、延迟入账；现金收入不入账；主要产品账面数与实际库存不符。

(3) 收取价外费用未计入收入或将价外费用计入收入账户未计提销项税额；对尚未收回货款或向关联企业销售货物，不计或延缓记入销售收入；企业发生销售折让、销售退回未取得购买方当地主管税务机关开具的进货退出或索取折让证明，或未收回原发票联和抵扣联；企业以“代购”业务名义销售货物，少计销售收入；转供水、电、气等及销售材料不记销售收入的情况；混合销售行为未缴纳增值税。

(4) 对固定资产改良等非应税项目领用材料未作进项税转出处理；对免税产品的原材料购进及领用单独核算，免税产品所用材料的进项税额未全额转出；企业从废旧物资回收企业购入的材料不属实；企业转供物业、福利等部门材料，其进项税额不作转出。

(5) 采购环节未按规定取得增值税专用发票；货款支付不一致。

(6) 生产企业采取平销手段返利给零售商，零售商取得返利收入不申报纳税、不冲减进项税额。

(7) 为隐瞒销售收入，故意不认证已取得的进项票，不抵扣进项税额，人为调节税负水平。

(8) 虚开农副产品收购发票抵扣税款。(用投入产出方法检查评估收购农副产品数量、种类与其产成品(销售)是否对应。)

(9) 购进非农副产品、向非农业生产者收购农产品或盗用农业生产者的身份开具农副产品收购发票；虚抬收购价格、虚假增大收购数量。

(10) “以物易物”、“以物抵债”行为，未按规定正确核算销项税额；开具的增值税专用发票结算关系不真实；虚开或代开专用发票。

(11) 从事非应税业务而抵扣进项税额；取得不符合规定和抵扣要求的抵扣凭证抵扣进项税额；多计进项税额、少作进项税额转出；非正常损失计算了进项税额，扩大进项税额的抵扣范围。

二、营业税稽查要点

(一) 针对房地产开发企业

(1) 售楼收入不入账。

(2) 营业收入包括各种价外费用。各类手续费、管理费、奖励返还收入按规定计入应税收入。

(3) 低价销售、价格明显偏低而无正当理由。

(4) 动迁、拆迁补偿等售房行为未按规定足额申报纳税。

(5) 各种换购房地产、以房地产抵债、无偿赠与房地产、集资建房、委托建房、中途转让开发项目、提供土地或资金共同建造不动产、拆迁补偿(安置)等行为未按规定纳税。

(6) 以房换地、参建联建、合作建房过程中,未按规定申报缴纳营业税。

(7) 以投资名义转让土地使用权或不动产所有权,未与投资方共同承担风险,并且收取固定利润或按销售收入一定比例提成的行为未按规定申报纳税。

(8) 房地产企业大额往来、长期挂账的款项漏计销售。

(9) 企业分配给股东(股东与企业是两个独立的法人实体)的商品房未申报纳税。

(10) 纳税人自建住房销售给本单位职工,未按照销售不动产照章申报纳税。

(二) 针对建筑安装企业

(1) 以各种名义从甲方取得的与建筑安装工程作业相关的收入未进行纳税申报。

(2) 甲方提供材料、动力等的价款未并入应税营业额。

(3) 有自建行为的纳税人,在转让自建不动产时,未申报缴纳自建环节的营业税。

(4) 因抵顶"三角债"间接导致少缴营业税,以工程劳务收入直接抵顶各项费用少缴营业税。

(5) 计税营业额中的设备价值扣除不符合规定。

(6) 存在分包工程未代扣代缴营业税的问题,纳税人和扣缴分包人的营业税未及时申报并缴纳入库。

(7) 检查其与关联企业业务往来的财务核算和涉税事宜。

三、企业所得税稽查要点

(1) 多转生产成本,影响当期损益,少缴企业所得税。

(2) 以货易货、以货抵股利、福利,少缴企业所得税。

(3) 将不属于生产的水电、煤炭开支记入"制造费用",增大成本费用;故意扩大预提项目或多提预提费用,冲减当期损益。

(4) 资本性支出挤占成本、费用。

(5) 视同销售的事项少计收入。

(6) 企业的资产报损未经过审批。

(7) 房租收入、固定资产清理收入及关联交易收入,未按税法规定申报缴纳企业所得税。

(8) 不及时结转收入,推迟缴纳税款。

(9) 将已实现的收入挂在预收款或其他应付款中,少计收入。

(10) 将抵顶货款的房子、汽车等财产处理后不入账,形成账外经营。

(11) 用不正规发票入账,虚列成本、费用。

(12) 多列支出。以虚开服务业的发票虚增成本、套取现金,虚增人员工资套取现金,以办公费用的名义开具发票套取现金,以虚增广告支出的方式通过广告公司套取现金。通过设立关联的销售公司、办事处,以经费、销售费用的名义虚列支出套取现金。

四、个人所得税稽查要点

(1) 工资表外发放的补贴、奖金、津贴、代购商业保险、实物等收入未与工资表内收入合并扣缴个人所得税。

(2) 向本单位职工支付劳务费,未扣缴税款或错按劳务报酬所得项目扣缴个人所得税。

(3) 职工通过发票报销部分费用,未扣缴个人所得税。

(4) 房地产企业以假发票、假施工合同虚列开发成本套取现金发放职工工资、奖金等,不代扣代缴个人所得税;扣缴义务人故意为纳税人隐瞒收入、进行虚假申报,少缴或不缴个人所得税的行为。

(5) 股东、资金提供者、个人投资者各类分红、股息、利息个人所得税扣缴情况。利用企业资金支付消费性支出购买家庭财产或从投资企业(个人独资企业、合伙企业除外)借款长期不还等未扣缴个人所得税。

(6) 扣缴义务人故意为纳税人隐瞒收入、进行虚假的纳税申报,不缴、少缴个人所得税;不按规定扣缴销售人员的业务提成收缴个人所得税。

6.1.3 企业纳税风险规避

企业纳税风险是企业的涉税行为因未能正确有效遵守税收法规而导致企业未来利益的可能损失,具体表现为企业涉税行为影响纳税准确性的不确定因素,结果就是企业多交了税或者少交了税。企业管理层应建立自觉遵守税收法律、法规的经营环境,严格按照税法和会计准则进行核算,定期进行纳税评估,无论是否被税务机关列为稽查对象都应该定期对自身的纳税情况进行自查。

自查工作应涵盖企业生产经营涉及的全部税种。其中,四个主要税种的自查内容和要点如下。

一、增值税

(1) 用于抵扣进项税额的增值税专用发票是否真实合法:是否有开票单位与收款单位不一致或票面所记载货物与实际入库货物不一致的发票用于抵扣。

(2) 是否存在购进材料、电、气等货物用于在建工程、集体福利等非应税项目等未按规定转出进项税额的情况。

(3) 销售收入是否完整、及时入账:是否存在以货易货交易未记收入的情况;是否存在以货抵债收入未计入收入的情况;是否存在销售产品不开发票,取得的收入不按规定入账的情况;是否存在销售收入长期挂账不转收入的情况;是否存在将收取的销售款项先支付费用(如购货方的回扣、推销奖、营业费用、委托代销商品的手续费等),再将余款入账作收入的情况。

(4) 是否存在视同销售行为、未按规定计提销项税额的情况:将自产或委托加工的货物用于非应税项目、集体福利或个人消费,如用于内设的食堂、宾馆、医院、托儿所、学校、俱乐部、家属社区等部门,不计或少计应税收入;将自产、委托加工或购买的货物用于投资、分配、无偿捐助等,不计或少计应税收入。

二、营业税

(1) 营业收入是否完整及时入账,例如现金收入不按规定入账;不给客户开具发票;

相应的收入不按规定入账。

(2) 关联企业间提供应税劳务、转让无形资产、销售不动产价格明显偏低又无正当理由,且申报纳税时不做调整。

(3) 兼营不同税率的业务时,高税率业务适用低税率。

三、企业所得税

(1) 企业取得的各种收入是否存在未按所得税权责发生制原则确认计税的问题。

(2) 企业资产评估增值是否并入应纳税所得额。

(3) 取得非货币性资产收入或权益是否计入应纳税所得额。

(4) 是否存在利用虚开发票或虚列人工费等虚增成本。

(5) 是否存在使用不符合税法规定的发票及凭证列支成本费用。

(6) 是否存在超标准列支业务宣传费、业务招待费和广告费。

(7) 是否存在与其关联企业之间的业务往来,不按照独立企业之间的业务往来收取或者支付价款、费用而减少应纳税所得额的,未作纳税调整。

四、个人所得税

自查企业以各种形式向职工发放的工薪收入是否依法扣缴个人所得税,重点自查项目是为职工建立的年金、为职工购买的各种商业保险、以报销发票形式向职工支付的各种个人收入、通信补贴、以非货币形式发放的个人收入等是否扣缴个人所得税等。

6.2 税务稽查操作

为完成税务稽查工作,本平台设置了五个步骤,分别为:①选择被稽查企业;②编制工作底稿;③录入账务调整通知;④提交税务稽查报告;⑤税务稽查审理。其中,核心内容是通过辅助稽查功能全面掌握企业的账务处理情况和纳税申报情况。

辅助稽查由下面几项构成:国、地税税种实缴金额稽查,防止企业漏报或错报税收;特殊凭证稽查,比如调整凭证,其他无附件凭证等;成本计算稽查,稽查企业成本计算是否完整、正确,是否符合税法和会计准则的基本要求;索取发票和开具发票稽查,稽查企业是否按时开具发票,收入确认时间和开票时间是否和税法相符;稽查企业银行、现金日记账和系统对账单及现金实盘流水是否一致;系统存货库存实盘数和企业存货数量金额明细账是否相符。

6.2.1 选择被稽查企业

一、选案

根据国家税务总局印发的《税务稽查工作规程》,选择被稽查企业称为选案。稽查局应当通过多种渠道获取案源信息,集体研究,合理、准确地选择和确定稽查对象。选案部门负责稽查对象的选取,并对税收违法案件查处情况进行跟踪管理。

选案部门对案源信息采取计算机分析、人工分析、人机结合分析等方法进行筛选，发现有税收违法嫌疑的，应当确定为待查对象。选案的指标如下。

（一）计算机选案指标

1. 增值税有关选案指标

(1) 进项税额－销项税额＞0，且连续超过三个月；

(2) 销售税金负担率低于同行业平均税负率（或低于同行业最低税负控制线）；

(3) 销售税金与销售收入变化幅度不同步；

(4) 销项税金与进项税金变化幅度不同步。

2. 企业所得税选案指标

(1) 销售利润率（纵向比较大幅下降、横向比较明显偏低）；

(2) 销售毛利率、销售成本利润率、投资收益率；

(3) 人均工资额（＝工资总额÷平均职工人数）；

(4) 固定资产综合折旧率（＝本期折旧额÷平均固定资产原值）；

(5) 综合指标：销售收入变化幅度＞30％；

(6) 六个月内累计三次零负申报；

(7) 六个月内发票用量与收入申报为零。

（二）案头审计分析选案指标

(1) 申报与发票销售收入对比：申报收入＜发票销售收入；

(2) 申报销项税额与发票销项税额对比、申报进项税额与抵扣联对比；

(3) 进项税额增幅超过销售收入增幅的30％；

(4) 出口金额变化幅度；

(5) 工资总额－计税工资－纳税调增＞0；

(6) 三项经费（福利、工会、教育）提取额－计税工资附加扣除限额－纳税调增＞0。

二、平台操作

稽查人员登录系统（如图6.2-1、图6.2-2所示）之后，选择“国税”或者“地税”（如图6.2-3所示），进入稽查主界面（如图6.2-4所示）。“国税”和“地税”对应的税种不同，但稽查方式相似，操作步骤也相同。实战操作中，我们以国税稽查为例进行讲解。

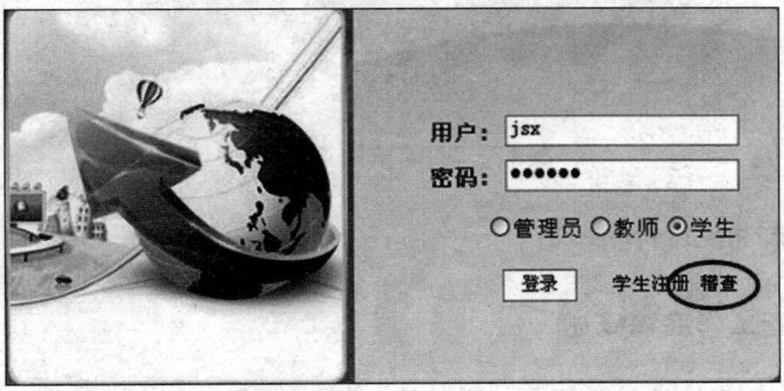

图6.2-1　平台登录界面

图 6.2-2 税收稽查登录界面

图 6.2-3 地税、国税选择界面

图 6.2-4 登录后的稽查主界面

稽查主界面左边有四个操作菜单，分别是管辖企业、工作底稿查询、账务调整通知和稽查报告查询。界面右边显示的是左边菜单的具体内容。点击相应的菜单，菜单包含的内容会显示在界面的右边。其中，管辖企业是可以稽查的企业；工作底稿查询、账务调整通知和稽查报告查询是查询界面，用于查看已经稽查过的底稿、通知和报告。

本案例中，可以被稽查的企业(教师预先分配的)有六家。选中要稽查的公司，点击"稽查"，即可进入税务稽查流程图界面(如图 6.2-5 所示)。

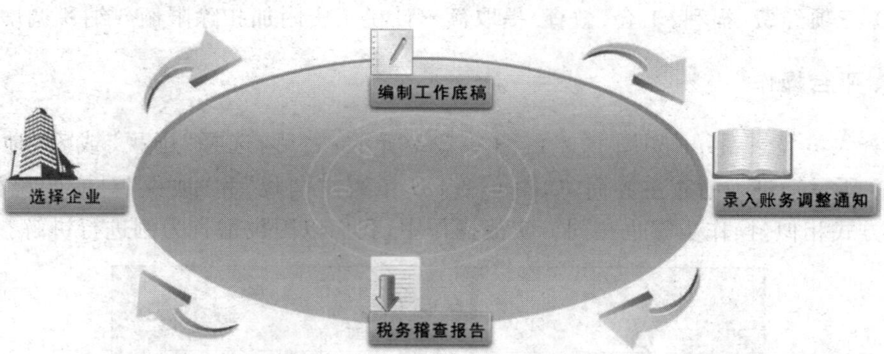

图 6.2-5 税务稽查流程图

6.2.2 编制工作底稿

一、税务稽查工作底稿概述

(一) 税务稽查工作底稿的概念

税务稽查工作底稿是税务人员从事税务稽查时，对稽查过程和检查事项所做出的原始记录。它是稽查报告形式的基础，是对稽查报告进行审理的最直接的参照资料，是检验、检查质量好坏的最全面的原始资料，是对税收违法行为处罚的依据。稽查工作底稿质量的高低，对整个稽查工作质量的好坏有至关重要的影响。编制检查工作底稿应当做到内容完整、观点明确。编制工作底稿前应充分收集被稽查企业的各类涉税信息。

（二）收集被稽查企业涉税信息的方法

收集被稽查企业涉税信息的方法主要有调账检查和实地检查。

1. 调账检查

调账检查要经历对会计账簿、凭证和报表的审核三个层次；对会计报表、纳税申报表、有关计税依据账户、与计税依据相关且可能隐匿计税依据账户的审核以及会计账户与相关的会计凭证的比对审核五个步骤。检查过程中要注重检查会计核算的合法性、真实性、正确性。

2. 实地检查

(1) 检查商品、货物或其他财产是否与账证相符；

(2) 检查账簿、凭证等会计资料档案的设置、保存情况，特别是原始凭证的保存情况；

(3) 检查当事人计算机及其服务器的数据信息情况；

(4) 检查当事人隐藏的账外证据资料，获取涉税违法的直接证据。

（三）税务稽查工作底稿的内容

税务稽查人员编制的税务稽查工作底稿应包括下列基本内容。

(1) 被稽查单位名称；

(2) 税务稽查项目名称；

(3) 税务稽查项目时点或期间；

(4) 税务稽查过程记录；

(5) 税务稽查标识及其说明；

(6) 税务稽查结论；

(7) 索引号及页次；

(8) 编制者姓名及编制日期；

(9) 复核者姓名及复核日期；

(10) 其他应说明事项。

二、平台操作

点击“编制工作底稿”，进入工作底稿查询界面（如图 6.2-6 所示）。该界面分上、下两部分：上半部分在右上方有四个可操作按钮，分别是“辅助稽查”、“辅助稽查（对比数据）”、“新增工作底稿”、“对比数据”。已经编制完成的稽查工作底稿也显示在这里；下面显示被稽查企业所有与稽查相关的信息，包括企业信息、记账凭证、总账、明细账、数量金额账、财务报表、银行对账单、存货库存表、现金流水账、企业合同、纳税申报表、发票清单，可以点击查看。

（一）辅助稽查功能介绍

在“国税”界面，点击“辅助稽查”，进入“稽查国税税额”界面。该界面上方有六个操作

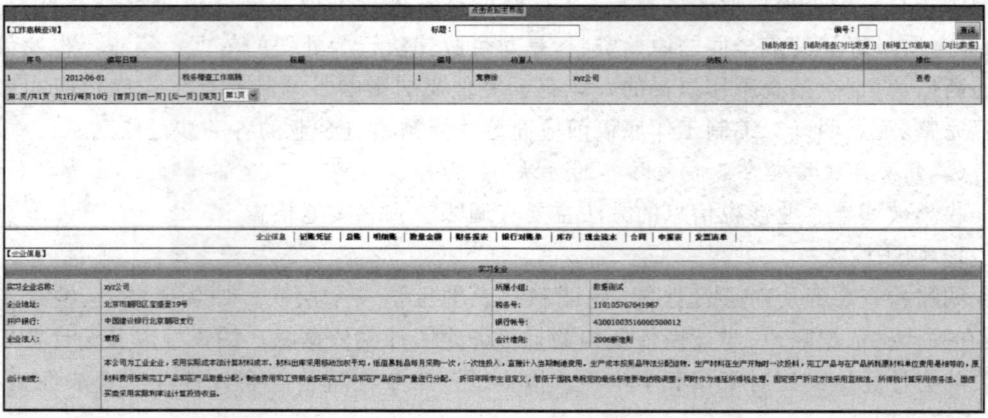

图 6.2-6　工作底稿查询界面

按钮,分别是:“稽查国税税额”、“查询无附件凭证明细表”、“查询手工填写附件凭证明细表”、“稽查未索取发票清单”、“稽查未开具发票清单”、“现金银行存货核对单”。通过以上六个步骤的操作,可以对企业的税收申报、缴纳、账务处理正确与否做出初步判断。

1. 稽查国税税额

进入到“稽查国税税额”界面(如图 6.2-7 所示),首先显示的是某年国税税务稽查表,年份可以选择。选择后,显示该年税务稽查表。以国税为例,表格上显示已做账月份的销项税额、进项税额、本期应交、本期实缴、差额等数据。其中,前面部分的数据取自系统原始数据,“本期应交”是系统原始数据计算出来的结果。

2012国税税务稽查

项目	说明	一月	二月	三月	四月	五月	六月	七月	八月	九月	十月	十一月	十二月
开具发票金额合计	所有的销售发票不含税金额合计	3801653.00	9326698.00	13003052.00	19251867.00	17678624.80	120000.00	0.00	0.00	0.00	0.00	0.00	0.00
销项税额	开具发票金额合计×17%	646281.01	1585538.66	2210518.84	3272817.39	3005366.22	20400.00	0.00	0.00	0.00	0.00	0.00	0.00
进项税额	进项增值税+运费发票	661300.34	855594.88	896742.76	1129915.24	1884137.92	0.00	0.00	0.00	0.00	0.00	0.00	0.00
其中:进项增值税	进项增值税额合计	660417.64	854642.88	895230.06	1128263.24	1882134.17	0.00	0.00	0.00	0.00	0.00	0.00	0.00
运费发票	运费合计×7%	882.70	952.00	1512.70	1652.00	2003.75	0.00	0.00	0.00	0.00	0.00	0.00	0.00
上期留底		0.00	15019.33	0.00	0.00	0.00	0.00	0.00	0.00	0.00	0.00	0.00	0.00
本期应交	(销项税额-进项税额-上期留底)如果负数则为0	0.0	714924.45	1313776.08	2142902.15	1121228.3	20400.0	0.0	0.0	0.0	0.0	0.0	0.0
期末留底	(销项税额-进项税额-上期留底)如果是负数填写绝对值,如果是正数为0	15019.33	0.0	0.0	0.0	0.0	0.0	0.0	0.0	0.0	0.0	0.0	0.0
本期实缴税金	纳税回单中取数	0.00	714924.45	1313776.08	2142902.15	1121228.30	0.00	0.00	0.00	0.00	0.00	0.00	0.00
差额	(本期应交-本期实缴税金)	0.0	0.0	0.0	0.0	0.0	20400.0	0.0	0.0	0.0	0.0	0.0	0.0

图 6.2-7　稽查国税税额界面

“本期实缴税费”取自企业纳税申报表,用系统原始数据和企业纳税申报数据比对,如果两者一致,差额为零,可以初步判断企业纳税申报基本正确;如果两者不一致、差额不为零,初步判断企业纳税申报有误。本案例前 5 个月的差额都是零,6 月份“本期应交”20 400 元,是取自系统原始数据,而因为本期企业还未报税,“本期实缴税费”还是 0,所以有差额。

2. 查询无附件凭证明细表

在“稽查国税税额”界面,点击“查询无附件凭证明细表”按钮,输入查询日期,点击“查询”，系统会显示该月企业填制的全部没有附件的记账凭证（如图 6.2-8 所示），比如计提、摊销和期末结转凭证。税务稽查中，没有附件的记账凭证是稽查的重点，系统提供这个功能，为稽查人员查看凭证提供方便。点击对应凭证的“查看”操作按钮，可以查看到完整的凭证。

稽查国税税额　查询无附件凭证明细表　查询手工填写附件表单凭证明细表　稽查未索取发票清单　稽查未开具发票清单　现金银行存货核对单

【无附件记账凭证查询】

查询条件：　日期时间 至　查询

日期	凭证字号	附件数	摘要	科目代码	科目名称	借方金额	贷方金额	数量	单价	操作	审核	过账
2012-02-29	记 -45	0	分配租金	510101	制造费用 －租金	273333.00				查看	√	√
			分配租金	112301	预付账款 －裕丰机械		240000.00				√	√
			分配租金	112303	预付账款 －宏远房地产		33333.00				√	√
2012-02-29	记 -47	0	计提折旧	660207	管理费用 －折旧	2132.25		0.00	0.0000	查看	√	√
			计提折旧	1602	累计折旧		2132.25				√	√
2012-02-29	记 -50	0	转出增值税	22210105	应交税费 －应交增值税 －应交增值税(转出未交增值税)	714924.45				查看	√	√
			转出增值税	222102	应交税费 －未交增值税		714924.45				√	√
2012-02-29	记 -51	0	计提税	6403	营业税金及附加	71492.44				查看	√	√
			计提城建税	222108	应交税费 －应交城市维护建设税		50044.71				√	√
			计提教育费附加	222113	应交税费 －教育费附加 －应交教育费附加		21447.73				√	√
2012-03-01	记 -59	0	摊入租金	50010103	生产成本 －空调 －制造费用	273333.00				查看	√	√
			摊入租金	112301	预付账款 －裕丰机械		240000.00				√	√
			摊入租金	112303	预付账款 －宏远房地产		33333.00				√	√
2012-03-01	记 -60	0	计提折旧	660207	管理费用 －折旧	2132.25				查看	√	√
			计提折旧	1602	累计折旧		2132.25				√	√
2012-03-01	记 -64	0	转入研发费用	660208	管理费用 －研发费	6316.00				查看	√	√
			转入研发费用	530101	研发支出 －工资		6316.00				√	√
2012-03-01	记 -65	0	转出未交增值税	22210105	应交税费 －应交增值税 －应交增值税(转出未交增值税)	1313776.08				查看	√	√
			转出未交增值税	222102	应交税费 －未交增值税		1313776.08				√	√
2012-03-01	记 -66	0	计提税金及附加	6403	营业税金及附加	131377.61				查看	√	√

图 6.2-8　稽查无附件凭证明细表界面

3. 查询手工填写附件凭证明细表

在“稽查国税税额”界面，第三项查询的内容是“手工填写附件凭证明细表”。点击“查询无附件凭证明细表”按钮，输入查询日期，点击“查询”，系统显示该月企业填制的手工填制附件的记账凭证（如图 6.2-9 所示）。这一类的记账凭证基本是涉及成本计算的凭证，比如工资费用分配、制造费用分配、完工产品入库等。税务稽查中，这部分内容也是稽查的重点，系统提供这个功能，同样为稽查人员查看凭证提供方便。点击对应凭证的“查看”操作按钮，可以查看到完整的凭证。

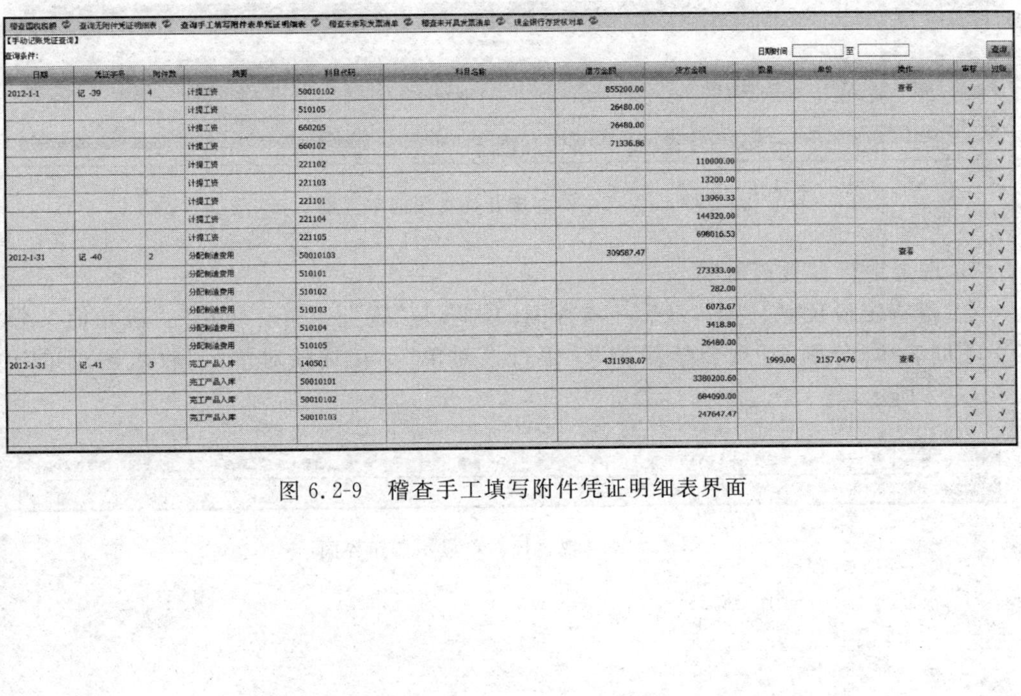

稽查国税税额　查询无附件凭证明细表　查询手工填写附件表单凭证明细表　稽查未索取发票清单　稽查未开具发票清单　现金银行存货核对单

【手动记账凭证查询】

查询条件：　日期时间 至　查询

日期	凭证字号	附件数	摘要	科目代码	科目名称	借方金额	贷方金额	数量	单价	操作	审核	过账
2012-1-1	记 -39	4	计提工资	50010102		855200.00				查看	√	√
			计提工资	510105		26480.00					√	√
			计提工资	660205		26480.00					√	√
			计提工资	660102		71336.86					√	√
			计提工资	221102			110000.00				√	√
			计提工资	221103			13200.00				√	√
			计提工资	221101			13960.33				√	√
			计提工资	221104			144320.00				√	√
			计提工资	221105			698016.53				√	√
2012-1-31	记 -40	2	分配制造费用	50010103		309587.47				查看	√	√
			分配制造费用	510101			273333.00				√	√
			分配制造费用	510102			282.00				√	√
			分配制造费用	510103			6073.67				√	√
			分配制造费用	510104			3418.80				√	√
			分配制造费用	510105			26480.00				√	√
2012-1-31	记 -41	3	完工产品入库	140501		4311938.07		1999.00	2157.0476	查看	√	√
			完工产品入库	50010101			3380200.60				√	√
			完工产品入库	50010102			684090.00				√	√
			完工产品入库	50010103			247647.47				√	√
											√	√

图 6.2-9　稽查手工填写附件凭证明细表界面

4. 稽查未索取发票清单

在“稽查国税税额”界面，第四项查询的内容是“稽查未索取发票清单”，点击“稽查未索取发票清单”按钮，输入查询时间，点击“查询”，系统显示“采购事项未索取发票清单”和“易货事项未索取发票清单”(如图 6.2-10 所示)。如果企业在采购业务或易货业务中，没有按时索取发票，电算化界面就没有进行账务处理，纳税申报就不正确。系统通过“稽查未索取发票清单”功能检索企业是否有未索取发票的事项，如果没有，系统提示“暂时没有记录”；如果有，会显示在该界面，提示稽查人员针对未索取发票事项进一步稽查。

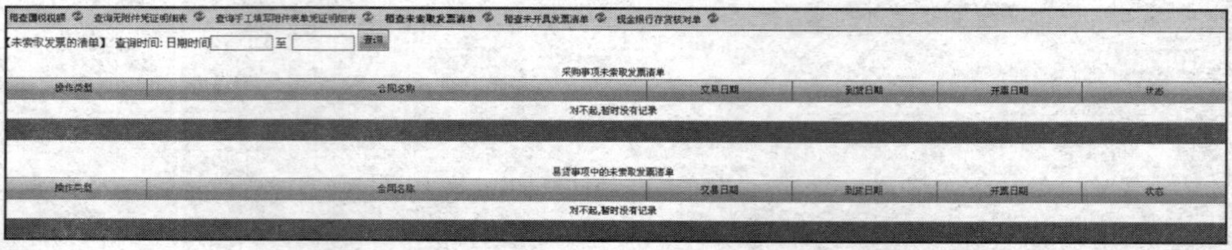

图 6.2-10　稽查未索取发票清单界面

5. 稽查未开具发票清单

在“稽查国税税额”界面，第五项查询的内容是“稽查未开具发票清单”，点击“稽查未开具发票清单”按钮，输入查询时间，点击“查询”，系统显示“订单合同未开具发票清单”、“出售事项未开具发票清单”和“易货事项未开具发票清单”(如图 6.2-11 所示)。与采购未索取发票情况同样的道理，如果销售未开具发票，电算化界面也有可能没有进行账务处理，导致纳税申报不正确。系统通过“稽查未开具发票清单”功能检索企业是否有未开具发票的事项，如果没有，系统提示“暂时没有记录”；如果有，会显示在该界面，提示稽查人员针对未开具发票事项进一步稽查。

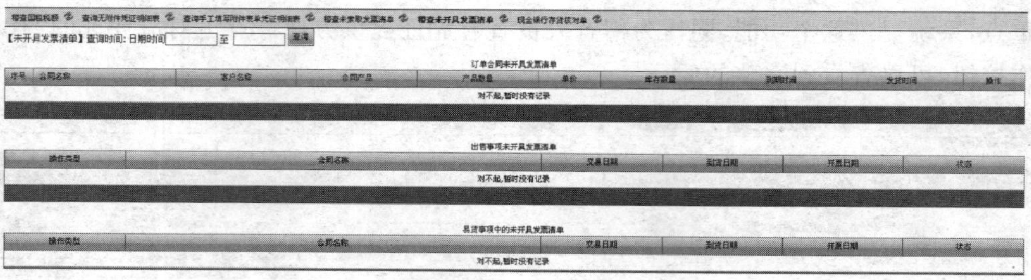

图 6.2-11　稽查未开具发票清单界面

6. 现金银行存货核对单

在“稽查国税税额”界面，最后一项查询的内容是“现金银行存货单”。该功能又分为四个不同表单，分别是“现金核对单”、“银行核对单”、“存货核对单”、“收入核对单”(如图 6.2-12 所示)。

图 6.2-12　现金核对单显示按钮界面

(1) 现金核对单。点击“现金核对单”按钮，输入查询时间，点击“查询”，系统显示现金核对界面(如图 6.2-13 所示)。界面左边是“现金对账单”，数据来源于企业运营界面的经济业务，相当于企业现金实存数；右边是“企业现金账”，数据来源于电算化模块的现金日记账。将两边数据对比，完全相符的，数据系统自动会在“核对结果”处用“√”表示，说明企业记账正确。对于检索中关键字不相同的数据，系统会用红字表示，提示稽查人员做进一步的调查，有可能是企业记账时出错。差额显示在右上方，如果差额为零，说明企业现金业务记账基本正确；如果不为零，说明现金业务记账有错，要进行进一步的稽查。

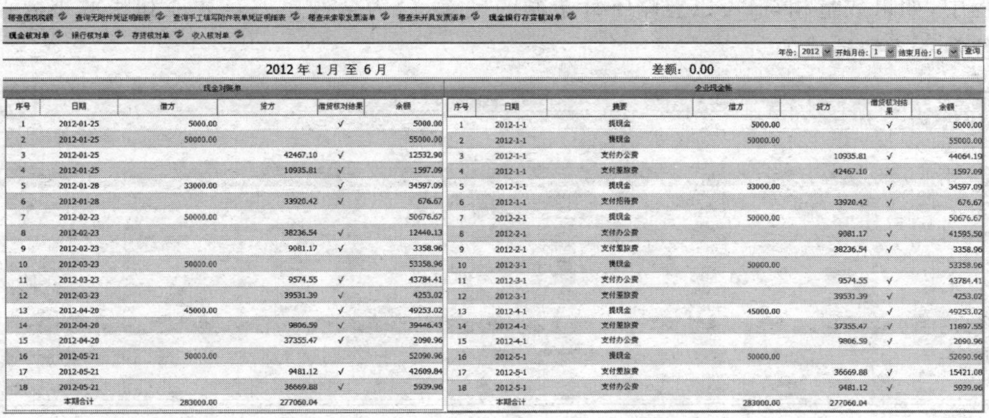

现金对账单

序号	日期	借方	贷方	借贷核对结果	余额
1	2012-01-25	5000.00		√	5000.00
2	2012-01-25	50000.00			55000.00
3	2012-01-25		42467.10	√	12532.90
4	2012-01-25		10935.81	√	1597.09
5	2012-01-28	33000.00		√	34597.09
6	2012-01-28		33920.42	√	676.67
7	2012-02-23	50000.00			50676.67
8	2012-02-23		38236.54	√	12440.13
9	2012-02-23		9081.17	√	3358.96
10	2012-03-23	50000.00			53358.96
11	2012-03-23		9574.55	√	43784.41
12	2012-03-23		39531.39	√	4253.02
13	2012-04-20	45000.00		√	49253.02
14	2012-04-20		9806.59	√	39446.43
15	2012-04-20		37355.47	√	2090.96
16	2012-05-21	50000.00			52090.96
17	2012-05-21		9481.12	√	42609.84
18	2012-05-21		36669.88	√	5939.96
	本期合计	283000.00	277060.04		

企业现金账

序号	日期	摘要	借方	贷方	借贷核对结果	余额
1	2012-1-1	提现金	5000.00		√	5000.00
2	2012-1-1	提现金	50000.00			55000.00
3	2012-1-1	支付办公费		10935.81	√	44064.19
4	2012-1-1	支付差旅费		42467.10	√	1597.09
5	2012-1-1	提现金	33000.00		√	34597.09
6	2012-1-1	支付招待费		33920.42	√	676.67
7	2012-2-1	提现金	50000.00			50676.67
8	2012-2-1	支付办公费		9081.17	√	41595.50
9	2012-2-1	支付差旅费		38236.54	√	3358.96
10	2012-3-1	提现金	50000.00			53358.96
11	2012-3-1	支付办公费		9574.55	√	43784.41
12	2012-3-1	支付差旅费		39531.39	√	4253.02
13	2012-4-1	提现金	45000.00		√	49253.02
14	2012-4-1	支付差旅费		37355.47	√	11897.55
15	2012-4-1	支付办公费		9806.59	√	2090.96
16	2012-5-1	提现金	50000.00			52090.96
17	2012-5-1	支付差旅费		36669.88	√	15421.08
18	2012-5-1	支付办公费		9481.12	√	5939.96
	本期合计		283000.00	277060.04		

图 6.2-13　现金核对单显示结果界面

(2) 银行核对单。在“现金银行存货核对单”界面下，点击“银行核对单”按钮，由于银行存款有开设明细科目进行核算，所以要通过下拉菜单选择明细科目，然后再输入查询年份和月份(与现金核对不同，银行核对一次只能核对一个月的账单)，点击“查询”，系统显示银行对账界面(如图 6.2-14 所示)。界面左边是“银行对账单”，数据来源于企业运营界面经济业务，相当于实务中的银行对账单；右边是企业银行账，数据来源于电算化模块的

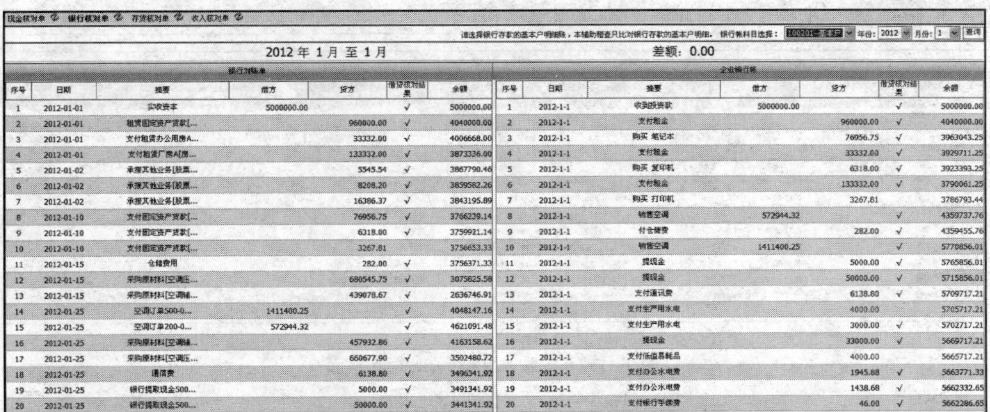

银行对账单

序号	日期	摘要	借方	贷方	借贷核对结果	余额
1	2012-01-01	实收资本	5000000.00		√	5000000.00
2	2012-01-01	租赁固定资产贷款[...		960000.00	√	4040000.00
3	2012-01-01	支付租赁办公用房A...		33332.00	√	4006668.00
4	2012-01-01	支付租赁厂房A[房...		133332.00	√	3873336.00
5	2012-01-02	承接其他业务[股票...		5545.54	√	3867790.46
6	2012-01-02	承接其他业务[股票...		8208.20	√	3859582.26
7	2012-01-02	承接其他业务[股票...		16386.37	√	3843195.89
8	2012-01-10	支付固定资产货款[...		76956.75	√	3766239.14
9	2012-01-10	支付固定资产货款[...		6318.00	√	3759921.14
10	2012-01-10	支付固定资产货款[...		3267.81		3756653.33
11	2012-01-15	仓储费用		282.00	√	3756371.33
12	2012-01-15	采购原材料[空调压...		680545.75	√	3075825.58
13	2012-01-15	采购原材料[空调辅...		439078.67	√	2636746.91
14	2012-01-25	空调订单500-0...	1411400.25		√	4048147.16
15	2012-01-25	空调订单200-0...	572944.32		√	4621091.48
16	2012-01-25	采购原材料[空调辅...		457932.86	√	4163158.62
17	2012-01-25	采购原材料[空调压...		660677.90	√	3502480.72
18	2012-01-25	通信费		6138.80	√	3496341.92
19	2012-01-25	银行提取现金500...		5000.00	√	3491341.92
20	2012-01-25	银行提取现金500...		50000.00	√	3441341.92
21	2012-01-28	办公用电费		1438.68	√	3439903.24
22	2012-01-28	办公用水费		1945.88	√	3437957.36

企业银行账

序号	日期	摘要	借方	贷方	借贷核对结果	余额
1	2012-1-1	收到投资款	5000000.00		√	5000000.00
2	2012-1-1	支付租金		960000.00	√	4040000.00
3	2012-1-1	购买 笔记本		76956.75	√	3963043.25
4	2012-1-1	支付租金		33332.00	√	3929711.25
5	2012-1-1	购买 复印机		6318.00	√	3923393.25
6	2012-1-1	支付租金		133332.00	√	3790061.25
7	2012-1-1	购买 打印机		3267.81		3786793.44
8	2012-1-1	销售空调	572944.32		√	4359737.76
9	2012-1-1	付仓储费		282.00	√	4359455.76
10	2012-1-1	销售空调	1411400.25		√	5770856.01
11	2012-1-1	提现金		5000.00	√	5765856.01
12	2012-1-1	提现金		50000.00	√	5715856.01
13	2012-1-1	支付通讯费		6138.80	√	5709717.21
14	2012-1-1	支付生产用水电		4000.00		5705717.21
15	2012-1-1	支付生产用水电		3000.00	√	5702717.21
16	2012-1-1	提现金		33000.00	√	5669717.21
17	2012-1-1	支付低值易耗品		4000.00		5665717.21
18	2012-1-1	支付办公水电费		1945.88	√	5663771.33
19	2012-1-1	支付办公水电费		1438.68	√	5662332.65
20	2012-1-1	支付银行手续费		46.00	√	5662286.65
21	2012-1-1	购买 笔记本		3267.81		5659018.84
22	2012-1-1	购买材料		680545.75	√	4978473.09

图 6.2-14　银行核对单显示界面

银行日记账。与“现金核对单”相同，两边数据对比，完全相符的数据系统自动会在“核对结果”处用“√”表示，说明企业记账正确。对于检索中关键字不相同的数据，系统会用红字表示，提示稽查人员做进一步的调查，有可能是企业记账时出错。差额显示在右上方，如果差额为零，说明企业现金业务记账基本正确；如果不为零，说明现金业务记账有错，要进行进一步的稽查。

(3) 存货核对单。在“现金银行存货核对单”界面下，点击“存货核对单”按钮，输入查询年份和月份，点击“查询”，系统显示存货对账界面(如图 6.2-15 所示)。界面显示原材料的账存、实存、盈亏的数量和金额以及产成品的账存、实存、盈亏的数量和金额。在稽查过程中，如果数量相符，可以忽略不计金额的尾差，因为金额尾差是凭证和账簿小数点保留位数不一致造成的。

稽查国税税额 查询无附件凭证明细表 查询手工填写附件表单凭证明细表 稽查未索取发票清单 稽查未开具发票清单 现金银行存货核对单

现金核对单 银行核对单 存货核对单 收入核对单

年份: 2012 月份: 1 查询

2012 年 1 月

原材料	帐存数量	帐存金额	实存数量	实存金额	盈亏数量	盈亏金额
空调辅助材料	1010.00	768250.17	1010.00	768250.10	0.00	-0.07
液晶屏	0.00	0.00	0.00	0.00	0.00	0.00
主板	0.00	0.00	0.00	0.00	0.00	0.00
空调压缩机	1010.00	946498.98	1010.00	946499.05	0.00	0.07
洗衣机机械材料	0.00	0.00	0.00	0.00	0.00	0.00
洗衣机辅助材料	0.00	0.00	0.00	0.00	0.00	0.00
显示器辅助材料	0.00	0.00	0.00	0.00	0.00	0.00
合计	2020.00	1714749.15	2020.00	1714749.15	0.00	0.00
产成品	帐存数量	帐存金额	实存数量	实存金额	盈亏数量	盈亏金额
洗衣机	0.00	—	0.00	—	0.00	—
液晶显示器	0.00	—	0.00	—	0.00	—
空调	499.00	—	499.00	—	0.00	—
合计	499.00	—	499.00	—	0.00	—

图 6.2-15　存货核对单显示界面

(4) 收入核对单。在“现金银行存货核对单”界面下，点击“收入核对单”按钮，输入查询年份和月份，点击“查询”，系统显示收入核对单界面(如图 6.2-16 所示)。界面左边显示“系统发票明细”，右边显示“主营业务明细”。同样是用系统数据与企业电算化模块的账簿数据进行比对，如果不符，会显示差额，提示稽查人员做进一步的稽查。相符的情况下，差额为零(如图 6.2-16 所示)。

稽查国税税额 查询无附件凭证明细表 查询手工填写附件表单凭证明细表 稽查未索取发票清单 稽查未开具发票清单 现金银行存货核对单

现金核对单 银行核对单 存货核对单 收入核对单

年份: 2012 月份: 2 查询

2012 年 2 月

	系统发票明细		主营业务明细			
产品名称	开票日期	金额	凭证号	凭证摘要	收入金额	差额
洗衣机		0.00			0.00	0.00
小计		0.00			0.00	0.00
液晶显示器		0.00			0.00	0.00
小计		0.00			0.00	0.00
空调	2012-02-08	500448.00	10	销售空调	500448.00	0.00
空调	2012-02-08	1316020.00	6	收货款	1316020.00	0.00
空调	2012-02-08	1217730.00	8	销售空调	1217730.00	0.00
空调	2012-02-22	1523334.00	18	销售空调	1523334.00	0.00
空调	2012-02-15	1523334.00	20	销售空调	1523334.00	0.00
空调	2012-02-15	1214720.00	12	销售空调	1214720.00	0.00
空调	2012-02-29	2031112.00	16	销售空调	2031112.00	0.00
小计		9326698.00			9326698.00	0.00
合计		9326698.00			9326698.00	0.00

图 6.2-16　收入核对单显示界面

(二) 辅助稽查(对比数据)功能介绍

在“国税”界面，点击“辅助稽查(对比数据)”，进入“辅助稽查(数据比较)”界面。“辅助稽查(对比数据)”是在“辅助稽查”的基础上,增加了“企业信息”、“记账凭证”、“总账”、“明细账”、“数量金额账”、“财务报表”、“银行对账单”、“库存”、“现金流水”、“合同”、“申报表”、“发票清单”查看按钮。增加的意义在于在同一个界面上,可以同时打开稽查表单和企业的凭证、账簿、报表、合同等,便于比对。例如在本案例中,可以在查看2月基本户的银行核对单的同时,打开企业银行对账单,两者进行比对,更详细地确认数据的来源(如图6.2-17所示)。

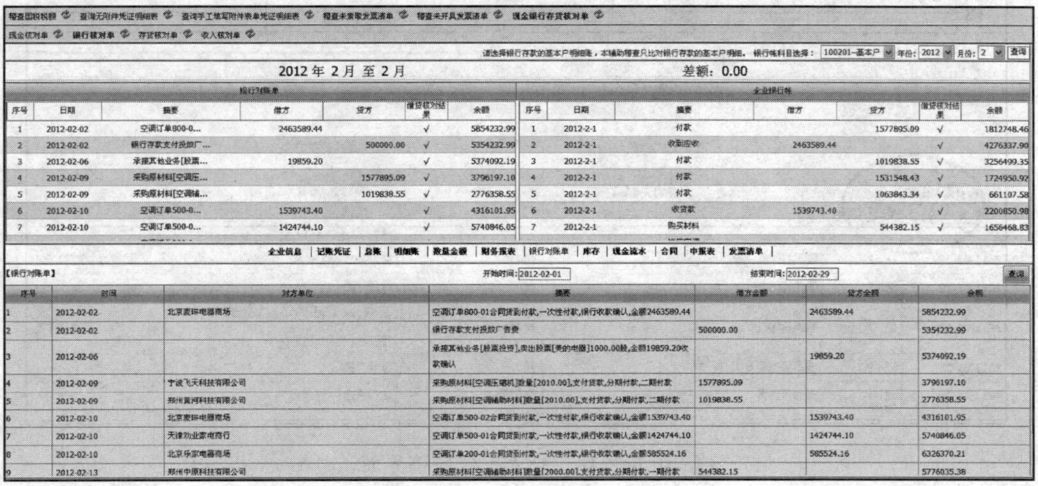

图6.2-17　辅助稽查数据比较界面

(三) 新增工作底稿功能介绍

在“国税”界面,点击“新增工作底稿”,进入“稽查工作底稿”界面。该界面分为上下两个部分,上半部分是“稽查工作底稿”填写部分,下半部分是可供参考的企业资料。编制底稿的时候,稽查人员可以查看企业的明细数据,包括电算化中的所有数据、银行对账单、库存、现金流水、合同、纳税申报表以及发票清单,并可以直观地进行任何两项数据之间的比对。每一份工作底稿都保留在“国税”界面上,可以查看,在查看界面可以修改。但被稽查的企业平台无法看到工作底稿。

在“录入工作底稿”界面(如图6.2-18所示)录入工作底稿,首先填写工作底稿名称,然后填写工作底稿的具体内容,录入完毕,点击“保存”。

(四) 对比数据功能介绍

在“国税”界面,点击“对比数据”,进入“稽查数据比较”界面。“对比数据”界面的上半部分和下半部分都是“企业信息”、“记账凭证”、“总账”、“明细账”、“数量金额账”、“财务报表”、“银行对账单”、“库存”、“现金流水”、“合同”、“申报表”、“发票清单”信息。在该界面,可以打开不同的内容进行比对。例如本案例中,在“稽查数据比较”界面上半部分打开企业的利润表,如果要进一步稽查利润表中的收入,可以在下半部分打开企业的凭证,查看与营业收入相关的记账凭证,两者进行比对(如图6.2-19所示)。

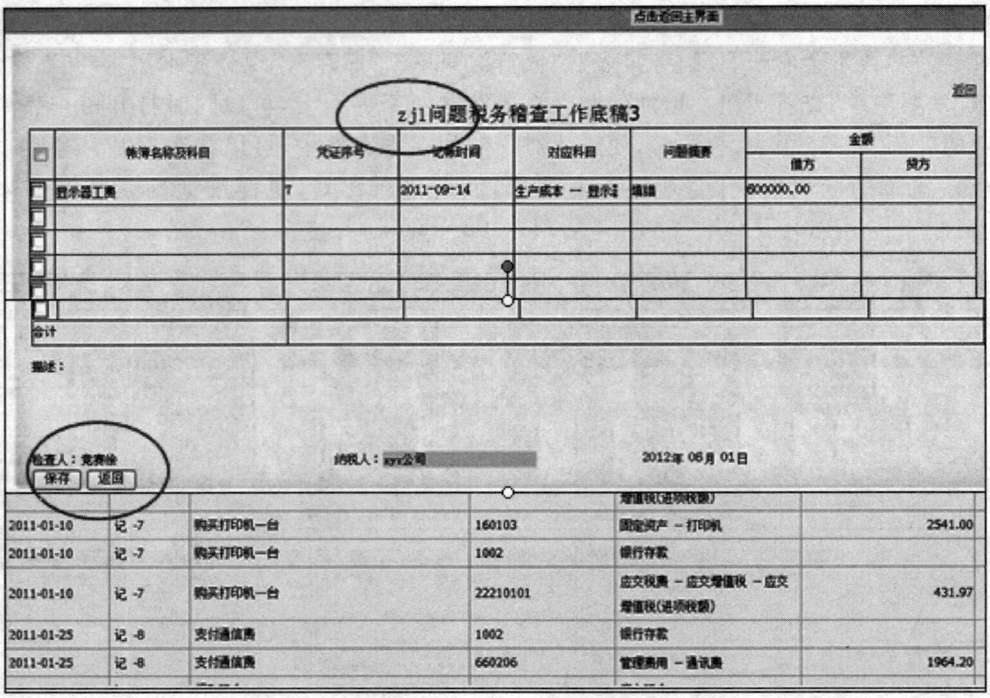

图 6.2-18　录入工作底稿界面

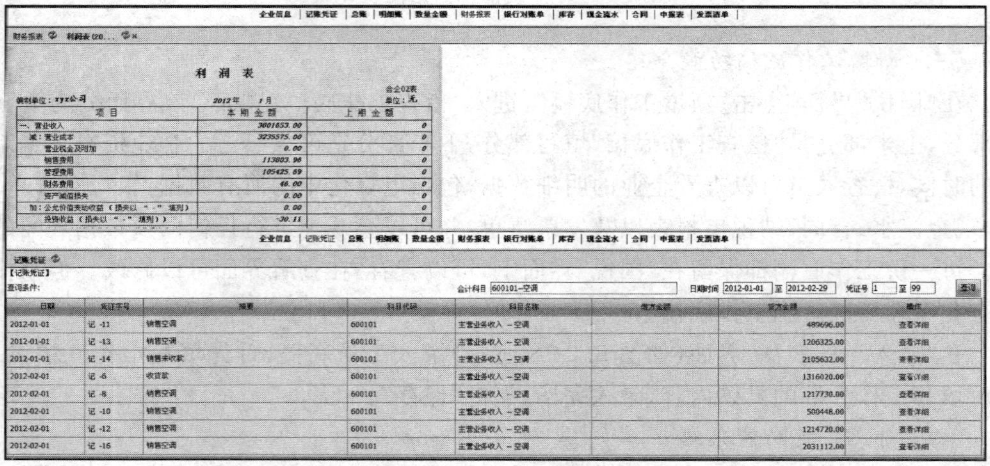

图 6.2-19　稽查数据比较界面

6.2.3　录入账务调整通知

一、账务调整概述

（一）账务调整通知的作用和意义

在税务检查中，查出来的大量错漏税问题，多数情况是因为账务处理错误造成的，一般都反映在会计账簿、会计凭证和会计核算资料上，并在查补纠正过程中必然涉及收入、成本、费用、利润和税金的调整问题。如果检查后只补回税款，不将纳税人错漏的账项纠正、调整过来，使错误延续下去，随着时间的推移，势必会导致新的错误，明补暗退或重复征税的现象必然发生，账面资料数据与征收金额的衔接也将出现问题。因此，查账后制作账务调整通知，实质上是查账工作的继续。不督促纳税人及时正确地调整账务，就不能真实地反映企业的财务状况和经营成果，也不能防止新的错误发生，也就没有实现查账目的、完成查账任务。

（二）编制账务调整通知的要求

编制账务调整通知的基本要求是：要能反映原错漏账项的来龙去脉；调账分录要正确、分明；严格体现国家税收政策；有利于加强企业财务管理。

编制账务调整通知具体要求如下：

(1) 账务处理的调整要与现行财务会计准则相一致，要与税法的有关会计核算相一致。

(2) 账务处理的调整要与会计基本理论相符合。调整错账，需要做出新的账务处理来纠正原错账。因此，新的账务处理业务必须符合会计基本理论和核算程序，反映错账的来龙去脉，清晰表达调整的思路；还应做到核算准确、数字可靠，正确反映企业的财务状况和生产经营情况，并使会计期间上、下期保持连续性和整体性；同时还要坚持平行调整，在调整总账的同时调整它的明细账户。

(3) 调整错账的方法应从实际出发，简便易行。既要做到账实一致，反映查账的结果，又要坚持从简账务调整的原则。在账务调整方法的运用上，能用补充调整法则不用冲销调整法，尽量做到从简适宜。

（三）主要税种的账务调整处理

1. 增值税的账务调整

对于增值税检查后的账务调整，应设立"应交税费——增值税检查调整"专门账户。凡检查后应调减账面进项税额或调增销项税额和进项税额转出的数额，借记有关科目，贷记本科目；凡检查后应调增账面进项税额或调减销项税额和进项税额转出的数额，借记本科目，贷记有关科目。全部调账事项入账后，应结出本账户的余额，并对该余额进行处理。

(1) 若余额在借方，全部视同留抵进项税额，按借方余额数，借记"应交税费——应交增值税（进项税额）"科目，贷记本科目。

(2) 若余额在贷方，且"应交税费——应交增值税"账户无余额，按贷方余额数借记本科目，贷记"应交税费——未交增值税"科目。

(3) 若本账户余额在贷方，"应交税费——应交增值税"账户有借方余额且大于或等于这个贷方余额，按贷方余额数借记本科目，贷记"应交税费——应交增值税"科目。

(4) 若本账户余额在贷方，"应交税费——应交增值税"账户有借方余额但小于这个贷方余额，应将这两个账户的余额冲出，其差额贷记"应交税费——未交增值税"科目。

(5) 上述账务调整应按纳税期逐期进行。

例如，税务检查人员于 2011 年 12 月检查 xyz 公司当年增值税缴纳情况。进行账簿检查时，发现该企业"预收账款"账户贷方余额 1 170 000 元，金额较大，通过进一步检查明细账和有关记账凭证、原始凭证及产品出库单，查明产品已出库，企业记入"预收账款"账户的余额全部是企业分期收款销售产品收到的货款和税款，而没有及时结转产品销售收入。经核实，该批产品的生产成本价为 500 000 元，据此，作如下账务调整。

$$应计应税收入额 = 1\,170\,000 \div (1 + 17\%) = 1\,000\,000(元)$$

$$应补增值税 = 1\,000\,000 \times 17\% = 170\,000(元)$$

账务处理如下。

借：预收账款　　1 170 000

　　贷：主营业务收入　　1 000 000

　　　　应交税费——增值税检查调整　　170 000

假定忽略 xyz 公司其他纳税调整事项，仅对该事项进行调整，且"应交税费——应交增值税"账户无余额，下一步的账务处理如下。

借：应交税费——增值税检查调整　　170 000

　　贷：应交税费——未交增值税　　170 000

2. 营业税的账务调整

无论是何种原因导致补交营业税，都应记入"应交税费——应交营业税"科目，但所补交的营业税应根据不同的原因，记入不同的明细科目。

(1) 对于少计业务收入或少计算营业税额导致补交营业税的，应借记"主营业务税费及附加"等科目，贷记"应交税费——应交营业税"科目。

对于多提、多交营业税的，用红字作与上述相反的会计分录。

(2) 对于金融企业接受其他企业委托发放贷款、少计代扣代缴营业额的，借记"应付账款——应付委托贷款利息"科目，贷记"应交税费——应交营业税"科目。

(3) 对于建筑安装业务实行转包或分包形式、总承包人少计代扣代缴营业税的，借记"应付账款"科目，贷记"应交税费——应交营业税"科目。

(4) 对于纳税人销售不动产少交营业税的，应按销售额计算营业税，借记"固定资产清理"科目，贷记"应交税费——应交营业税"。

(5) 纳税人销售无形资产少交营业税的，按销售额计算的营业税，借记"其他业务支出"等科目，贷记"应交税费——应交营业税"科目。

3. 所得税的账务调整

企业所得税实行按年计算、分月或分季预缴的办法。如查获额属于本年度需要调整损益的错漏项目，可直接调整本期损益账户；如查获额属于以前年度事项，应通过"以前年度损益调整"账户进行调整。

例如，查明 xyz 公司 2011 年 12 月多转主营业务成本 100 000 元(法定税率 25%)，其账务处理如下。

借：库存商品　　100 000

　　贷：主营业务成本　　100 000

借：主营业务成本　　100 000

　　贷：本年利润　　100 000

同时，

借：所得税费用　　　　　　　　　　　　25 000

　　贷：应交税费——应交所得税　　　　　　　　25 000

若 xyz 公司多转主营业务成本 100 000 元(法定税率 25%)，属于以前年度发生，其账务处理如下。

借：库存商品　　　　　　　　　　　　100 000

　　贷：以前年度损益调整　　　　　　　　　　100 000

同时，

借：以前年度损益调整　　　　　　　　　25 000

　　贷：应交税费——应交所得税　　　　　　　　25 000

借：以前年度损益调整　　　　　　　　　75 000

　　贷：利润分配——未分配利润　　　　　　　　75 000

二、平台操作

点击“录入账务调整通知”，进入账务调整查询界面(如图 6.2-20 所示)。该界面分上、下两部分，上半部分在右上方有“新增账务调整”操作按钮，点击进入，界面显示“账务调整通知”表单，稽查人员对“账务调整通知”单填写完整后，点击“保存”，就形成一份账务调整通知单。所有已经编制完成的账务调整通知都显示在本界面，点击“查看”按钮可以查看，并且可以在查看界面修改。下半部分显示“工作底稿”、“记账凭证”、“总账”、“明细账”、“数量金额账”、“财务报表”，便于在填写“账务调整通知”时查看。

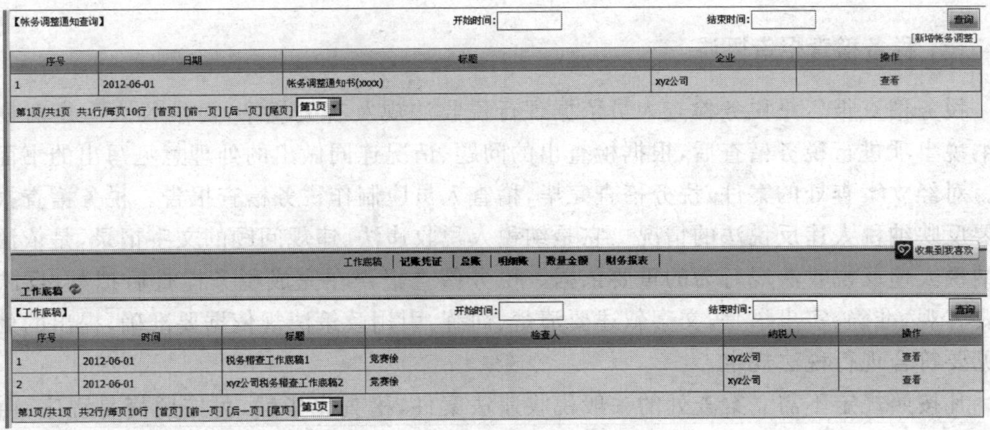

图 6.2-20　账务调整查询界面

录入账务调整单，主要依据该界面下方的“工作底稿”，其余的凭证和报表也可以用作参考。稽查人员可以新增或者删除明细条目，对于一大类凭证都录错的情况，稽查人员也可以直接录入文字描述。例如本案例中，被稽查企业只有一条分录有误，“账务调整通知”显示的内容只有一条，但如果有多条分录有误，可以点击表格右上方“新增”按钮，增加条目。表格下方，可以录入文字描述，例如本案例中，用文字提醒“你司 2011 年 1 月 1 日

2 号凭证有误，请修改”。系统要求，在账务调整单上录入调整分录条数，这个条数将会影响到被稽查企业关于稽查部分的成绩判定，原则上条数越多，稽查部分成绩就越低。稽查人员完成录入之后点击“保存”按钮，或者点击“返回”按钮返回上层菜单（如图 6.2-21 所示）。

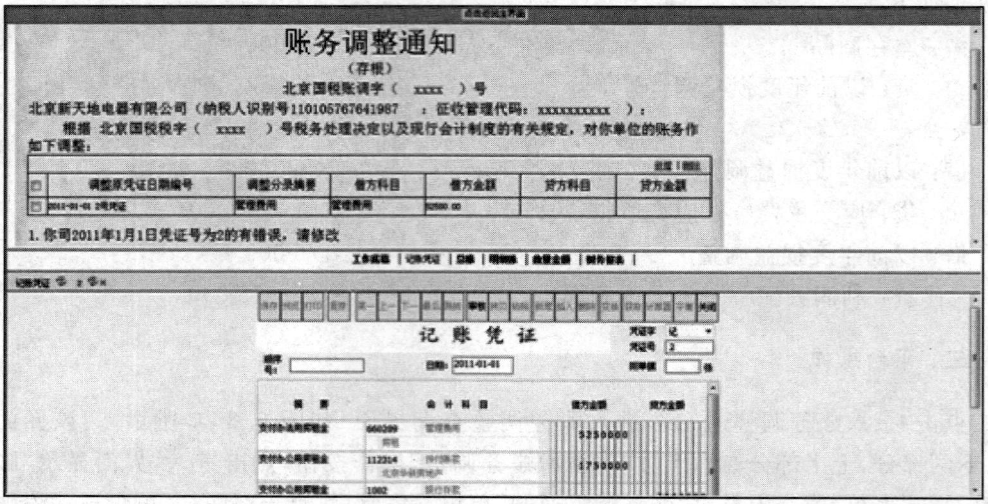

图 6.2-21　账务调整通知录入界面

6.2.4　提交税务稽查报告

一、税务稽查报告概述

税务稽查报告是税务检查人员依据现行税收法规及有关规章，对纳税人一定时期内的纳税事项进行税务稽查后，根据检查出的问题、情况连同做出的处理意见写出的书面报告。对经立案查处的案件，税务稽查完毕，稽查人员应制作税务稽查报告。税务稽查报告主要反映纳税人违反税法的情况。它是纳税人税收违法、违规问题的文字记录，是依法惩处纳税人违反税收法规行为的重要依据。税务稽查报告在完成税务检查后拟写，反映问题要客观、准确、实事求是，文字叙述要清楚、简练，引用政策法规依据要准确，提出的处理意见要符合现行税法规定。

凡按照规定不需立案查处的一般税收违法案件，稽查完毕后，可按照简易程序，由稽查人员直接制作税务处理决定书，按照规定报经批准后执行。未经立案查处的，且经稽查没有发现问题的，由稽查人员制作税务稽查结论，说明未发现问题的事实和结论意见。

适用简易程序和经稽查未发现问题的处理比较简单，本平台只介绍需要编写税务稽查报告的情况。

二、平台操作

点击“税务稽查报告”，进入稽查查询界面（如图 6.2-22 所示）。该界面分上、下两部分，上半部分在右上方有“新增稽查报告”操作按钮，下半部分显示“工作底稿”、“当前账务调整通知书”、“账务调整通知书”。每个稽查报告和账务调整通知书都是一一对应的关系，新增一个“账务调整通知书”就要新增一个“税务稽查报告”。“当前账务调整通知书”是和目前正在编写的“税务稽查报告”相对应的调整通知书。“账务调整通知书”按钮可以通过录入年份和月份，查看往期的“账务调整通知书”。

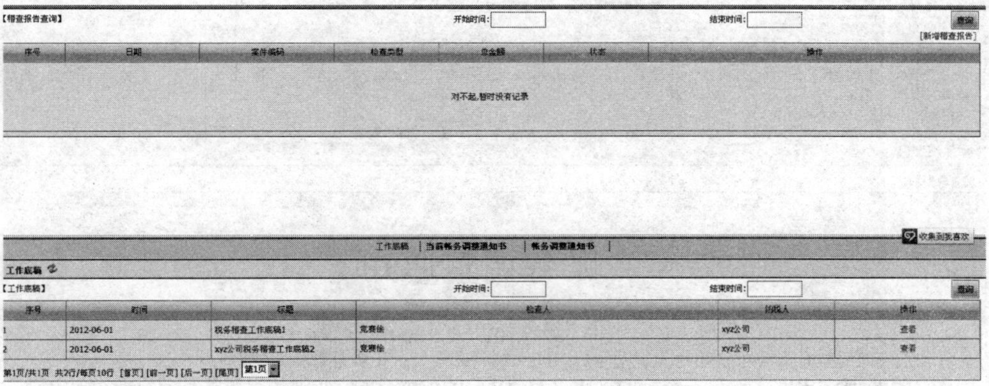

图 6.2-22　稽查查询界面

“税务稽查报告”是在“账务调整通知书”完成的情况下编制的，如果没有账务通知书，点击“新增稽查报告”，系统会提示“选择相关账务通知录入报告”，此时无法操作，要先回到账务调整录入界面编制账务调整通知。已经完成账务通知书的情况下，点击“新增稽查报告”，系统会将录入完成的“账务调整通知书”显示在上方（如图 6.2-23 所示）。

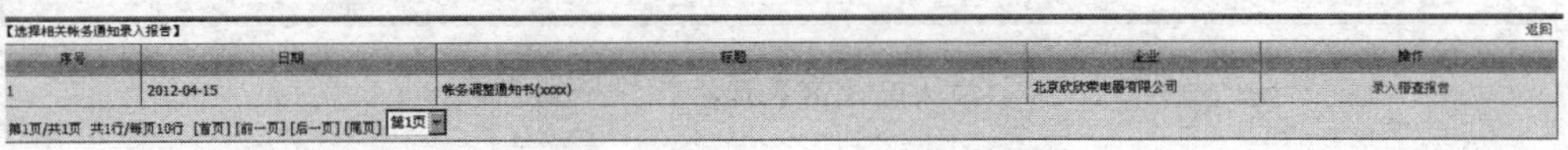

图 6.2-23　账务调整通知书显示界面

点击账务调整通知书后的操作按钮“录入稽查报告”进入“税务稽查报告”界面（如图 6.2-24 所示）。

在此界面下完成税务稽查报告的填写。税务稽查报告应完整反映以下内容：①稽查案件编号；②纳税人名称；③企业经济类型；④法定姓名；⑤检查所属期间；⑥检查人员姓名；⑦检查类型；⑧检查实施时间；⑨检查发现的违反税收法规、规章的问题、情况，主要税收违法犯罪事实及法规政策依据。稽查报告的处理意见中，所欠税款和应纳税额是系统自动计算的，滞纳金及罚款由稽查人员酌情填写。以上内容填写不完整的，系统不允许保存。填完后，点击“保存”，界面如图 6.2-25 所示。

以上界面显示税务稽查报告的状态，可以查看/修改、查看/回复和递交。在未递交前，可以修改稽查报告。点击“递交”，系统就会将稽查报告递交给稽查企业。被稽查企业如果对税务稽查报告有异议，可以提出异议，系统会反馈给稽查小组，系统允许反复三次，超过三次仍有异议的系统将提交教师界面，由教师仲裁。

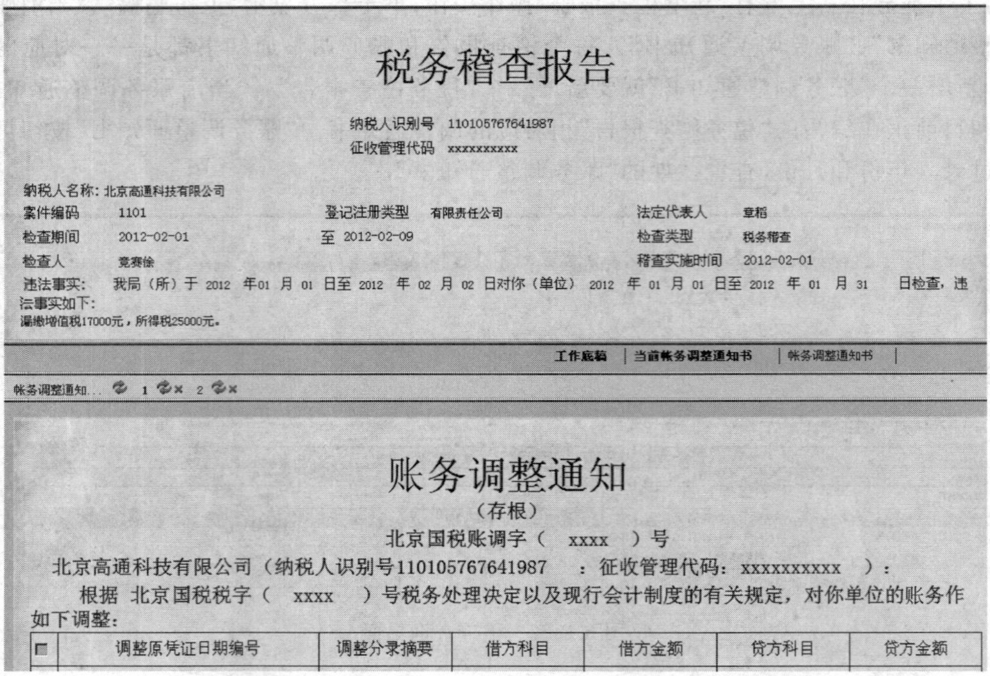

图 6.2-24　税务稽查报告显示界面

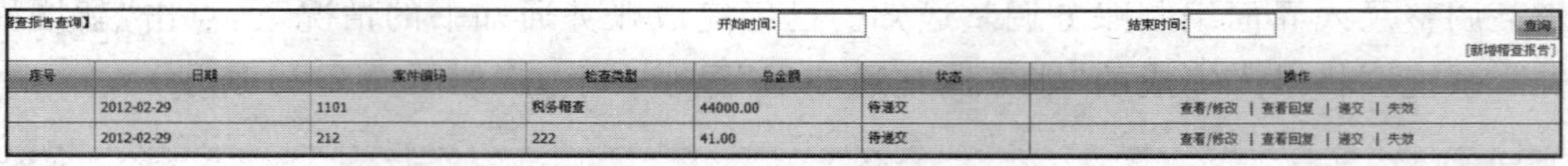

图 6.2-25　税务稽查报告操作按钮界面

6.2.5　税务稽查审理

一、税务稽查审理概述

税务稽查审理过程中，审理人员应当认真审阅稽查人员提供的税务稽查报告及所有与案件有关的其他资料，并对如下内容进行确认。

（1）违法事实是否清楚、证据是否确凿、数据是否准确、资料是否齐全；

（2）适用税收法律、法规、规章是否得当；

（3）是否符合法定程序；

（4）拟定的处理意见是否得当。

在审理中发现事实不清、证据不足或者手续不全等情况的，应当通知稽查人员予以增补。

审理结束时，审理人员应当提出综合性审理意见，制作《审理报告》和《税务处理决定书》，履行报批手续后，交由有关人员执行。对构成犯罪应当移送司法机关的，制作《税务违法案件移送书》，经局长批准后移送司法机关处理。

对稽查人员提交的、经查未发现问题的《税务稽查报告》，应由审理人员审理后确认、制作《税务稽查结论》一式两份，报批准后，一份存档，一份交被查对象；有疑问的，退稽查人员补充稽查，或者报主管领导另行安排稽查。

二、平台操作

本平台中，由教师代替审理人员履行税务稽查审理职责。具体操作界面如图 6.2-26 所示。

图 6.2-26　税务稽查审理界面

如果教师在该界面下点击“强制执行”，税款及罚款滞纳金等会立即从被稽查企业中划走；如果点击“不执行”，则不会被扣款。

第7篇

教学设计实施篇

7.1 平台教学设计

教学设计是根据教学对象和教学目标，确定合适的教学起点与终点，将教学诸要素有序、优化地安排，形成教学方案的过程。教学设计的目的是提高教学效率和教学质量，使学生在单位时间内能够学到更多的知识，更大幅度地提高学生各方面的能力，从而使学生获得良好的发展。

"不谋全局者，不足谋一域。不知整体教材者，不能教好一节课。"教师在授课前需对本平台有一个全面、深刻的理解和认识，尤其是平台的设计理念、各子系统功能结构、平台中整合的知识体系等。教师在进行教学设计时应立足于整体，每个子系统应协调于整个教学系统中，做到整体与部分的辩证统一，系统的分析与系统的综合有机结合，最终达到教学系统的整体优化。

7.1.1 教学对象

本平台的学习，要求学员基本具备出纳实务、基础会计、财务会计、成本会计、税务会计、财务管理、会计电算化、管理学基础、市场营销学、金融等相关知识。本平台适合高等院校财会、金融、贸易、管理等专业学生作为实训课程使用。

7.1.2 教学目标

一、知识和技能目标

(1) 基础层面：掌握企业运作的基本流程以及各环节的基本关系。

(2) 技术层面：掌握企业的资产结构、物流结构和现金流结构及其周转变化的特点与核算。

(3) 决策层面：掌握企业不断提高竞争力的战略规划、执行效率和细节安排。

二、能力目标

(1) 迅速处理信息的能力。
(2) 准确把握关键问题的能力。
(3) 归纳发现基本规律的能力。
(4) 合理运用竞争策略的能力。
(5) 评估控制风险的能力。
(6) 妥善处理团队关系的能力。
(7) 深入思考和创新的思维能力。

7.1.3 教学要求

一、掌握流程化管理的理念并实践

(1) 要点：业务衔接流程、工作执行流程、战略决策流程。

(2) 难点：企业战略决策流程的制定与执行；采购计划与产能、产量、库存的匹配管控；资金的计划与控制；财务管理服务业务发展的需求。

二、理解效率化管理的理念，掌握资源管理与规划的理念和基本方法

(1) 要点：资产结构及其变化、资金周转与效率、资金规划与控制、权益控制、企业效率。

(2) 难点：资产结构的规划；资金的规划与控制、资金运用效率的提升。

三、体验职位工作关系，树立团队管理理念，掌握分工与协作的理念和基本方法

(1) 要点：关键岗位职责、工作分工与任务分配、工作衔接与沟通、员工绩效。

(2) 难点：员工工作效率的提升、绩效的考核与员工激励机制、人力资源成本的控制。

四、理解制定战略的理念和基本方法，掌握战略与效率之间的关系

(1) 要点：战略性思维、战略定位与战略性风险、策略制定与策略性风险、决策执行与执行性风险。

(2) 难点：以战略性思维运作企业；经营风险的预计与防范；决策方案的评估与选择。

五、要求不断改进工作方法

(1) 要点：区分完成什么任务和完成任务的过程；明确完成任务的方法、提高工作效率的方法、妥善储存经营决策数据的方法、数据共享与沟通的方法；改进工作流程。

(2) 难点：明确工作流程；提高数据信息管理功效；改进工作流程。

六、要求进行创新工具设计

(1) 要点：操作工具设计(操作记录、计算用的表单，如排产记录)、分析工具设计(如市场、成本分析的表单）、决策工具设计（如现金预算与控制的表单）。

（2）难点：根据企业运营及资金管理控制、成本计算的需要，进行系统工具集成设计，提高工作效率。

7.2　平台教学实施

本平台具有跨学科、跨专业配合的综合特点，所以传统的教学组织形式不符合这一新型课程的要求。教学过程可以从教师的组织、学生的组织和教学过程的组织三方面来进行。

7.2.1　教师的组织

传统的一位专业教师对应一个专业教学班的一门专业课程的教学模式，已不适应新型的平台综合模拟教学，必须采用新的教学组织形式，成立专门的相关专业教师组成的综合性课题教学小组。采用"协作式"教学、共同设计、集体备课、交流协作等方式，共同承担财务决策平台教学任务。只有这样，才能有良好的教学效果。

7.2.2　学生的组织

以班级为单位组织教学，是惯用的教学组织形式。教学中可将班级学生按平台规则进行分组；条件许可的情况下也可以将不同专业的学生混合编组，每个学习小组都是一个具有相对完整知识结构的学习群体。这样可以为模拟公司行为提供多重角色资源，为自主式、协作式学习提供必要的组织保障。各小组成员按企业角色岗位设置进行，使每个学生既能全面把握企业的运作和工作流程，又能在链接相关专业知识的环境下深化专业知识与专业技能的学习，从而将专业知识学习与相关知识学习、专业技能培养与基本技能培养有机地结合起来。

7.2.3　教学过程的组织

教学过程可采用阶段性教学，使学生在完全了解财务决策平台模拟教学过程的前提下，有足够的时间对所学知识进行梳理和归纳。教学过程可分为两个阶段：情景模拟阶段、知识重建阶段。

第一阶段学生已经掌握了许多专业基础知识，但学生的知识仍然是凌乱的、松散的。通过这一阶段的情景模拟教学，可以将学生所学的知识系统化，将零散的知识有机组合起来。这不仅有利于以前知识的调用，而且有利于未来新知识的吸收，更有利于整体知识的系统构架。通过情景模拟、教师的点评、问题的提出，使学生带着问题进入第二阶段的专业知识学习。学生在这个阶段可以轮换角色，旨在让每个学生都感受到完整的决策体验，进而深刻体会到决策在企业经营中的重要作用。采用小组学习的方式，可以促进同学之间的融合，优势互补，互相学习，从而提高他们探索知识和自主学习知识的能力。

7.2.4 教学计划进度

教师可按以下进度(如表 7.2-1 所示)安排教学计划。

表 7.2-1 教学计划

教学周	实 训 内 容	建议学时	教 学 建 议
1	平台简介和盘面介绍	2～3	介绍平台学习的意义和教学实施计划
2	运营规划概述及平台规则介绍	2～3	铺垫运营规划基本知识,引导学生自学规则,解析重点规则
3	运营规划设计及解析	2～3	引导学生结合规则自行设计运营规划
4	实战案例操作——运营(第 1～5 天)	2～3	编写运营规划,完成初始投资
5	实战案例操作——运营(第 5～15 天)	2～3	进行日常生产经营、筹资和投资等业务
6	实战案例操作——运营(第 16～31 天)	2～3	完成生产并销售
7	实战案例操作——会计电算化	2～3	结合各项业务进行会计理论知识铺垫
8	实战案例操作——会计电算化	2～3	会计角色分工和电算化初始设置
9	实战案例操作——会计电算化	2～3	各项业务会计核算
10	实战案例操作——会计电算化	2～3	期末会计核算、报表、指标分析
11	实战案例操作——纳税申报	2～3	纳税期国地税申报
12	实战案例操作——税务稽查	2～3	组之间相互稽核,教师稽核学生
13	案例总结	2～3	操作经验和常见错误总结
14	分组操作第 1 月	2～3	要求学生制订操作计划,编写操作日志
15	分组操作第 1 月	2～3	
16	分组操作第 2 月	2～3	
17	分组操作第 3 月	2～3	
18	分组总结实战经验	2～3	展示操作成绩,分享操作心得
合 计		36～54	

7.2.5 教学实施建议

本实训要求完成一个主体实训(即经营一个虚拟企业的运作全过程操作)和各种分项实训(研究如何处理企业经营竞争过程中的关键问题)。教学中以学生自主学习、亲历实践为主,教师负责指导、核查、评判、解析。学生在平台使用中通过完成虚拟企业设置的工作任务来加深对理论知识的理解和反思,不断通过复习、拓展理论知识来指导虚拟企业的运作,最终实现知识和能力的融合贯通。教师不再单纯地采用知识灌输的教学方式,而是作为一名导师,指点学生运作企业的思路;做一名咨询师,帮助学生分析解决企业运作的难题;做一名裁判,判断学生企业面临的内外部矛盾。

(1) 教学分成两个阶段,第一阶段(第 1～13 周)是情景模拟阶段,由教师按照教材的实战案例操作,帮助学生熟悉平台规则;第二阶段(第 14～18 周)是知识重建阶段,由学生分组自行完成平台操作,详见《教学计划表》。

(2) 期末成绩由分组操作成绩(平台自动打分)、实战经验总结和教师稽查组成。

(3)《教学计划表》中的课时分为教师课堂指导和学生课堂实训时间。学校网络条件允许的情况下，可开放平台，鼓励学生在课后多次重复进行平台实战操作。运营规划不同、实际执行的情况不同、随机事件的出现，都会让每次实战有不同的收获。

（4）学生可以以季度为一个实战周期，也可以以半年、一年为实战周期，所能经历的经营情况会有所不同。完成一年的实战操作还可以体验年度企业所得税汇算清缴业务的操作流程。平台设置最长的运作周期是三年。

7.3　平台教师准备

教师在组织实训教学之前，应做好相应的前期准备工作，以保证实训课程的顺利进行。教师最好能先进行课程内容的体验，比学生先行一步，发现问题、解决问题，优化教学。教师前期准备工作主要包括：实训班级导入及管理、学生实训账号的创建与管理、实训批次的组织管理等。本平台设置有专门的教师管理界面，在实训课程开始之前，教师应熟悉管理界面的各功能菜单及操作，在实训过程中方可根据需要进行相应操作。

7.3.1　平台教师功能

本平台中，教师主要负责对学生的管理、仲裁、稽查、评分。系统参数设置则无法修改，如有其他特殊需求，需要与网中网公司软件有限公司工作人员联系。

7.3.2　平台教师操作

一、教师登录

输入用户和密码后进入教师操作界面（如图 7.3-1 所示）。教师的用户名和密码由管理员设置。

进入教师界面，可以看到教师的功能菜单（如图 7.3-2 所示）。点击进入相应菜单可进行对应功能的设置操作。

图 7.3-1　管理员（教师）登录界面

图 7.3-2　教师功能菜单操作界面

二、班级管理

(一) 创建班级

点击“班级管理”功能菜单，进入班级管理界面，录入“班级名称”和“班级备注”(如图 7.3-3 所示)，点击“录入提交”创建新班级。一次可创建多个班级。

图 7.3-3 班级创建操作界面

班级信息需要修改的，可以在修改信息后，在表格最后对应的框中勾选并点击“修改提交”，完成修改工作。班级信息需要删除的，在表格最后对应的框中勾选并点击“删除提交”，完成删除工作(如图 7.3-4 所示)。

图 7.3-4 班级管理操作界面

(二) 创建学生信息

班级创建完，在班级管理界面录入班级学生的信息(如图 7.3-5 所示)。

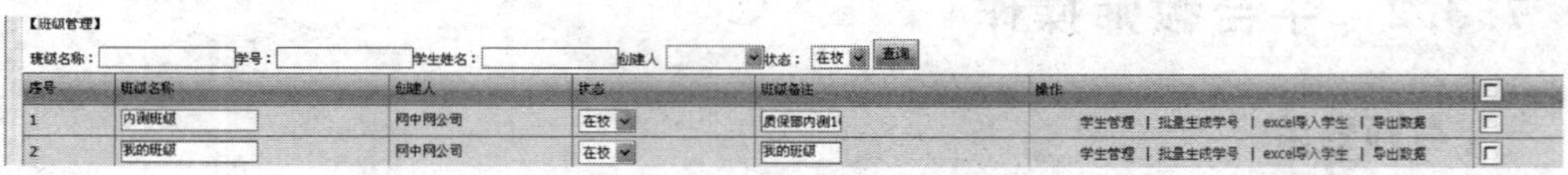

图 7.3-5 班级学生信息管理操作界面

本平台设置了两种录入班级学生信息的方式：一是逐一录入；二是 Excel 批量导入。

1. 逐一录入

点击“学生管理”，在“新增学生”栏录入“学号”、“姓名”、“性别”、“密码(初始密码一般设为 123456)”，点击“录入提交”，完成一名学生的信息录入。班级中的所有学生的信息录入后，点击“批量启用”，学生就可以进入学生界面操作了。课程完毕后，点击“批量禁用”，该班级学生就无法进行操作了。学生信息需要改动时，在信息修改完后，在表格最后对应的框中勾选并点击“修改提交”，完成修改工作。学生信息需要删除的，在表格最后对应的框中勾选并点击“删除提交”，完成删除工作(如图 7.3-6 所示)。

学生的学号录入也可以采用批量生成的方式。点击“批量生产学号”，根据界面示例，设置学号编制规则，点击“生成学生学号”，完成学号编排工作(如图 7.3-7 所示)。

2. Excel 批量导入

点击“Excel 导入学生”，查看录入模版，然后根据模版自行创建一个 Excel 表格，根据要求录入数据，点击界面中的“浏览”，选择制作完的 Excel 表格，点击“上传导入”，完成学生信息录入工作。返回班级管理界面，点击“学生管理”→“批量启用”，学生就可以进入学生界面操作了。在班级管理界面，点击“导出数据”，可以导出学生信息(如图 7.3-8 所示)。

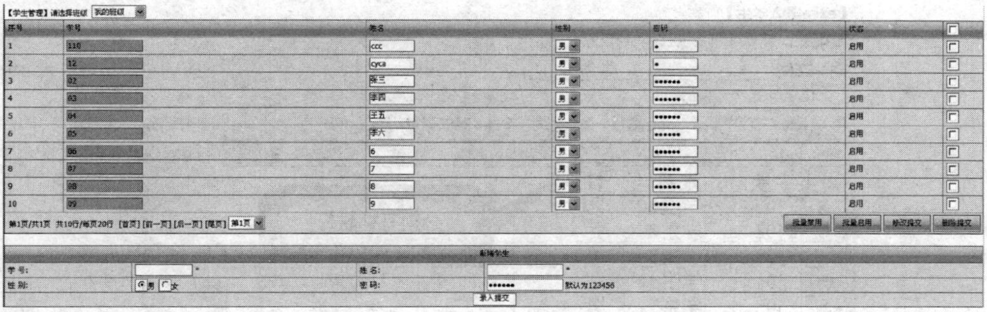

图 7.3-6　新增、删除学生信息操作界面

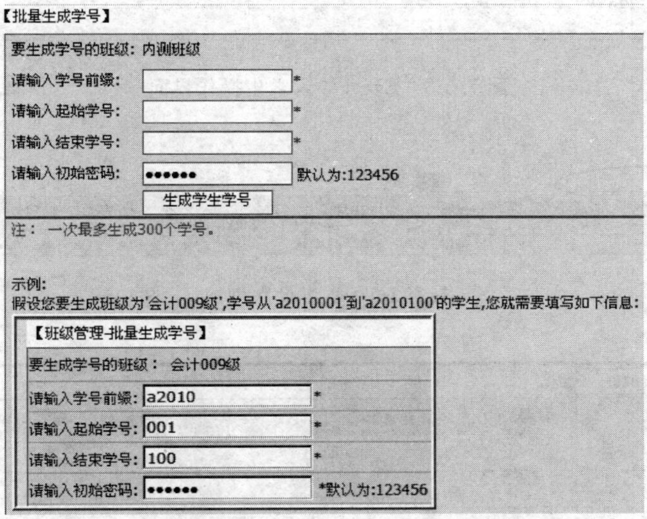

图 7.3-7　批量生成学生学号操作界面

三、实习批次管理

点击“实习批次管理”功能菜单，进入实习批次管理界面。实习批次指的是教师发布、需由学生分组执行完成的实习任务。在“新增实习批次”栏录入“批次名称”、“开始年份”、“国税年申报时间”、“实习目标”、“实习介绍”，点击“录入提交”创建实习批次（如图 7.3-9 所示）。

（一）设置实习学生

点击“设置实习学生”，将需要完成实习任务的班级纳入到该实习批次中。在“请选择班级”下拉菜单中选择相应班级，勾选需要参加该批次实习的学生，点击“批量加入本批次学习”，学生信息就会移入界面左侧“批次已有学生”框中。

需要将参加实习的学生移出该实习批次，勾选需要移出该批次实习的学生，点击“删除提交”，完成学生移出（如图 7.3-10、图 7.3-11 所示）。

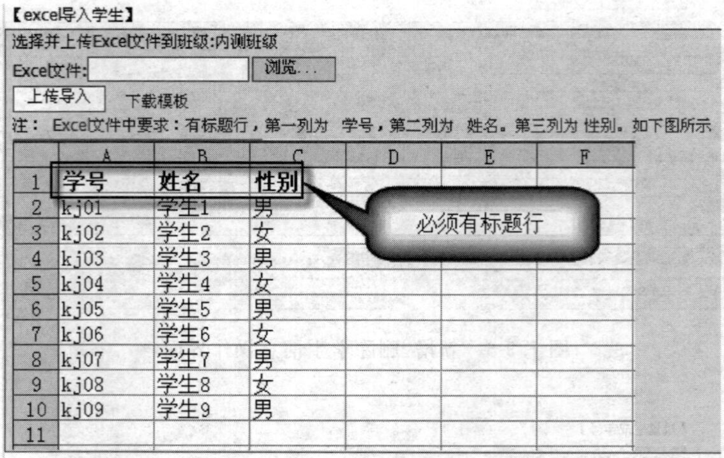

图 7.3-8 Excel 导入学生操作界面

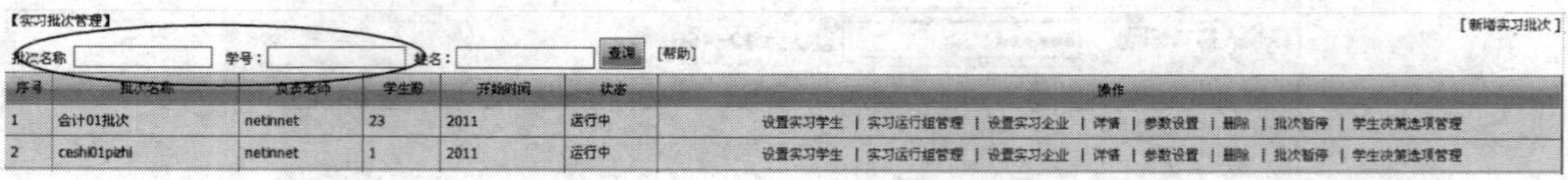

图 7.3-9 实习批次创建

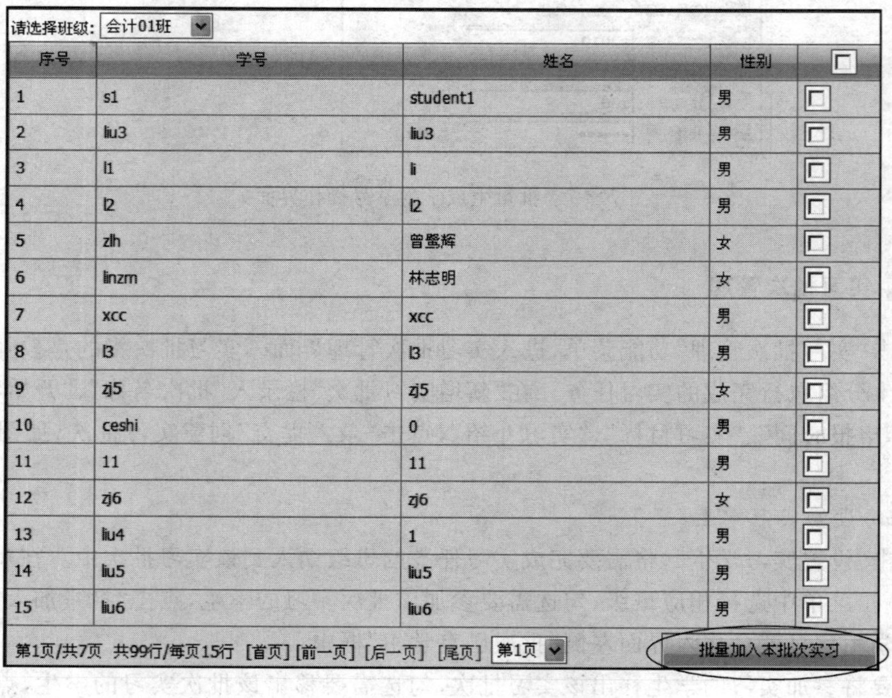

图 7.3-10 批量加入实习批次

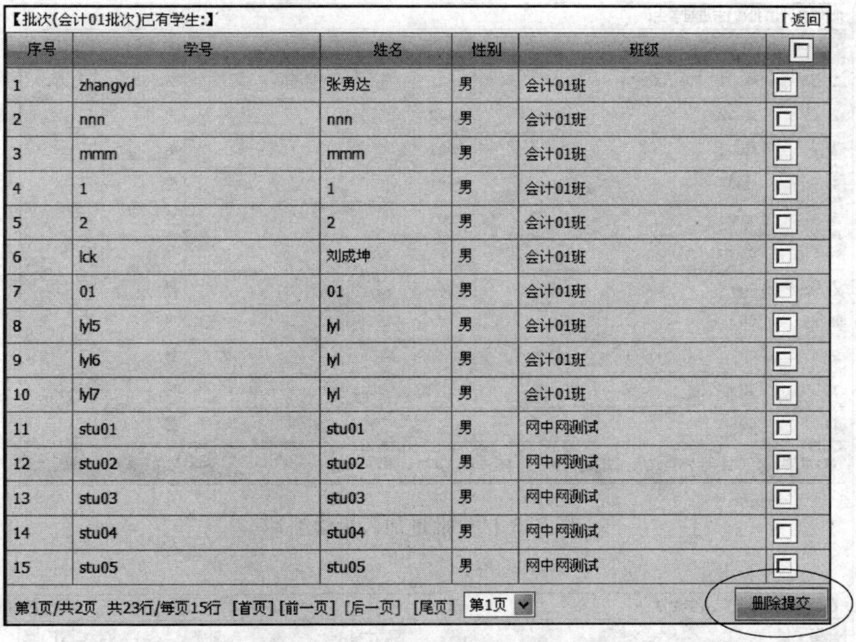

【批次(会计01批次)已有学生:】 [返回]

序号	学号	姓名	性别	班级	□
1	zhangyd	张勇达	男	会计01班	□
2	nnn	nnn	男	会计01班	□
3	mmm	mmm	男	会计01班	□
4	1	1	男	会计01班	□
5	2	2	男	会计01班	□
6	lck	刘成坤	男	会计01班	□
7	01	01	男	会计01班	□
8	lyl5	lyl	男	会计01班	□
9	lyl6	lyl	男	会计01班	□
10	lyl7	lyl	男	会计01班	□
11	stu01	stu01	男	网中网测试	□
12	stu02	stu02	男	网中网测试	□
13	stu03	stu03	男	网中网测试	□
14	stu04	stu04	男	网中网测试	□
15	stu05	stu05	男	网中网测试	□

第1页/共2页 共23行/每页15行 [首页] [前一页] [后一页] [尾页] 第1页 删除提交

图 7.3-11　批量移除实习批次

（二）实习运作组管理

1. 创建实习运行组

本平台共设置五个角色“运营”、“财务总监”、“财务经理”、“会计”、“出纳”，一组可由1～5 名学生组成，分别扮演不同的角色，一人可分饰多个角色。

点击“实习运行组管理”，将纳入实习批次的学生进行分组。填写“组名”、“组介绍”，点击“录入提交”，完成实习组的建立（如图 7.3-12 所示）。

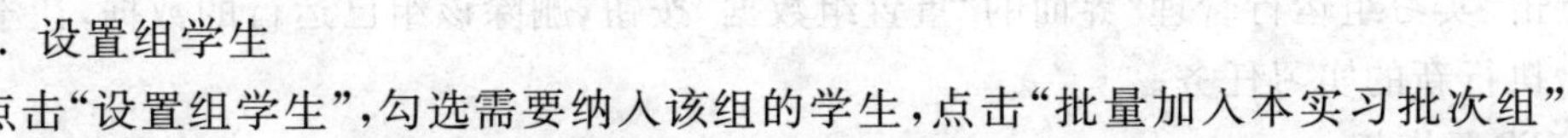

图 7.3-12　创建实习运行组

2. 设置组学生

点击“设置组学生”，勾选需要纳入该组的学生，点击“批量加入本实习批次组”，移入界面左侧的“批次组已有学生”栏中。需要移出该组中的学生，勾选需要移出的学生，点击“删除提交”，完成学生移出（如图 7.3-13～图 7.3-15 所示）。

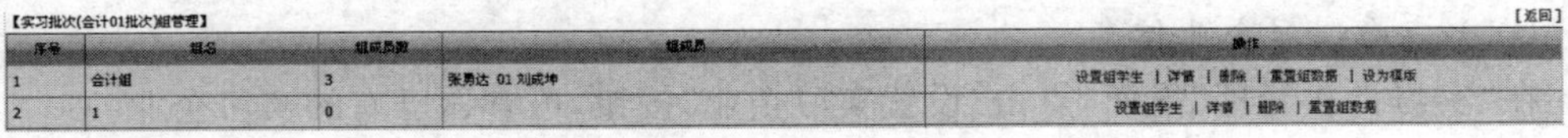

【实习批次(会计01批次)组管理】 [返回]

序号	组名	组成员数	组成员	操作
1	会计组	3	张勇达 01 刘成坤	设置组学生 | 详情 | 删除 | 重置组数据 | 设为模版
2	1	0		设置组学生 | 详情 | 删除 | 重置组数据

图 7.3-13　设置组学生

批次(会计01批次)未进组学生:

序号	学号	姓名	性别	□
1	stu01	stu01	男	□
2	stu02	stu02	男	□
3	stu03	stu03	男	□
4	stu04	stu04	男	□
5	stu05	stu05	男	□
6	mmm	mmm	男	□
7	nnn	nnn	男	□
8	06	6	男	□
9	07	7	男	□
10	08	8	男	□
11	09	9	男	□

第1页/共1页 共11行/每页15行 [首页] [前一页] [后一页] [尾页] 第1页 批量加入本实习批次组

图 7.3-14 批量加入组学生

【批次组(会计组)已有学生:】 返回

序号	学号	姓名	性别	班级	□
1	zhangyd	张勇达	男	会计01班	□
2	01	01	男	会计01班	□
3	lck	刘成坤	男	会计01班	□

第1页/共1页 共3行/每页15行 [首页] [前一页] [后一页] [尾页] 第1页 删除提交

图 7.3-15 查看批次组学生信息

3. 查看组信息

点击“详情”,可查看组的信息。

4. 删除组

点击“删除”,删除已设置的组。

5. 重置任务

各组学生在执行实习任务中,如果提出申请,可以将已执行的数据全部删除,重新开始新一次的实习任务,即“重置”。特别是学生刚接触本平台,对规则和功能不熟悉,可能会出现较多的失误,运用此功能可以让学生在运作企业时获得“重生”的机会。

点击“实习组运行管理”界面的“重置组数据”按钮,删除该组已运行的数据,让学生重新开始执行新的实习任务。

6. 设置模板

在移除组中的成员后,可以点击“设为模版”,然后重新设置组成员,在原有的运行数据基础上继续运行。

(三) 查看实习企业信息

在“实习批次管理”界面,点击“设置实习企业”按钮,可查看已有的实习企业。

（四）查看实习批次信息

在“实习批次管理”界面，点击“详情”按钮，查看实习批次信息。

（五）查看平台参数

在“实习批次管理”界面，点击“参数设置”按钮，查看实习参数信息，平台规则中很多信息都来源于本功能界面。

（六）删除实习批次

在“实习批次管理”界面，点击“实习批次管理”界面的“删除”按钮，删除已建立的实习批次。

（七）暂停实习

在“实习批次管理”界面，点击“实习组运行管理”界面的“批次暂停”按钮，停止某实习批次的运行。

（八）查看决策事项

在“实习批次管理”界面，点击“学生决策选项管理”按钮，查看学生需要决策的事项（如图 7.3-16、图 7.3-17 所示）。

【批次(竞赛版分组测试)已有含有动作决策:】　[返回]

序号	动作决策编码	动作决策名称	决策项数	☐
1	BUY_WORK_SHOP_ACTION	购买厂房	7	☐
2	BUY_OFFICE_ACTION	购买办公场所	6	☐
3	BUY_OP_OFFICE_ACTION	购买操作间	6	☐
4	BUY_PRODUCTION_LINE_ACTION	购买生产线	6	☐
5	BUY_CAR_ACTION	购买车辆	3	☐
6	BUY_MATERIALS_ACTION	原材料购买计划	6	☐
7	PRODUCTION_FEEDING_ACTION	生产投料计划	6	☐
8	CARRY_ORDER_ACTION	承接订单计划	7	☐

图 7.3-16　学生决策选项管理操作界面

【批次(竞赛版分组测试)未选择的动作决策:】

序号	动作决策编码	动作决策名称	决策项数	☐
1	STAFF_DISMISS_ACTION	人员解雇计划	1	☐

第1页/共1页　共1行/每页100000行　[首页] [前一页] [后一页] [尾页]　第1页　添加提交

图 7.3-17　添加决策选项操作界面

四、稽查管理

平台提供了稽查功能，可以由学生实习组之间互相稽查。稽查人员从税务稽查局工作人员的角度来审查企业的会计核算和纳税情况。

点击“稽查管理”功能菜单，在稽查管理界面“请选择班级”下拉菜单中选择需要稽核的班级（如图 7.3-18 所示）。

进行稽查工作的学生（实习组中可选定一位成员代表小组负责稽查工作，以此实现组

【稽查管理】请选择班级 会计01班

序号	学号	姓名	性别	稽核组数	操作
1	s1	student1	男	0	设置要稽查的组
2	liu3	liu3	男	0	设置要稽查的组
3	l1	li	男	0	设置要稽查的组
4	l2	l2	男	0	设置要稽查的组
5	zhangyd	张勇达	男	5	设置要稽查的组
6	zlh	曾鳌辉	女	0	设置要稽查的组
7	linzm	林志明	女	0	设置要稽查的组

图 7.3-18 稽查管理班级选择操作界面

与组之间的互相稽查)，点击“设置要稽查的组”，查看该班级所完成的实习批次和组信息，勾选需要被稽查的组和实习批次，点击“批量稽核”，实习批次就会移入界面左侧“学生已有稽核组”框中。需要将被稽核的组和实习批次移出时，勾选需要移出的组和实习批次，点击“移除待稽查小组”，完成学生的移出工作。

特别说明：学生期末成绩的一部分是由教师稽查组成，平台操作中，教师可自行设置一名虚拟学生，教师以虚拟学生的名义进行稽查，操作步骤同上(如图 7.3-19、图 7.3-20 所示)。

实习批次： 组名： 学号：

重置 查询

实习批次	组名	组成员	☐
lyl	z7	liu3	☐
lyl	z8	li	☐
lyl	z9	l2	☐
质保部内容测试	zhangsd	张思达	☐
2	1		☐
2	2		☐
质保部内容测试	lish02	李少华	☐
质保部内容测试	cxn01	cxn01	☐
会计01批次	会计组	张勇达 01 刘成坤	☐
xy	zj		☐

第1页/共21页 共205行/每页10行 [首页] [前一页] [后一页] [尾页] 第1页 批量稽核

图 7.3-19 稽查组选择操作界面

【学生(student1)已有稽核组:】 [返回]

实习批次	组名	组成员	☐
lyl	z6	student1	☐

第1页/共1页 共1行/每页10行 [首页] [前一页] [后一页] [尾页] 第1页 移除待稽查小组

图 7.3-20 移除待稽查组

五、成绩管理

根据平台设置的评分规则，平台自动计算学生运作企业的成绩。点击“成绩管理”功能菜单，可查看具体的分数构成。本功能下还提供查询各实习批次成绩、各实习批次决策情况、导出 Excel 功能，方便教师分析学生运作企业的具体情况，也可供学生自行分析（如图 7.3-21 所示）。

【成绩管理】　批次：　教师分比率：%　[批次历史分数查询] | [批次历史决策查询]　查询　导出excel

名次	小组名称	截至年份	销售净利率	流动比率	净现金流	银行存款、库存现金和系统相符	原材料金额和系统相符	产成品数量和系统相符	运营决策失误	付款决策失误	稽查调整分录数量	稽查补交税金、滞纳金、罚款金额	系统分	教师分	总分	操作

图 7.3-21　成绩管理操作界面

六、仲裁管理

根据“系统信息”提示的仲裁信息，点击“仲裁管理”功能菜单，在“批次”下拉菜单中选择“实习批次”，点击“查询”，查看该实习批次下待仲裁的事项。如在“批次”下拉菜单中选择空白选项，点击“查询”，可查看所有待仲裁的事项（如图 7.3-22、图 7.3-23 所示）。

图 7.3-22　仲裁系统消息提示

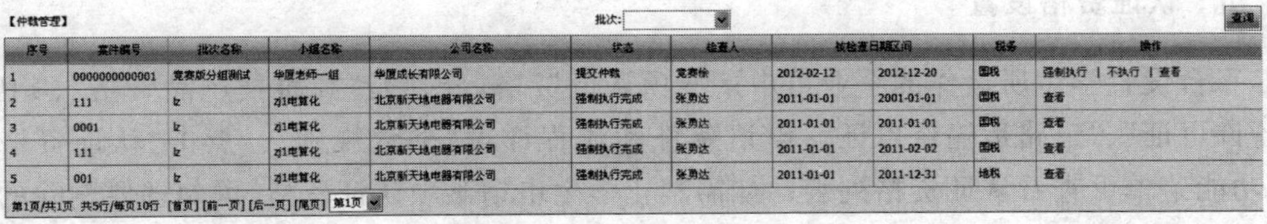
【仲裁管理】　批次：　查询

序号	案件编号	批次名称	小组名称	公司名称	状态	检查人	被检查日期区间		税务	操作
1	0000000000001	竞赛版分组测试	华厦老师一组	华厦成长有限公司	提交仲裁	竞赛徐	2012-02-12	2012-12-20	国税	强制执行 | 不执行 | 查看
2	111	lz	zj1电算化	北京新天地电器有限公司	强制执行完成	张勇达	2011-01-01	2001-01-01	国税	查看
3	0001	lz	zj1电算化	北京新天地电器有限公司	强制执行完成	张勇达	2011-01-01	2011-01-01	国税	查看
4	111	lz	zj1电算化	北京新天地电器有限公司	强制执行完成	张勇达	2011-01-01	2011-02-02	国税	查看
5	001	lz	zj1电算化	北京新天地电器有限公司	强制执行完成	张勇达	2011-01-01	2011-12-31	地税	查看

第1页/共1页　共5行/每页10行　[首页] [前一页] [后一页] [尾页]　第1页

图 7.3-23　仲裁事项列表

根据提交的待仲裁事项列表，在操作栏点击“查看”，可查看具体的仲裁信息（如图 7.3-24 所示）。

序号	案件编号	批次名称	小组名称	公司名称	状态	检查人	被检查日期区间		税务	操作
1	0000000000001	竞赛版分组测试	华厦老师一组	华厦成长有限公司	提交仲裁	竞赛徐	2012-02-12	2012-12-20	国税	强制执行 | 不执行 | 查看

图 7.3-24　仲裁事项处理操作界面

根据仲裁事项的信息判断并选择点击“强制执行”或“不执行”。

七、经营范围设置

平台设置学生所运作的企业经营范围只有三项，分别是“电子产品生产与销售”、“餐饮服务”、“运输服务”。“电子产品生产与销售”是企业初始设置时所具备的经营范围，其他两项需要学生运作企业时根据自己的运营规划进行申请。点击“经营范围设置”功能菜单，查看经营范围。如要禁止学生从事某项经营，可勾选相应的经营范围，点击“批量删除”，删除经营范围的具体项目（如图 7.3-25 所示）。

【经营范围设置】　[新增经营范围]

经营范围	所属行业	操作	□
电子产品生产与销售	制造业	详情	□
餐饮服务	服务业	详情	□
运输服务	服务业	详情	□

第1页/共1页 共3行/每页5行 [首页] [前一页] [后一页] [尾页] 第1页　批量删除

图 7.3-25　经营范围设置操作界面

八、认证机构设置

平台设置学生所运作的企业可申请三项认证资格，分别是“高科技产品资格”、“卫生经营许可证”、“道路运输许可证”，分别隶属三个不同的政府部门管理，分别是“科技局”、“交通局”、“卫生局”。点击“认证机构设置”功能菜单，可查看认证机构列表。如要禁止学生申请某项认证资格，可先删除认证机构，勾选要删除的认证机构，点击“批量删除”（如图 7.3-26 所示）。

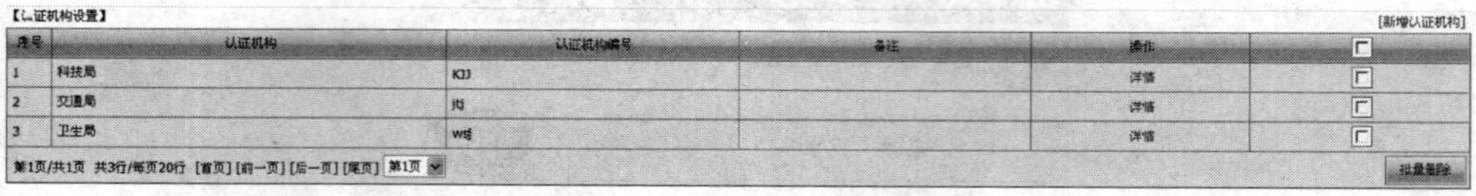

【认证机构设置】　[新增认证机构]

序号	认证机构	认证机构编号	备注	操作	□
1	科技局	KJJ		详情	□
2	交通局	jtj		详情	□
3	卫生局	wsj		详情	□

第1页/共1页 共3行/每页20行 [首页] [前一页] [后一页] [尾页] 第1页　批量删除

图 7.3-26　认证机构设置

九、认证资格设置

平台设置学生所运作的企业可申请三项认证资格，分别是“高科技产品资格”、“卫生经营许可证”、“道路运输许可证”，申请条件和流程详见“平台规则”。点击“认证资格设置”功能菜单可查看认证资格列表。如需禁止学生申请某项认证资格，可勾选要删除的认证资格，点击“批量删除”（如图 7.3-27 所示）。

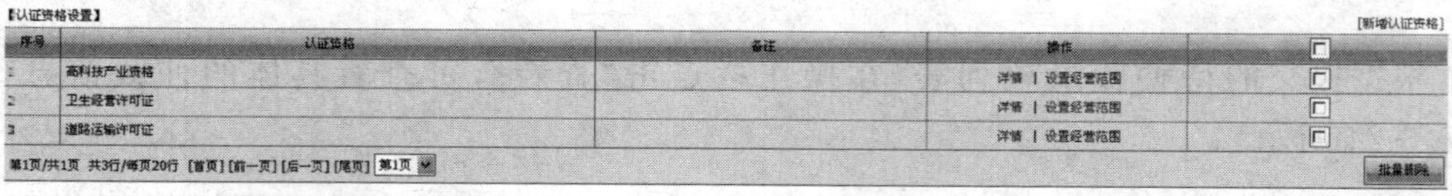

【认证资格设置】　[新增认证资格]

序号	认证资格	备注	操作	□
1	高科技产业资格		详情 | 设置经营范围	□
2	卫生经营许可证		详情 | 设置经营范围	□
3	道路运输许可证		详情 | 设置经营范围	□

第1页/共1页 共3行/每页20行 [首页] [前一页] [后一页] [尾页] 第1页　批量删除

图 7.3-27　认证资格设置

点击“详情”可查看认证资格的具体信息（如图 7.3-28 所示）。

图 7.3-28　查看认证资格详情

点击“设置经营范围”可查看申请认证资格所需要预先具备对应的经营范围（如图 7.3-29 所示）。

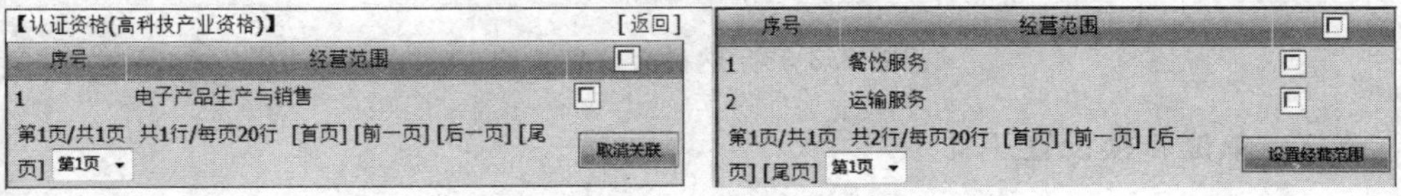

图 7.3-29　查看申请认证资格所需具备的经营范围

十、分期付款规则

平台为主营业务订单和采购合同设置了分期付款规则，共两种，首六余四和首三余七。点击“分期付款规则”功能菜单可查看具体的付款规则。如需取消某种付款规则，可勾选要删除的付款规则，点击“批量删除”（如图 7.3-30 所示）。

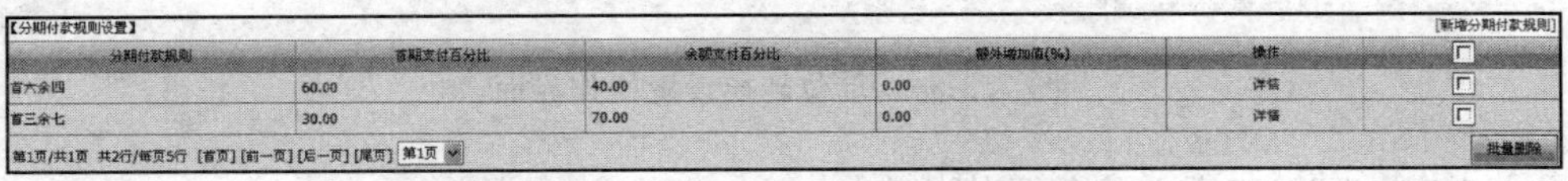

图 7.3-30　分期付款规则设置

点击“详情”查看付款规则包括的具体内容，有付款比例、付款时间、滞纳金缴纳情况、信誉值扣减情况（如图 7.3-31 所示）。

图 7.3-31　查看付款规则详情

十一、纳税人规模设置

平台根据税法规定，对企业（纳税人）进行了分类，分为一般纳税人、规模纳税人、房地产企业。如需删除某类纳税人，勾选要删除的纳税人类型，点击“批量删除”即可（如图 7.3-32 所示）。

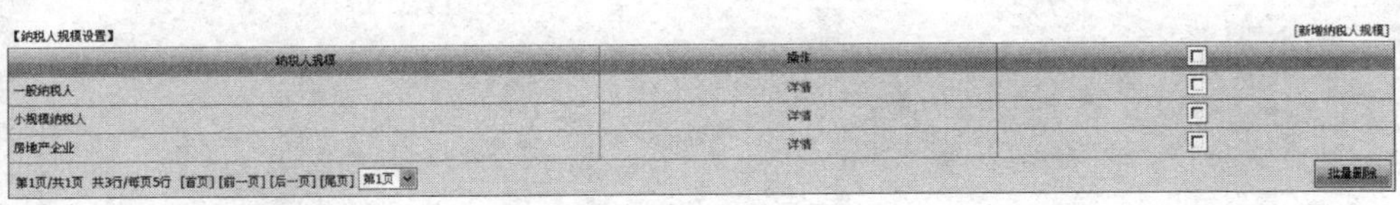

图 7.3-32　纳税人规模设置

点击“详情”，可查看纳税人的具体信息（如图 7.3-33 所示）。

图 7.3-33　纳税人信息查询

十二、单位转换设置

平台中为企业运营涉及的事项设置了数量单位和单位转换比例。点击“单位转换设置”功能菜单,可查看单位信息列表。如需删除某个单位,勾选要删除的单位名称,点击“批量删除”(如图 7.3-34 所示)。

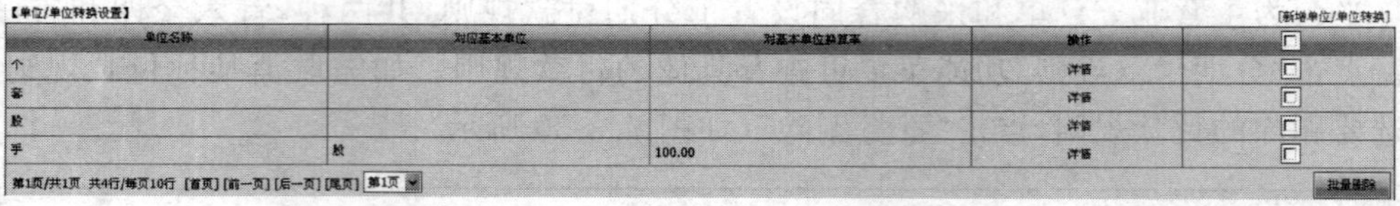

单位名称	对应基本单位	对基本单位换算率	操作	
个			详情	
套			详情	
股			详情	
手	股	100.00	详情	

图 7.3-34　单位转换设置操作界面

点击“详情”可查看单位的具体信息。

参考文献

[1] [美]斯蒂芬·P.罗宾斯,玛丽·库尔特.管理学.孙敏捷等译.北京：中国人民大学出版社,2008.
[2] 中国注册会计师协会.财务成本管理.北京：中国财政经济出版社,2012.
[3] 孙金霞.现代企业经营管理.北京：高等教育出版社,2010.
[4] 陈荣秋,马士华.生产运作管理.北京：机械工业出版社,2009.
[5] 中华人民共和国财政部等.企业内部控制规范.北京：中国财政经济出版社,2010.
[6] 董克用.人力资源管理概论.北京：中国人民大学出版社,2011.
[7] [美]兹维·博迪,罗伯特·C.莫顿.金融学.北京：中国人民大学出版社,2001.
[8] 谭翰墨.定制环境下订单承接关键技术研究.北京：中国学术期(光盘)电子杂志社,2009.
[9] [美]维尔斯等.广告学原理与实务.桂世河,王长征译.北京：中国人民大学出版社,2009.
[10] 财政部会计司编写组.企业会计准则讲解 2006.北京：人民出版社,2006.
[11] 中国注册会计师协会.税法.北京：中国财政经济出版社,2012.
[12] 蔡昌.税务稽查零风险——企业如何配合税务稽查.北京：北京大学出版社,2008.